Dreiklänge

der harmonisch Dur Tonleiter

für Gitarre

PayPal: elexandor@gmx.net

BUSD (BEP20): 0xEd979ad7E9d7E3f6f7cB7c2830aA2ae1DfBB1A6D

D-50968 Köln

Inhaltsverzeichnis

~ C harmonisch Dur ~

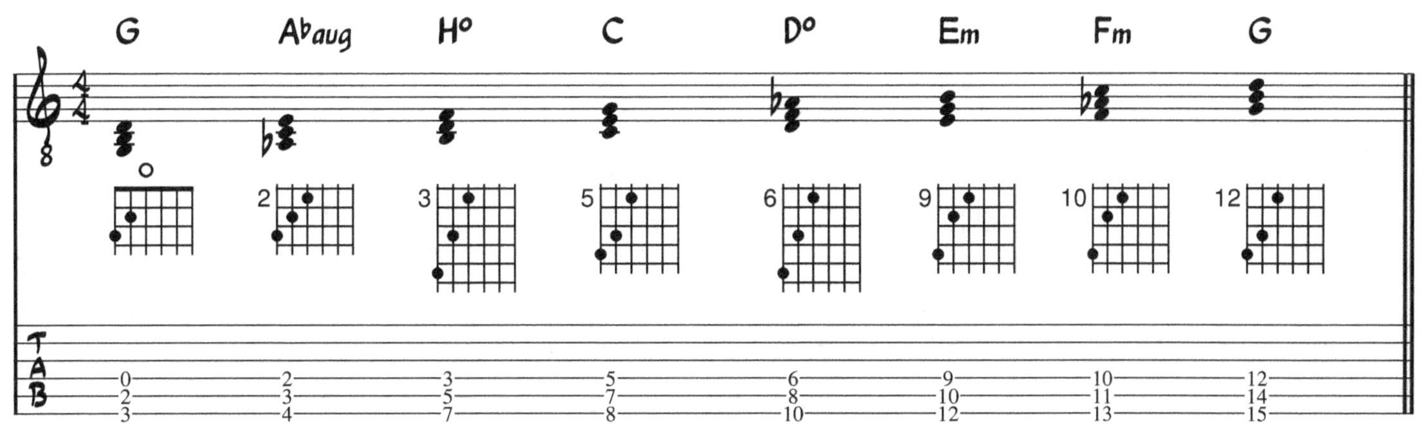

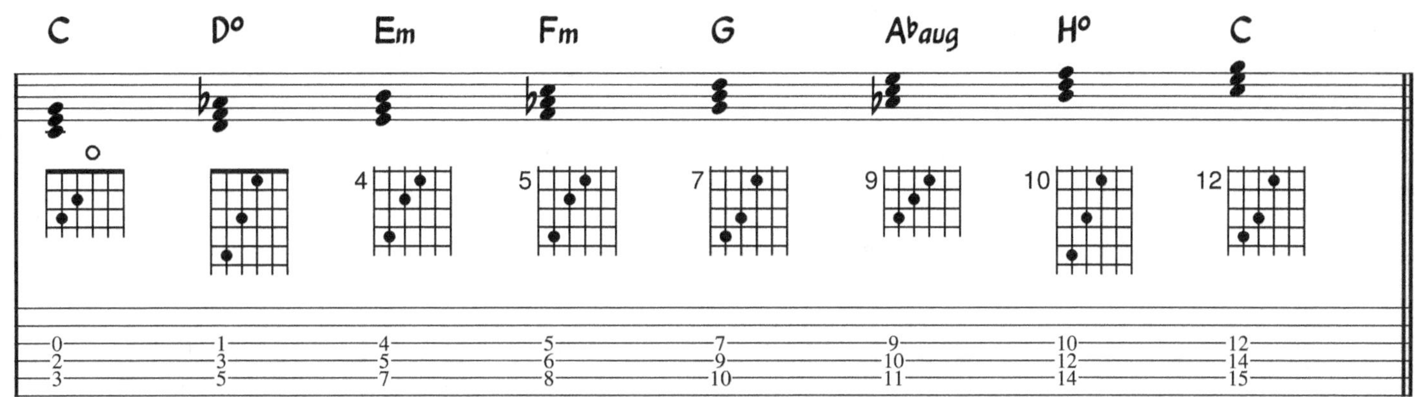

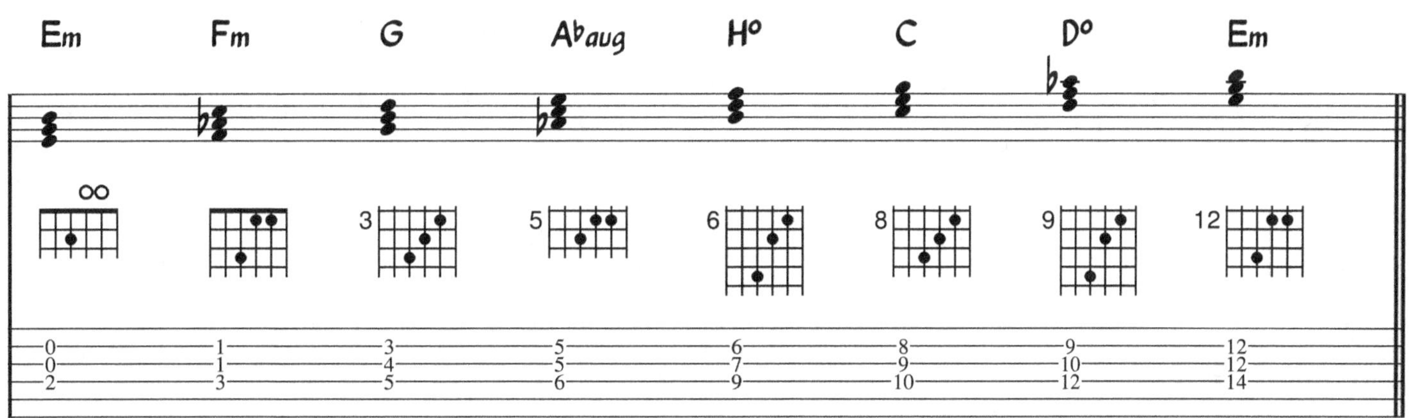

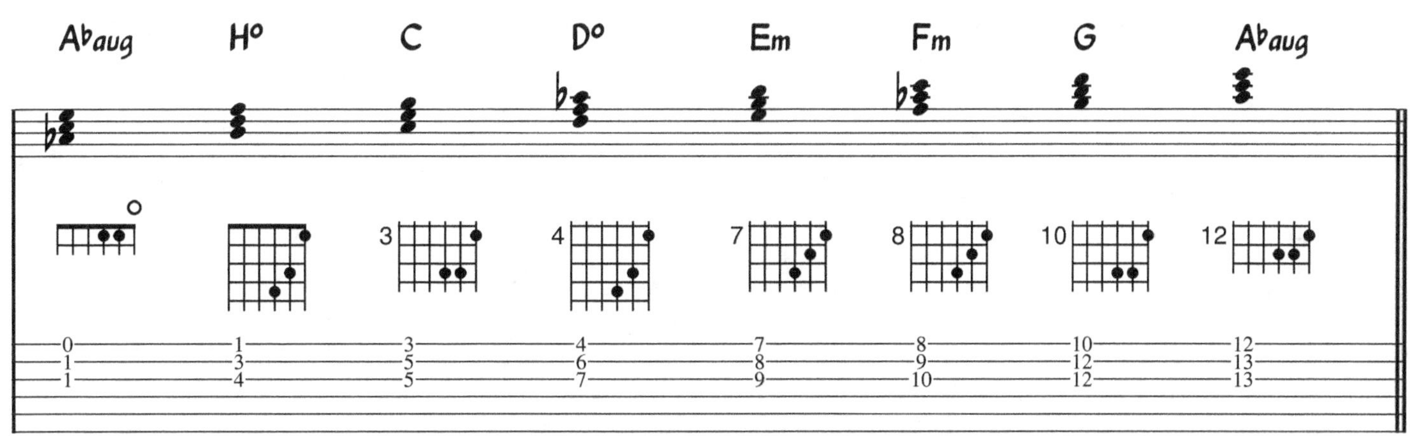

Em/G Fm/Ab G/H Abaug/C Ho/D C/E Do/F
G/H Abaug/C Ho/D C/E Do/F Em/G Fm/Ab G/H
C/E Do/F Em/G Fm/Ab G/H Abaug/C Ho/D C/E
Em/G Fm/Ab G/H Abaug/C Ho/D C/E Do/F Em/G

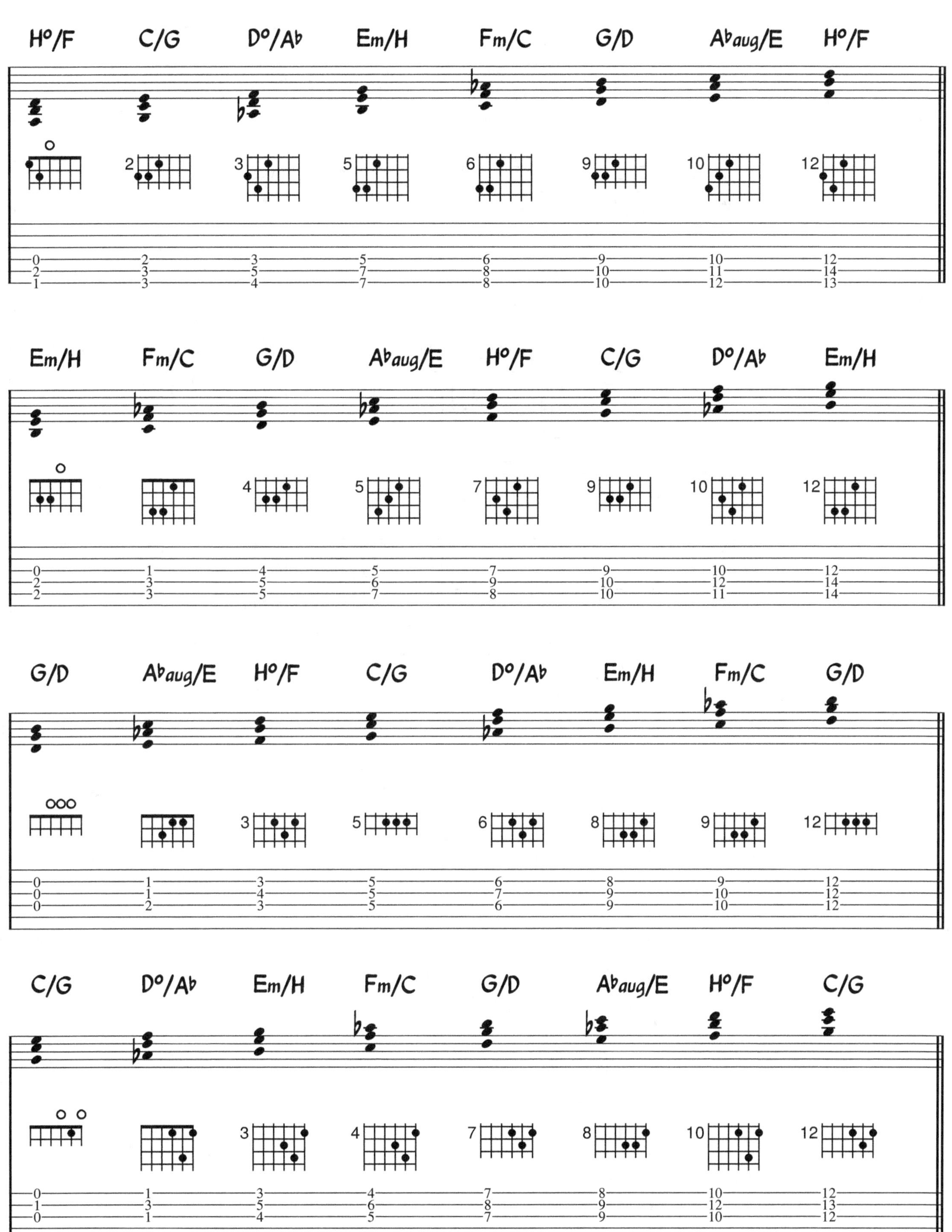

H°/F   C/G   D°/A♭   Em/H   Fm/C   G/D   A♭aug/E   H°/F
Em/H   Fm/C   G/D   A♭aug/E   H°/F   C/G   D°/A♭   Em/H
G/D   A♭aug/E   H°/F   C/G   D°/A♭   Em/H   Fm/C   G/D
C/G   D°/A♭   Em/H   Fm/C   G/D   A♭aug/E   H°/F   C/G

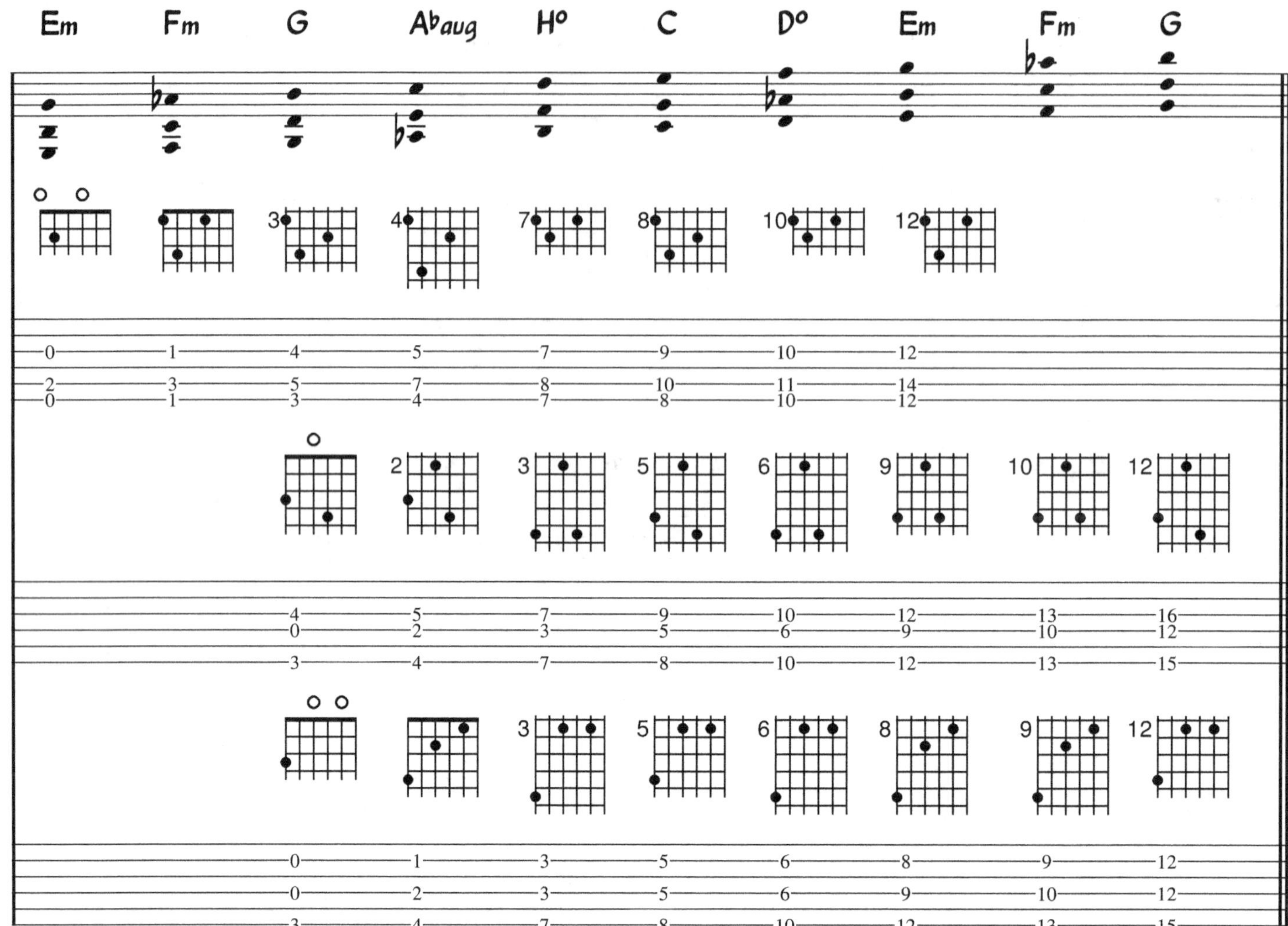
Em
Fm
G
A♭aug
H°
C
D°
Em
Fm
G

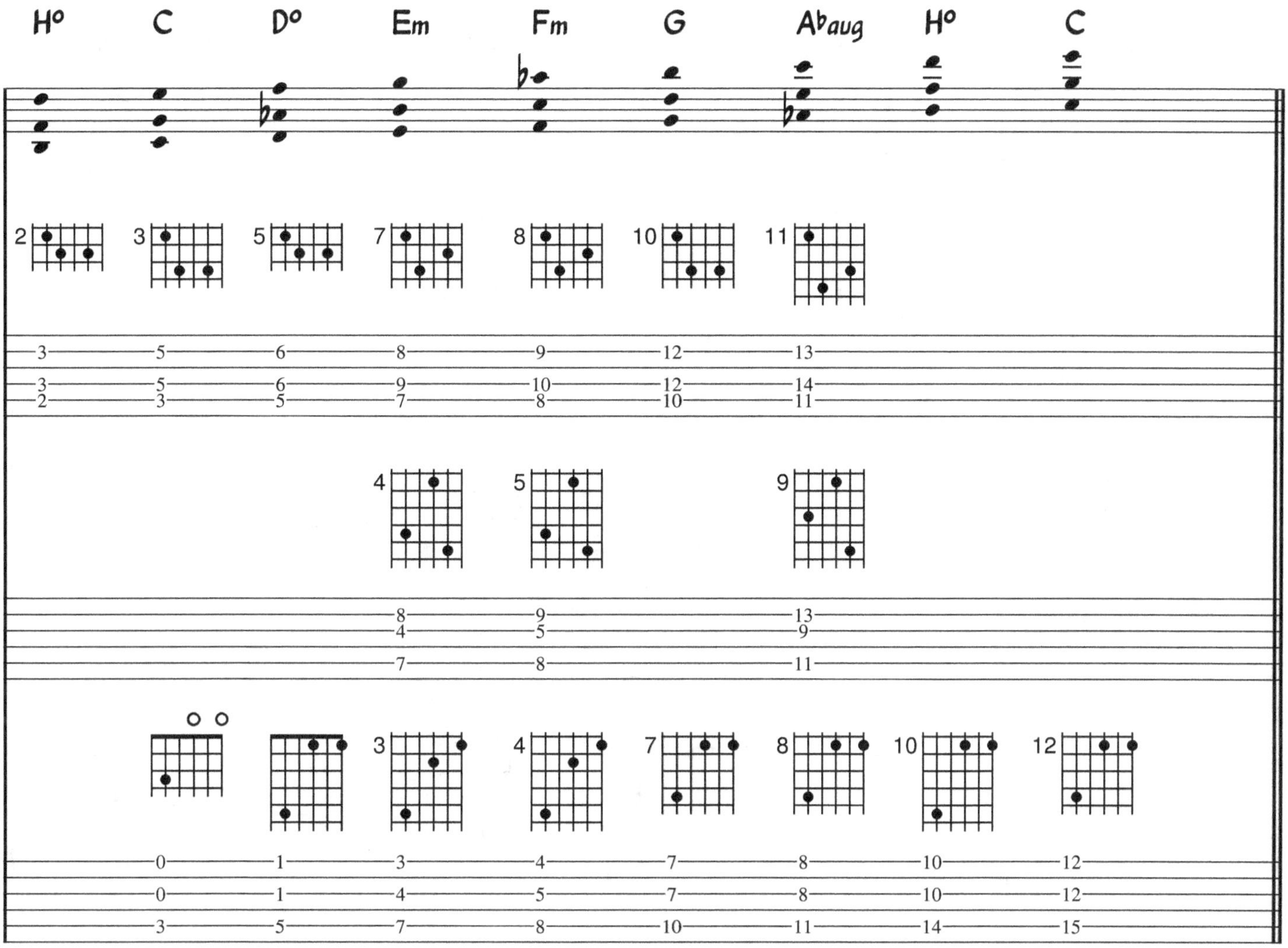

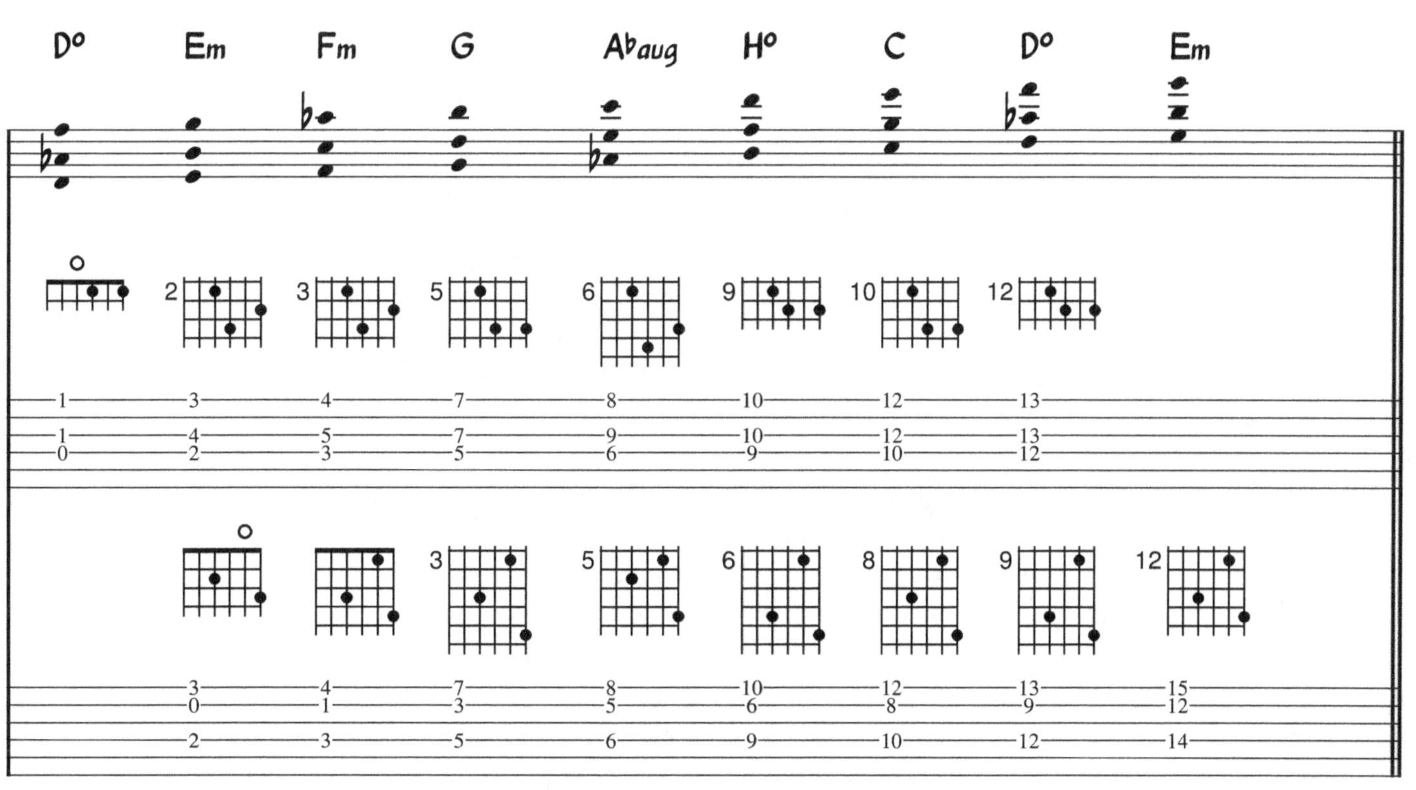

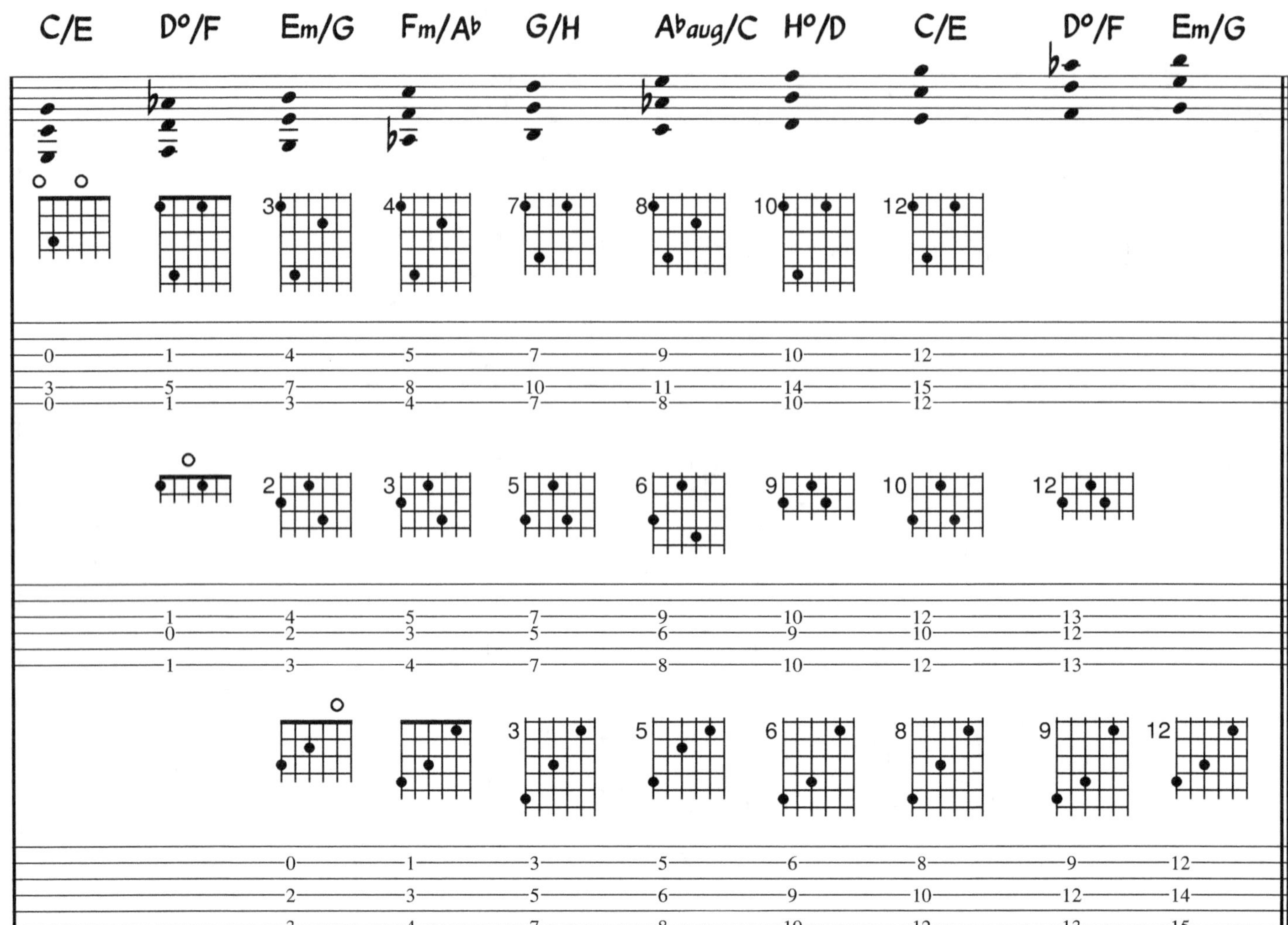

C/E   D°/F   Em/G   Fm/Ab   G/H   Abaug/C   H°/D   C/E   D°/F   Em/G

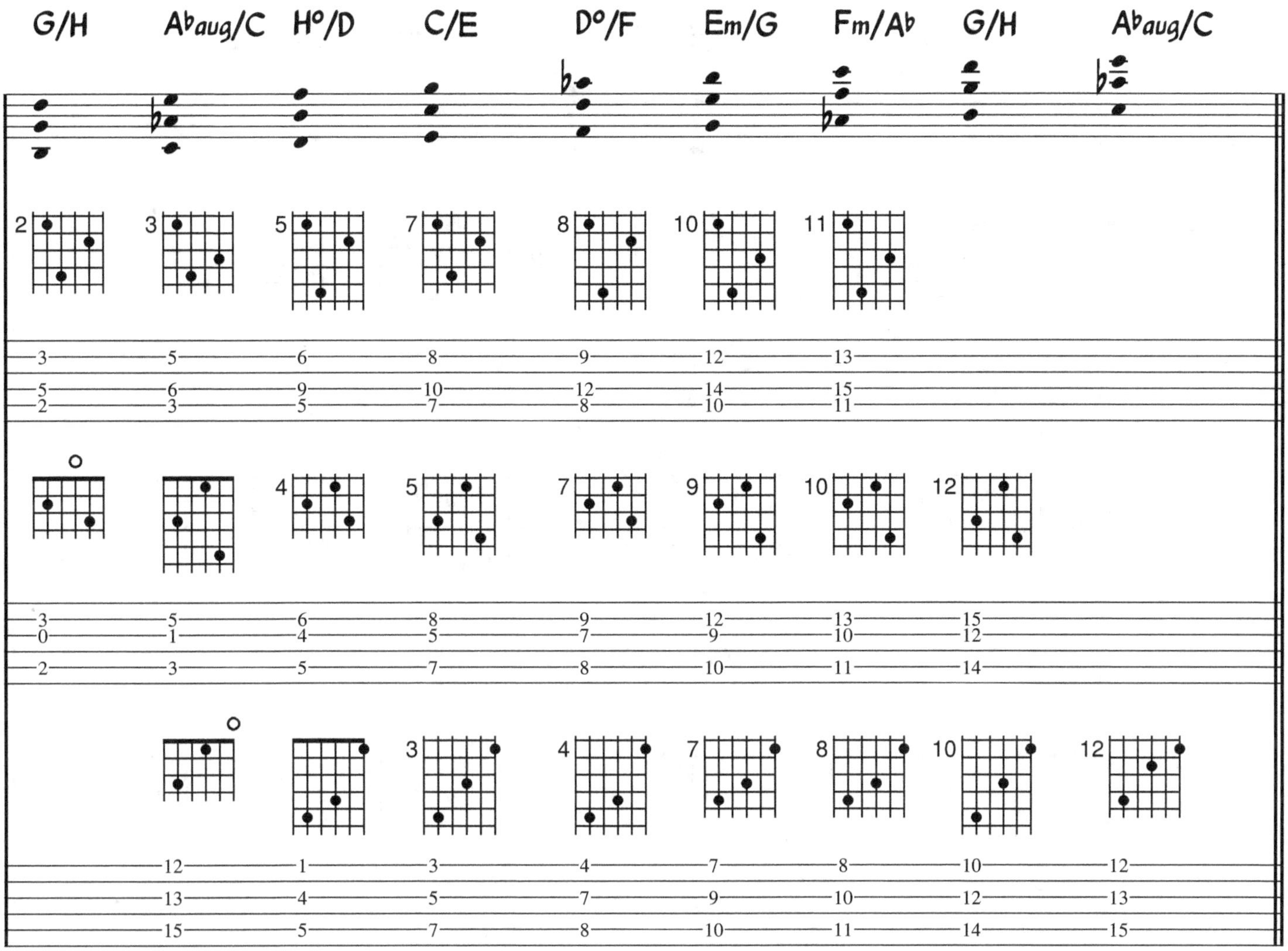

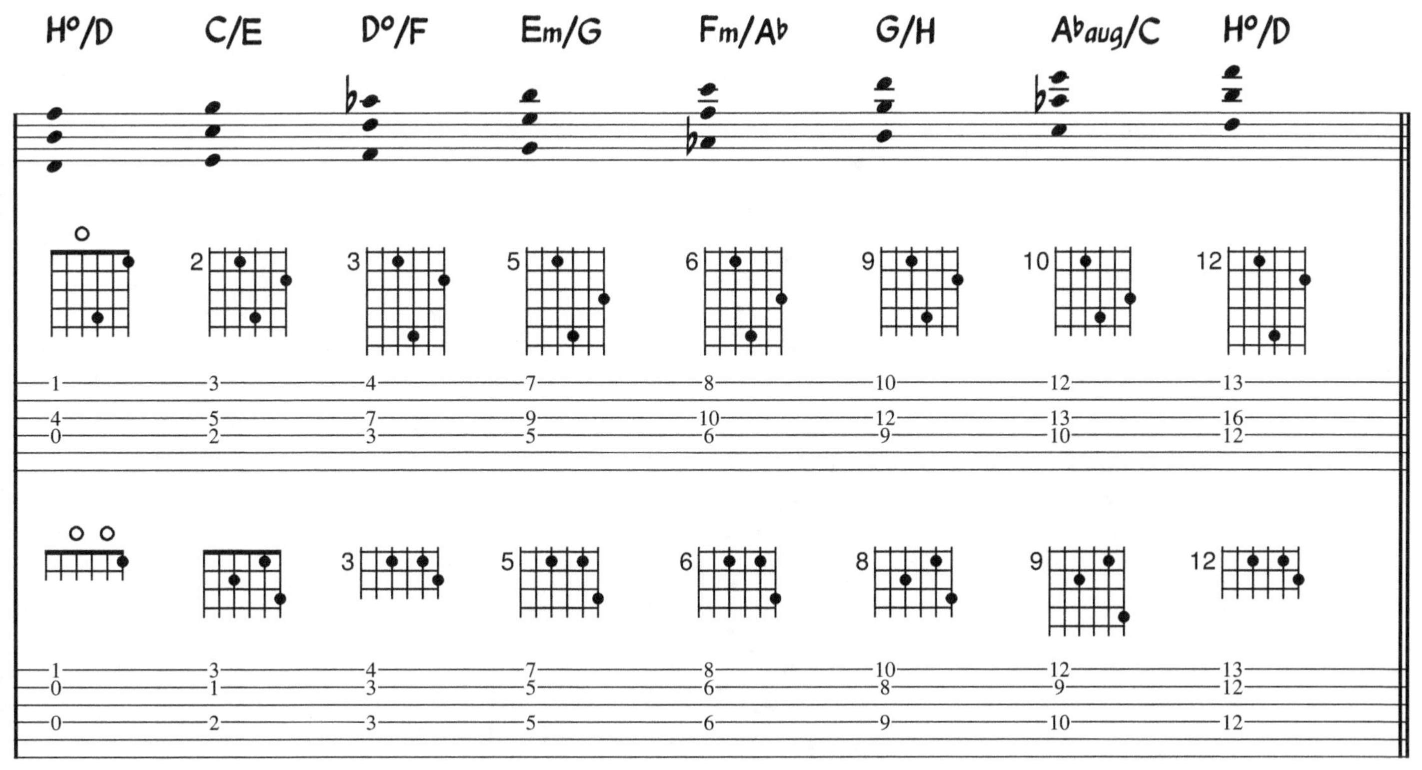

G/H   Ab aug/C   H°/D   C/E   D°/F   Em/G   Fm/Ab   G/H   Ab aug/C
H°/D   C/E   D°/F   Em/G   Fm/Ab   G/H   Ab aug/C   H°/D

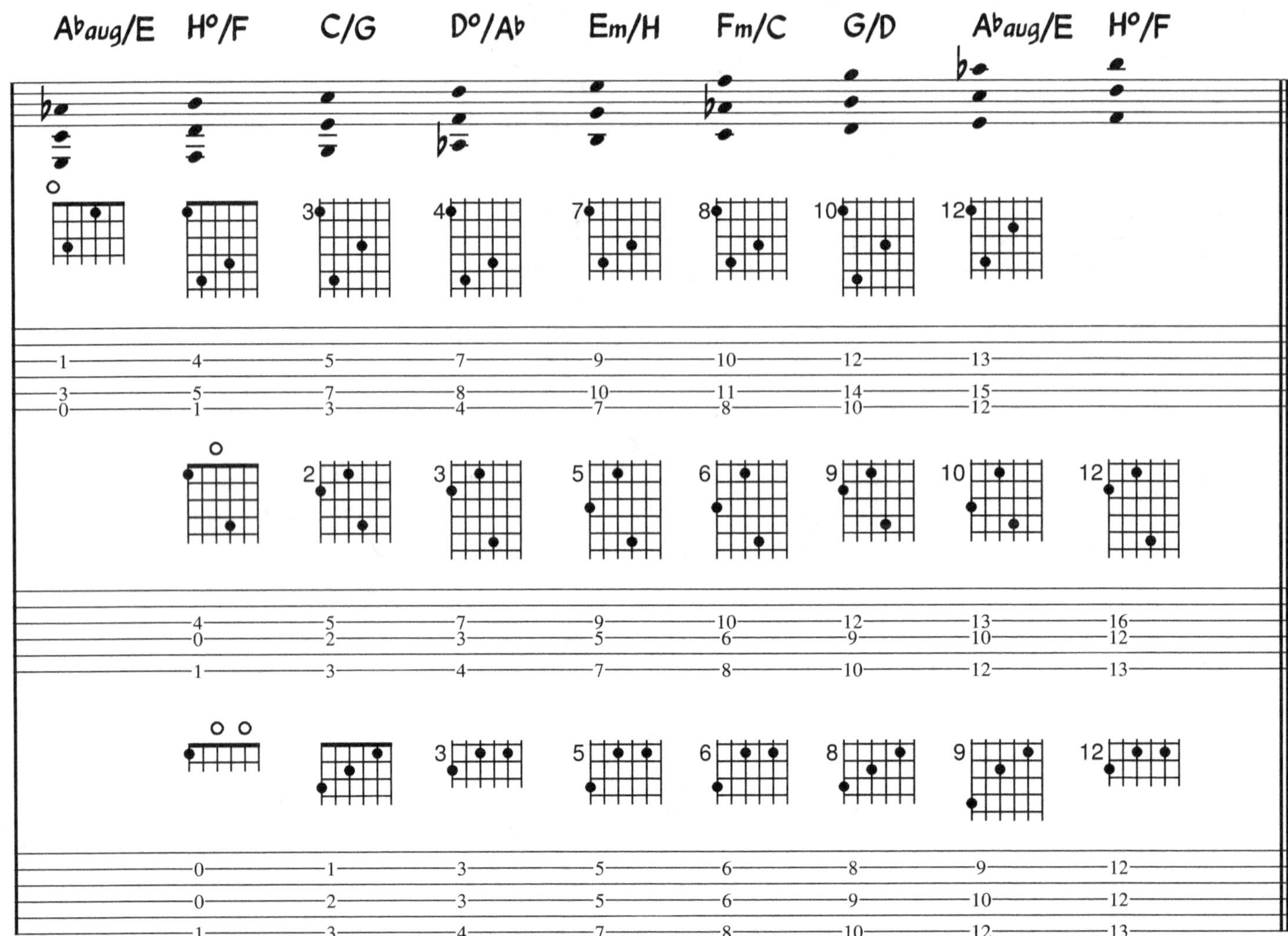
Abaug/E
H°/F
C/G
D°/Ab
Em/H
Fm/C
G/D
Abaug/E
H°/F

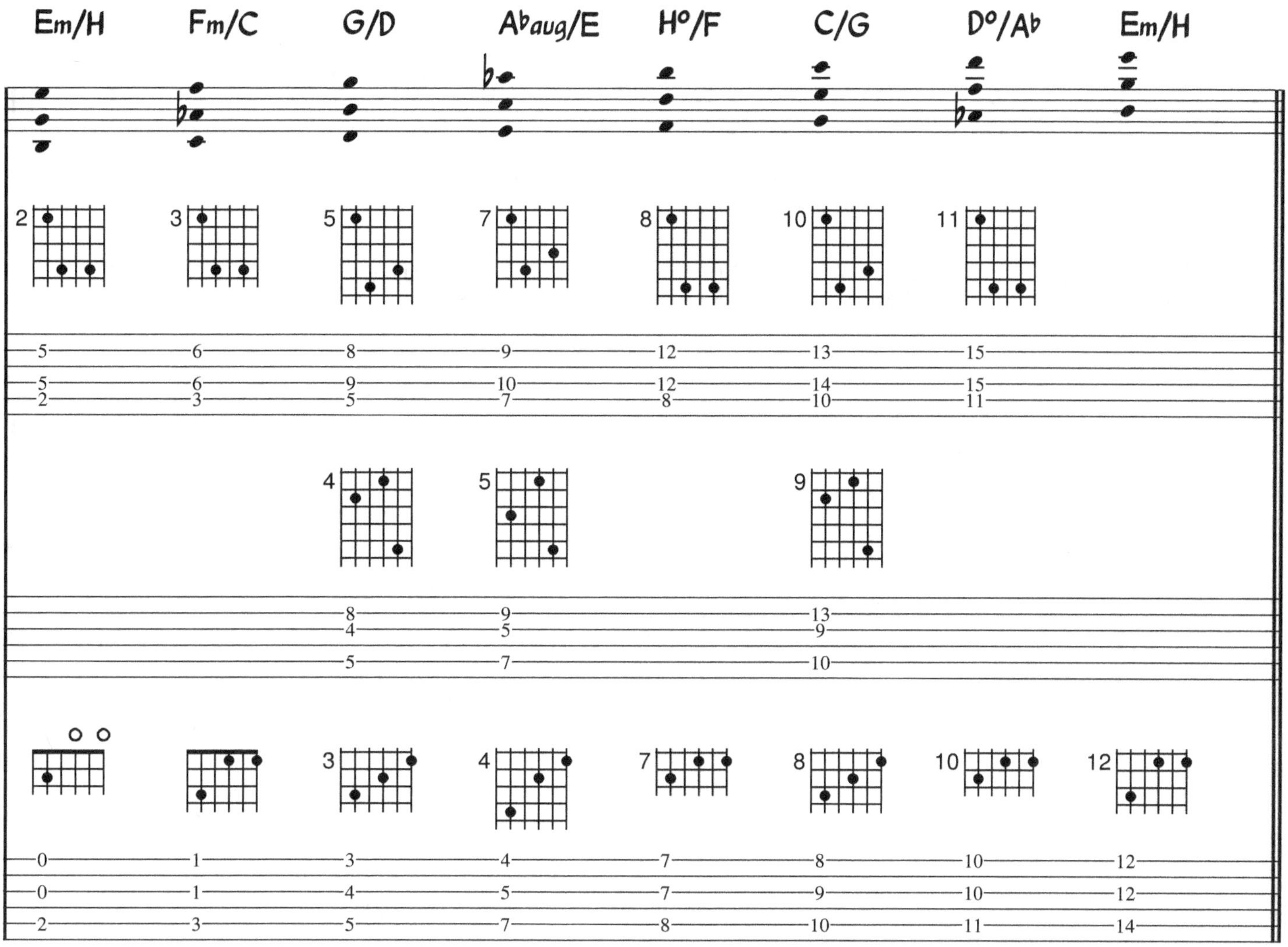

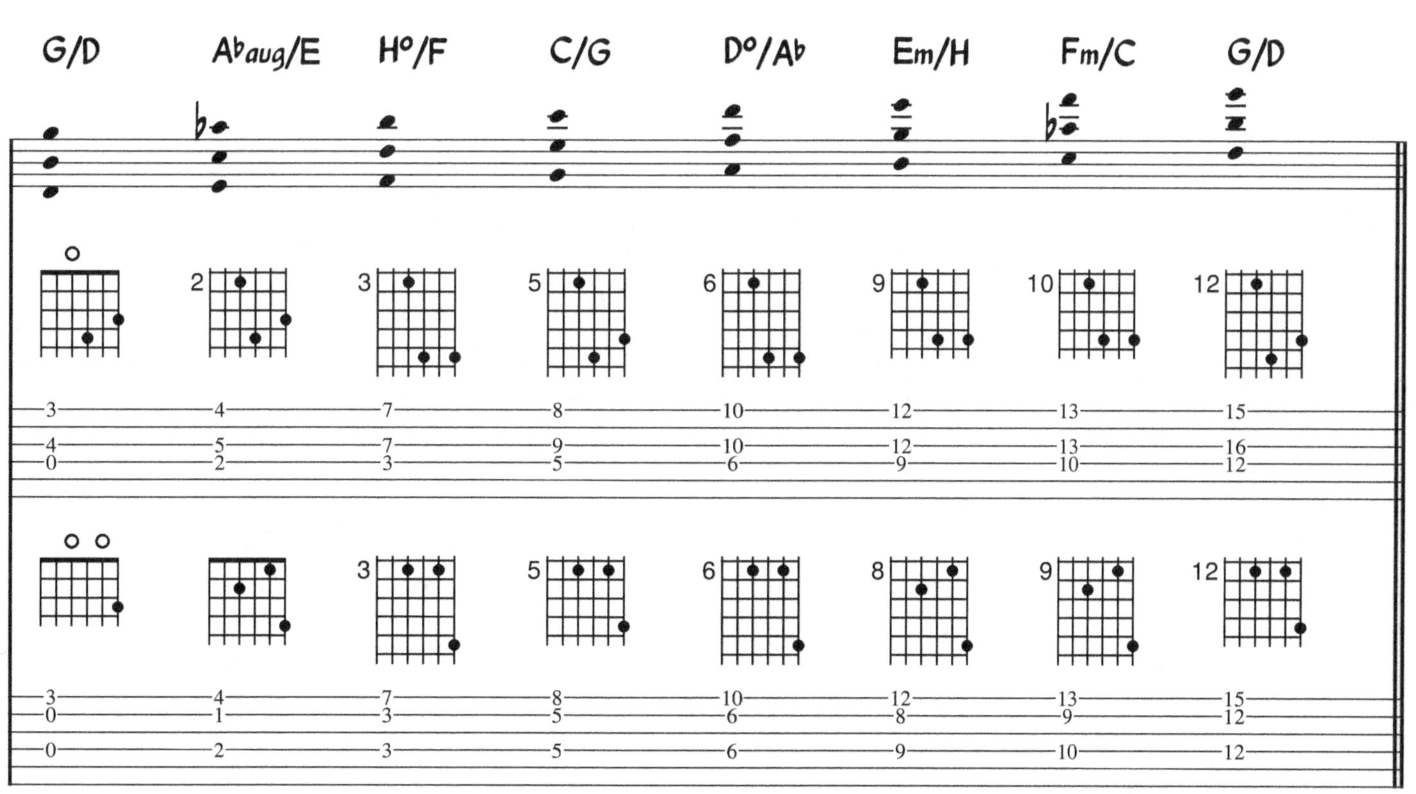

Em/H
Fm/C
G/D
Abaug/E
H°/F
C/G
D°/Ab
Em/H
G/D
Abaug/E
H°/F
C/G
D°/Ab
Em/H
Fm/C
G/D

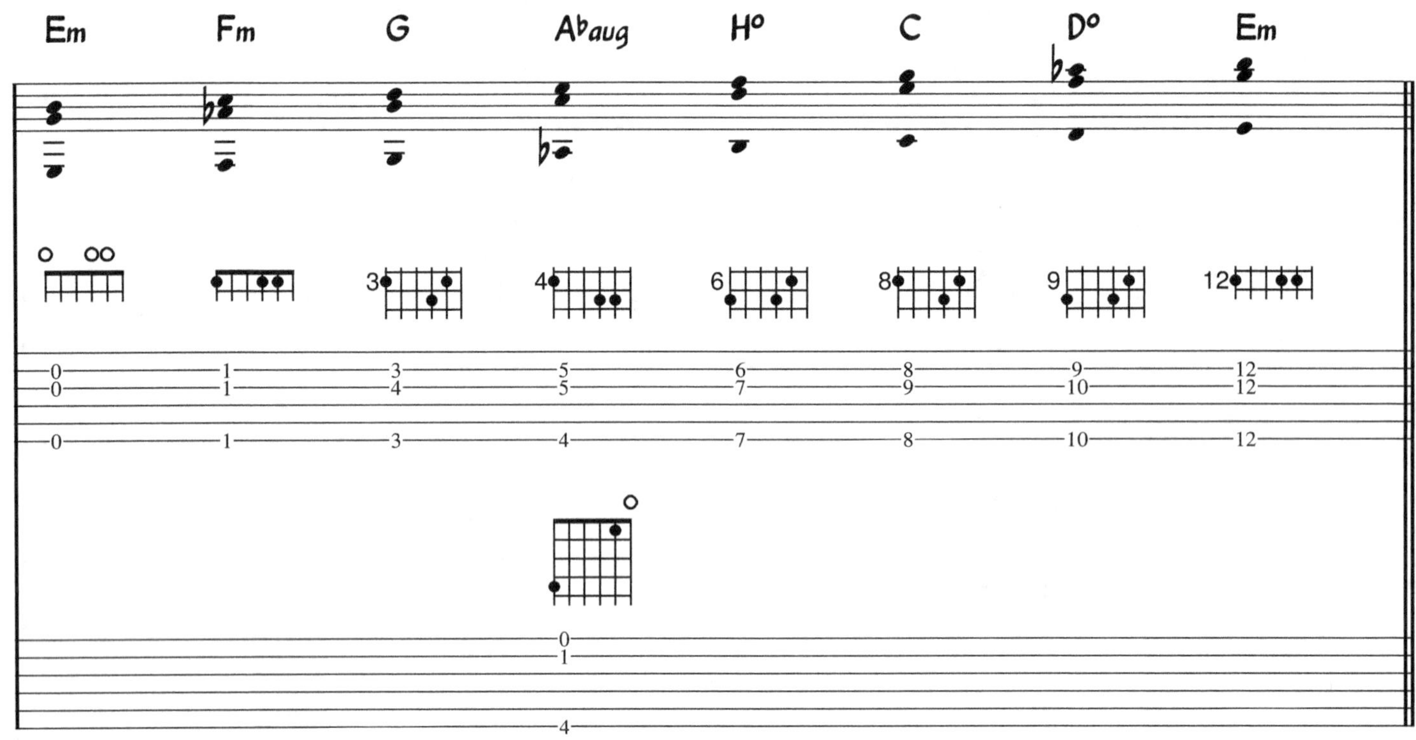

Em
Fm
G
A♭aug
H°
C
D°
Em

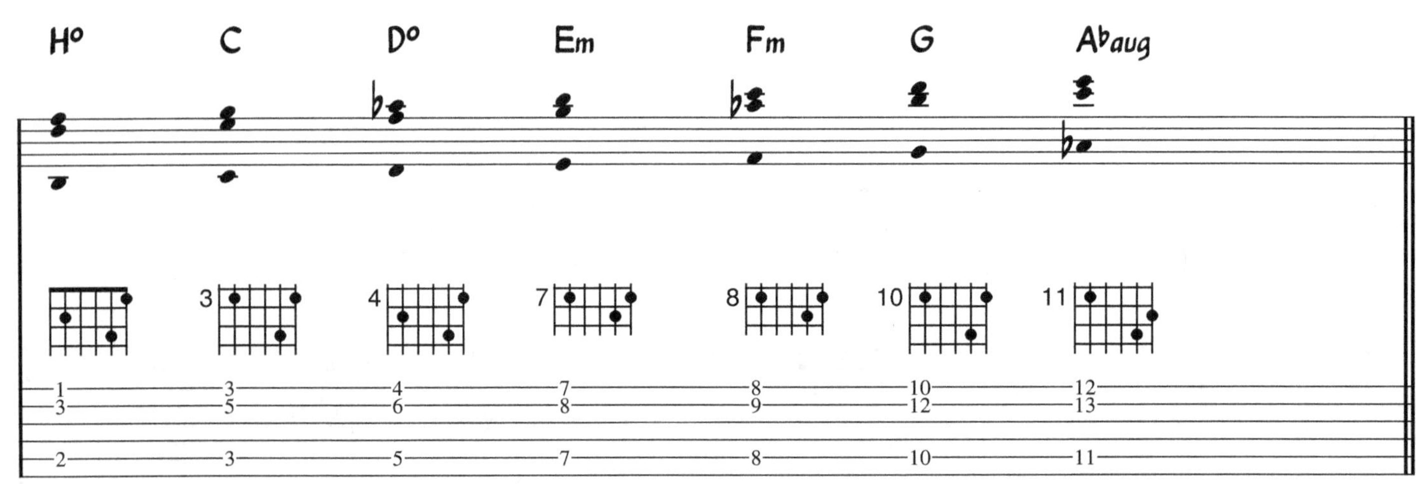

H°
C
D°
Em
Fm
G
A♭aug

1. Umk. (weite Lage, Variante 2)
C/E   D°/F   Em/G   Fm/Ab   G/H   Abaug/C   H°/D   C/E   D°/F   Em/G
G/H   Abaug/C   H°/D   C/E   D°/F   Em/G   Fm/Ab

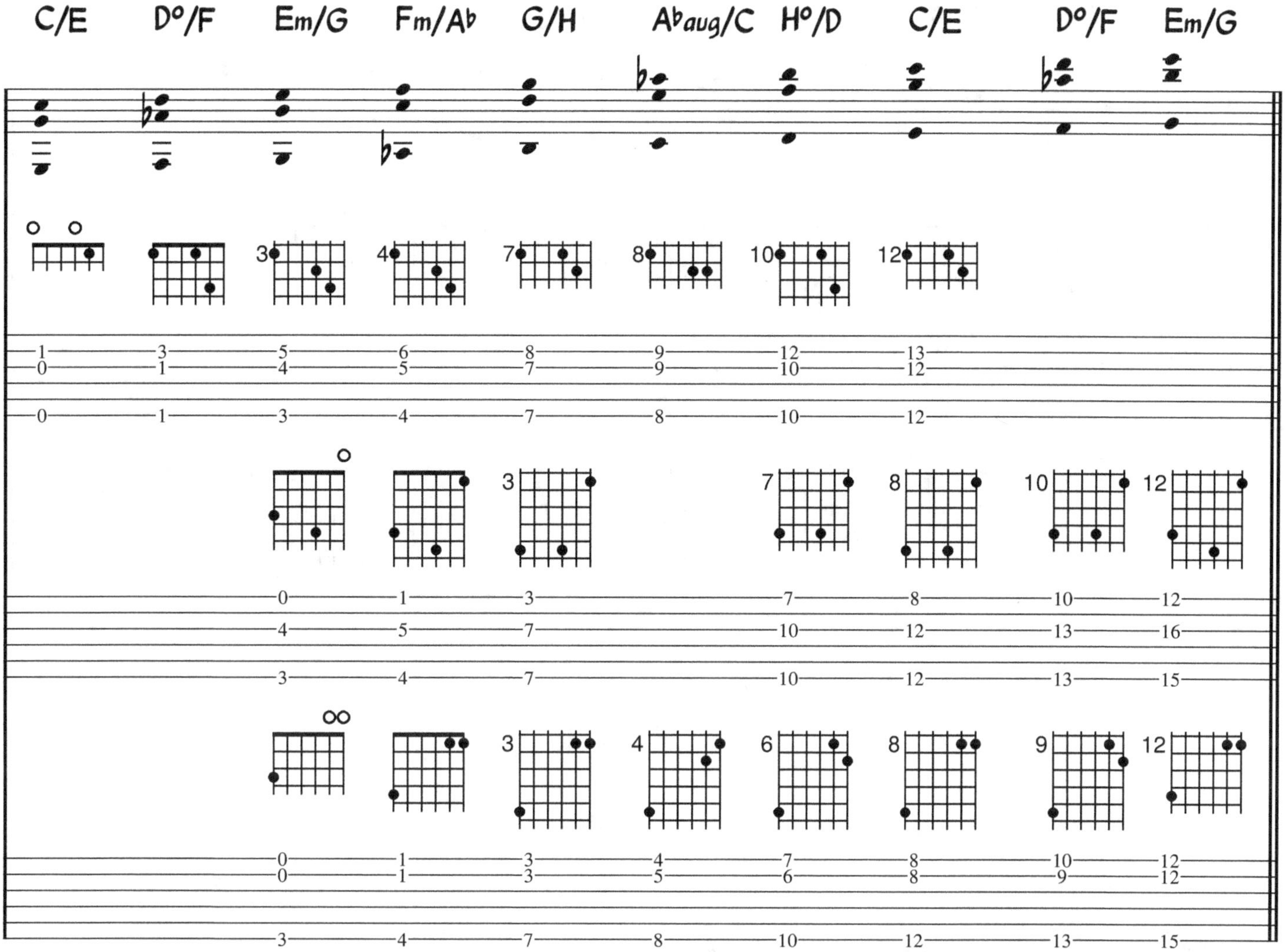

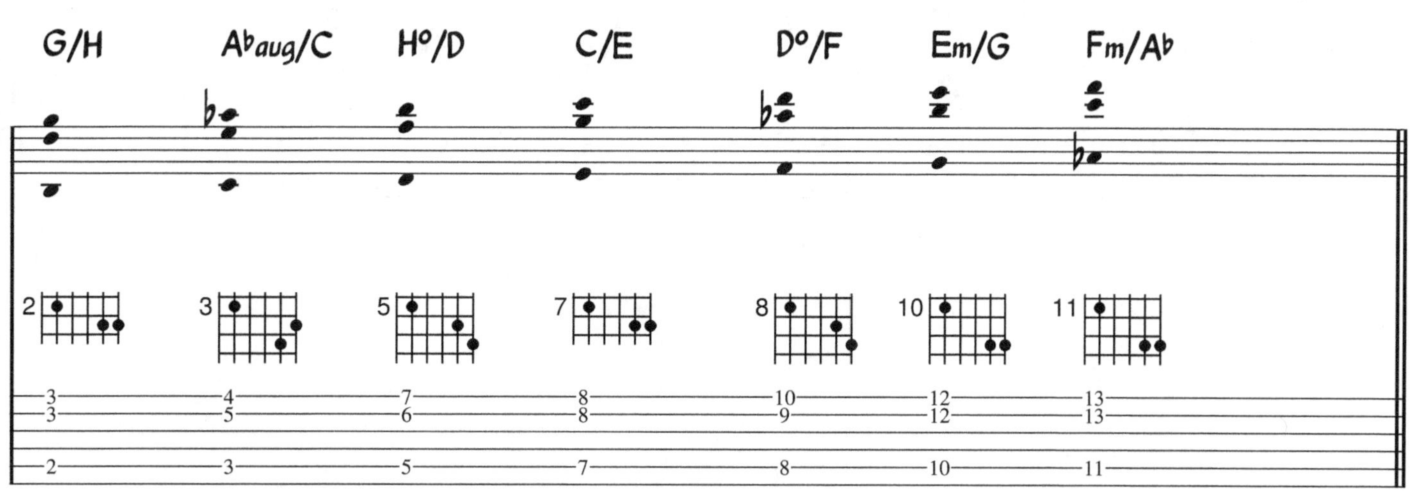

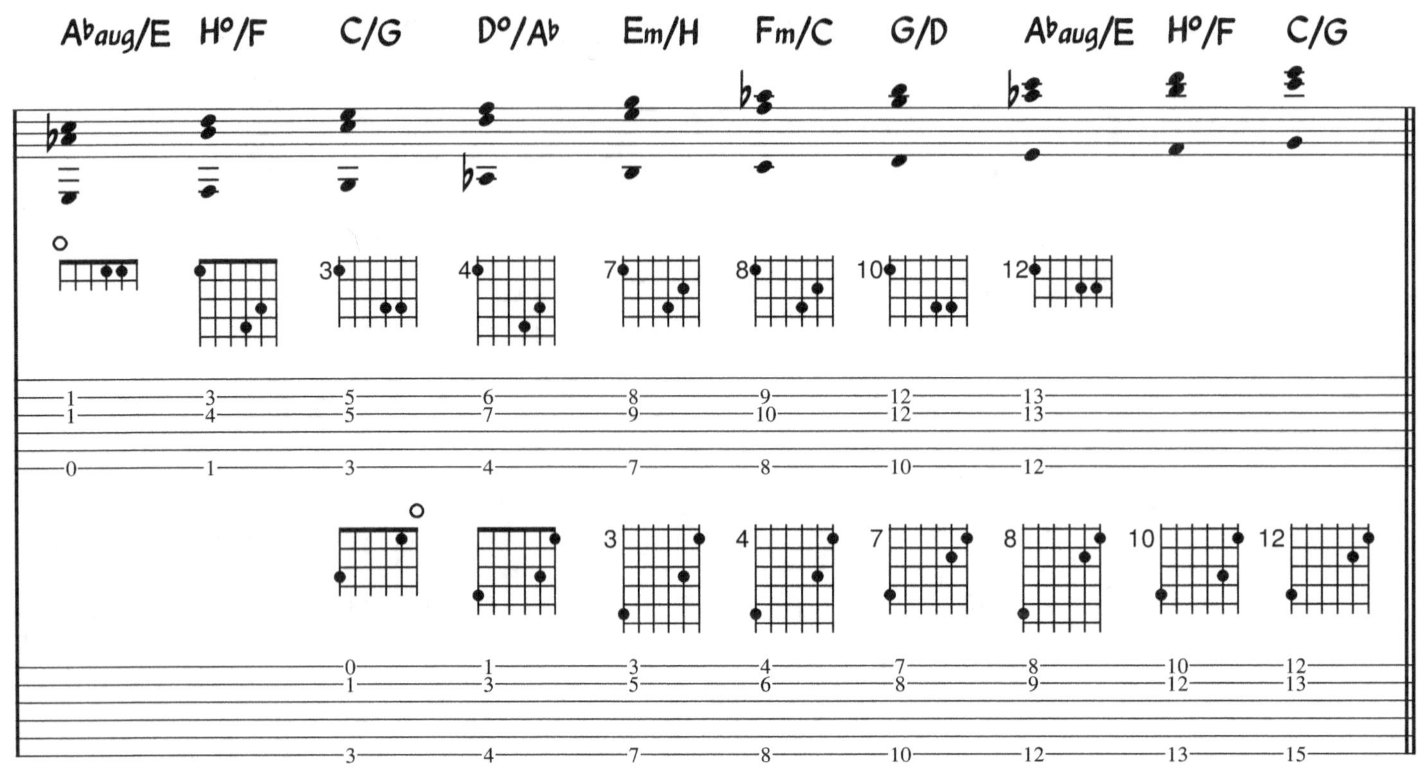
A♭aug/E   H°/F   C/G   D°/A♭   Em/H   Fm/C   G/D   A♭aug/E   H°/F   C/G

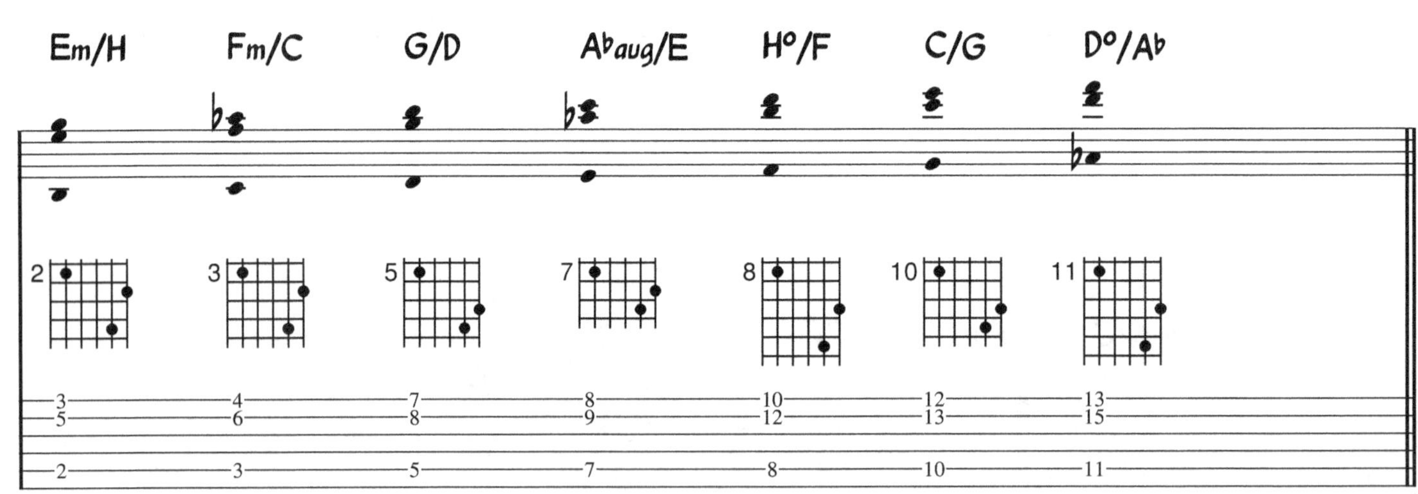
Em/H   Fm/C   G/D   A♭aug/E   H°/F   C/G   D°/A♭

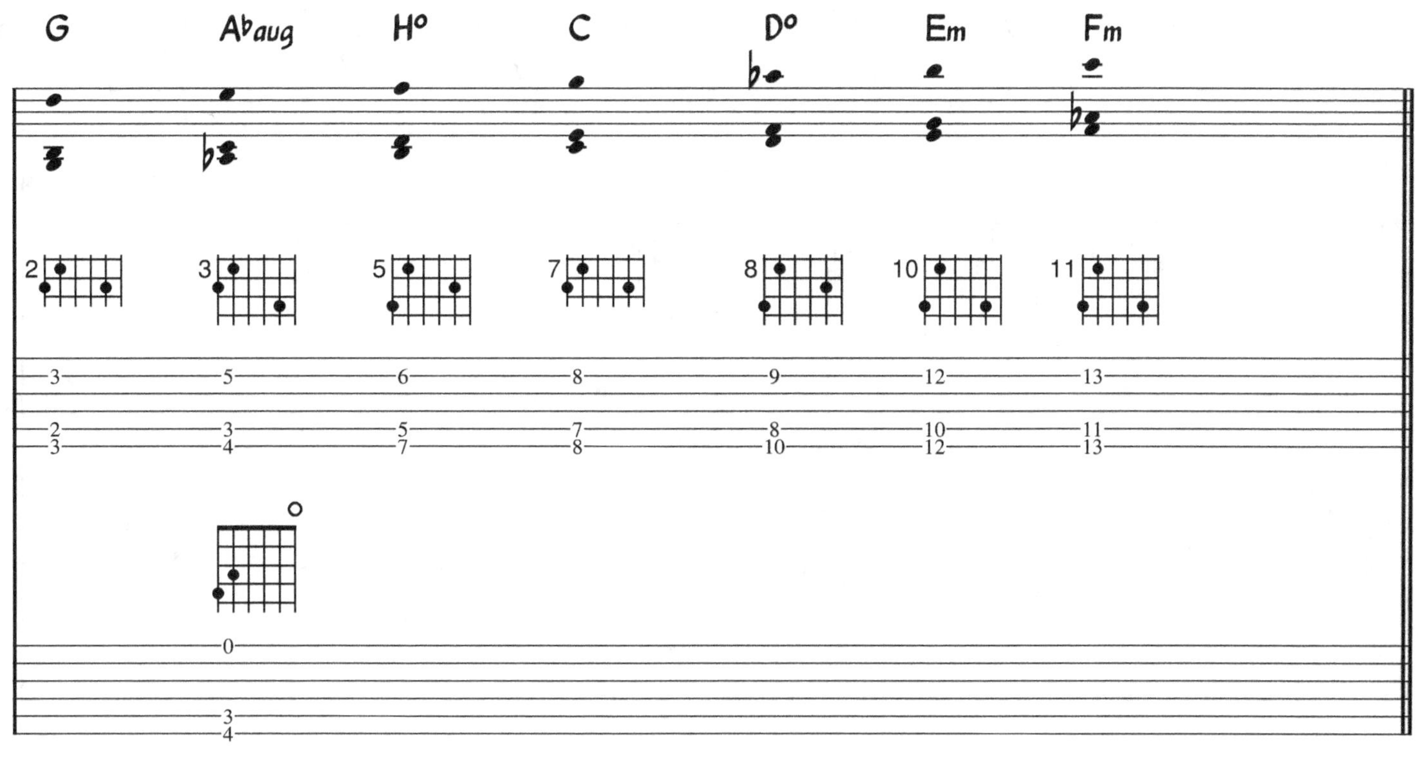

G
A♭aug
H°
C
D°
Em
Fm

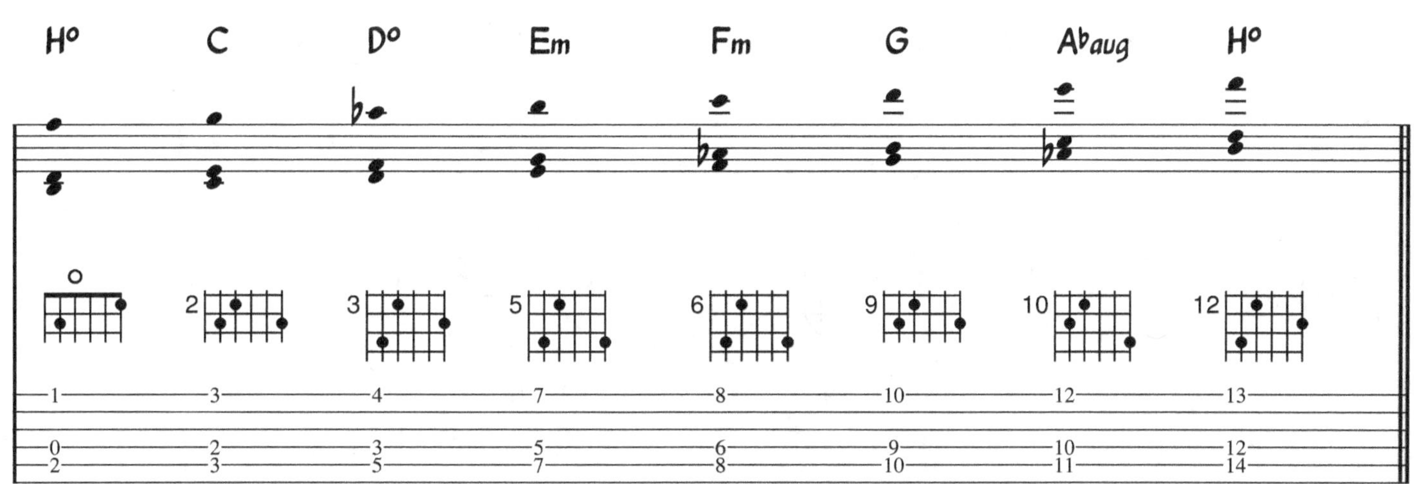

H°
C
D°
Em
Fm
G
A♭aug
H°

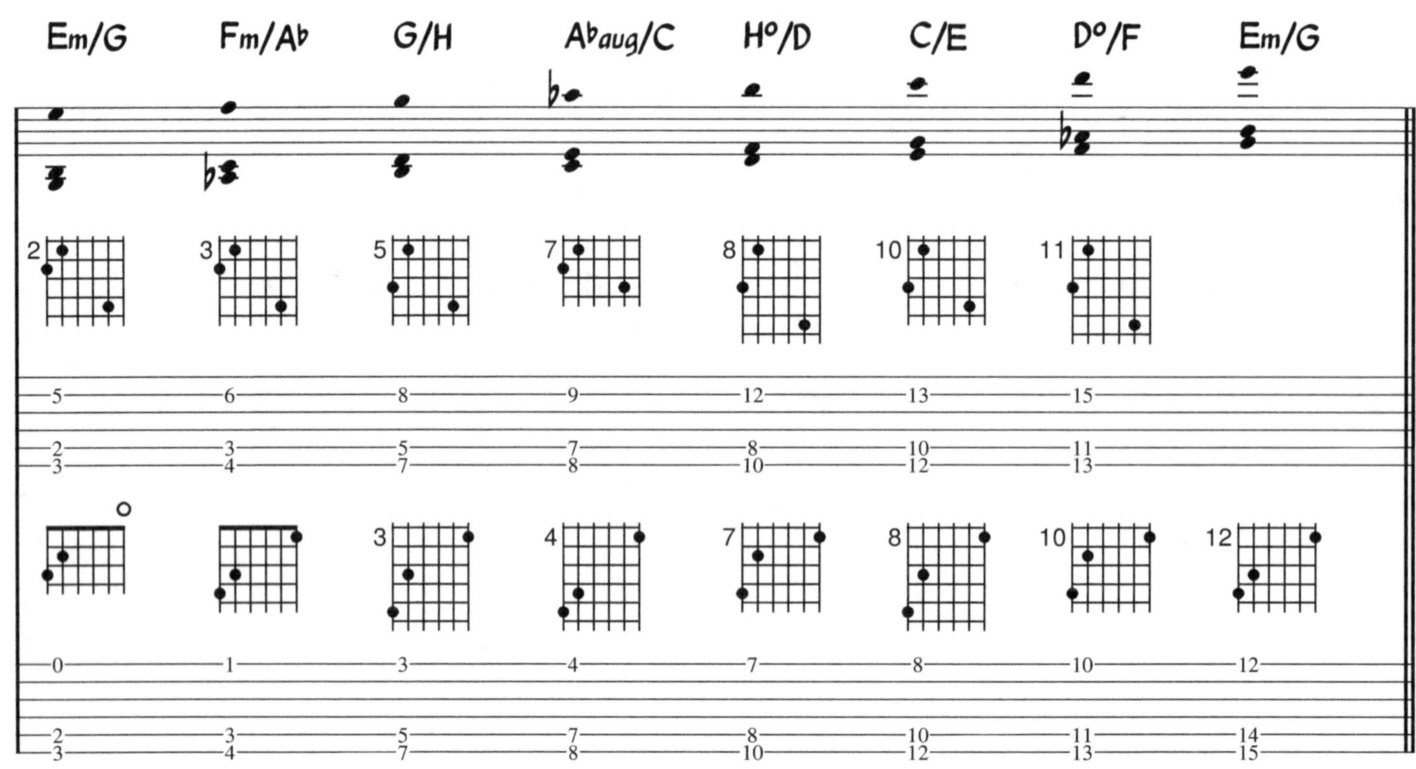

Em/G
Fm/Ab
G/H
Abaug/C
Ho/D
C/E
Do/F
Em/G

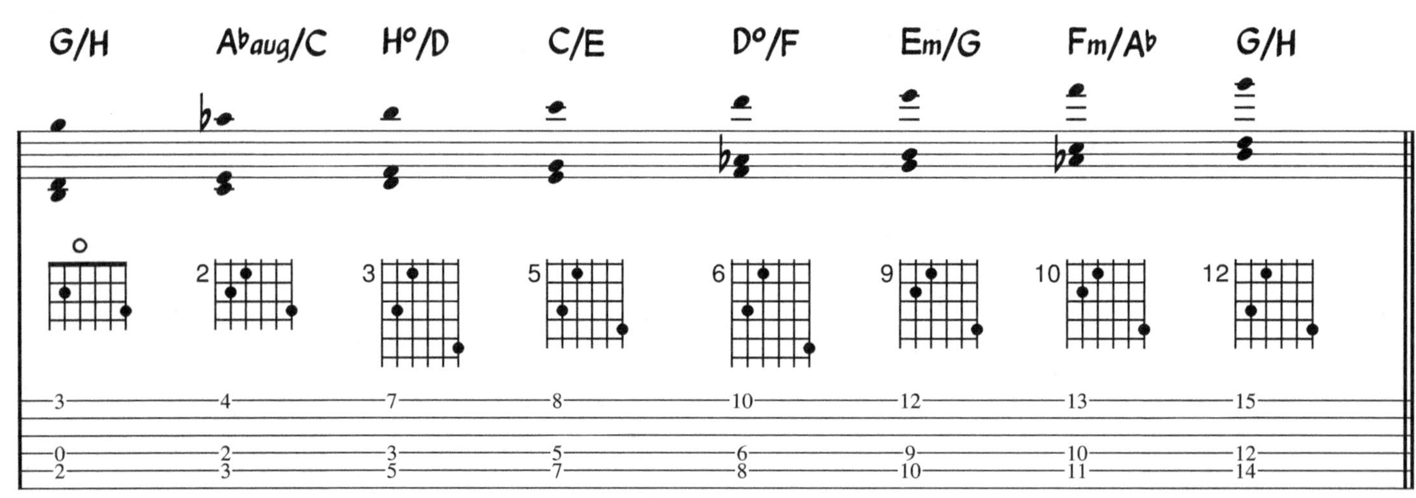

G/H
Abaug/C
Ho/D
C/E
Do/F
Em/G
Fm/Ab
G/H

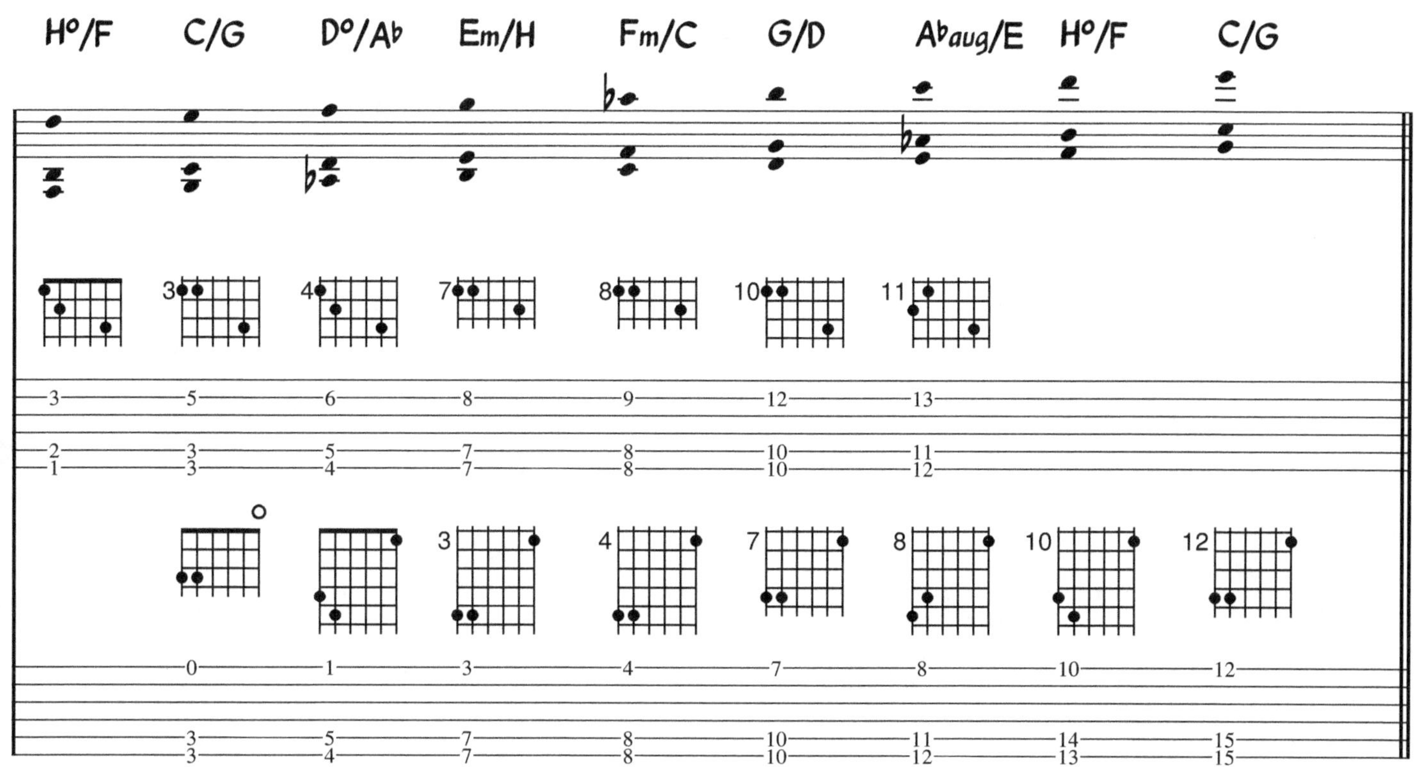

H°/F
C/G
D°/Ab
Em/H
Fm/C
G/D
Abaug/E
H°/F
C/G

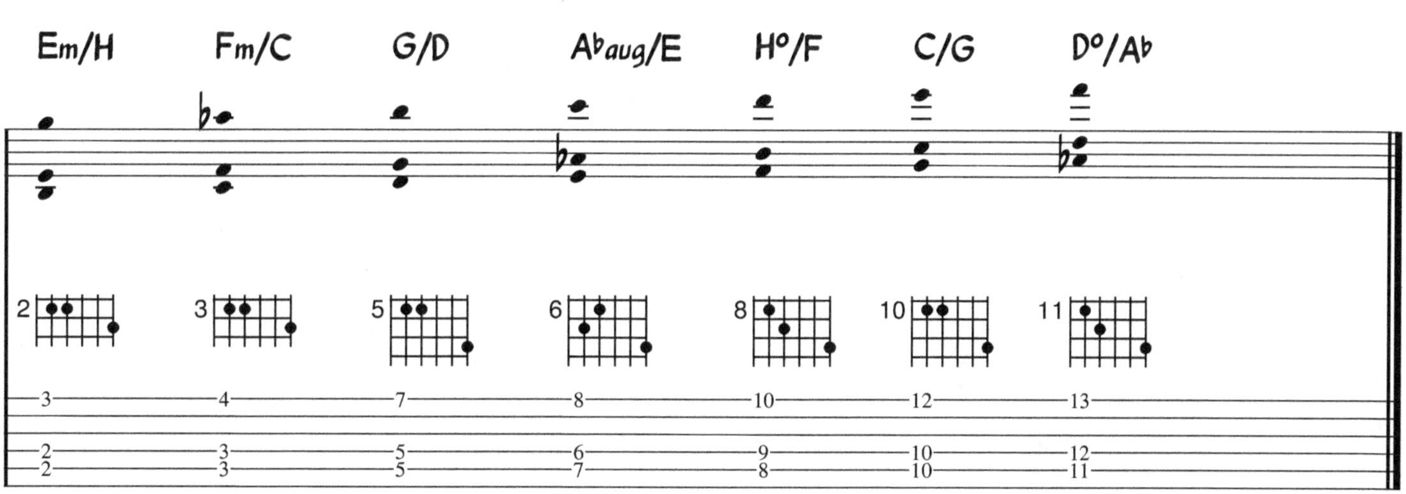

Em/H
Fm/C
G/D
Abaug/E
H°/F
C/G
D°/Ab

~ G harmonisch Dur ~

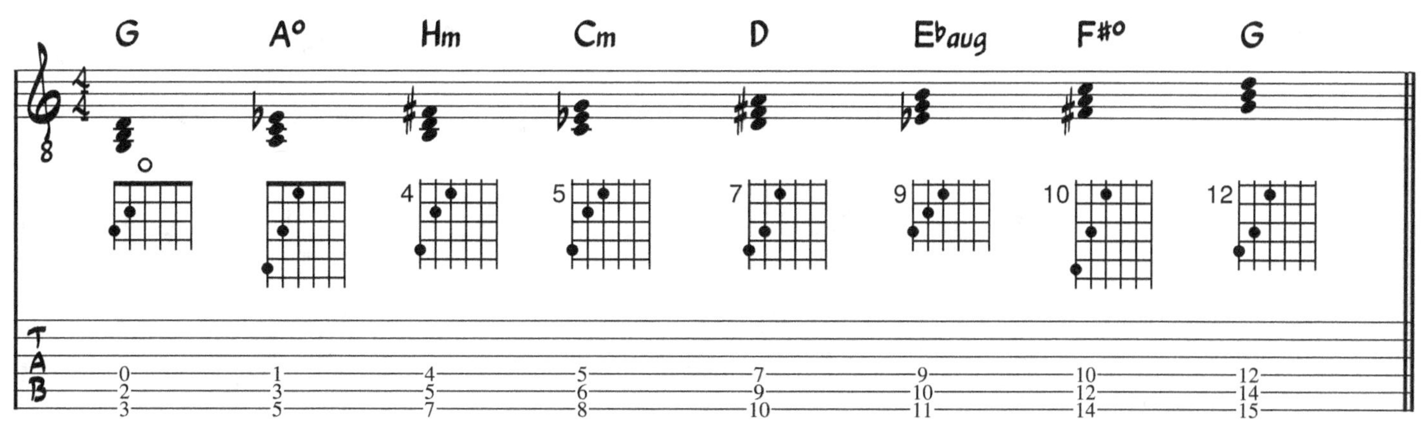

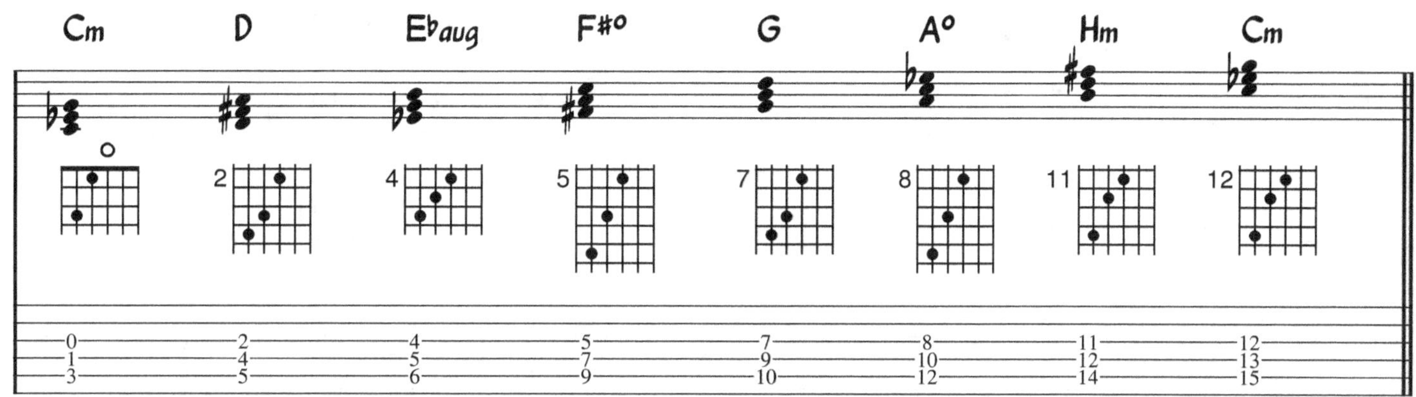

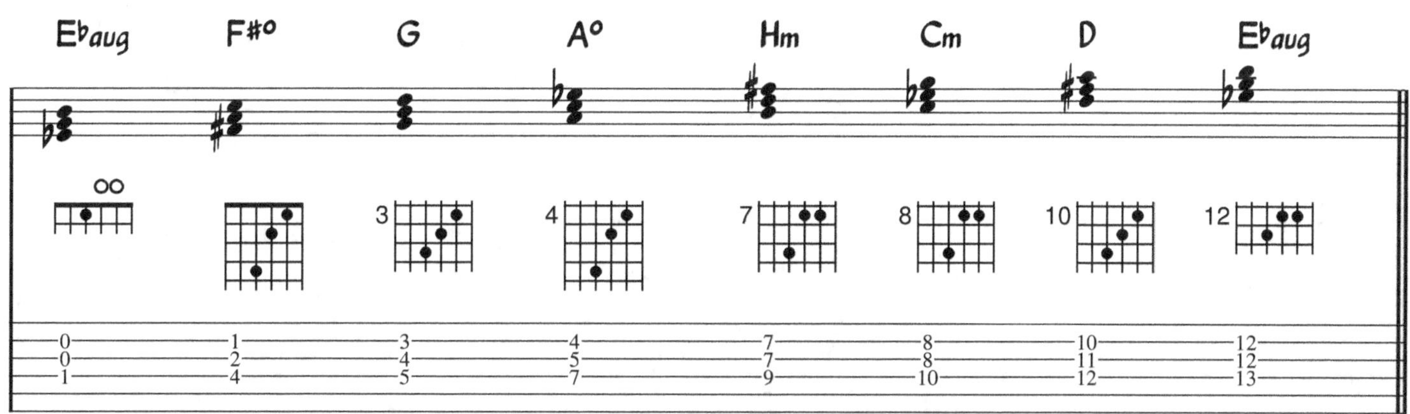

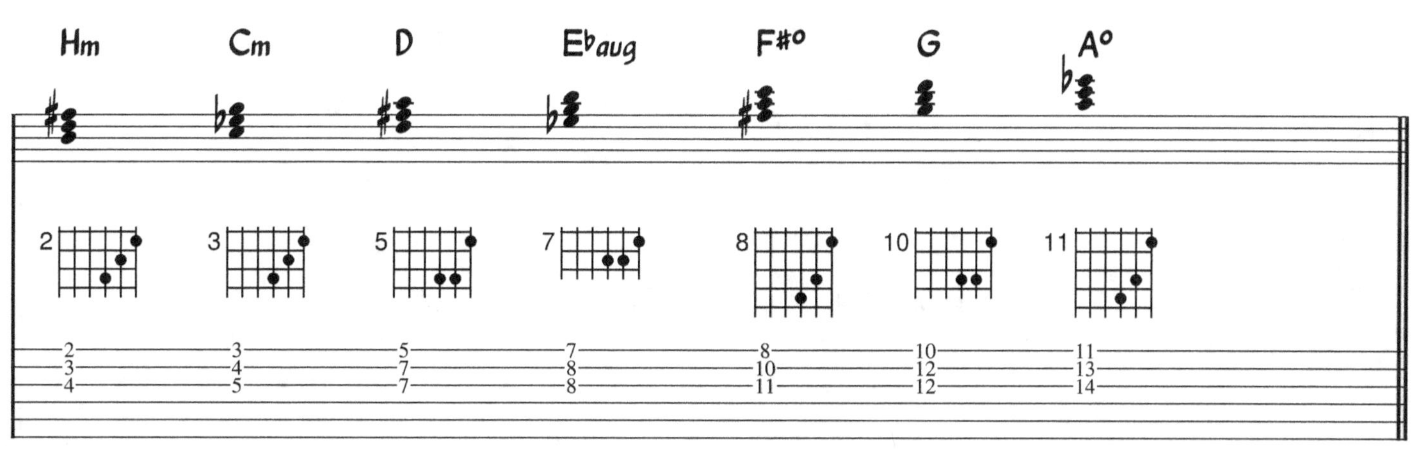

D/F#   Ebaug/G   F#o/A   G/H   Ao/C   Hm/D   Cm/Eb   D/F#
G/H   Ao/C   Hm/D   Cm/Eb   D/F#   Ebaug/G   F#o/A   G/H
Cm/Eb   D/F#   Ebaug/G   F#o/A   G/H   Ao/C   Hm/D   Cm/Eb
F#o/A   G/H   Ao/C   Hm/D   Cm/Eb   D/F#   Ebaug/G

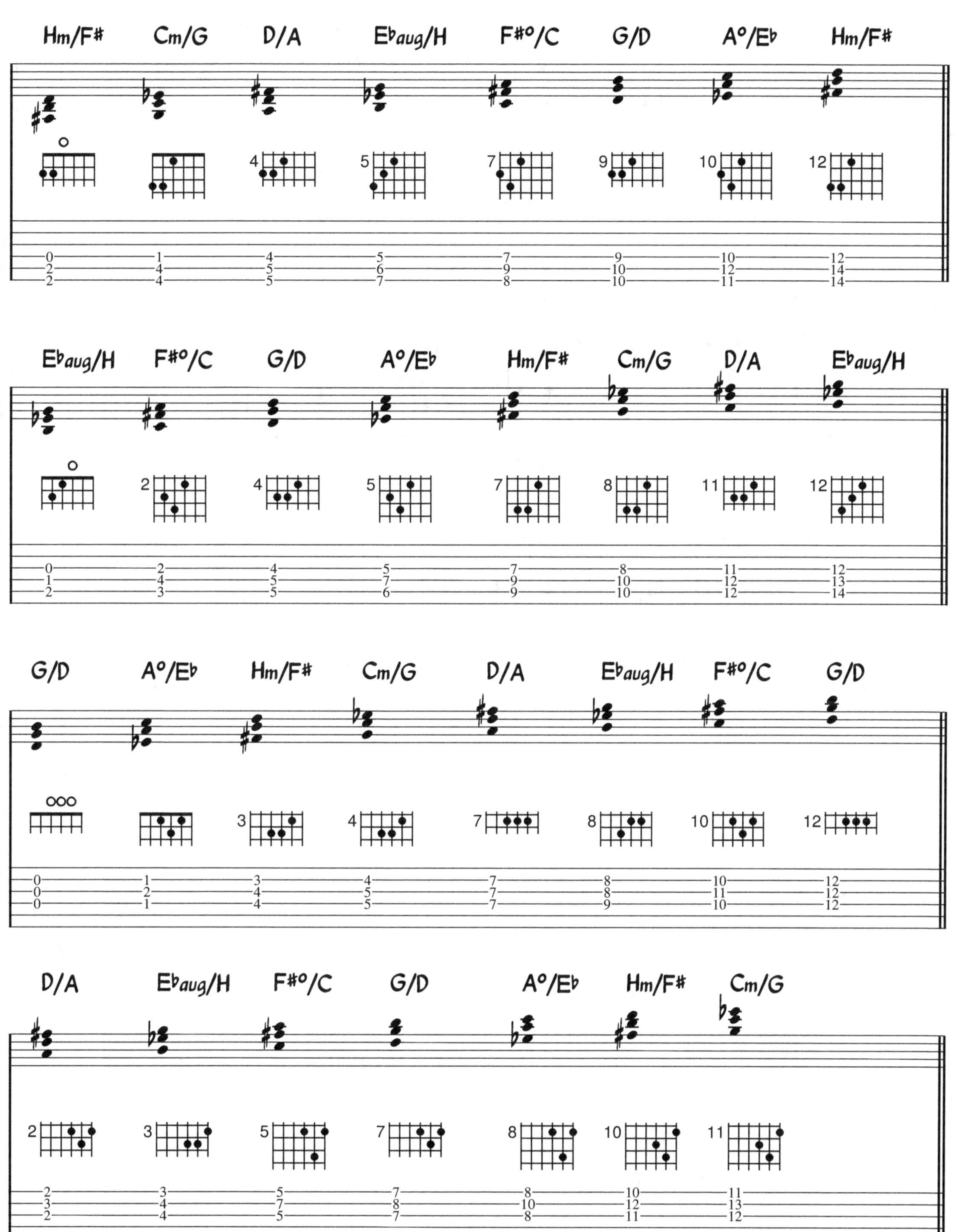
Hm/F#   Cm/G   D/A   Ebaug/H   F#°/C   G/D   A°/Eb   Hm/F#
Ebaug/H   F#°/C   G/D   A°/Eb   Hm/F#   Cm/G   D/A   Ebaug/H
G/D   A°/Eb   Hm/F#   Cm/G   D/A   Ebaug/H   F#°/C   G/D
D/A   Ebaug/H   F#°/C   G/D   A°/Eb   Hm/F#   Cm/G

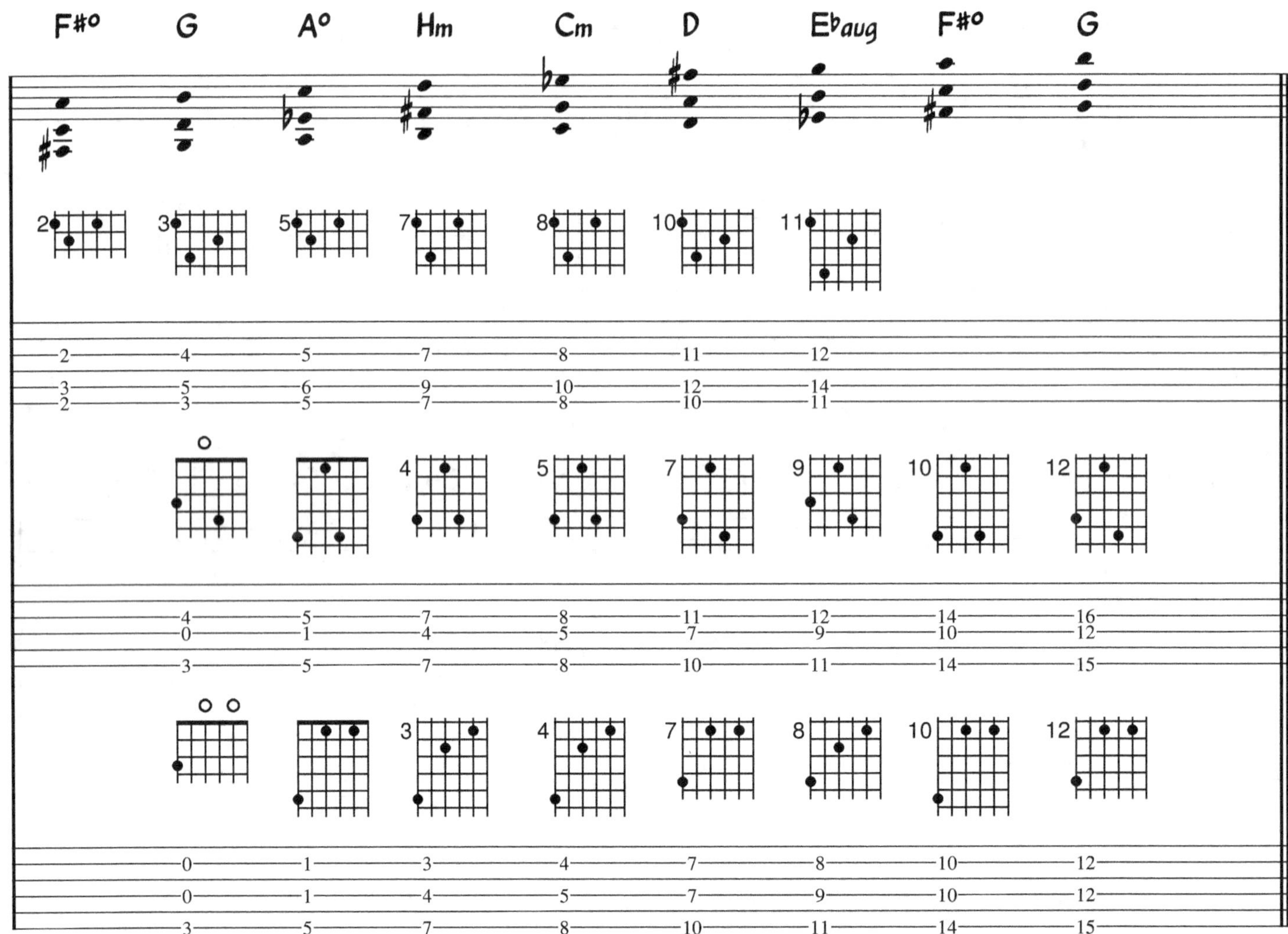

F#° G A° Hm Cm D Ebaug F#° G

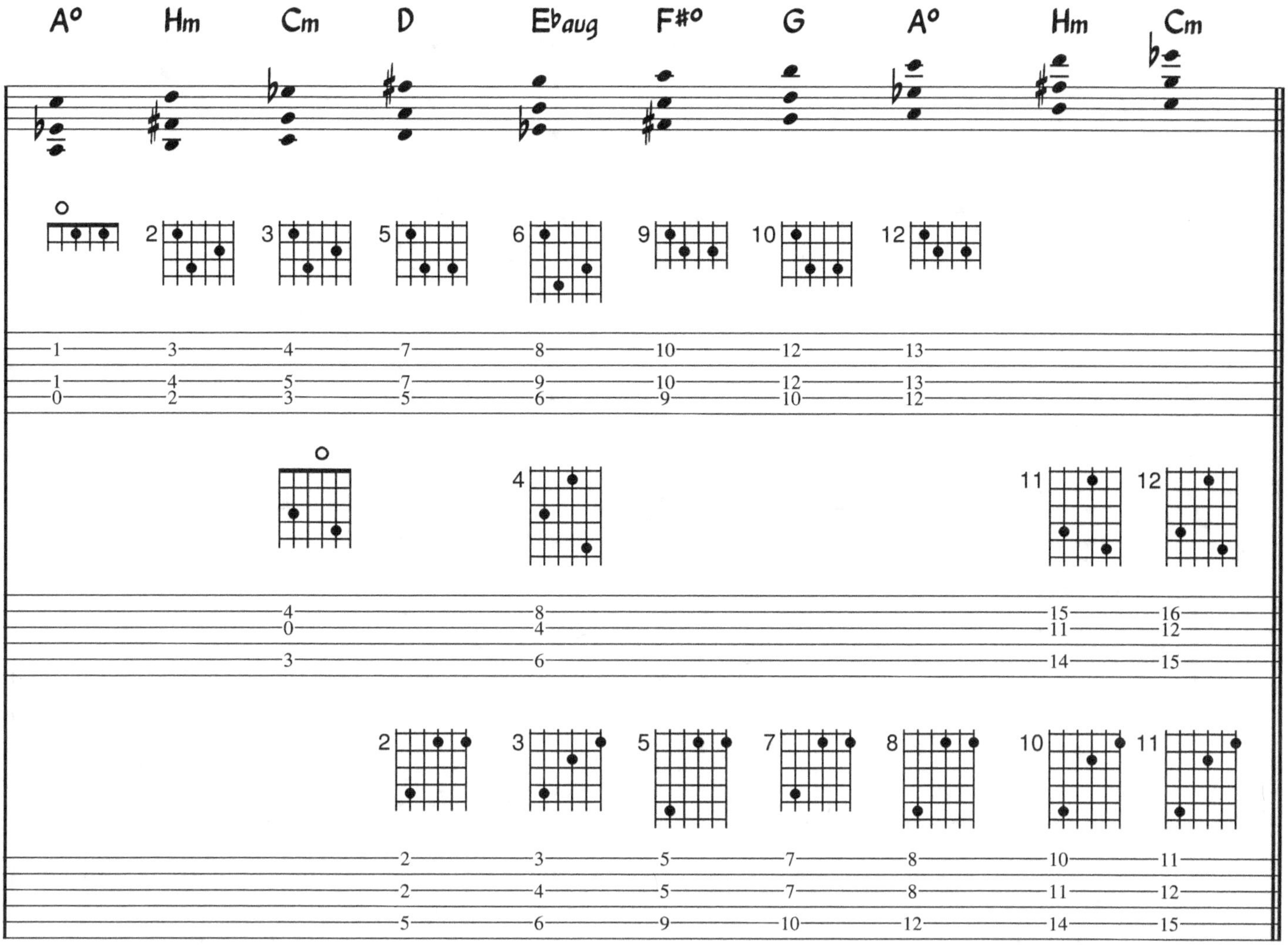

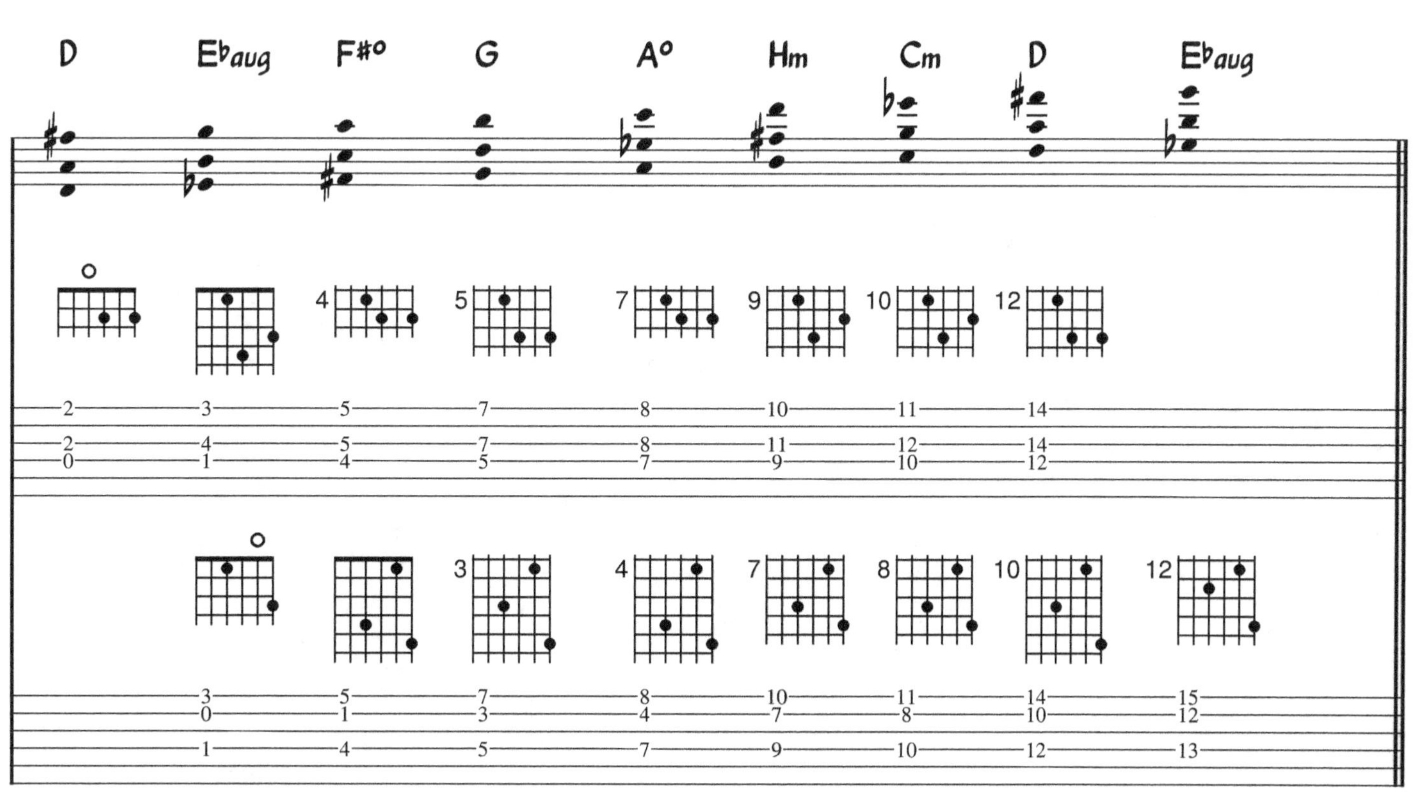

A° Hm Cm D E♭aug F#° G A° Hm Cm
D E♭aug F#° G A° Hm Cm D E♭aug
21

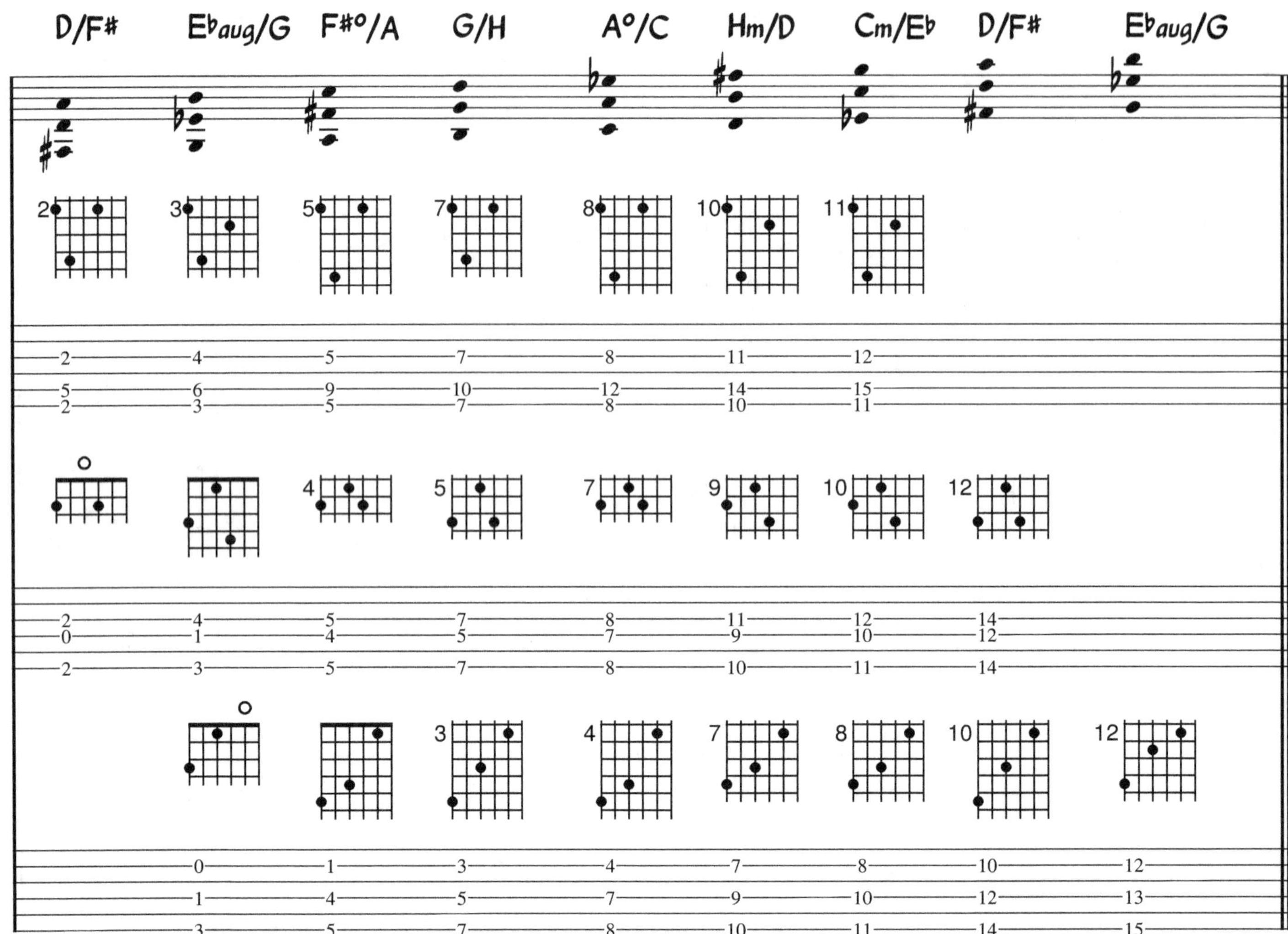
D/F#
Ebaug/G
F#o/A
G/H
Ao/C
Hm/D
Cm/Eb
D/F#
Ebaug/G

D/F#
Ebaug/G
F#o/A
G/H
Ao/C
Hm/D
Cm/Eb
D/F#
Ebaug/G

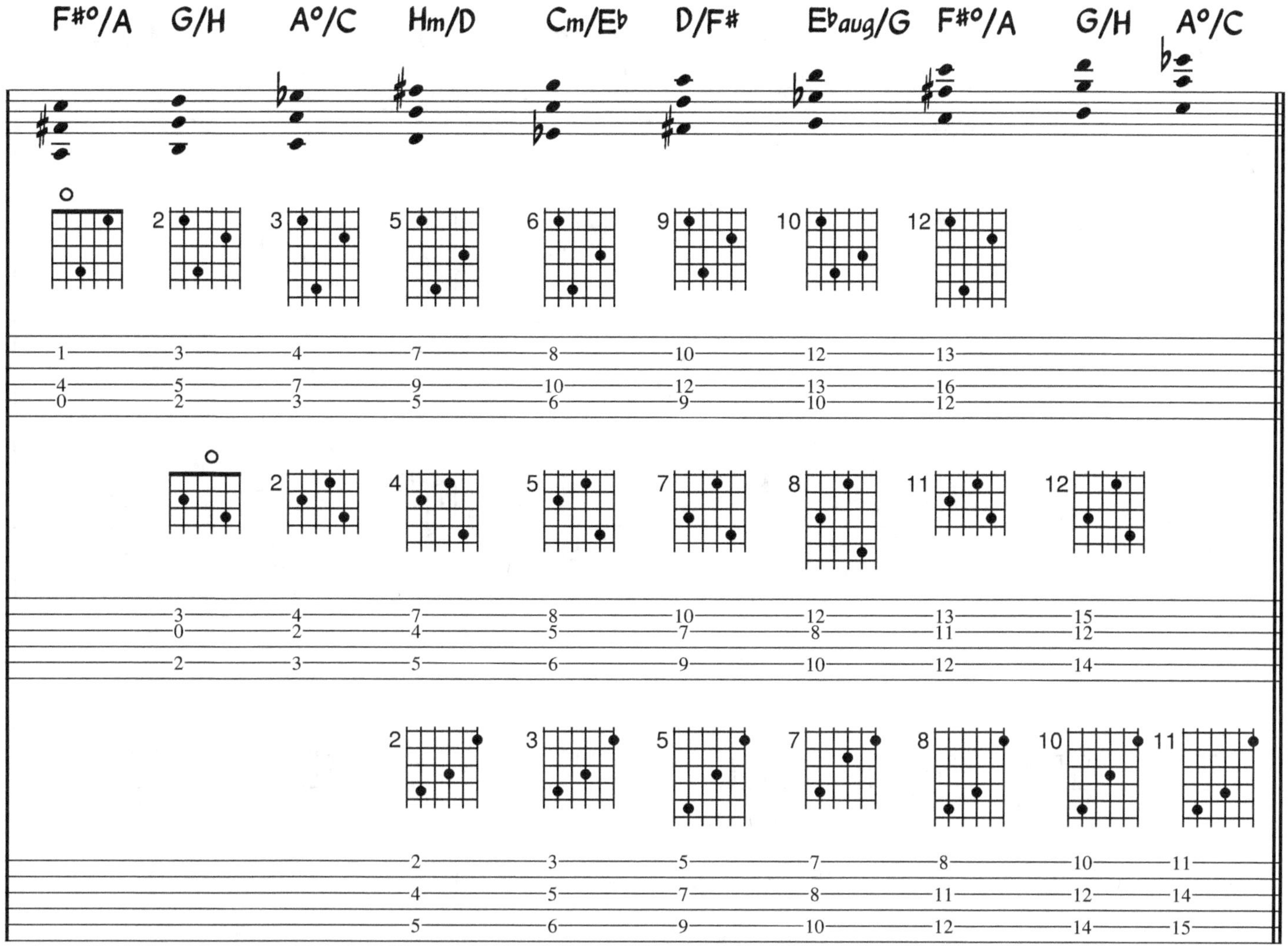

F#°/A G/H A°/C Hm/D Cm/E♭ D/F# E♭aug/G F#°/A G/H A°/C

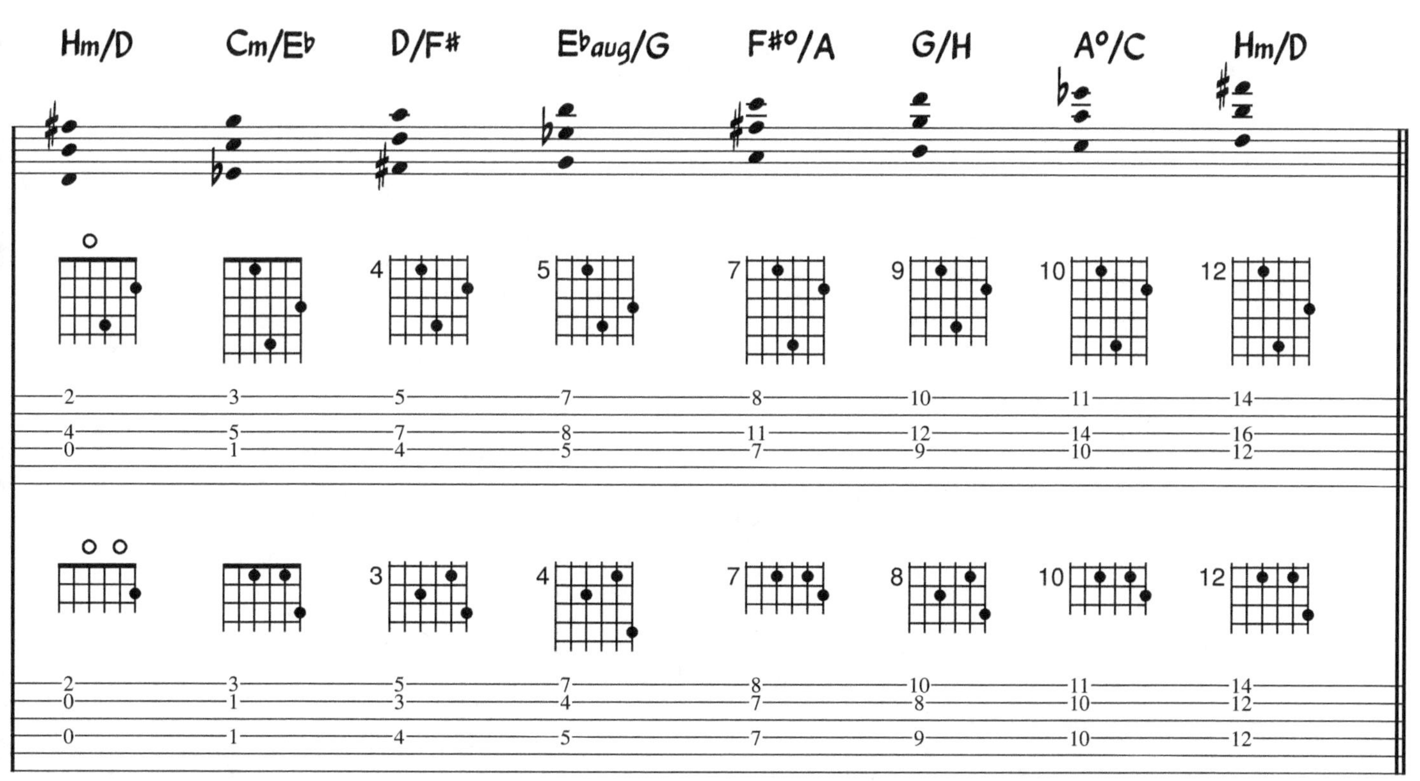

Hm/D Cm/E♭ D/F# E♭aug/G F#°/A G/H A°/C Hm/D

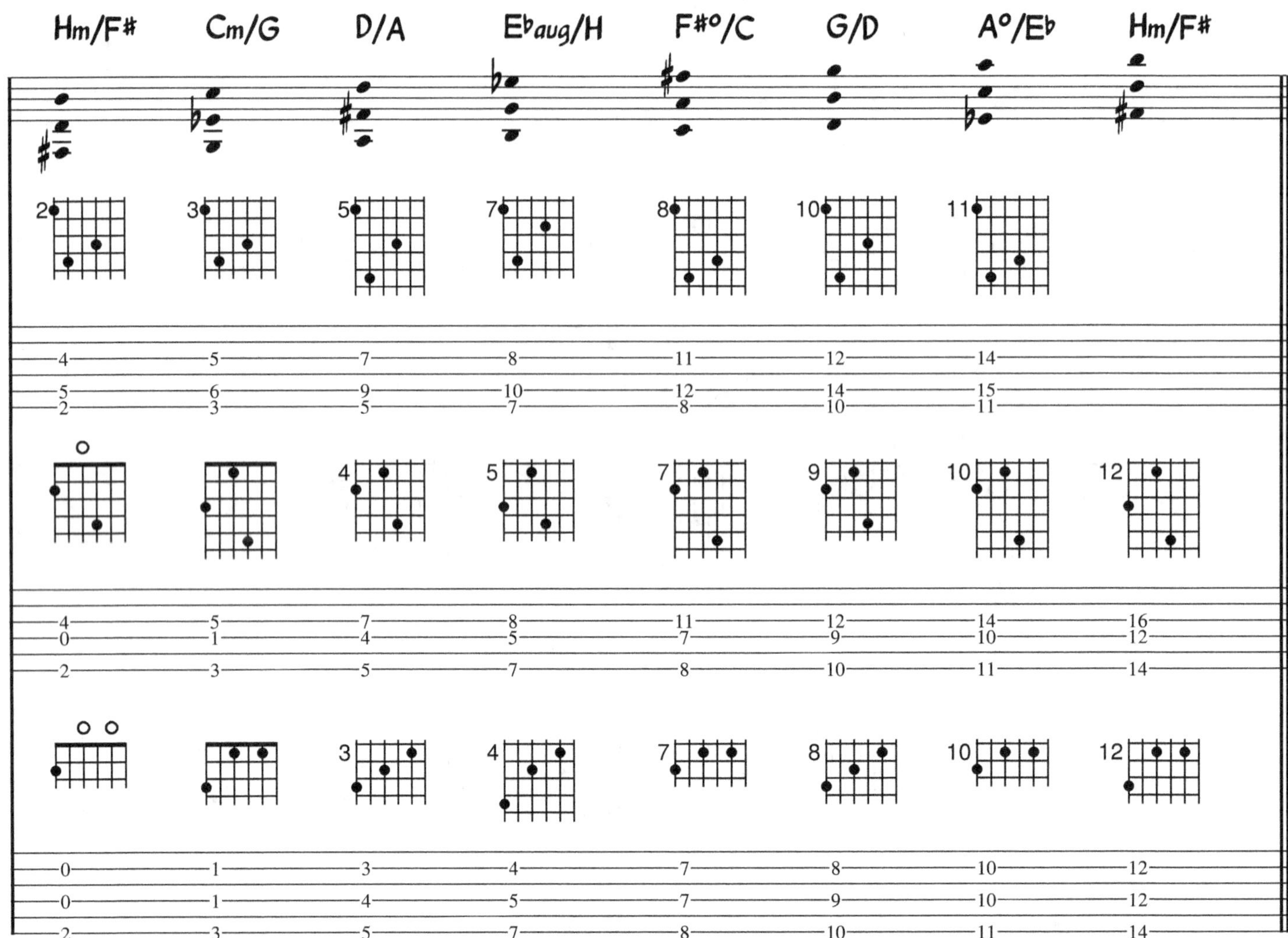

Hm/F#
Cm/G
D/A
Ebaug/H
F#°/C
G/D
A°/Eb
Hm/F#

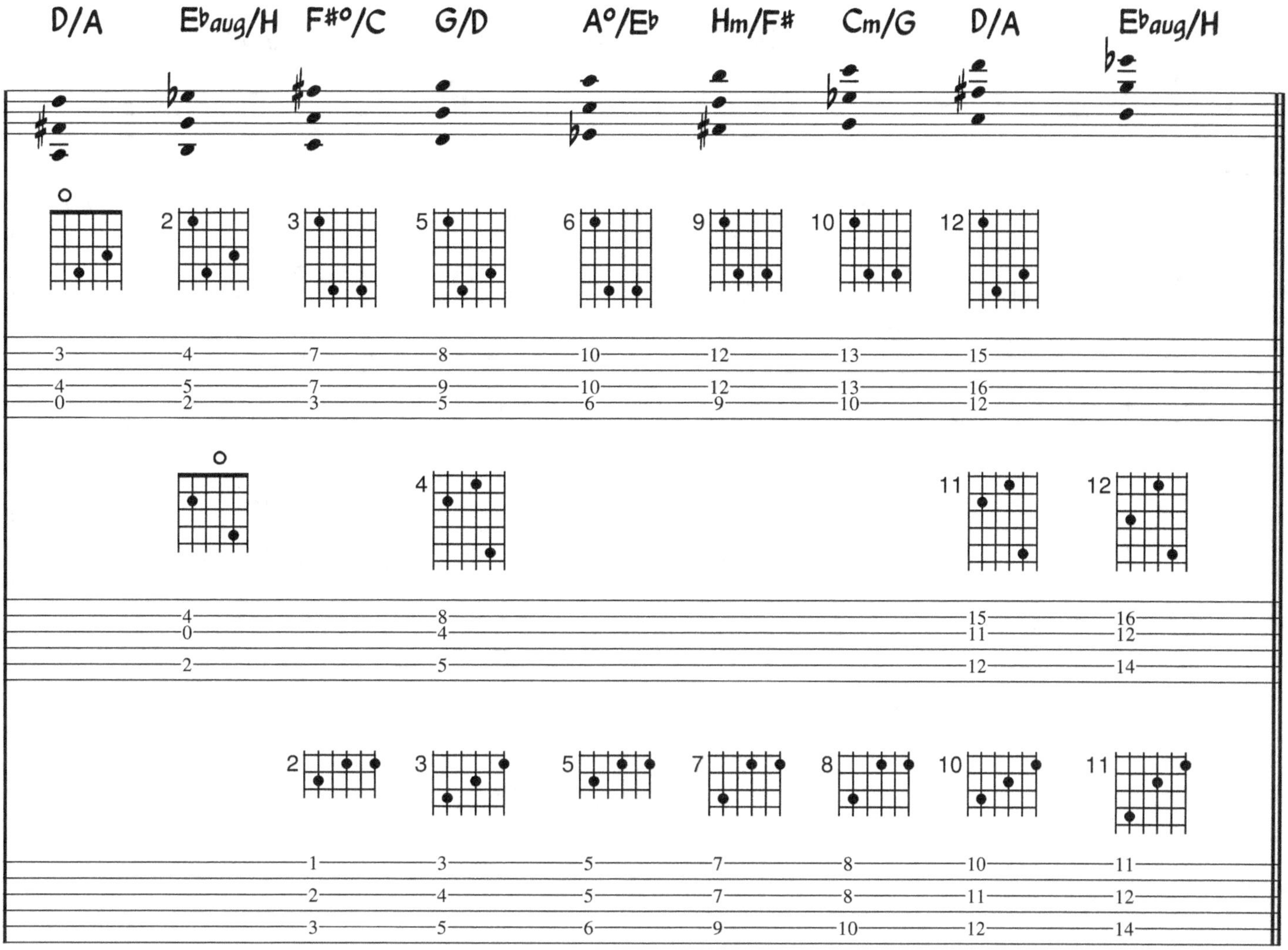

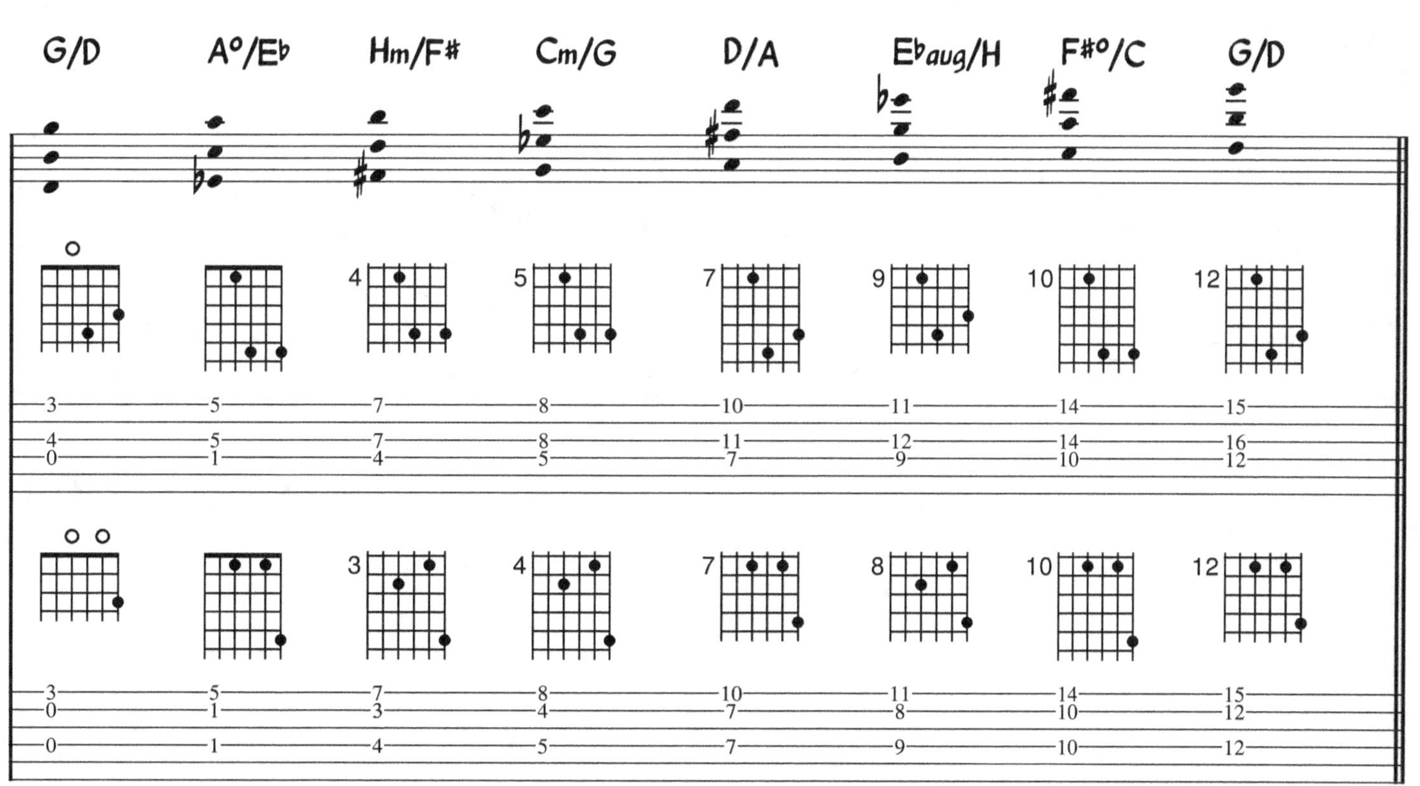

D/A   Ebaug/H   F#o/C   G/D   Ao/Eb   Hm/F#   Cm/G   D/A   Ebaug/H
G/D   Ao/Eb   Hm/F#   Cm/G   D/A   Ebaug/H   F#o/C   G/D

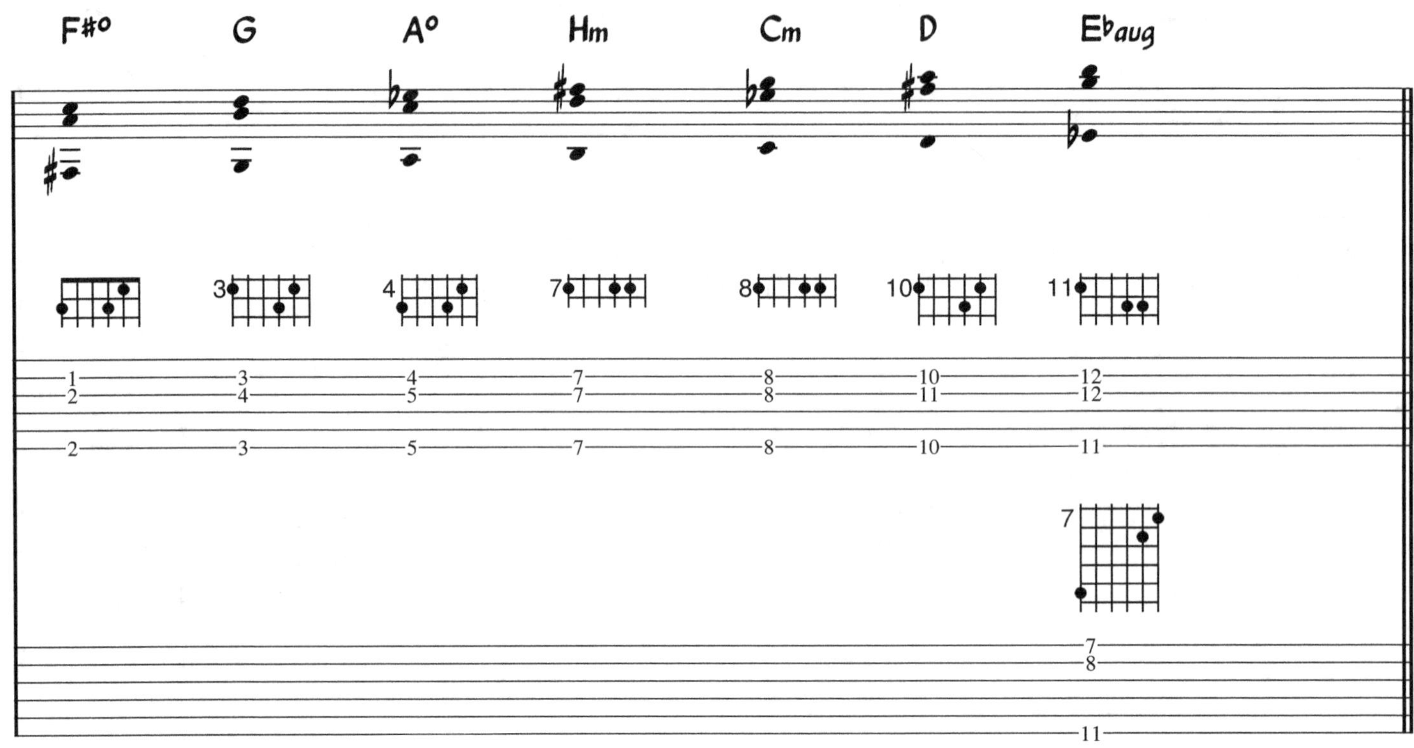

F#o   G   Ao   Hm   Cm   D   Ebaug

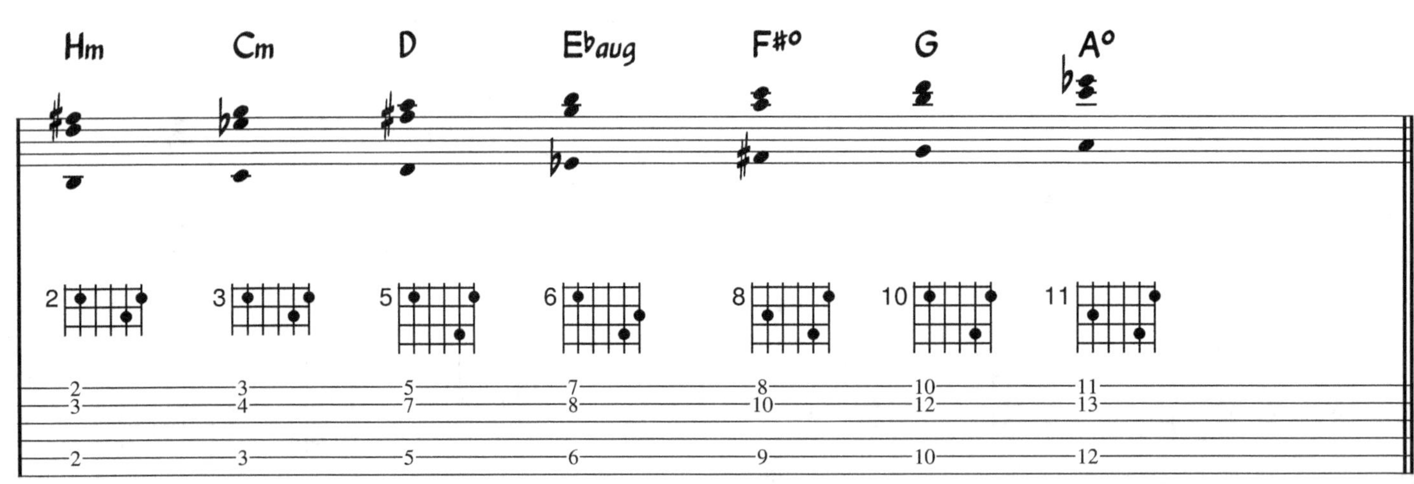

Hm   Cm   D   Ebaug   F#o   G   Ao

1. Umk. (weite Lage, Variante 2)

D/F#
E♭aug/G
F#°/A
G/H
A°/C
Hm/D
Cm/E♭
D/F#
E♭aug/G

F#°/A
G/H
A°/C
Hm/D
Cm/E♭
D/F#
E♭aug/G
F#°/A

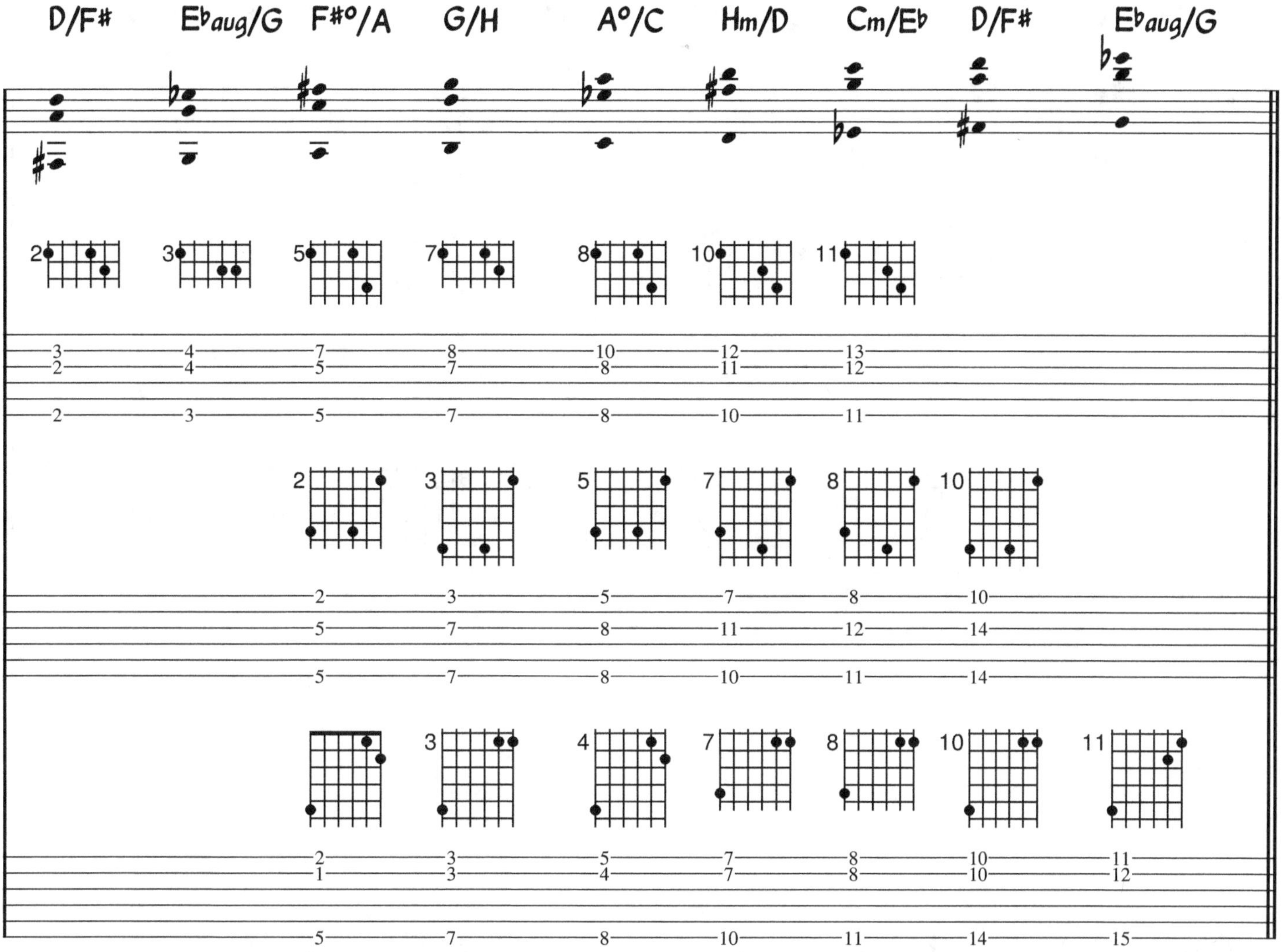

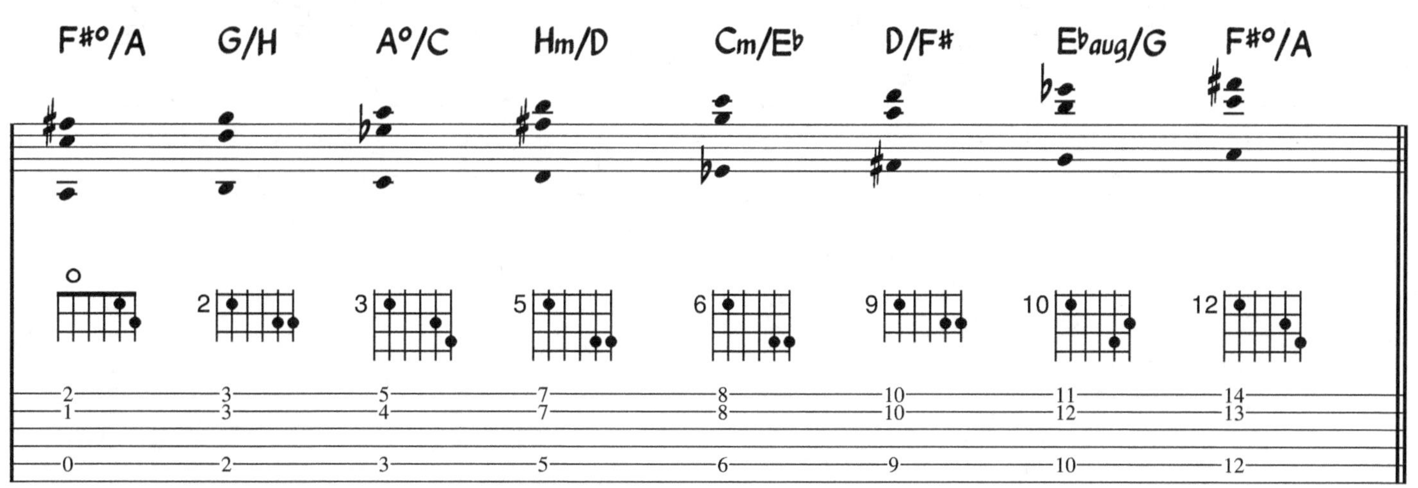

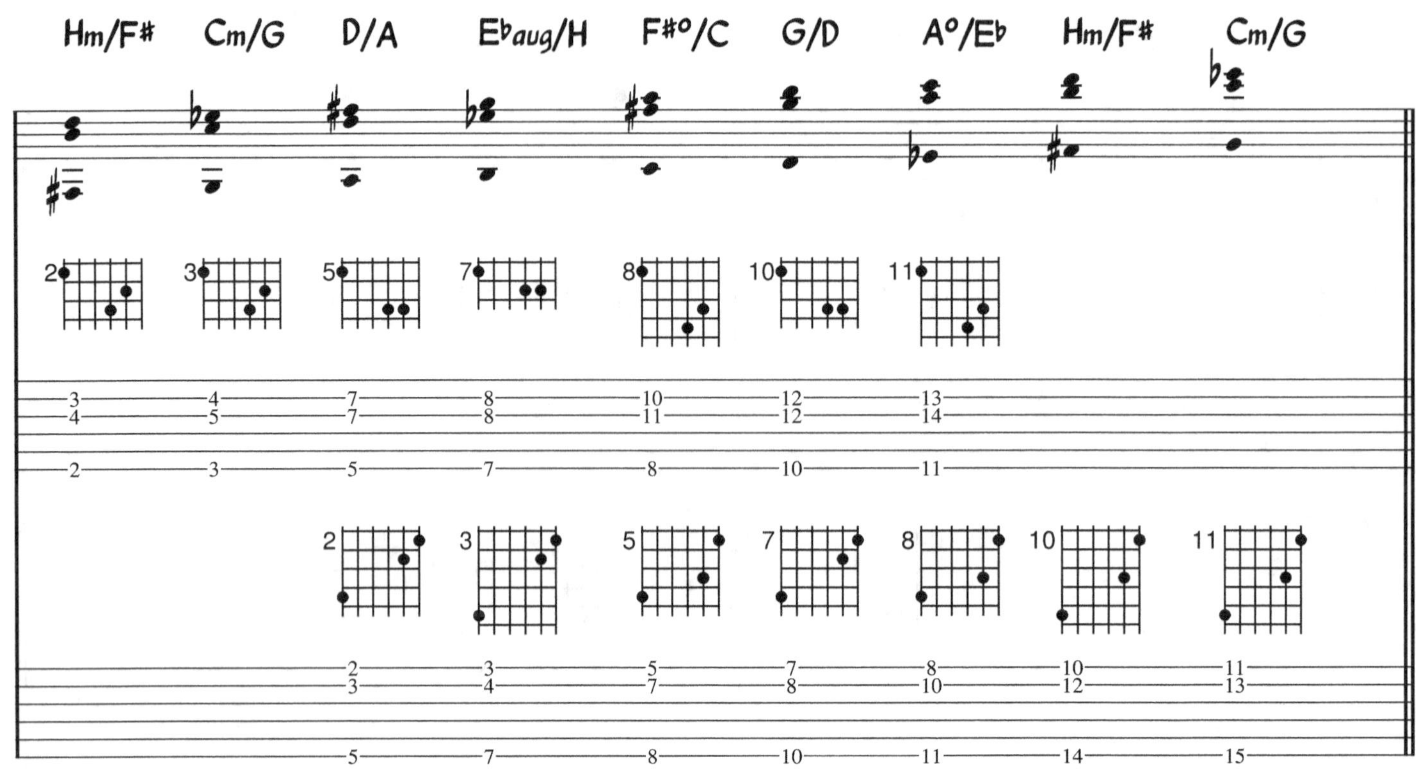

Hm/F#   Cm/G   D/A   Ebaug/H   F#o/C   G/D   Ao/Eb   Hm/F#   Cm/G

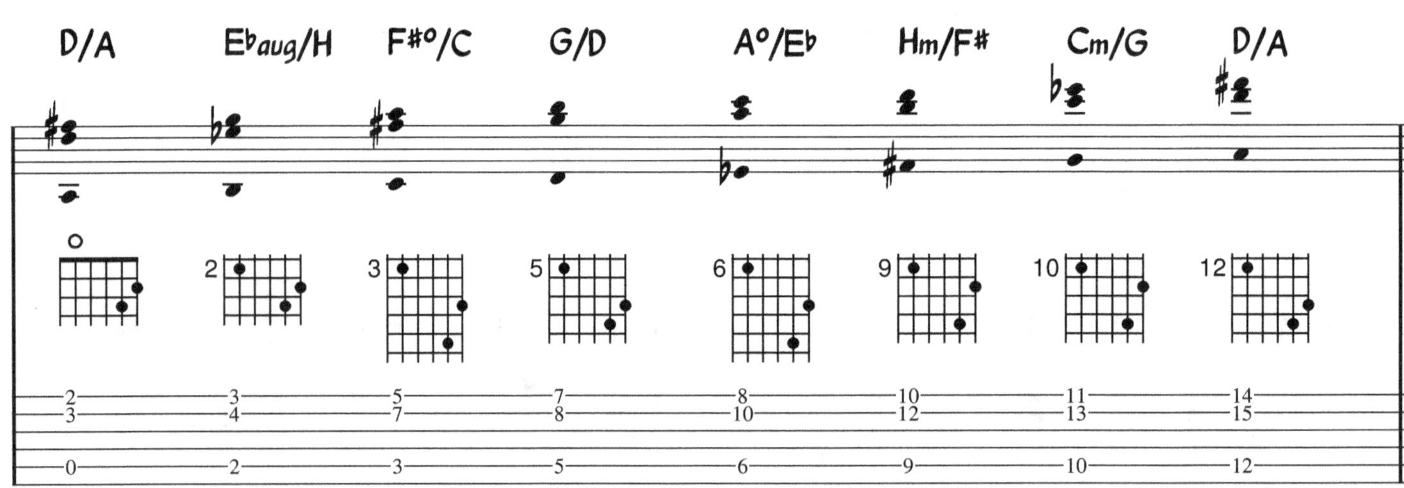

D/A   Ebaug/H   F#o/C   G/D   Ao/Eb   Hm/F#   Cm/G   D/A

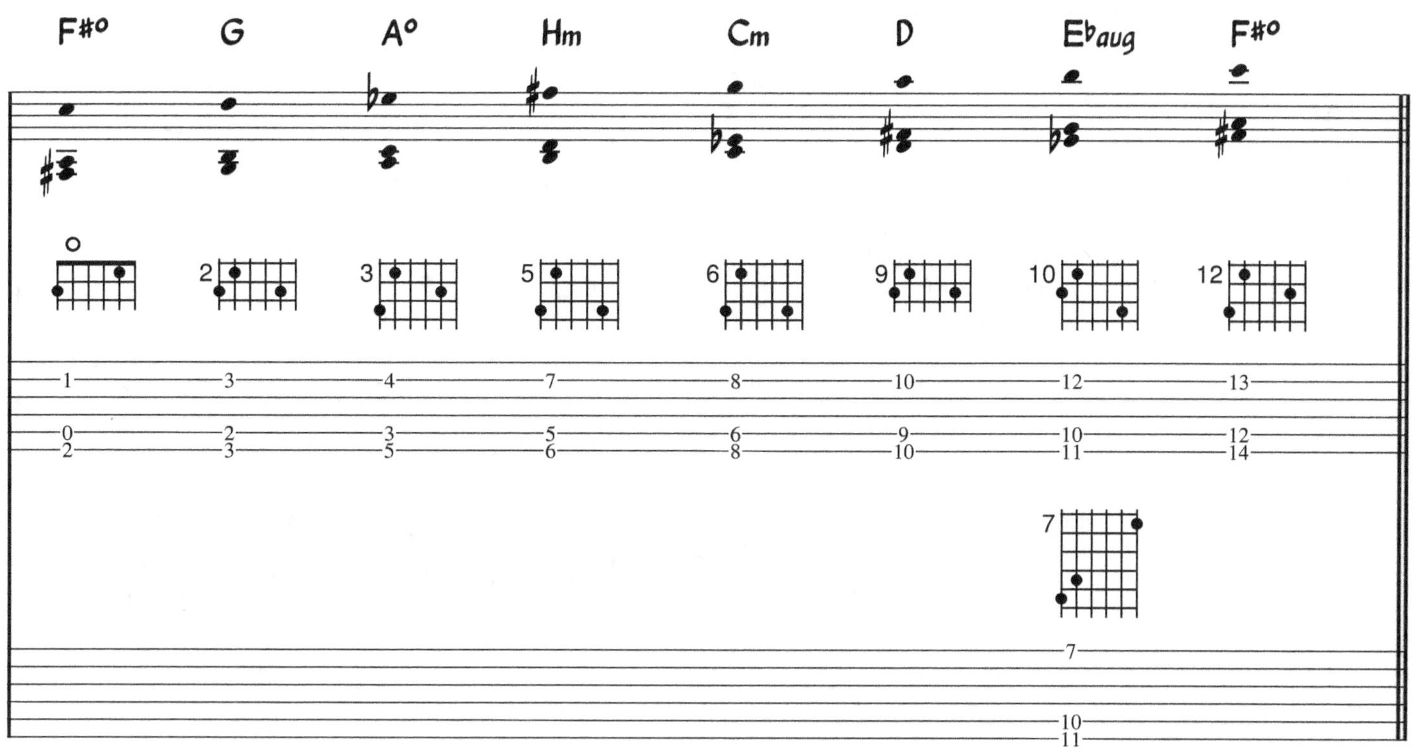

F#°
G
A°
Hm
Cm
D
Eᵇaug
F#°

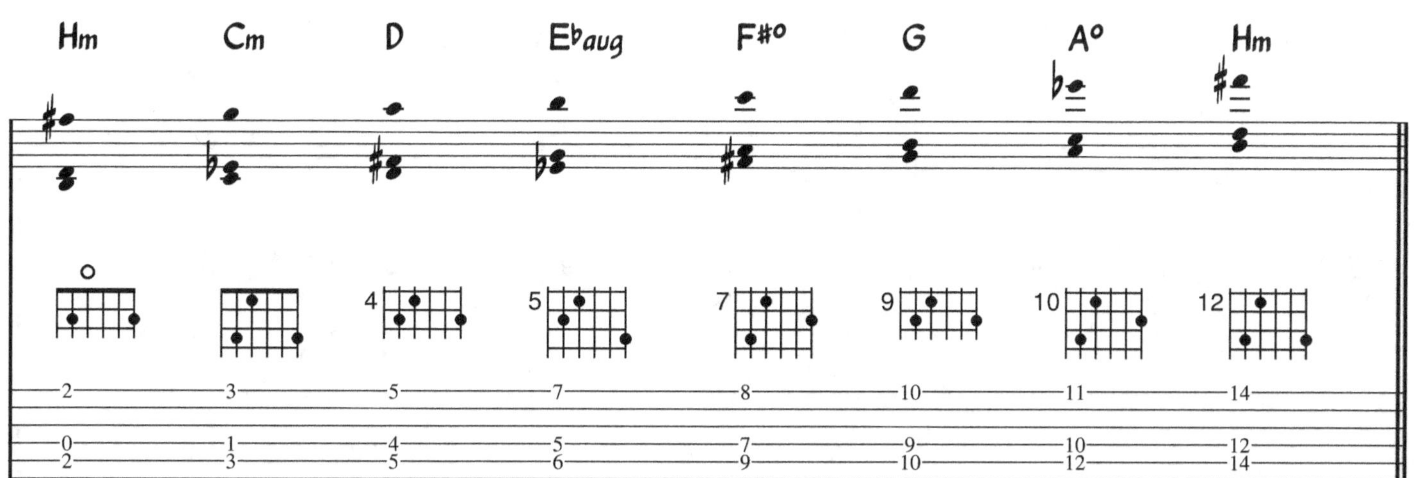

Hm
Cm
D
Eᵇaug
F#°
G
A°
Hm

1. Umk. (weite Lage, Variante 3)

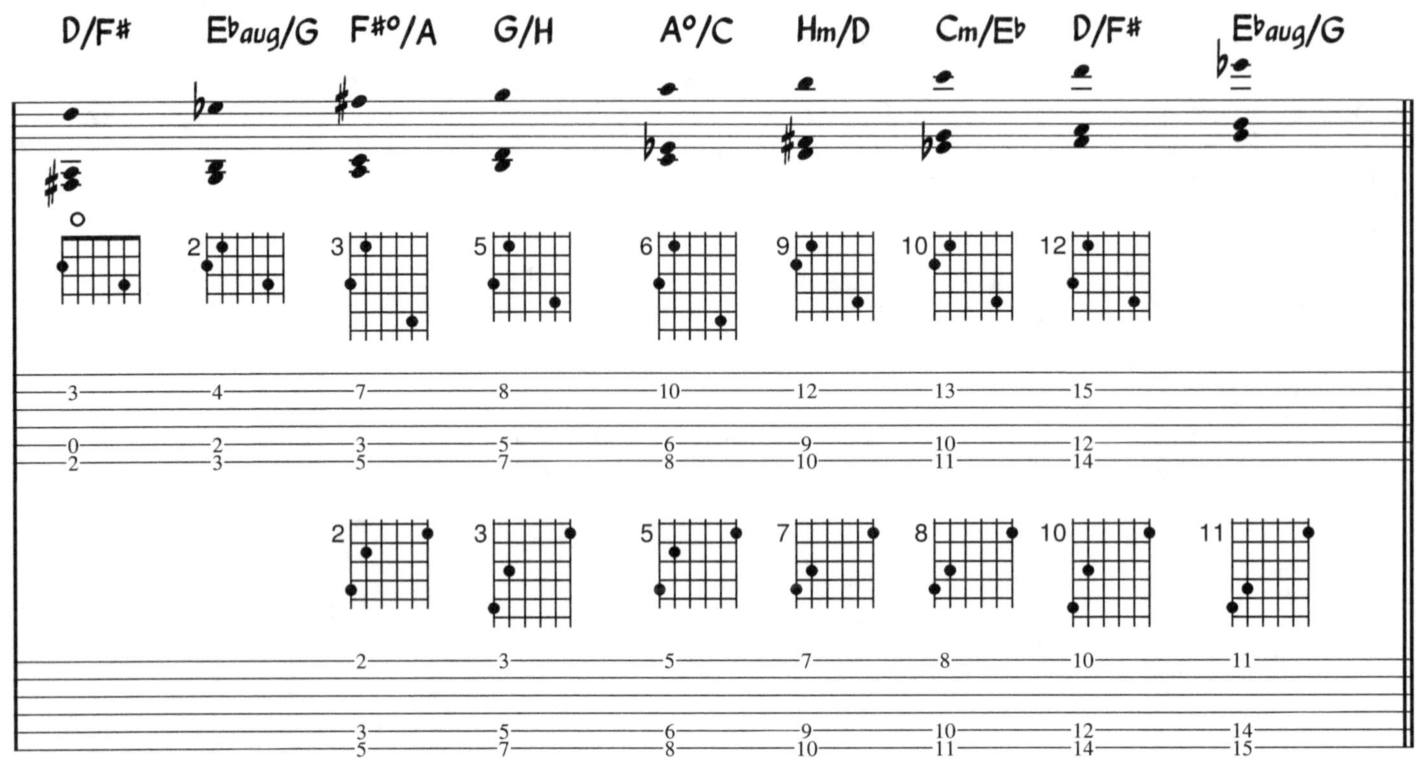
D/F# Ebaug/G F#o/A G/H Ao/C Hm/D Cm/Eb D/F# Ebaug/G

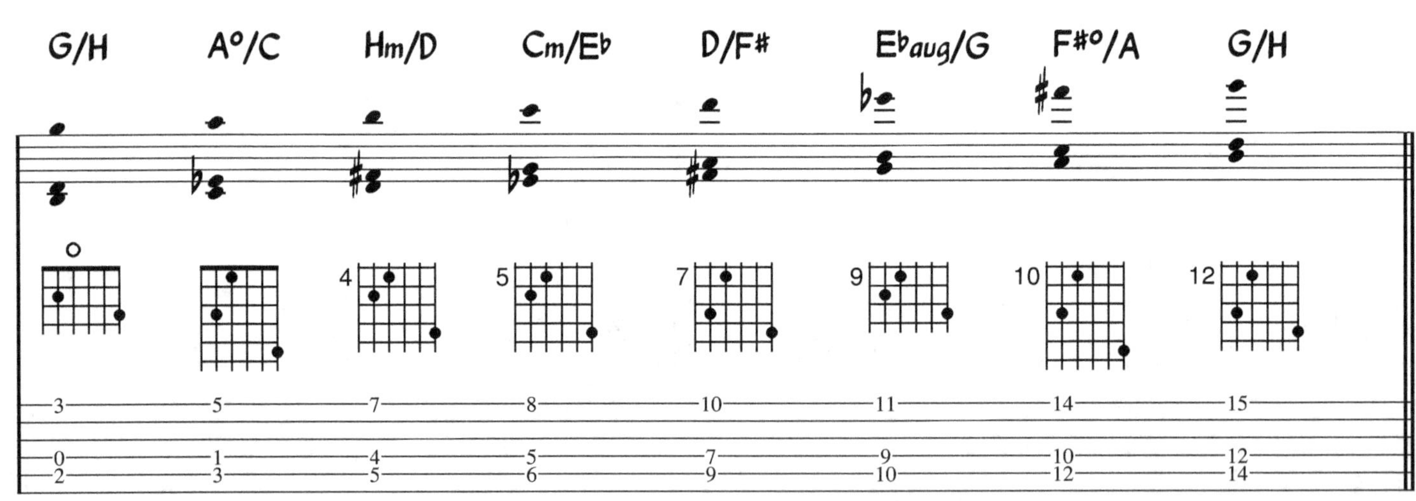
G/H Ao/C Hm/D Cm/Eb D/F# Ebaug/G F#o/A G/H

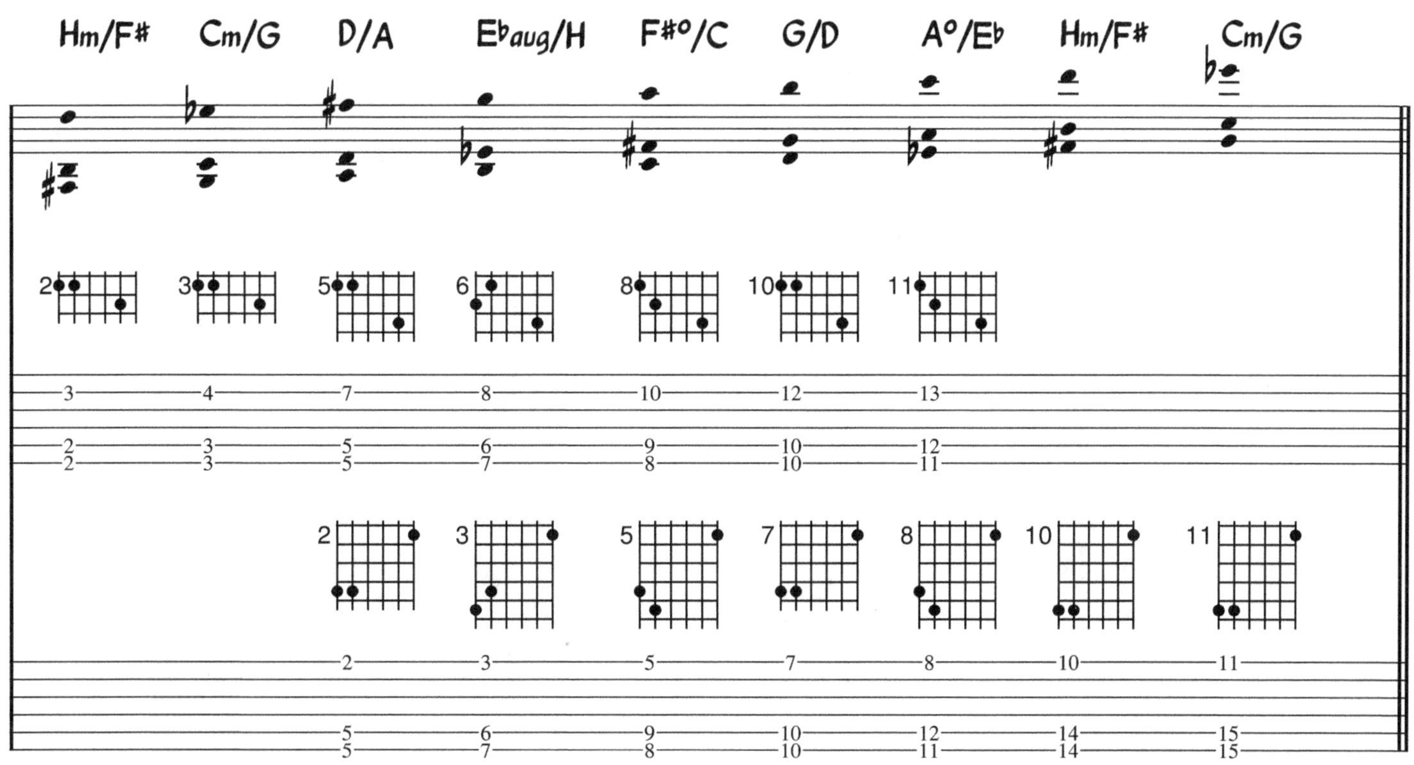

Hm/F#   Cm/G   D/A   Ebaug/H   F#o/C   G/D   Ao/Eb   Hm/F#   Cm/G

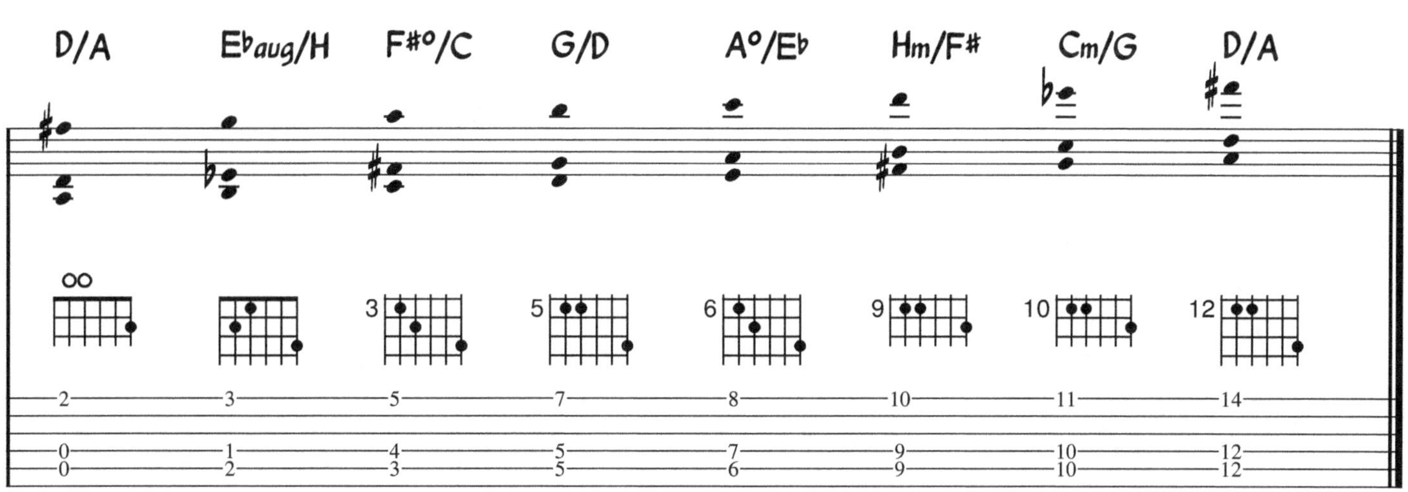

D/A   Ebaug/H   F#o/C   G/D   Ao/Eb   Hm/F#   Cm/G   D/A

~ D harmonisch Dur ~

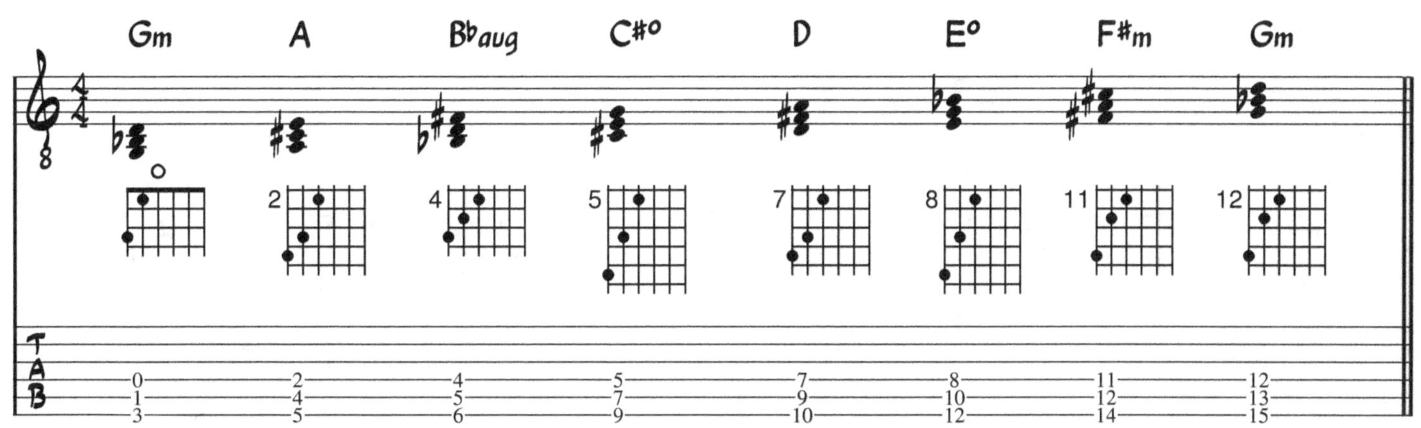

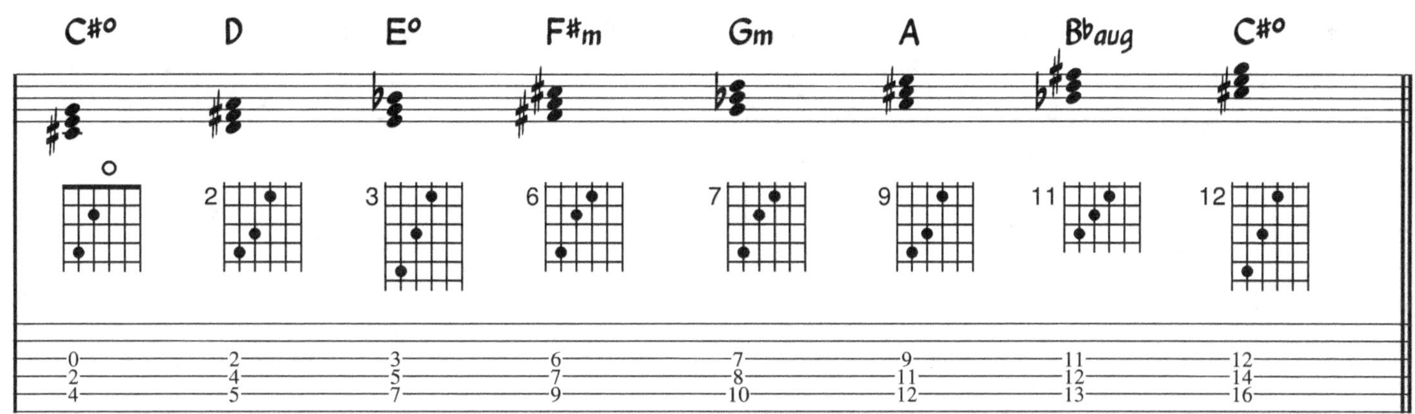

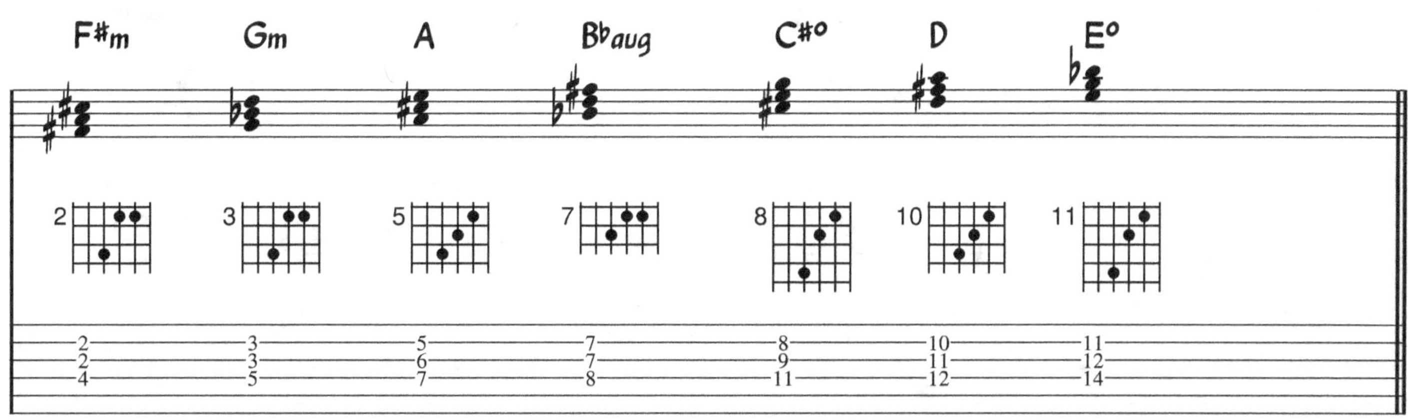

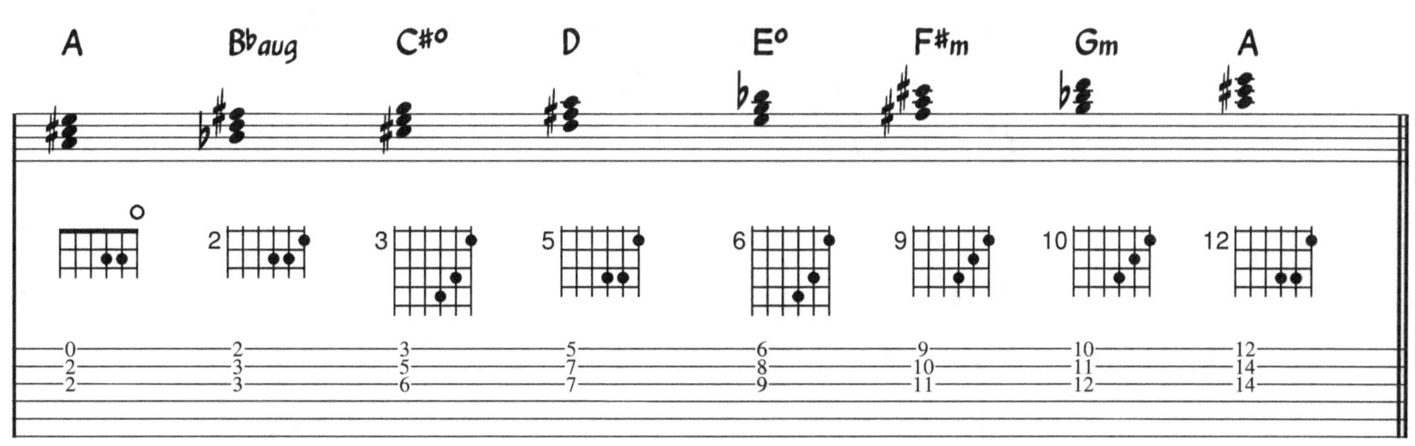

D/F#   E°/G   F#m/A   Gm/Bb   A/C#   Bbaug/D   C#°/E   D/F#
Gm/Bb   A/C#   Bbaug/D   C#°/E   D/F#   E°/G   F#m/A   Gm/Bb
C#°/E   D/F#   E°/G   F#m/A   Gm/Bb   A/C#   Bbaug/D   C#°/E
F#m/A   Gm/Bb   A/C#   Bbaug/D   C#°/E   D/F#   E°/G

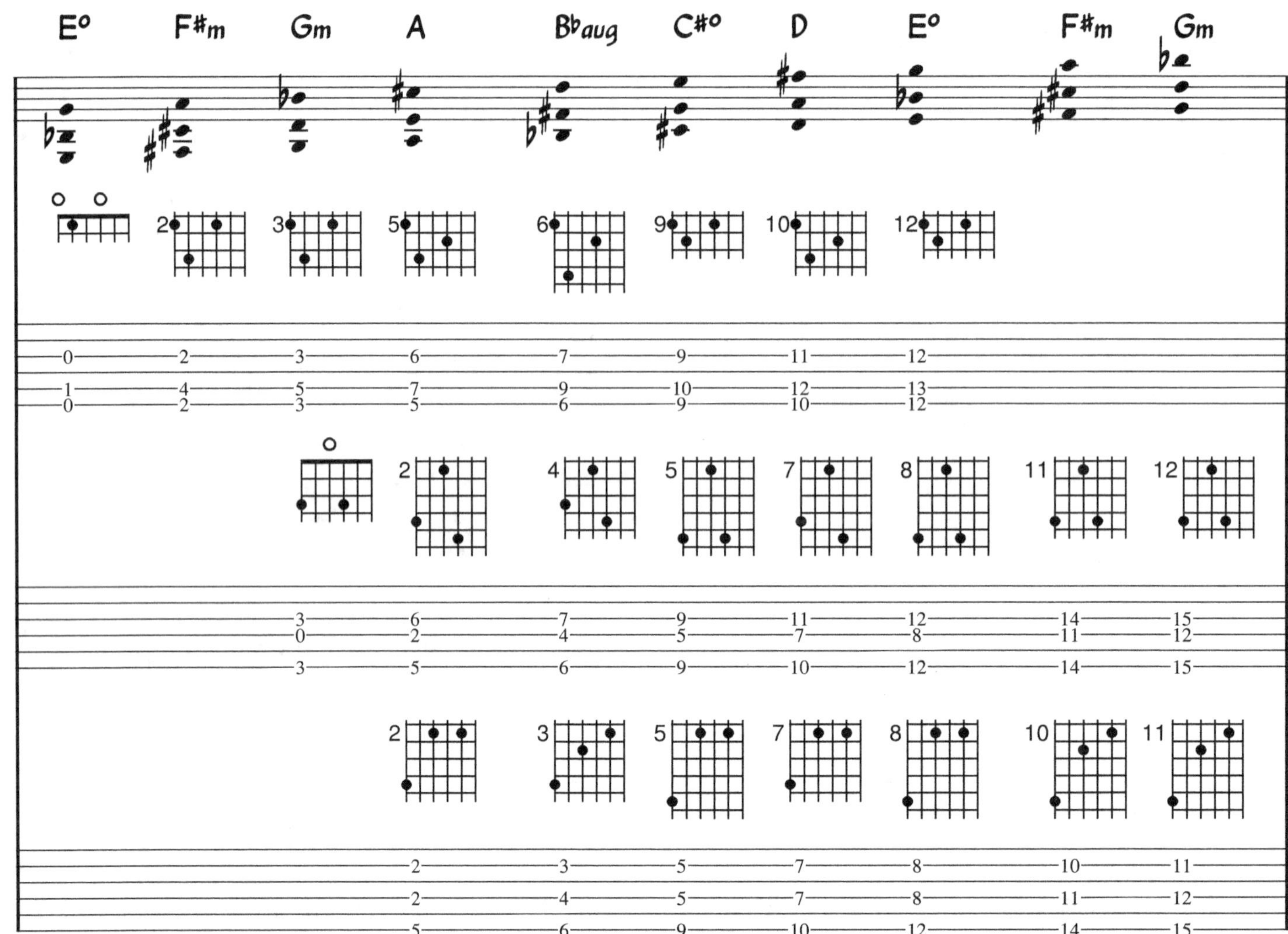

E° F#m Gm A Bbaug C#° D E° F#m Gm

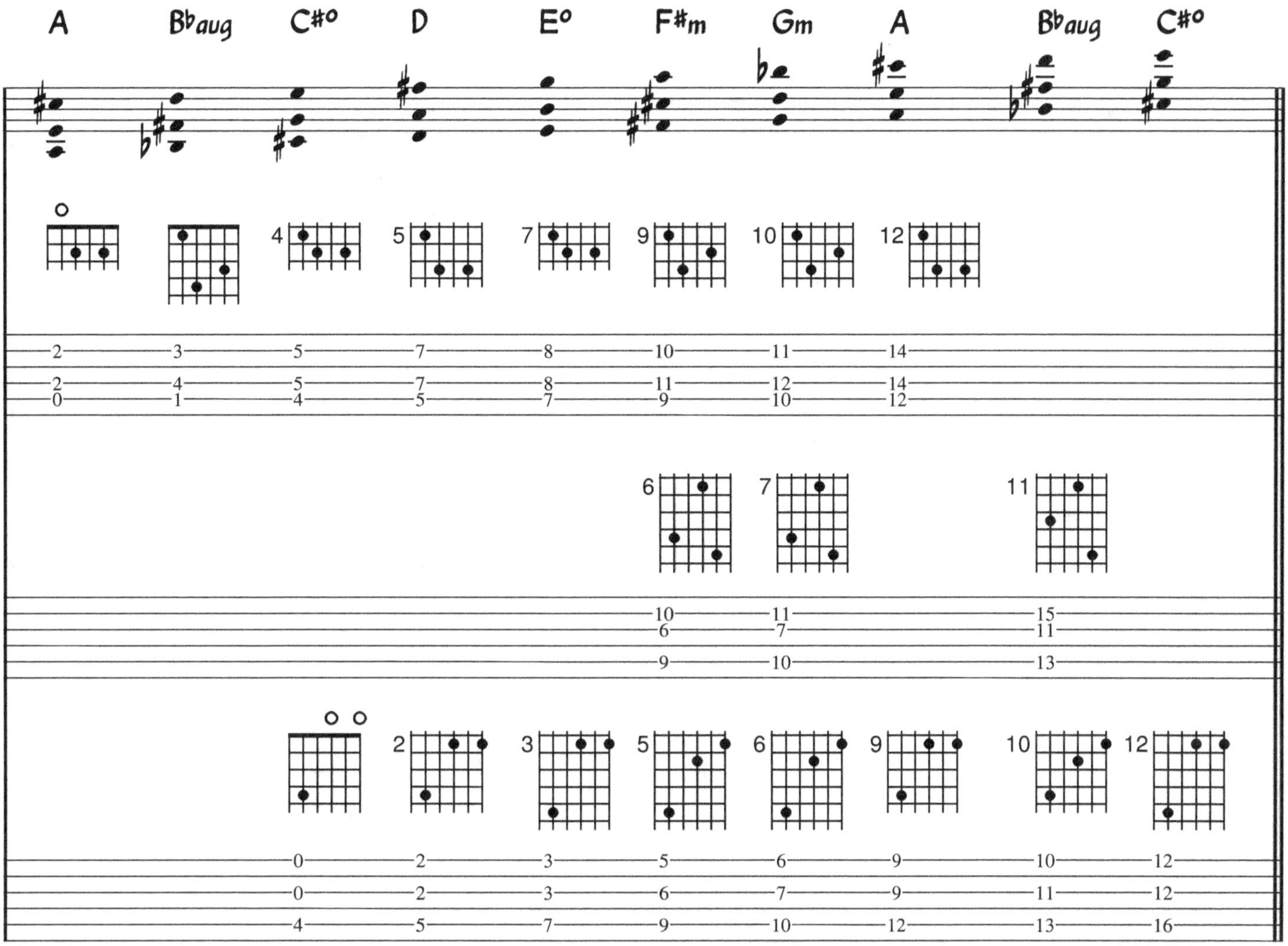

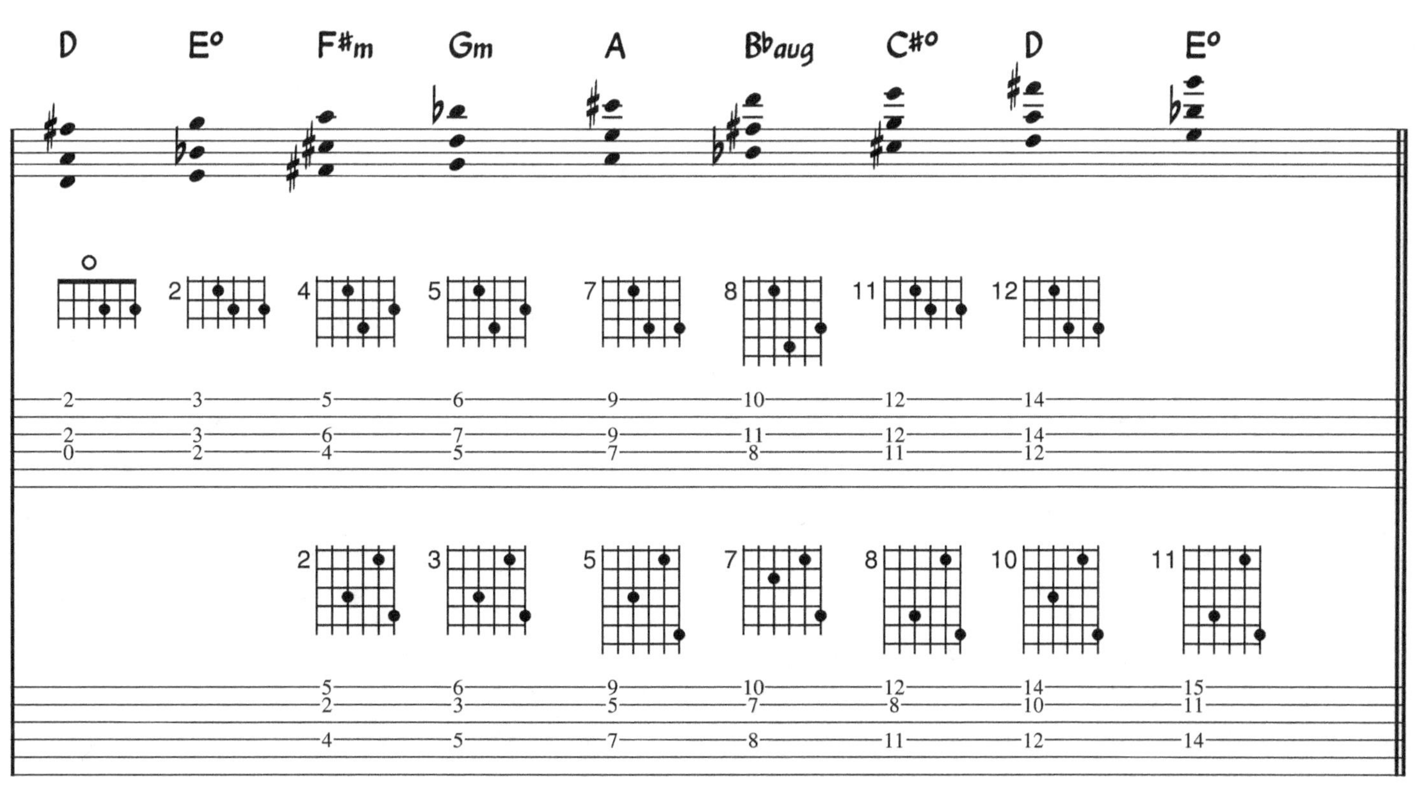A   B♭aug   C#°   D   E°   F#m   Gm   A   B♭aug   C#°
D   E°   F#m   Gm   A   B♭aug   C#°   D   E°

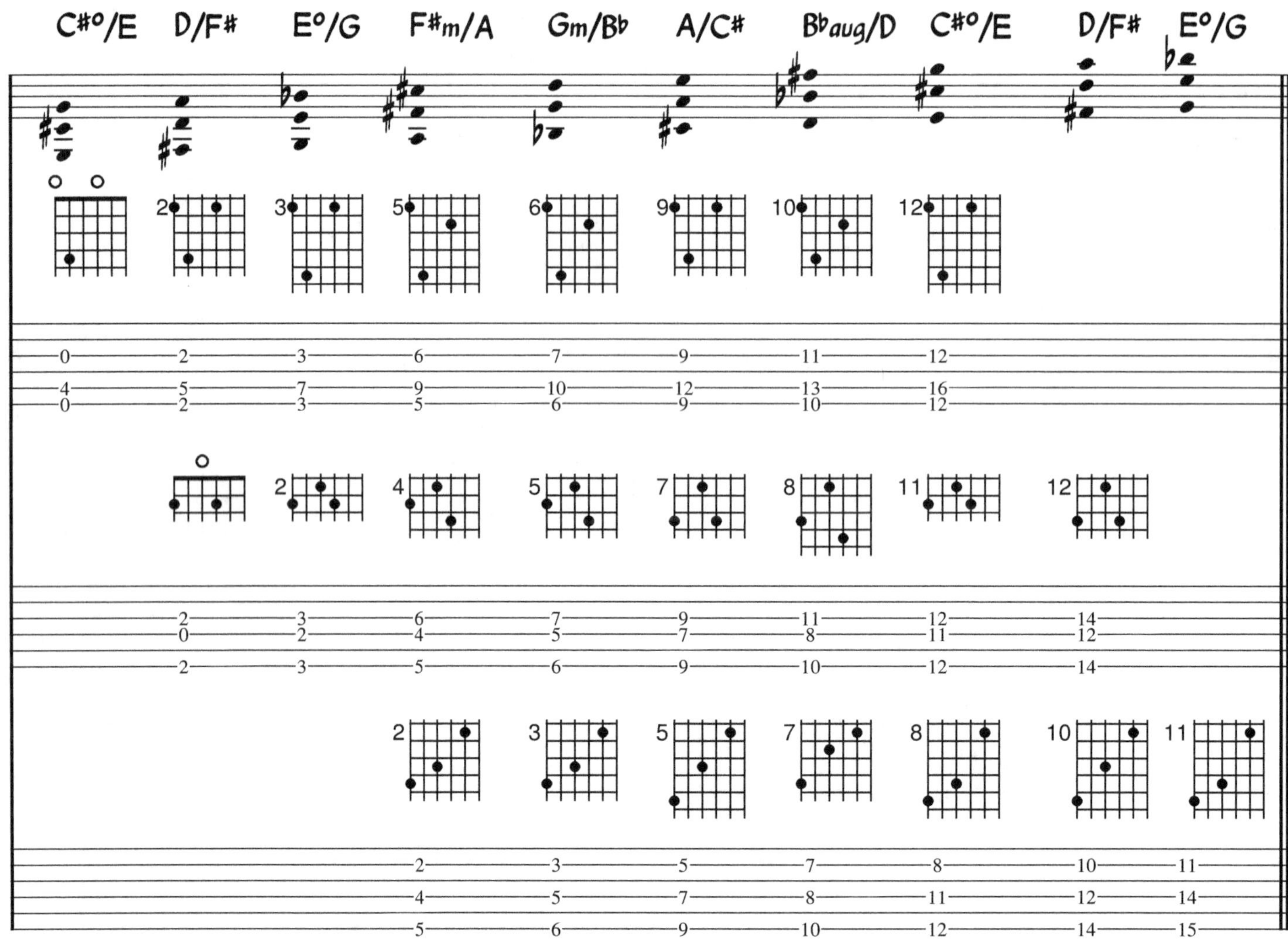

C#°/E   D/F#   E°/G   F#m/A   Gm/Bb   A/C#   Bbaug/D   C#°/E   D/F#   E°/G

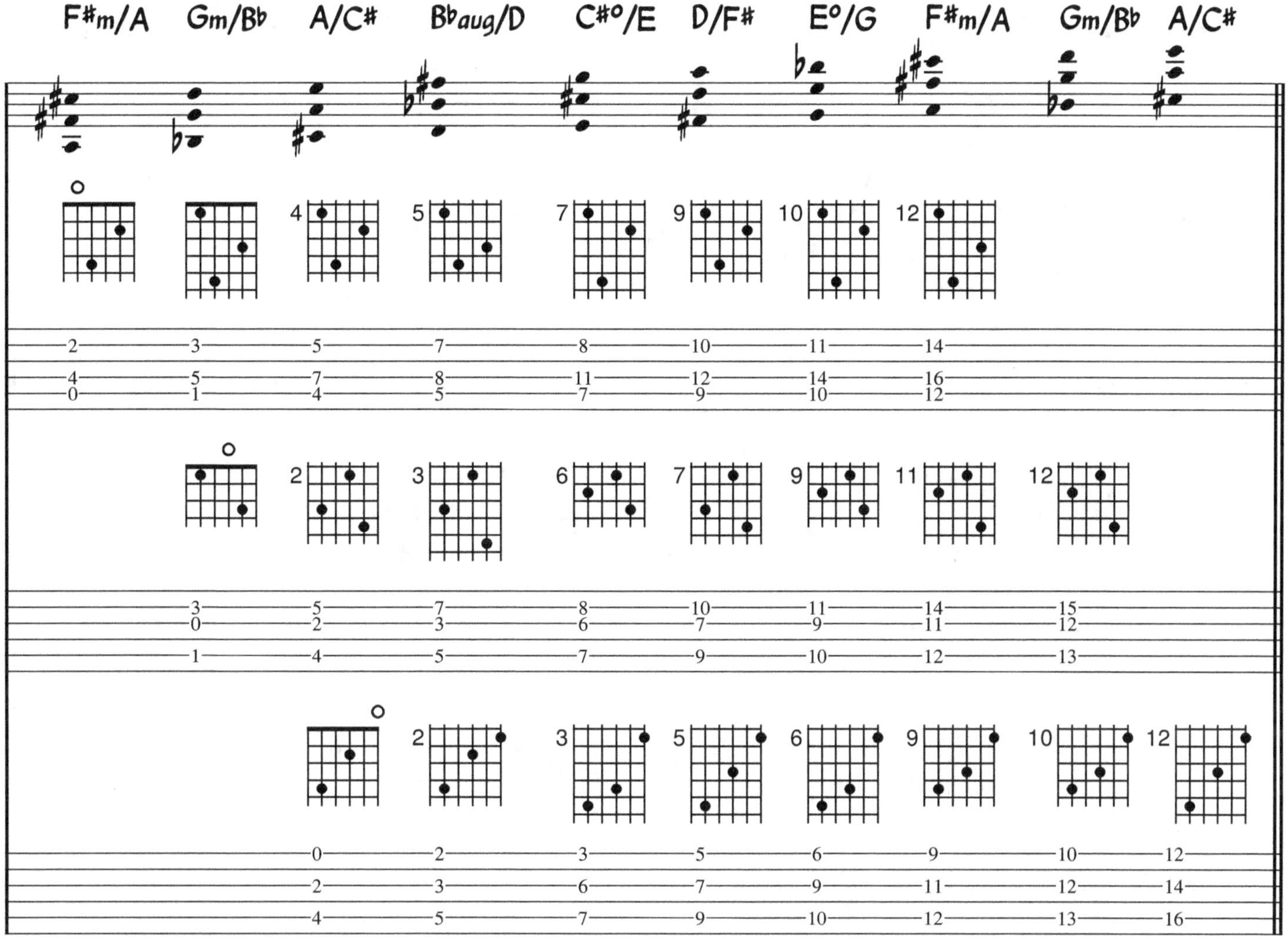

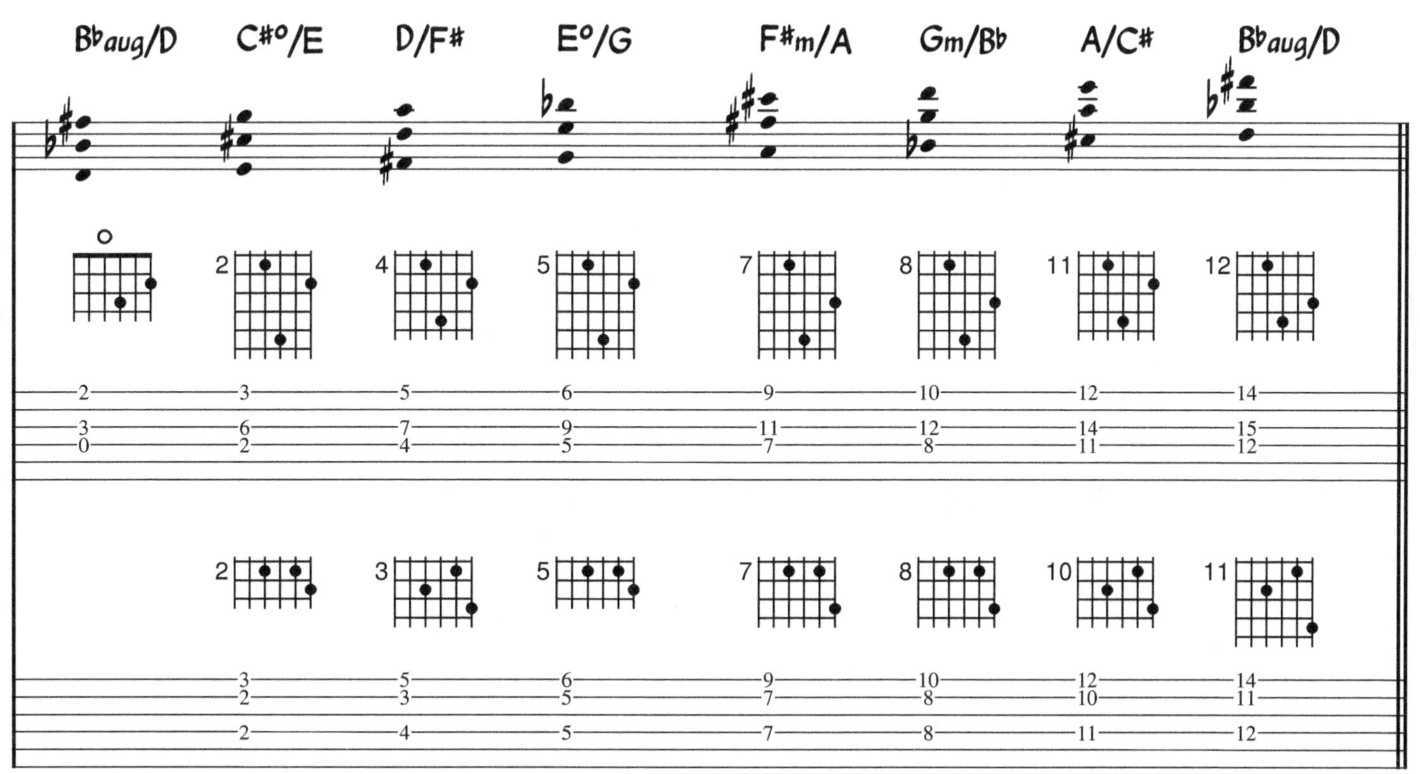

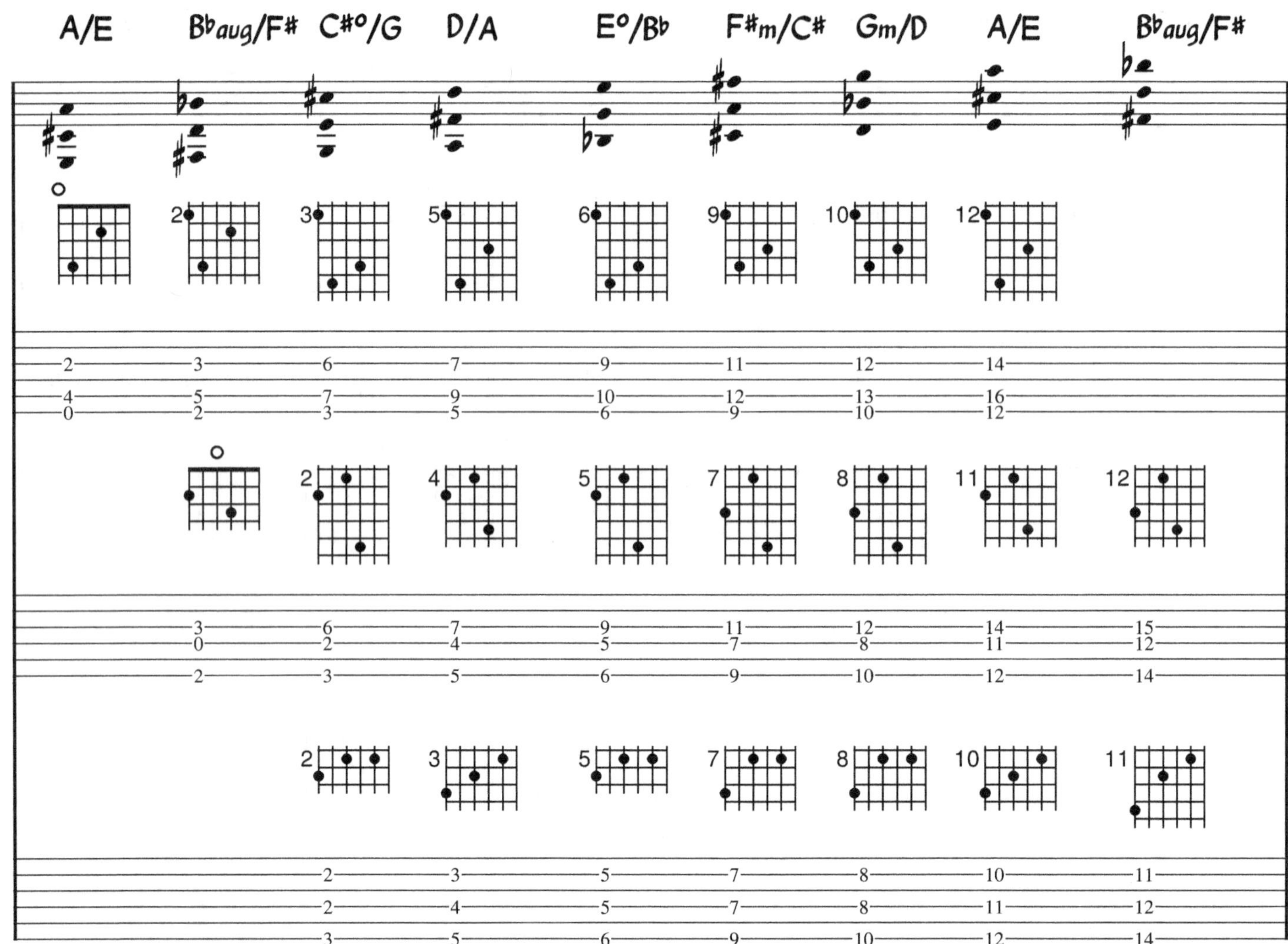
A/E
Bbaug/F#
C#o/G
D/A
Eo/Bb
F#m/C#
Gm/D
A/E
Bbaug/F#

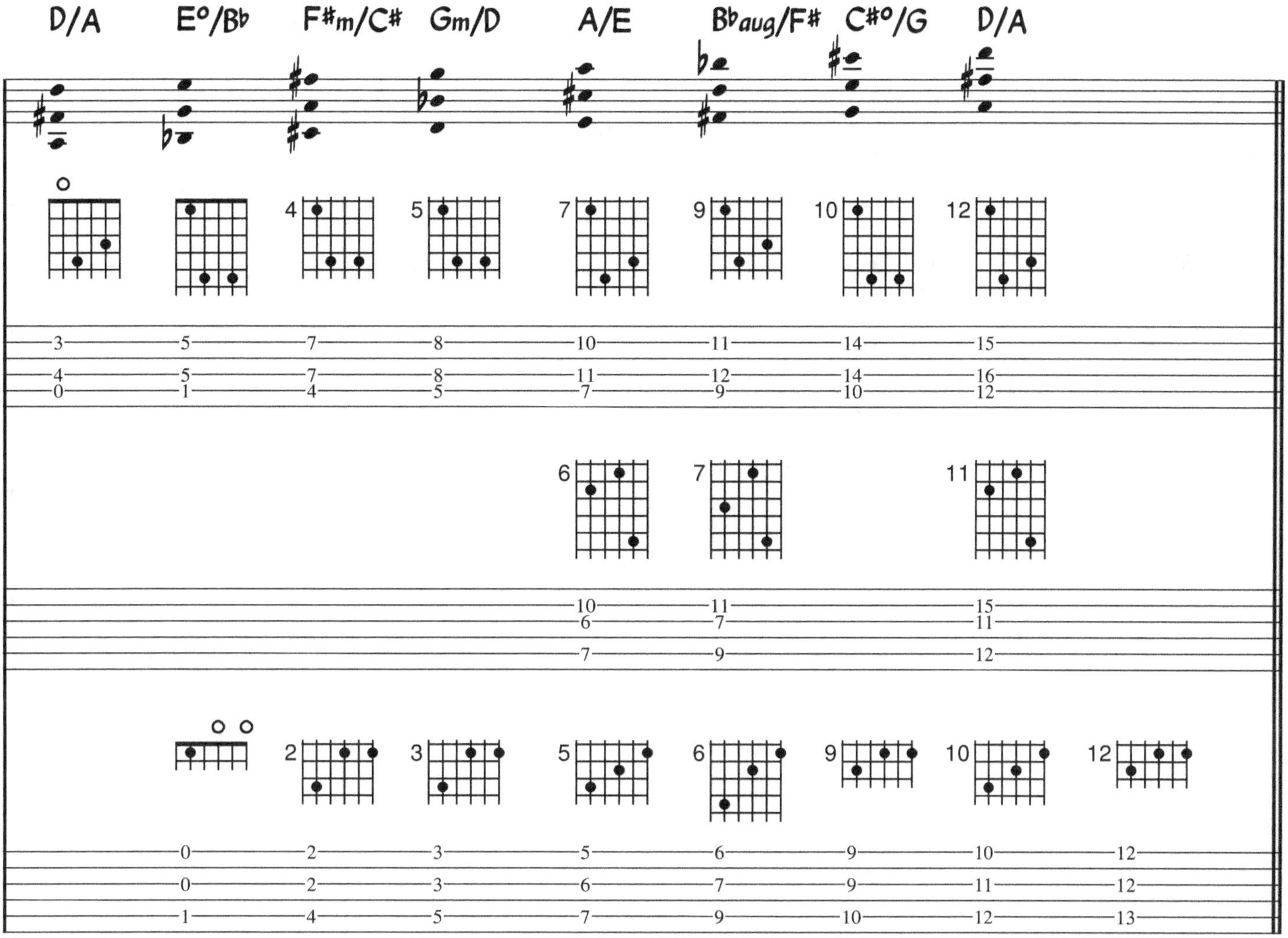

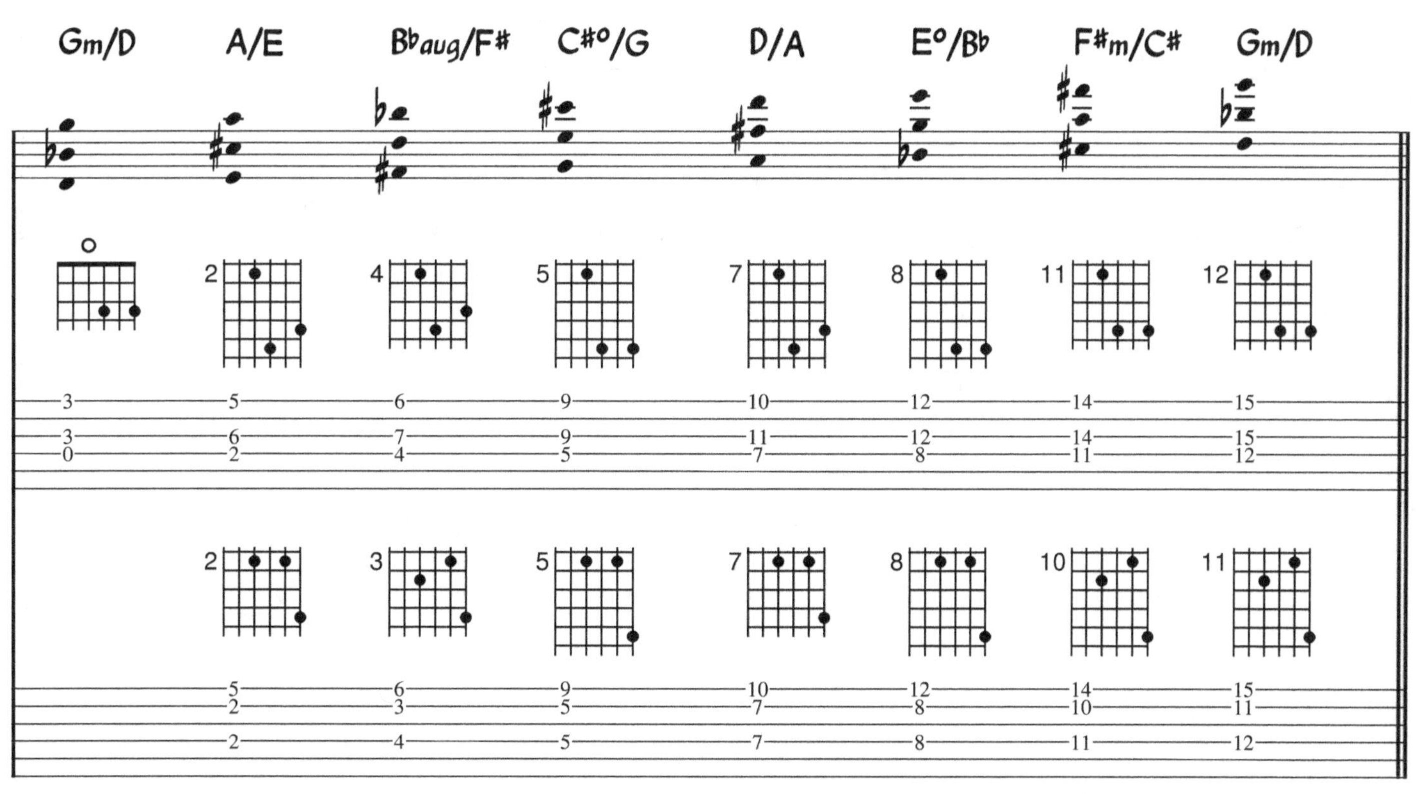

D/A   E°/Bb   F#m/C#   Gm/D   A/E   Bbaug/F#   C#°/G   D/A
Gm/D   A/E   Bbaug/F#   C#°/G   D/A   E°/Bb   F#m/C#   Gm/D

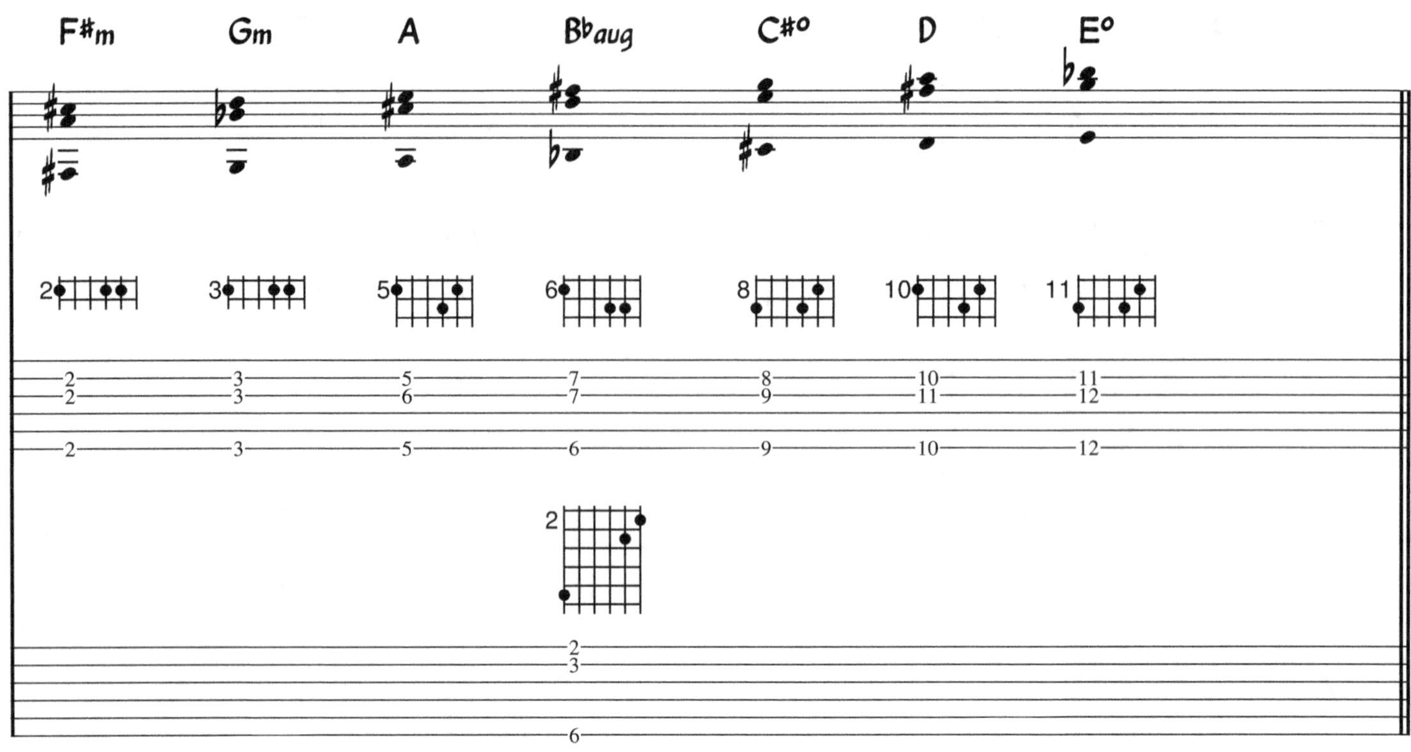

F#m   Gm   A   Bbaug   C#o   D   Eo

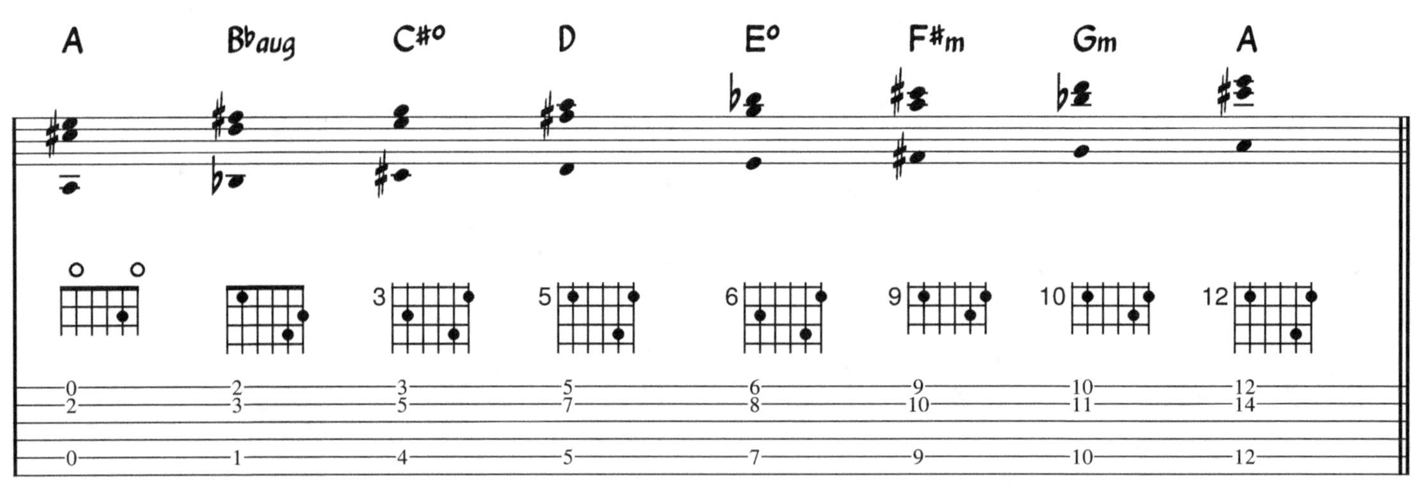

A   Bbaug   C#o   D   Eo   F#m   Gm   A

1. Umk. (weite Lage, Variante 2)

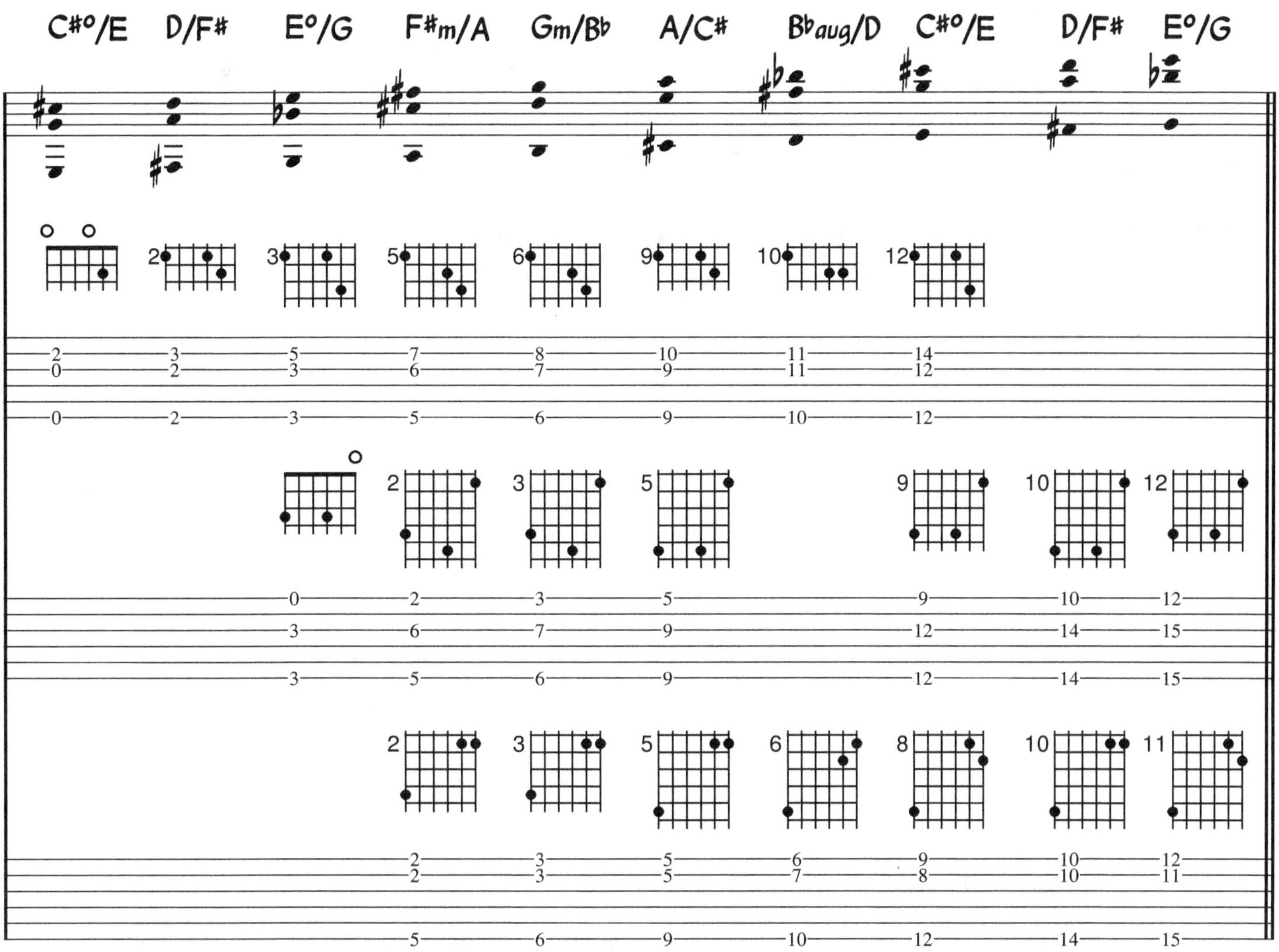

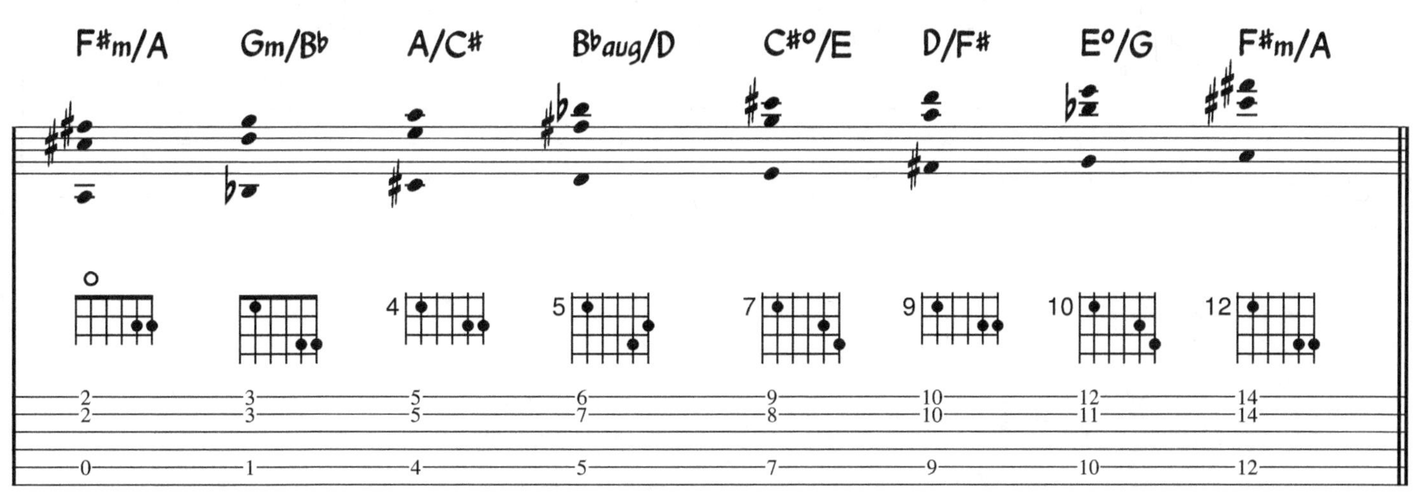
C#o/E   D/F#   Eo/G   F#m/A   Gm/Bb   A/C#   Bbaug/D   C#o/E   D/F#   Eo/G
F#m/A   Gm/Bb   A/C#   Bbaug/D   C#o/E   D/F#   Eo/G   F#m/A

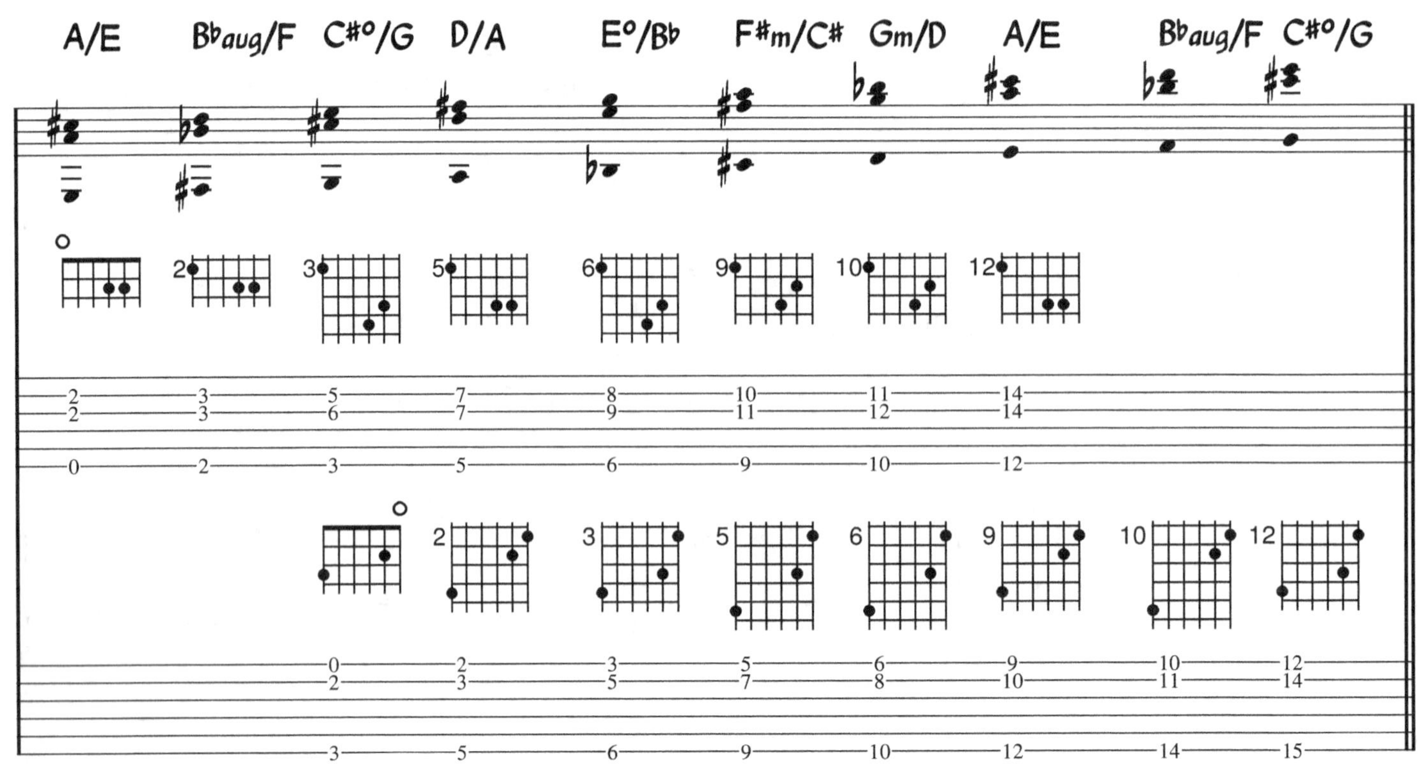
A/E   Bᵇaug/F C#°/G D/A   E°/Bᵇ   F#m/C# Gm/D   A/E   Bᵇaug/F C#°/G

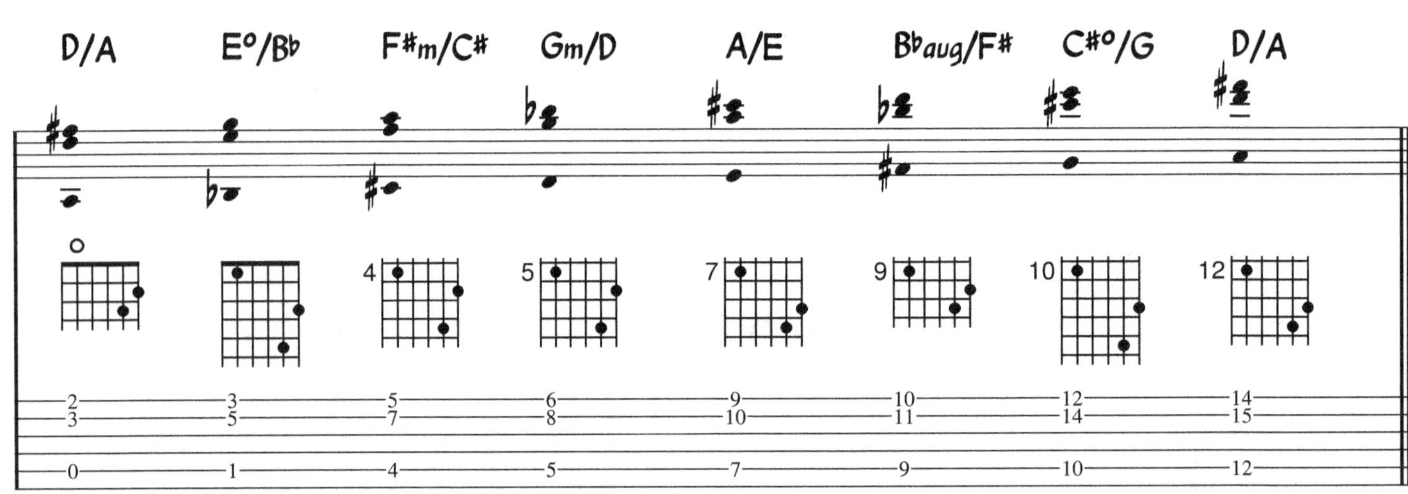
D/A   E°/Bᵇ   F#m/C# Gm/D   A/E   Bᵇaug/F# C#°/G D/A

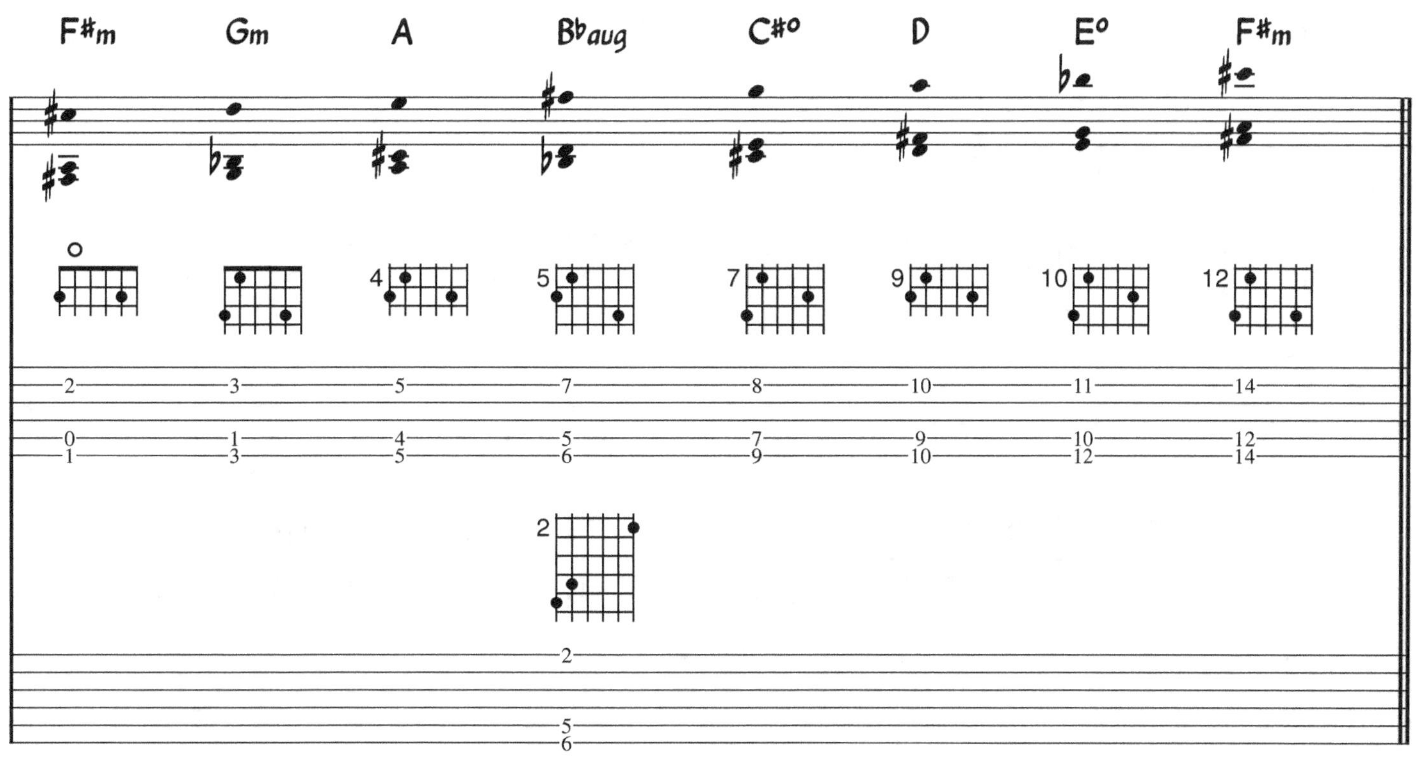

F#m
Gm
A
Bbaug
C#o
D
Eo
F#m

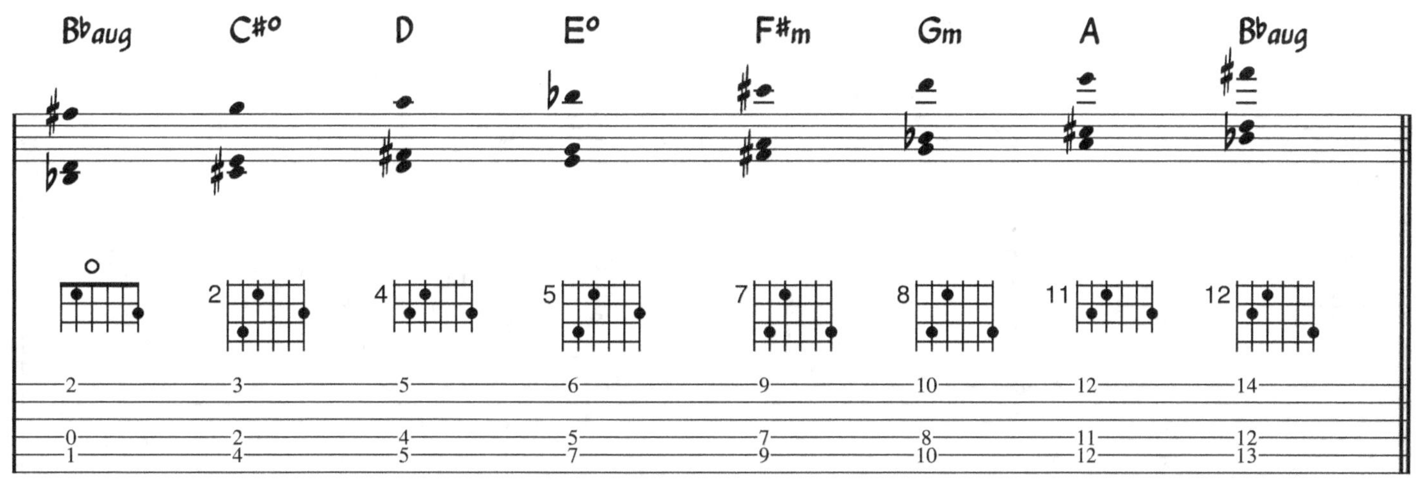

Bbaug
C#o
D
Eo
F#m
Gm
A
Bbaug

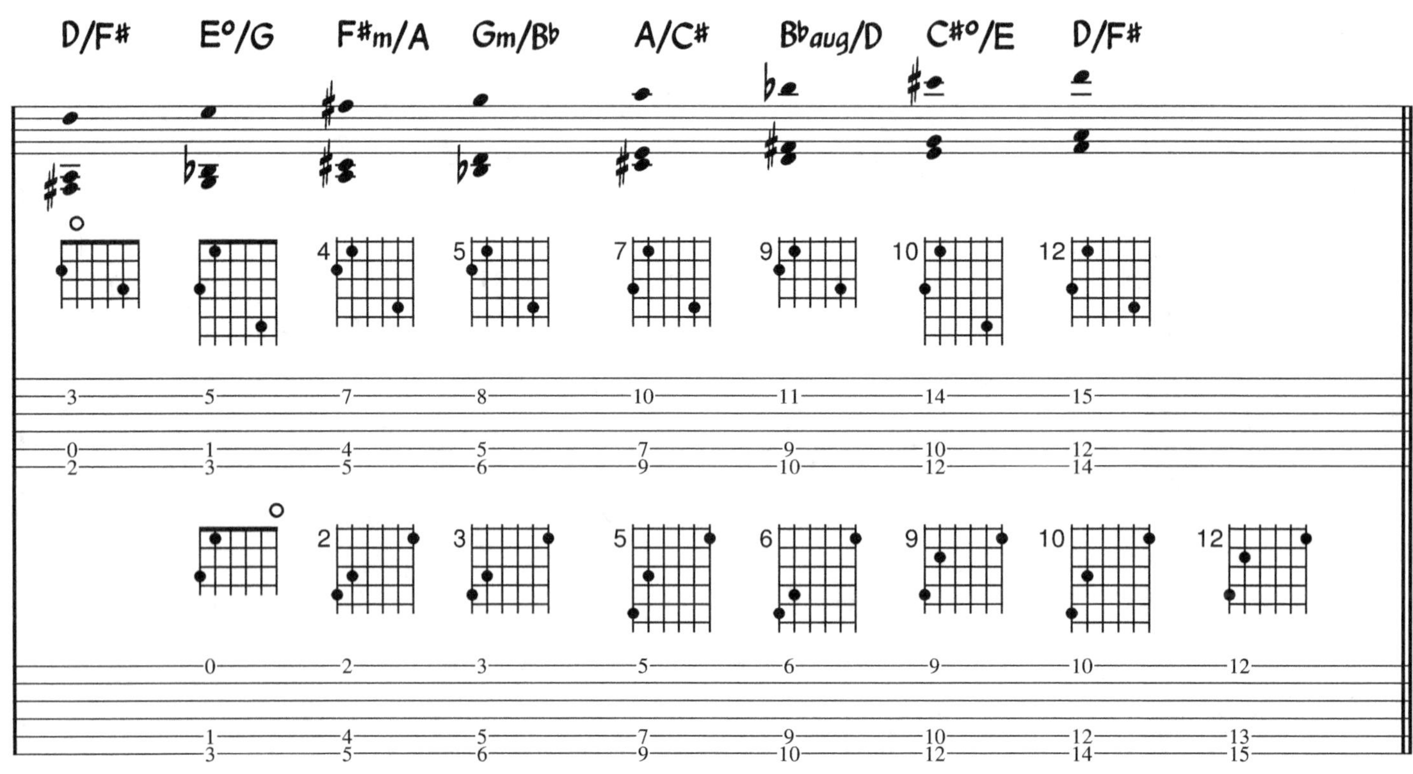
D/F#
E°/G
F#m/A
Gm/Bb
A/C#
Bbaug/D
C#°/E
D/F#

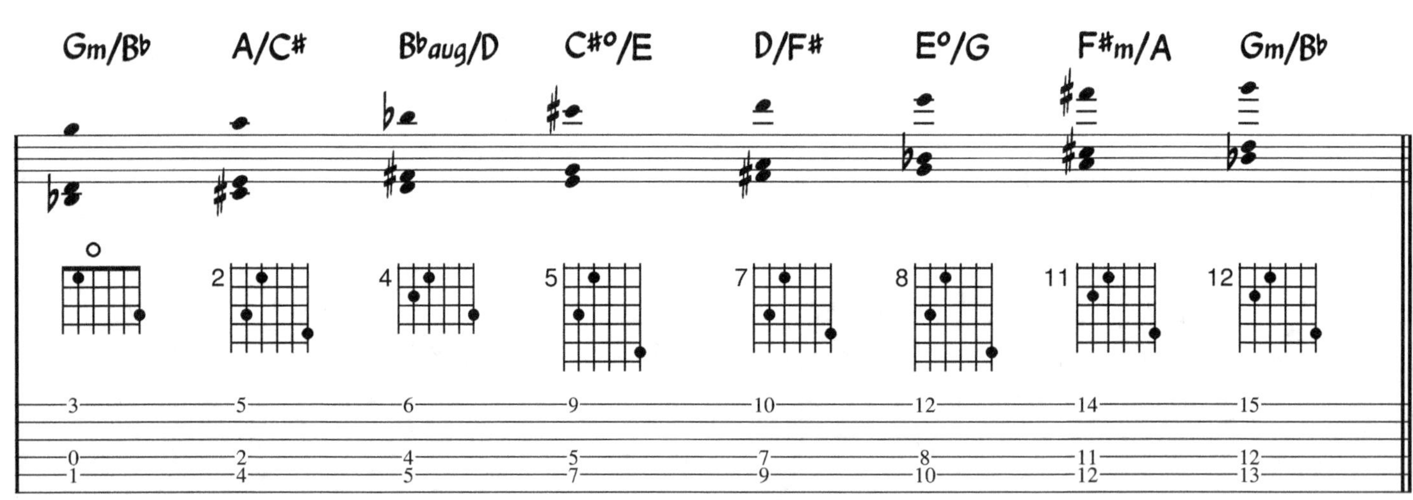
Gm/Bb
A/C#
Bbaug/D
C#°/E
D/F#
E°/G
F#m/A
Gm/Bb

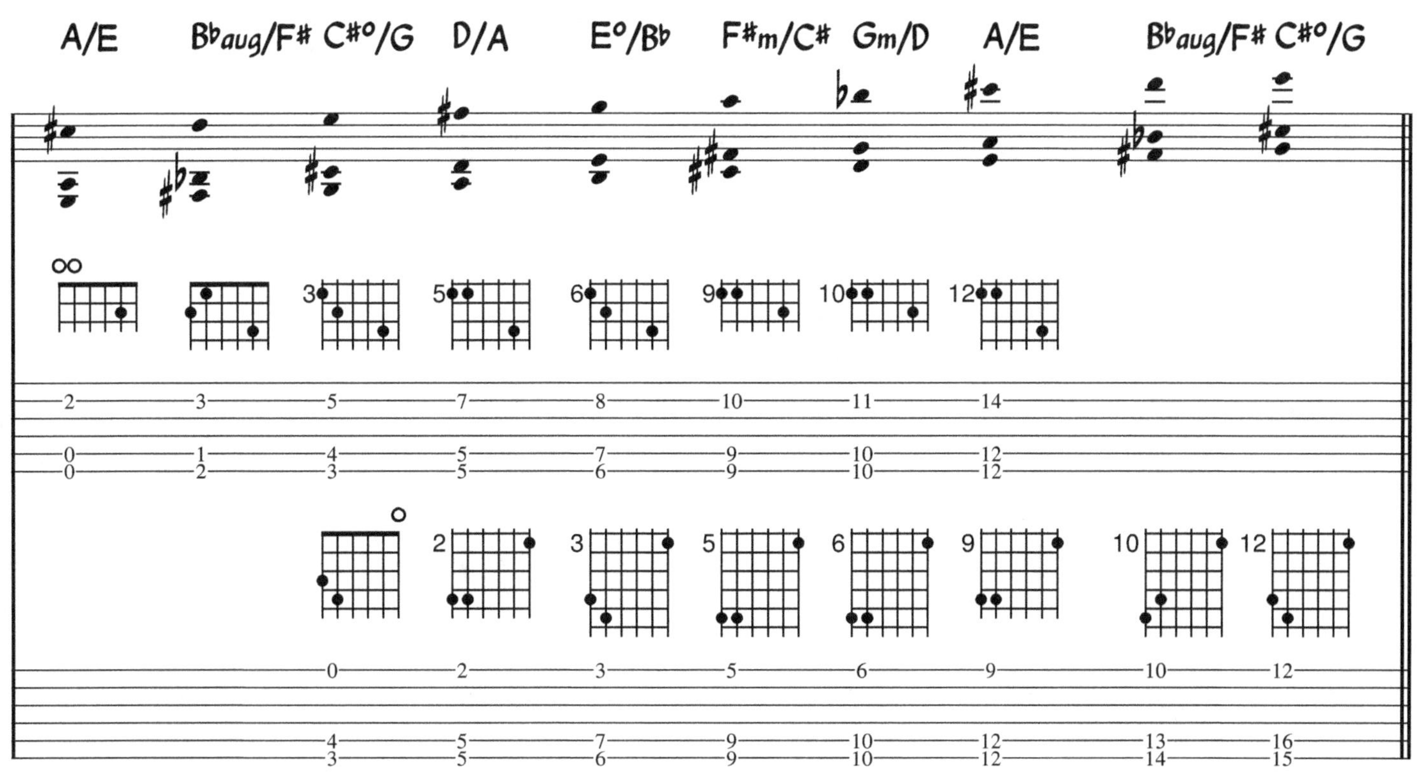
A/E
Bbaug/F# C#o/G D/A
Eo/Bb
F#m/C# Gm/D
A/E
Bbaug/F# C#o/G

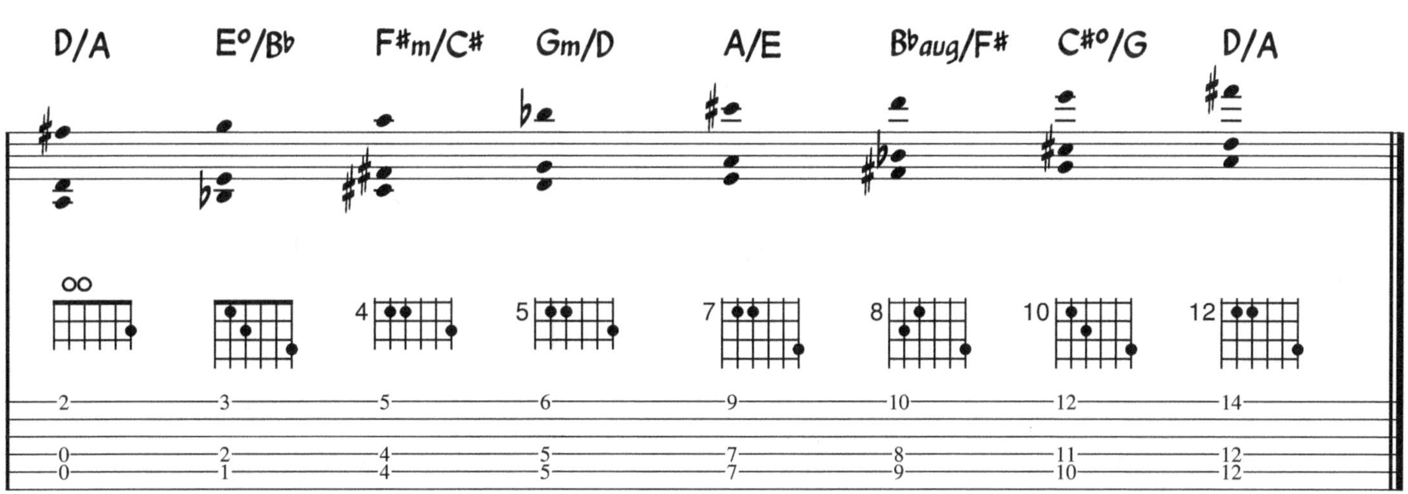
D/A
Eo/Bb
F#m/C#
Gm/D
A/E
Bbaug/F#
C#o/G
D/A

~ A harmonisch Dur ~

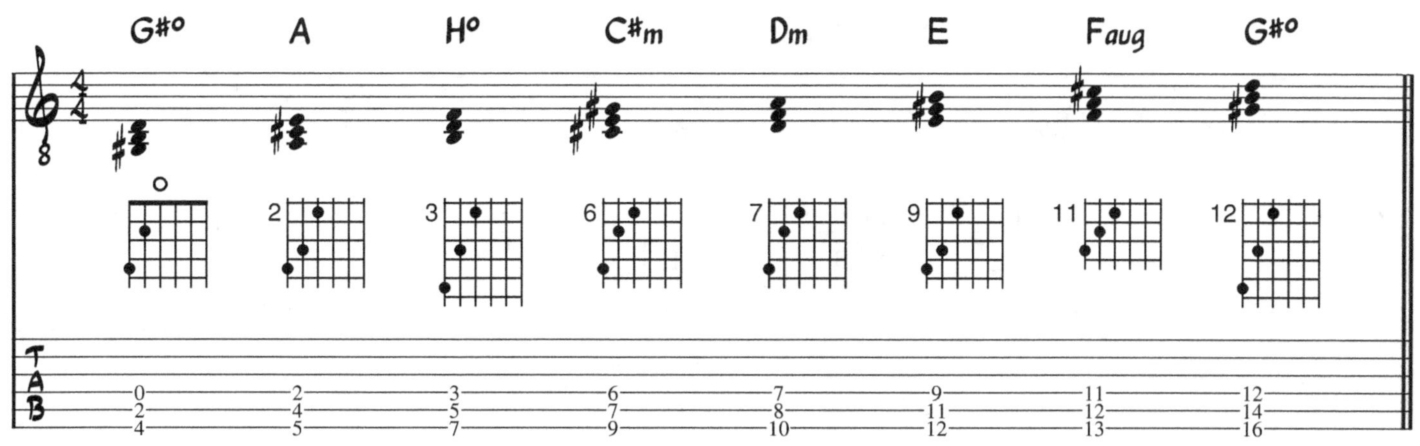

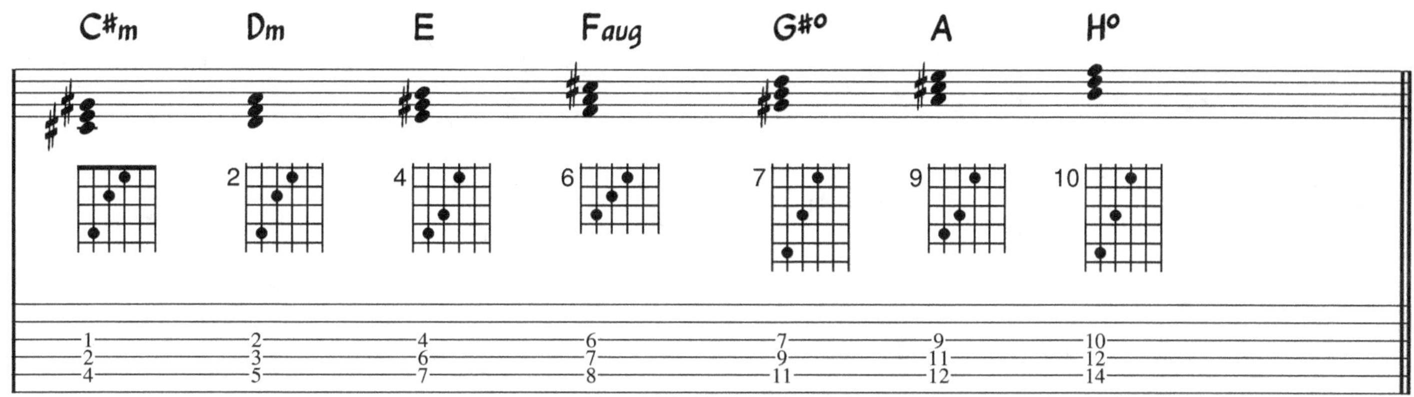

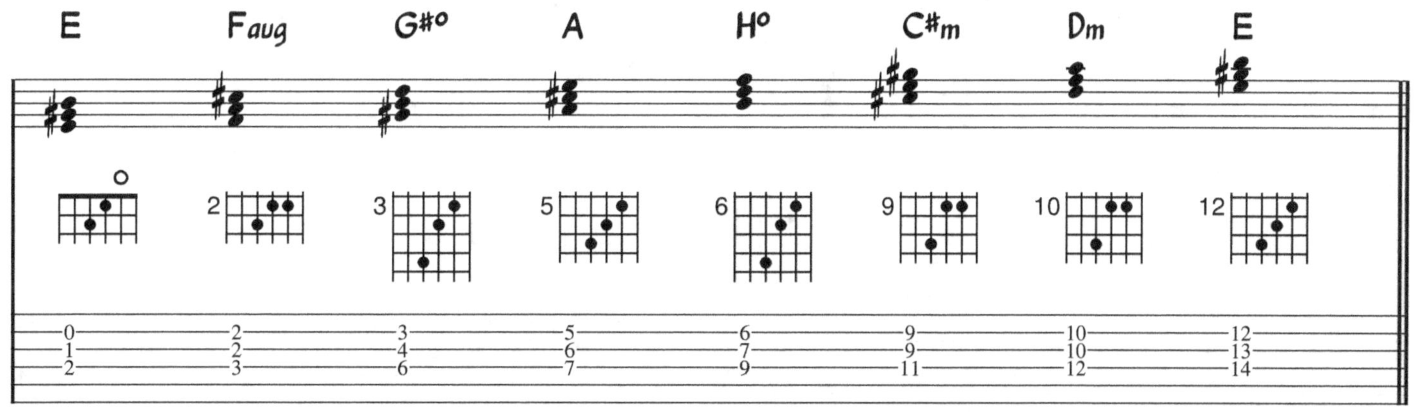

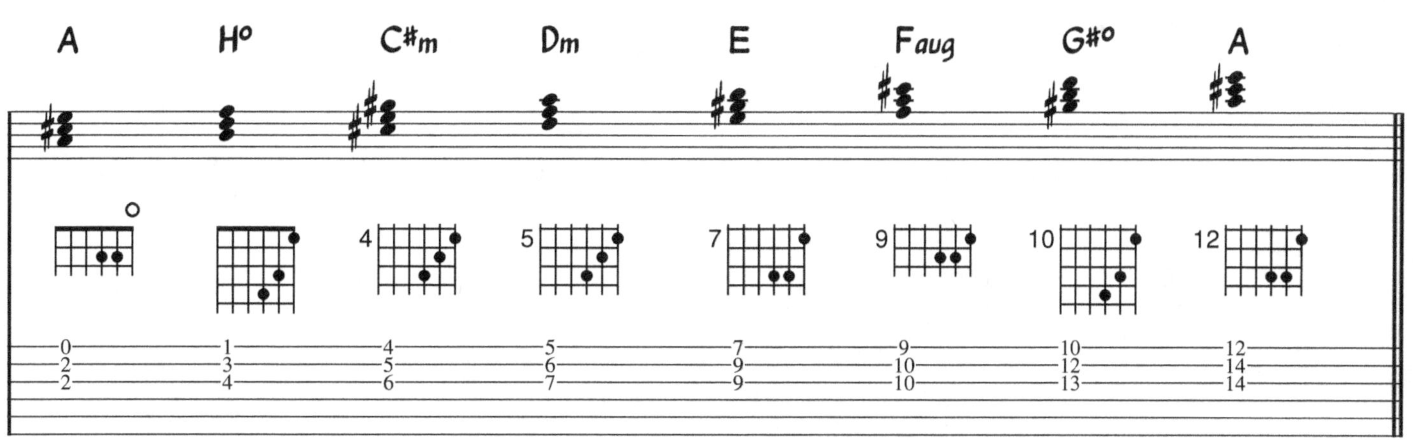

2. Umk.

H°/F   C#m/G#   Dm/A   E/H   Faug/C#   G#°/D   A/E   H°/F
E/H   Faug/C#   G#°/D   A/E   H°/F   C#m/G#   Dm/A
G#°/D   A/E   H°/F   C#m/G#   Dm/A   E/H   Faug/C#   G#°/D
C#m/G#   Dm/A   E/H   Faug/C#   G#°/D   A/E   H°/F   C#m/G#

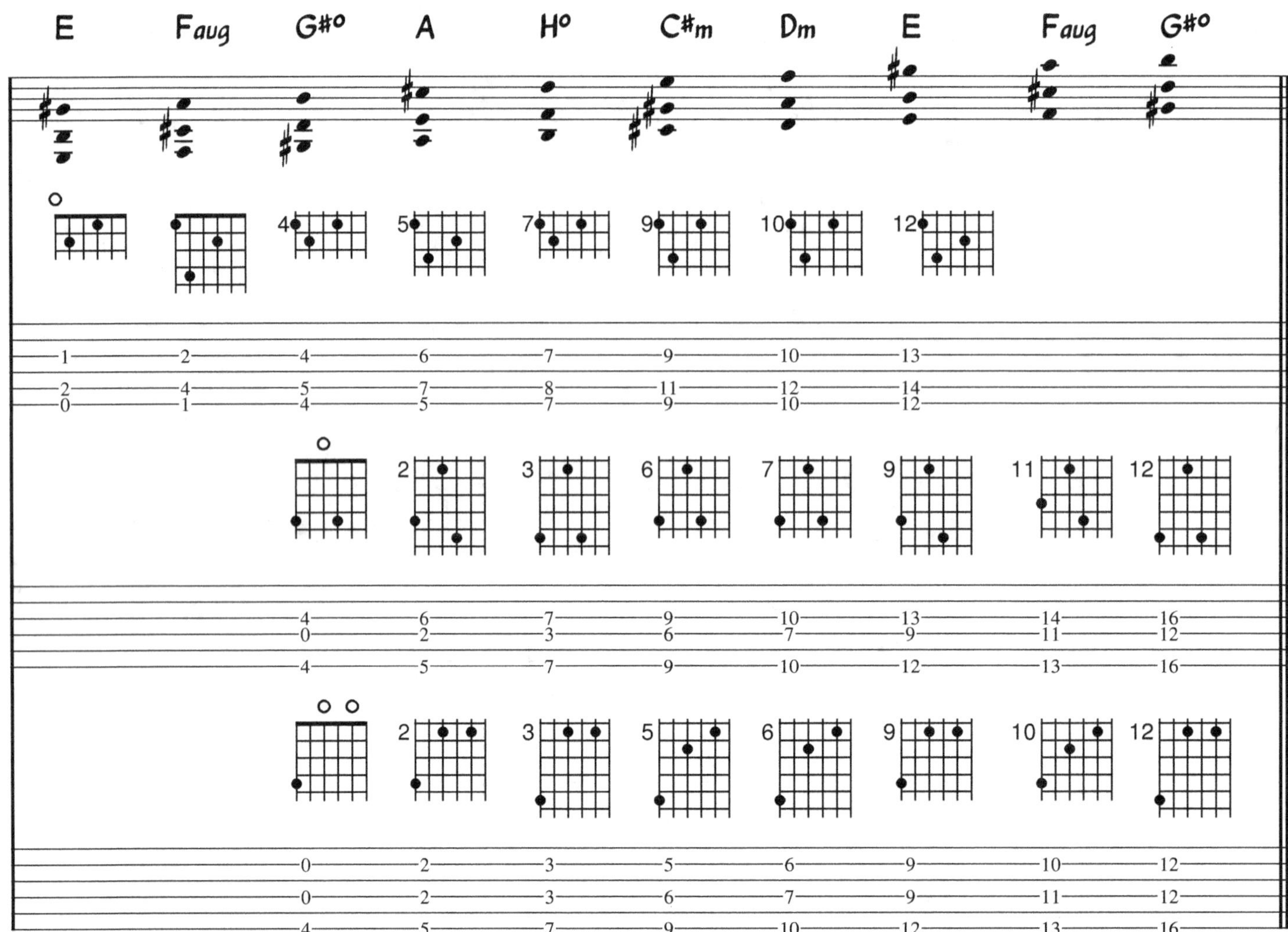
E
Faug
G#o
A
Ho
C#m
Dm
E
Faug
G#o

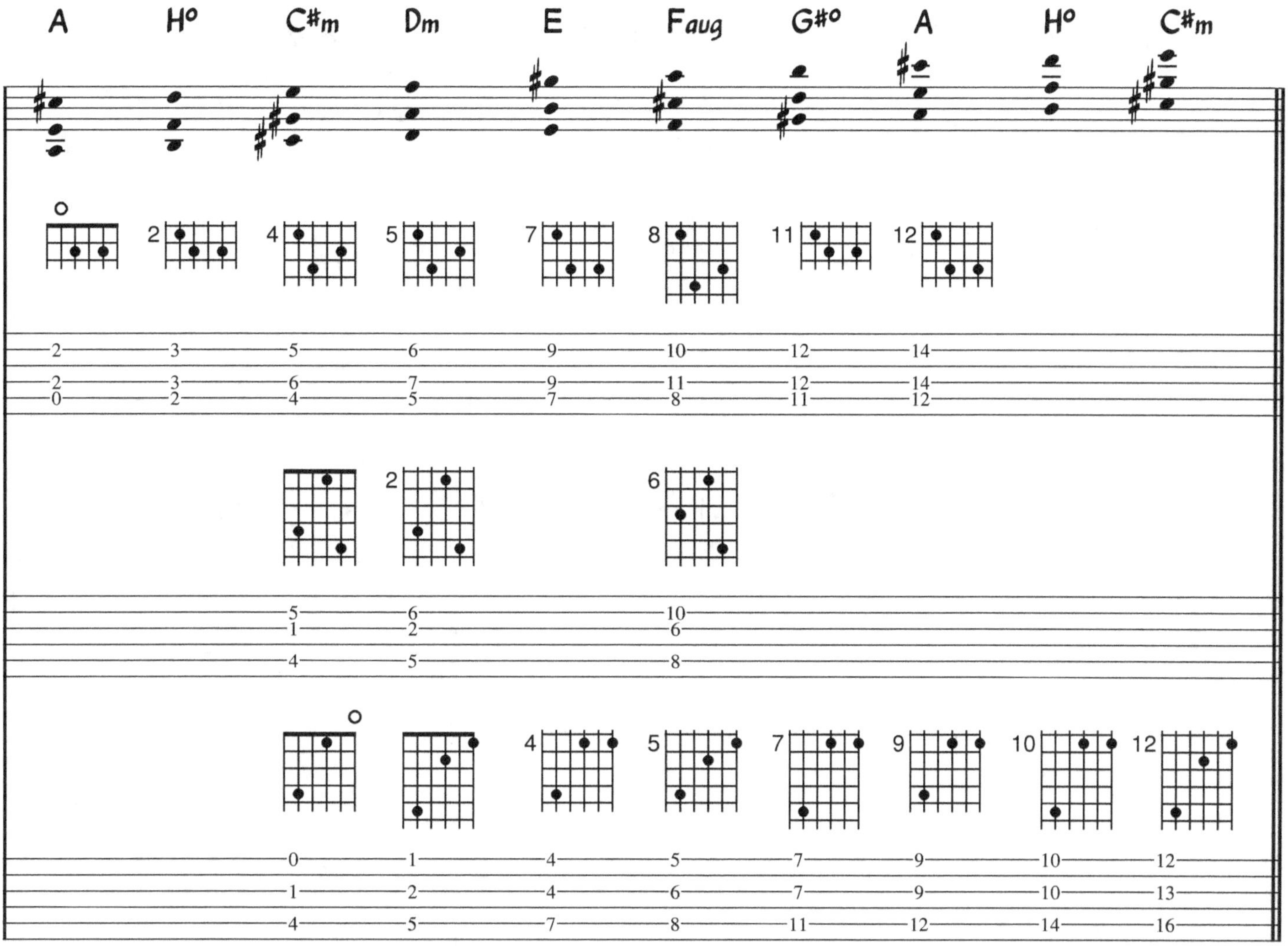

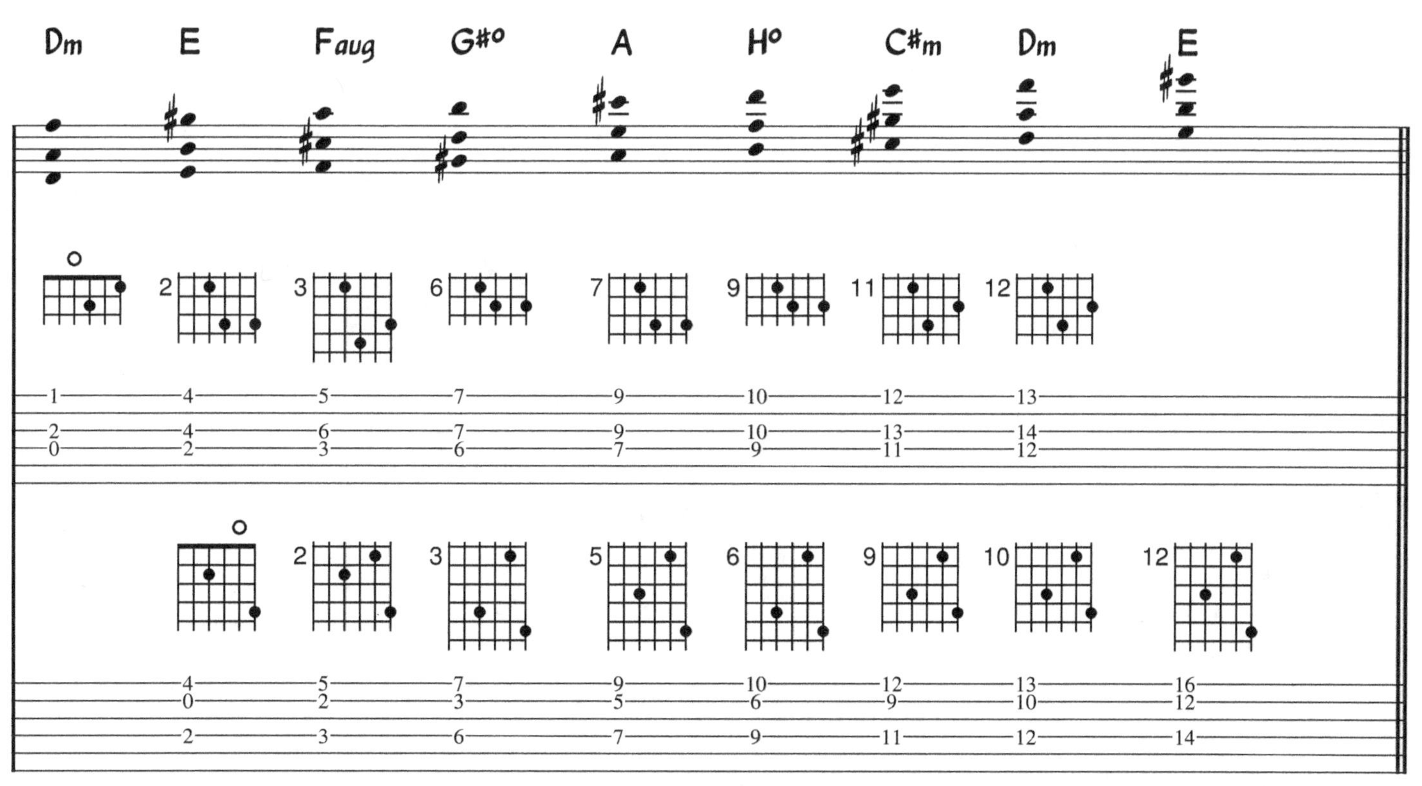

1. Umk. (weite Lage)

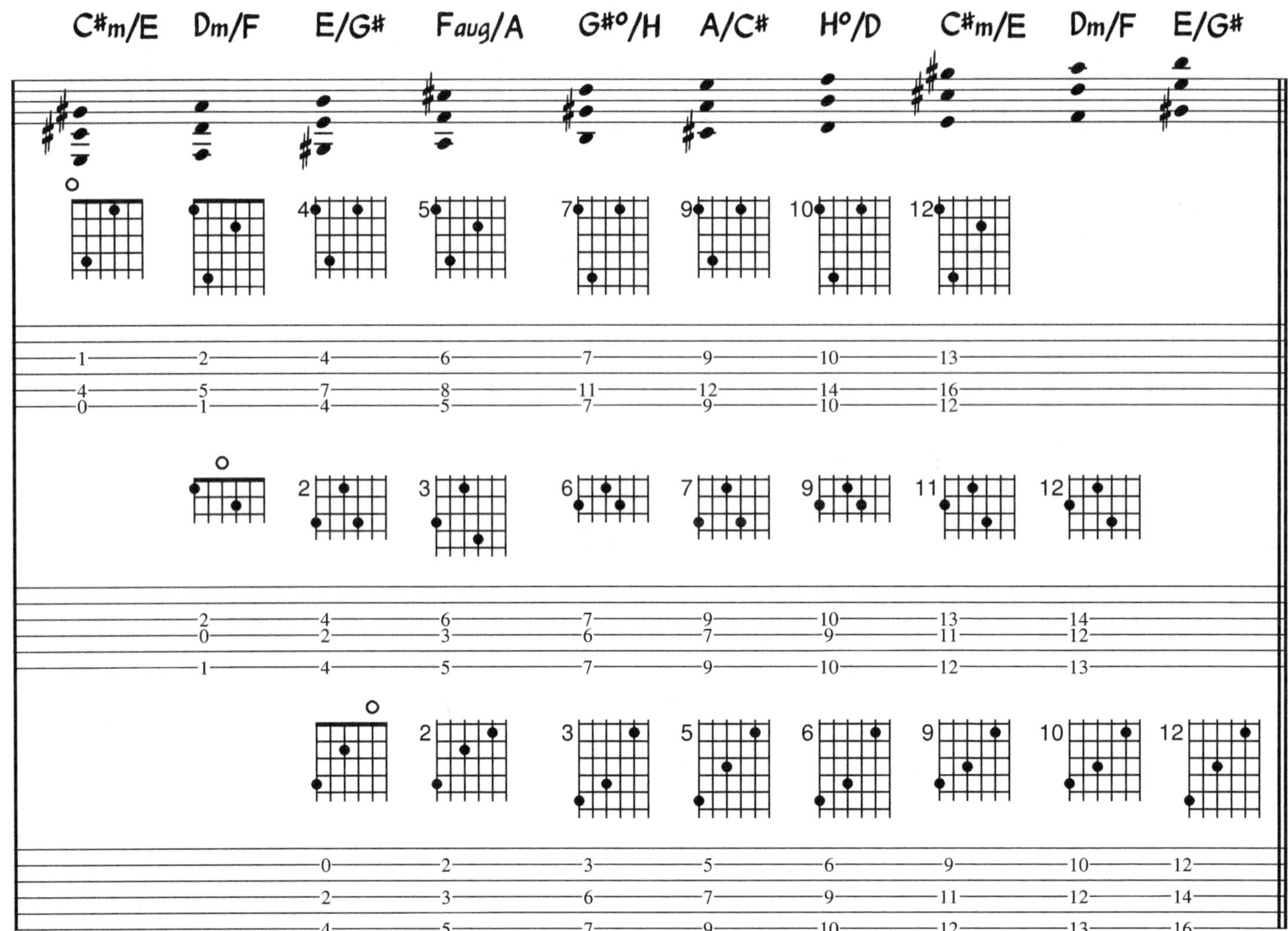

C#m/E   Dm/F   E/G#   Faug/A   G#o/H   A/C#   Ho/D   C#m/E   Dm/F   E/G#

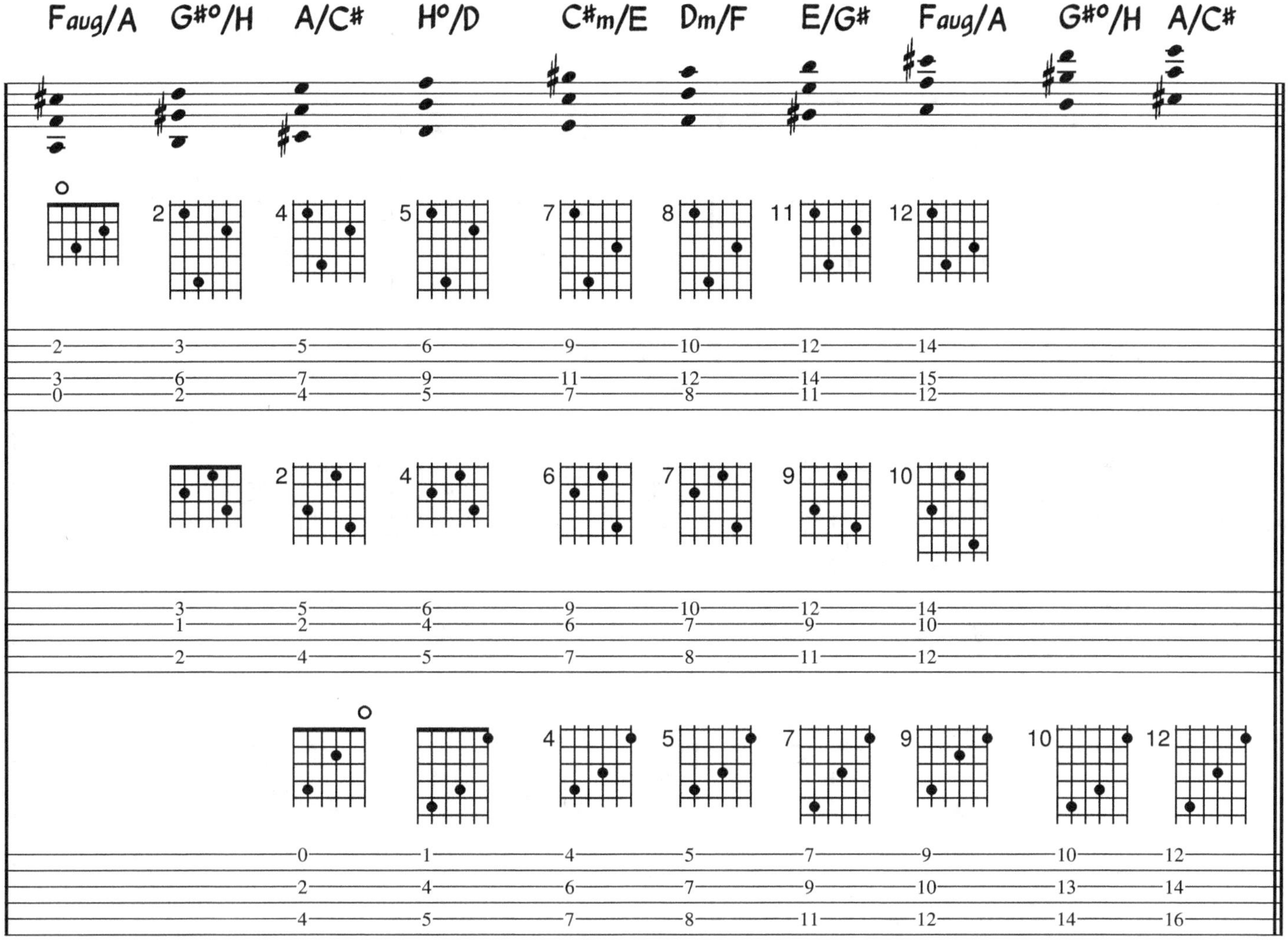

Faug/A G#°/H A/C# H°/D C#m/E Dm/F E/G# Faug/A G#°/H A/C#

H°/D C#m/E Dm/F E/G# Faug/A G#°/H A/C# H°/D

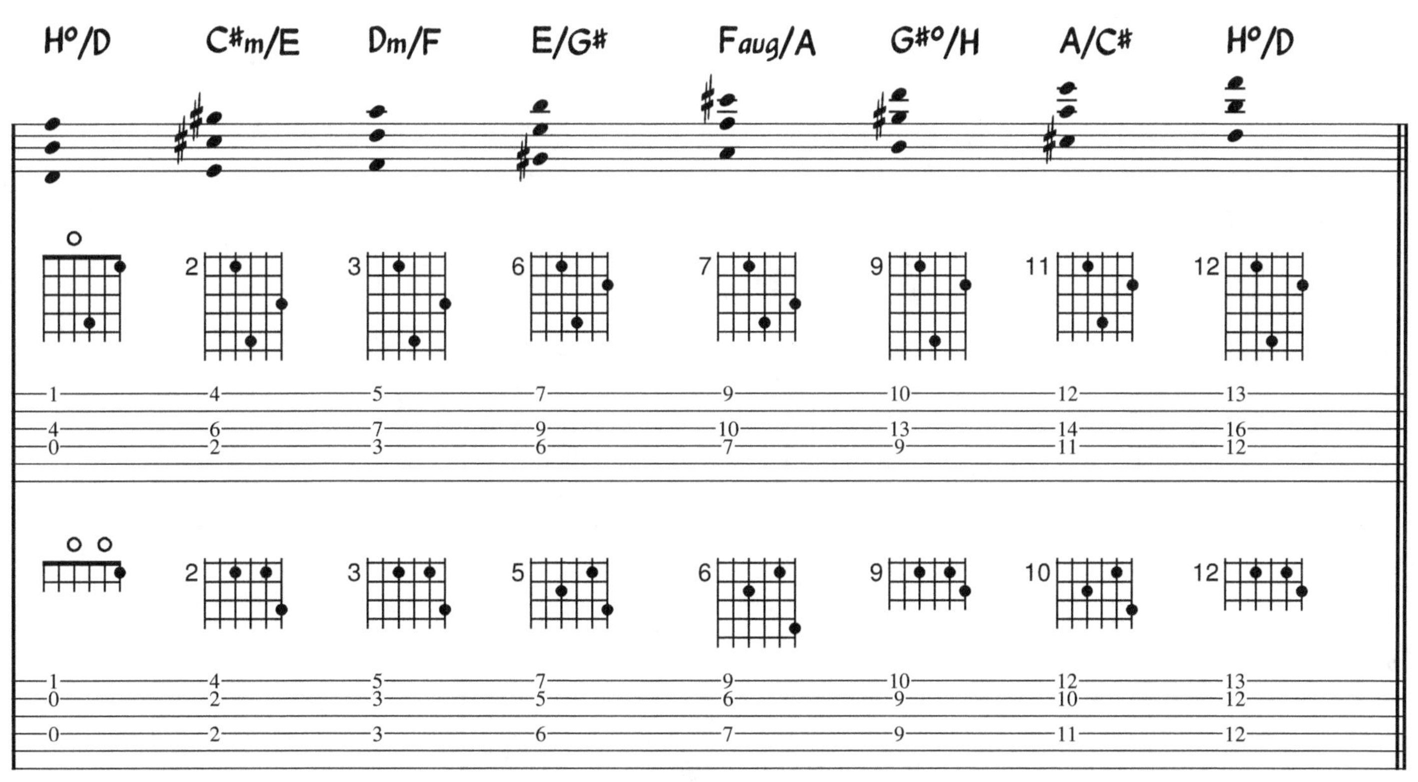

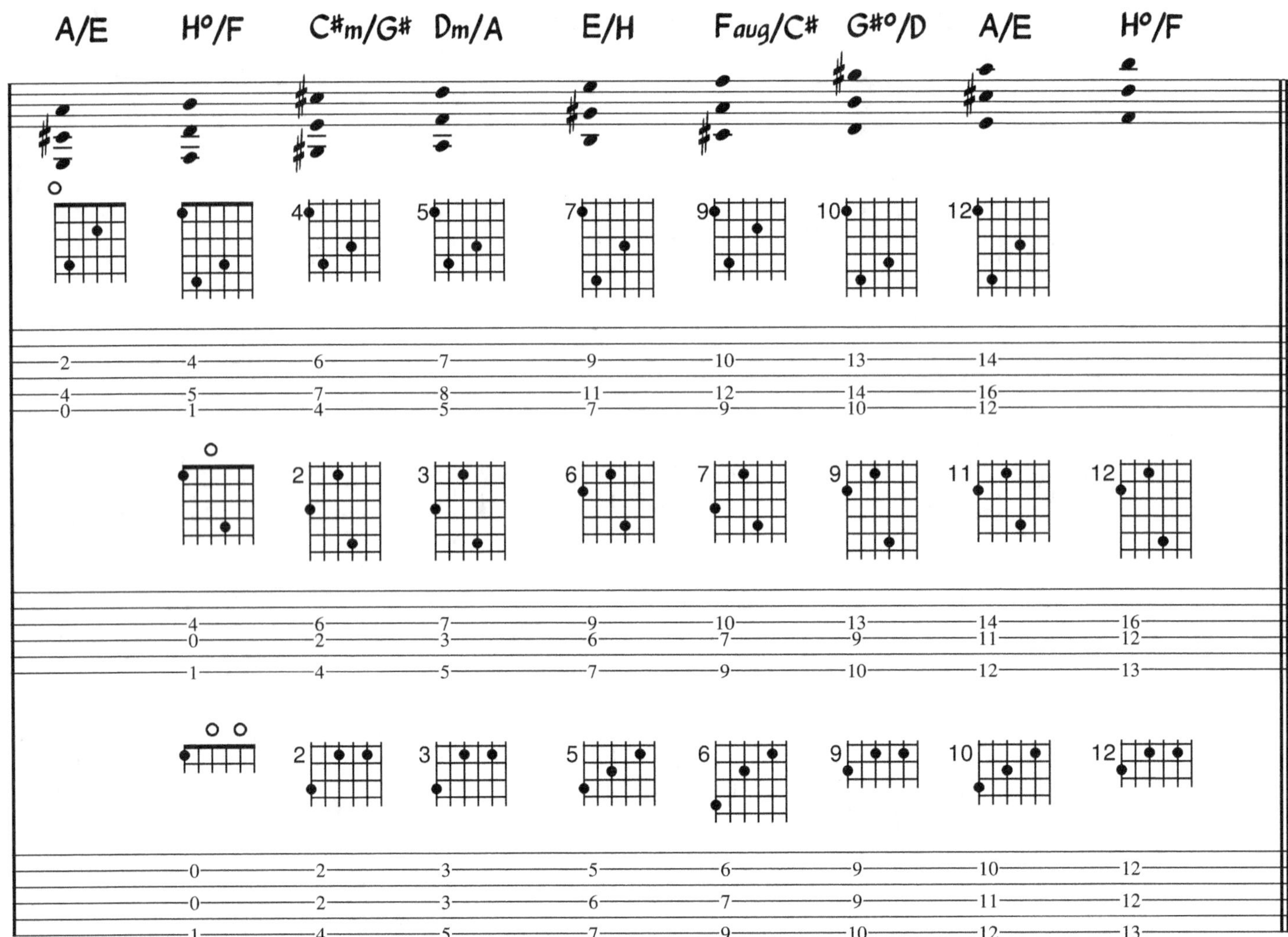
A/E
H°/F
C#m/G#
Dm/A
E/H
Faug/C#
G#°/D
A/E
H°/F

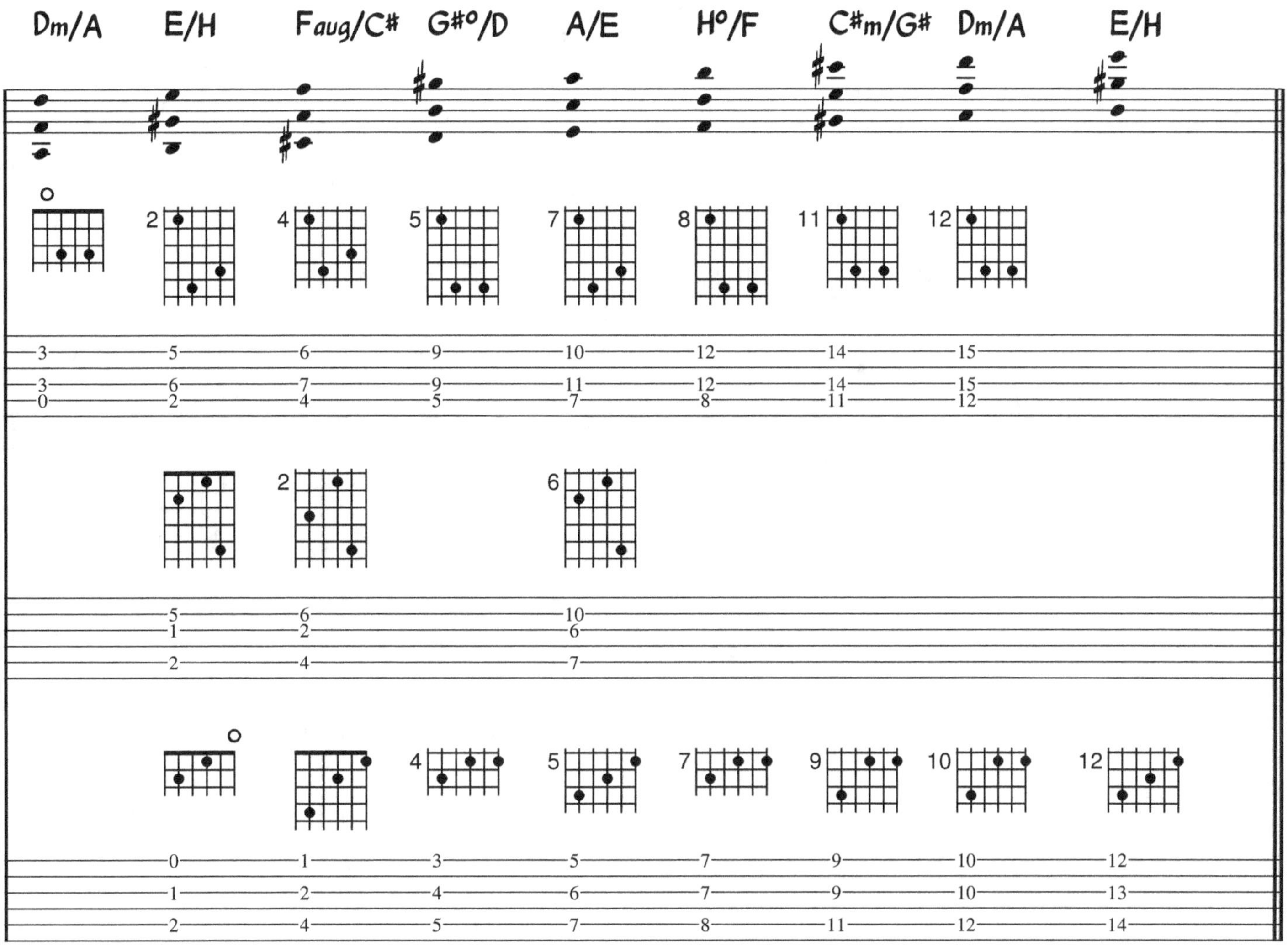

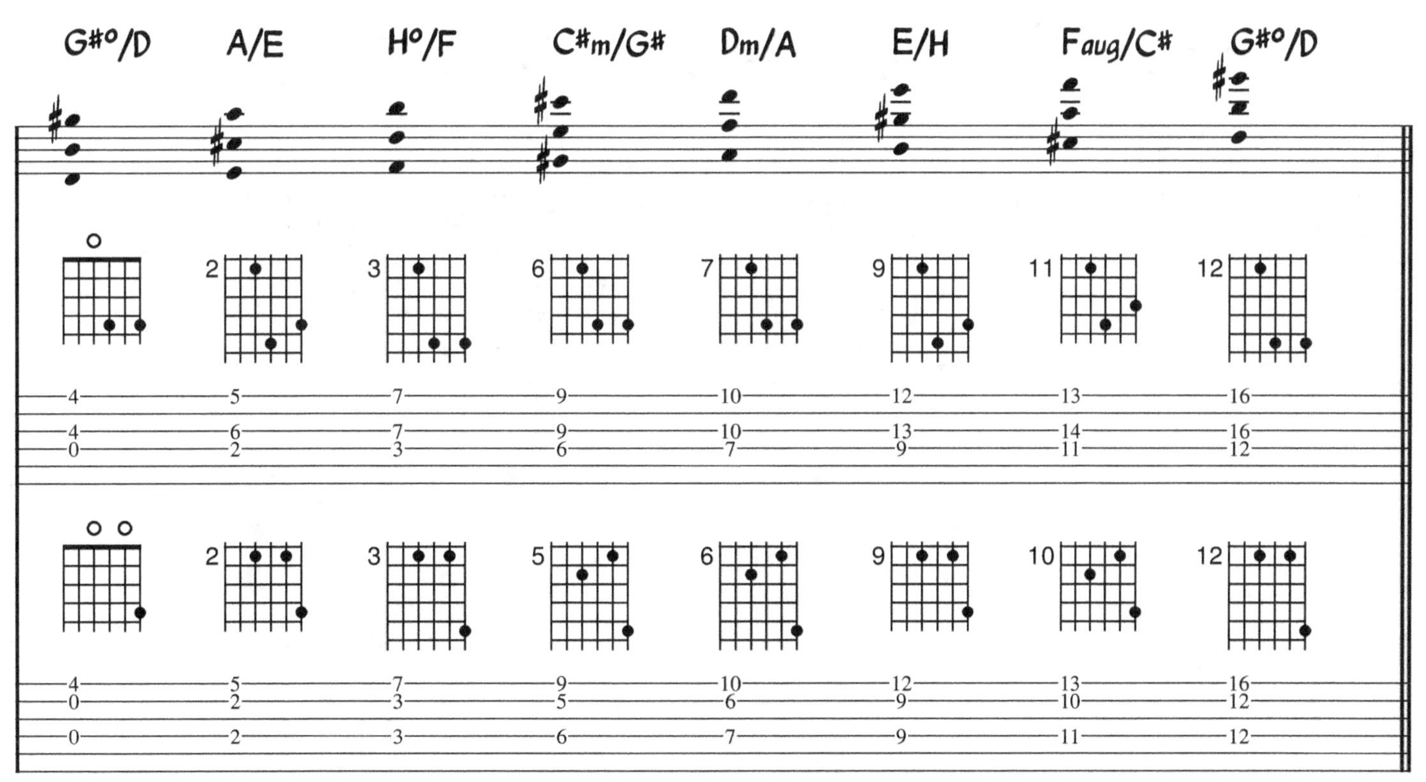

Dm/A   E/H   Faug/C#   G#o/D   A/E   Ho/F   C#m/G#   Dm/A   E/H
G#o/D   A/E   Ho/F   C#m/G#   Dm/A   E/H   Faug/C#   G#o/D

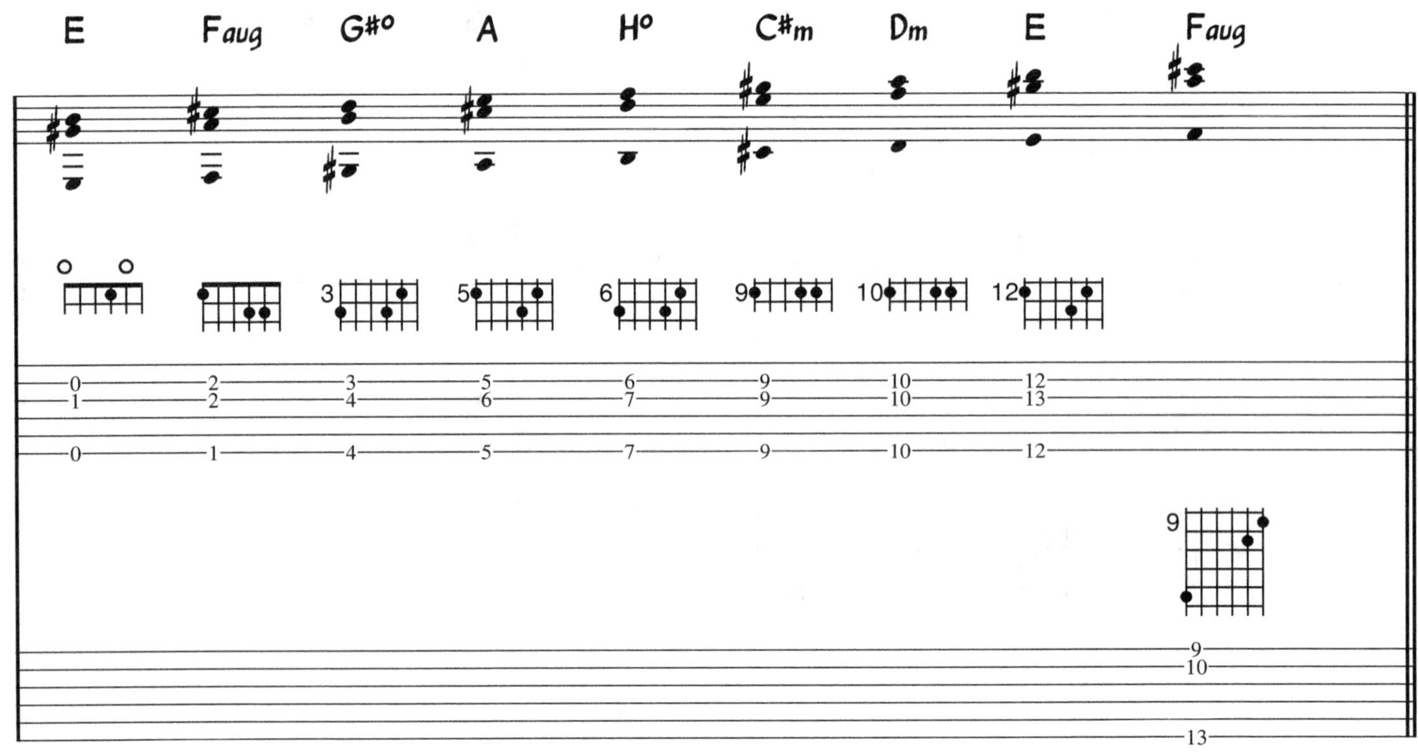

E
Faug
G#o
A
Ho
C#m
Dm
E
Faug

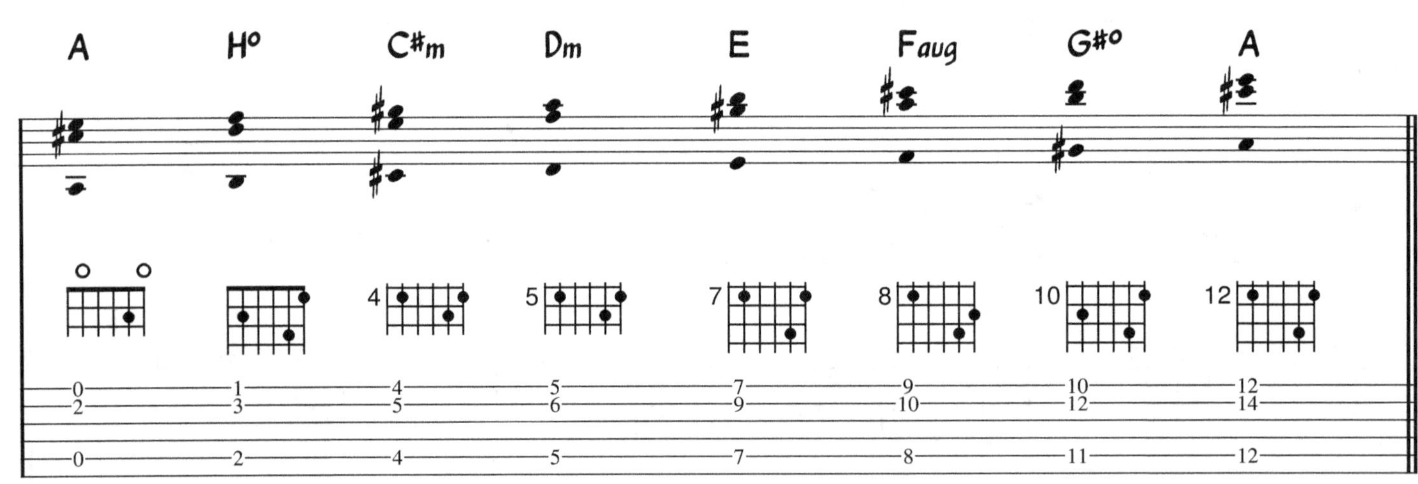

A
Ho
C#m
Dm
E
Faug
G#o
A

1. Umk. (weite Lage, Variante 2)

C#m/E
Dm/F
E/G#
Faug/A
G#°/H
A/C#
H°/D
C#m/E
Dm/F
E/G#

Faug/A
G#°/H
A/C#
H°/D
C#m/E
Dm/F
E/G#
Faug/A

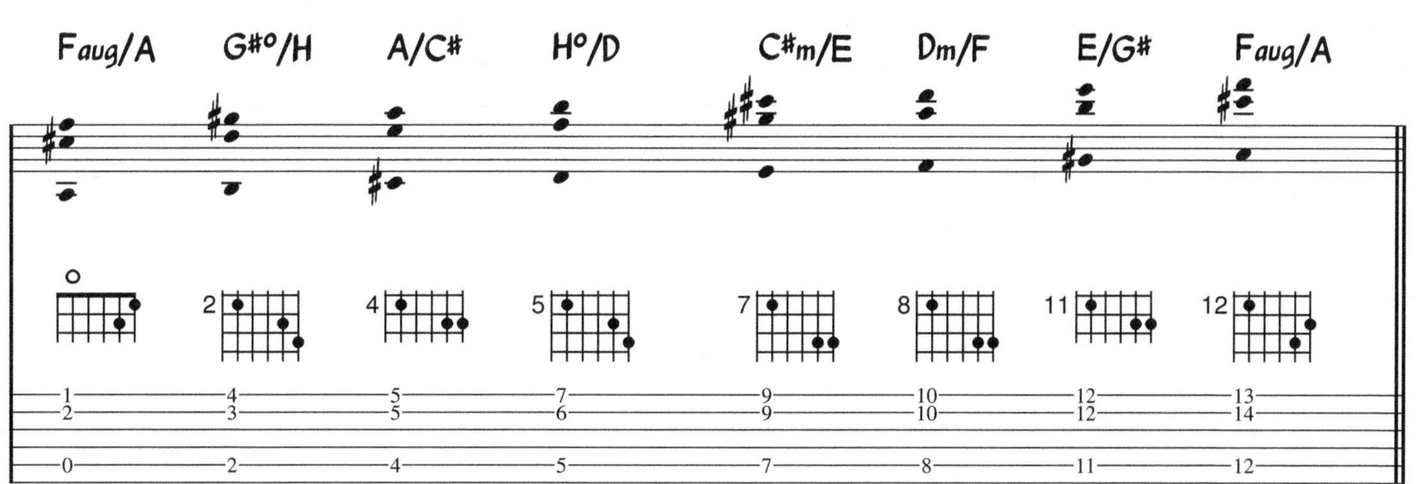

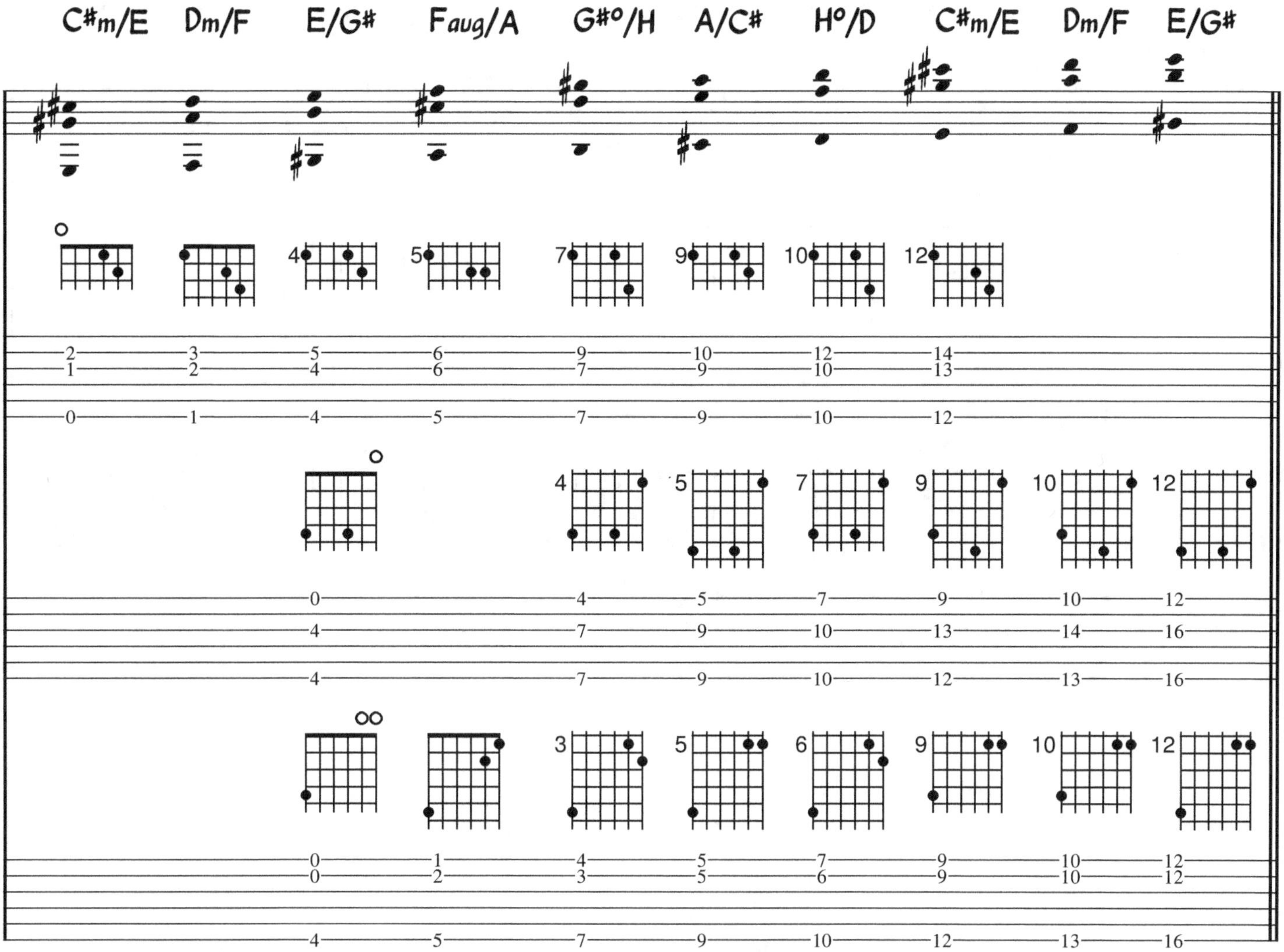

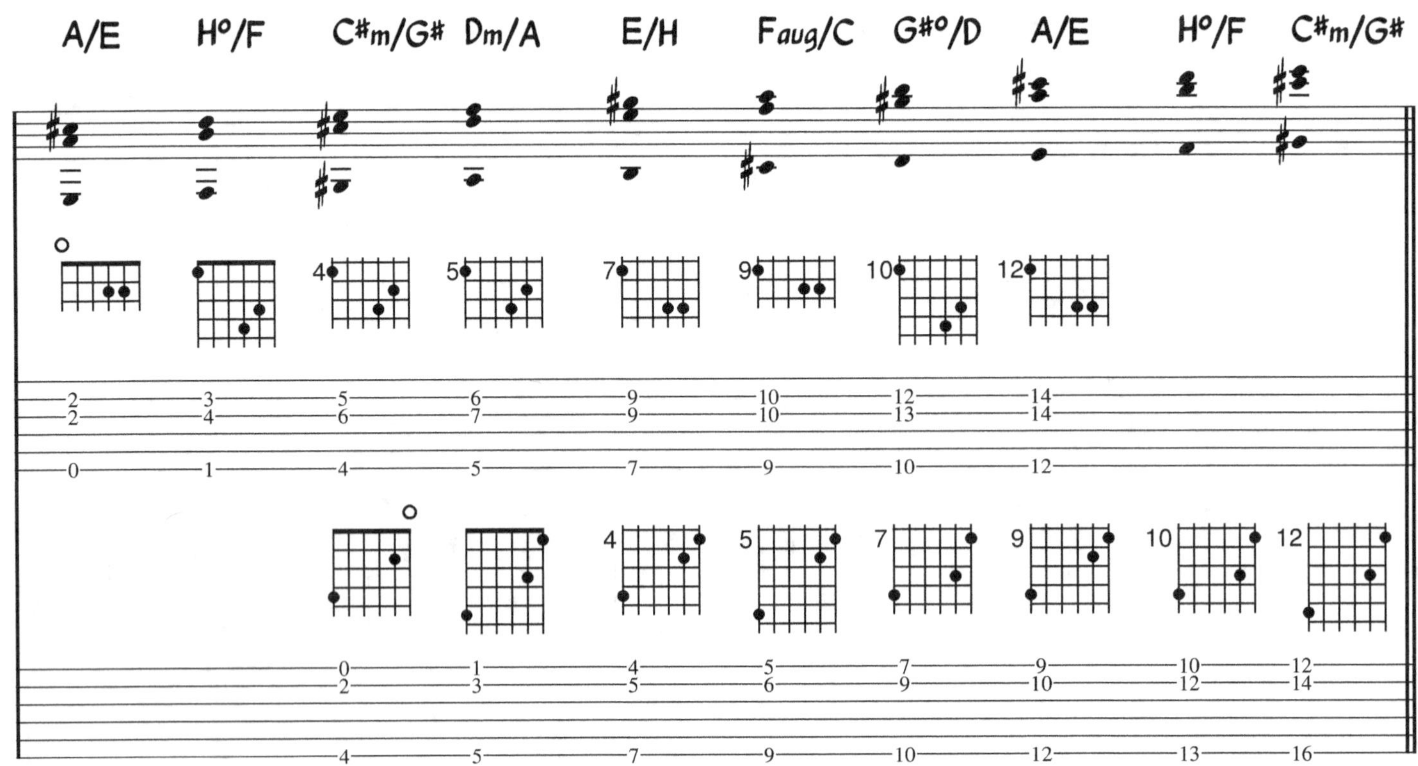

A/E
H°/F
C#m/G#
Dm/A
E/H
Faug/C
G#°/D
A/E
H°/F
C#m/G#
4
5
7
9
10
12
2
3
5
6
9
10
12
14
2
4
6
7
9
10
13
14
0
1
4
5
7
9
10
12
0
1
4
5
7
9
10
12
2
3
5
6
9
10
12
14
4
5
7
9
10
12
13
16

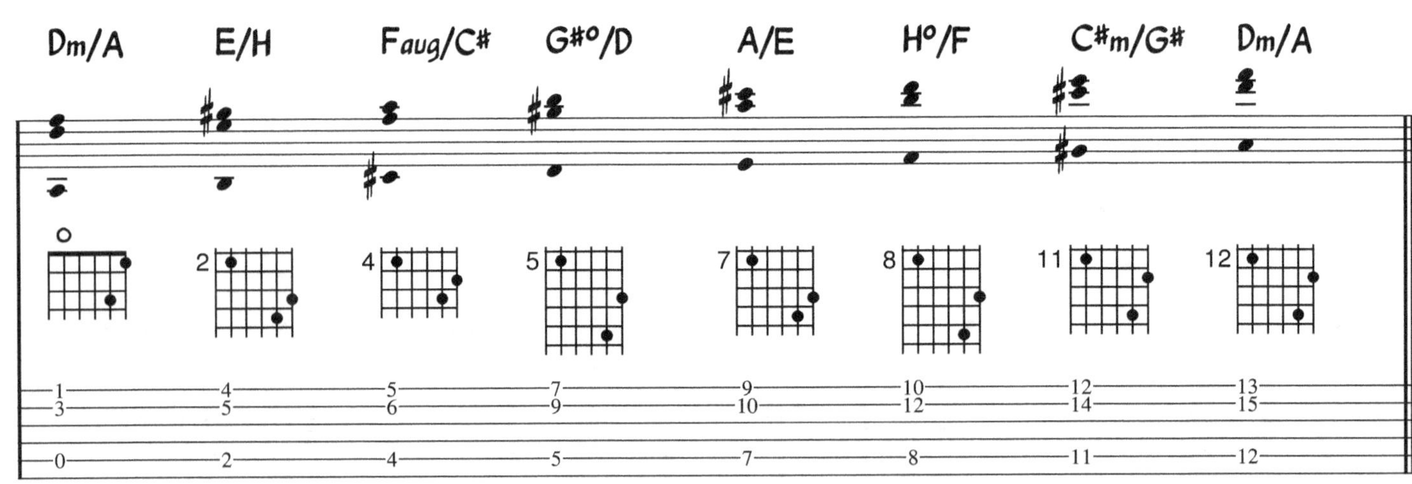

Dm/A
E/H
Faug/C#
G#°/D
A/E
H°/F
C#m/G#
Dm/A
2
4
5
7
8
11
12
1
4
5
7
9
10
12
13
3
5
6
9
10
12
14
15
0
2
4
5
7
8
11
12

Grundstellung (weite Lage, Variante 3)

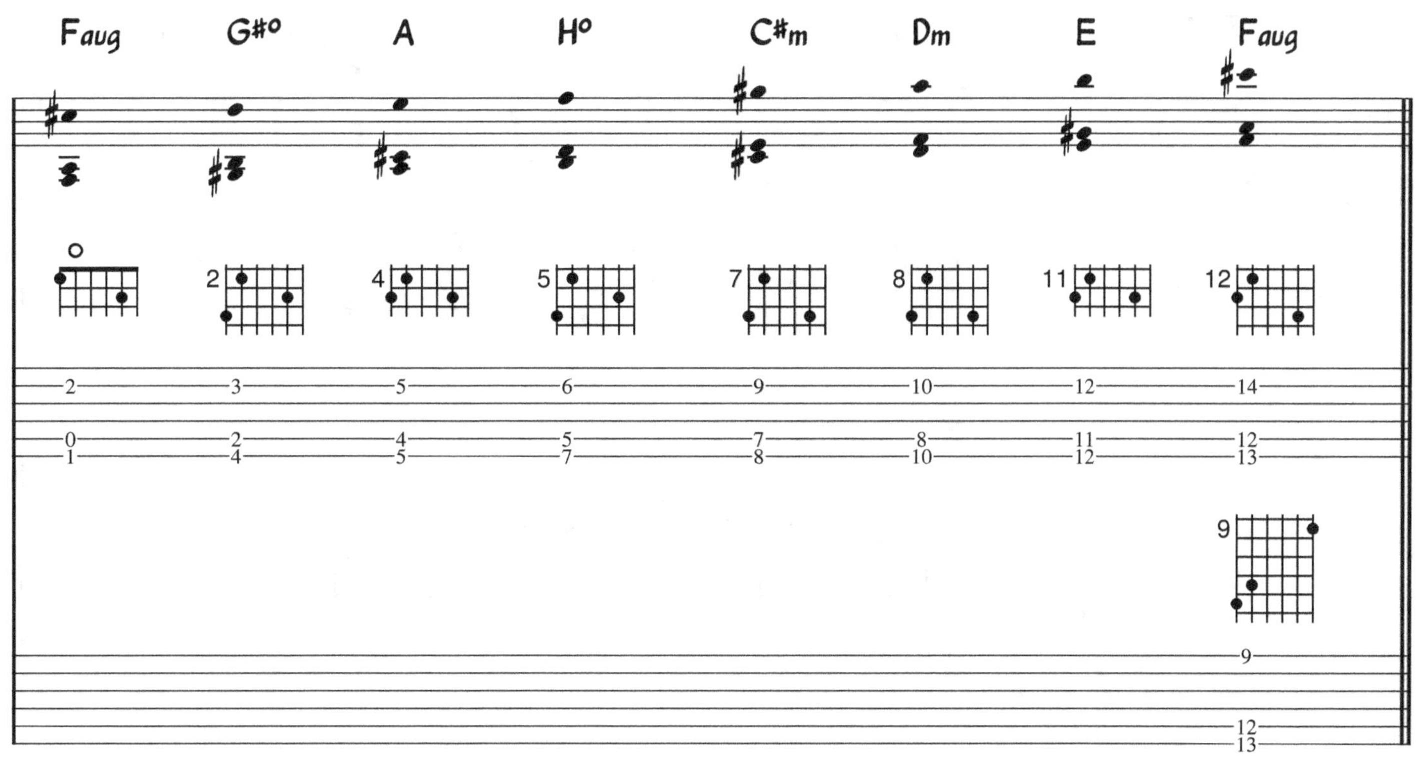

Faug
G#o
A
Ho
C#m
Dm
E
Faug

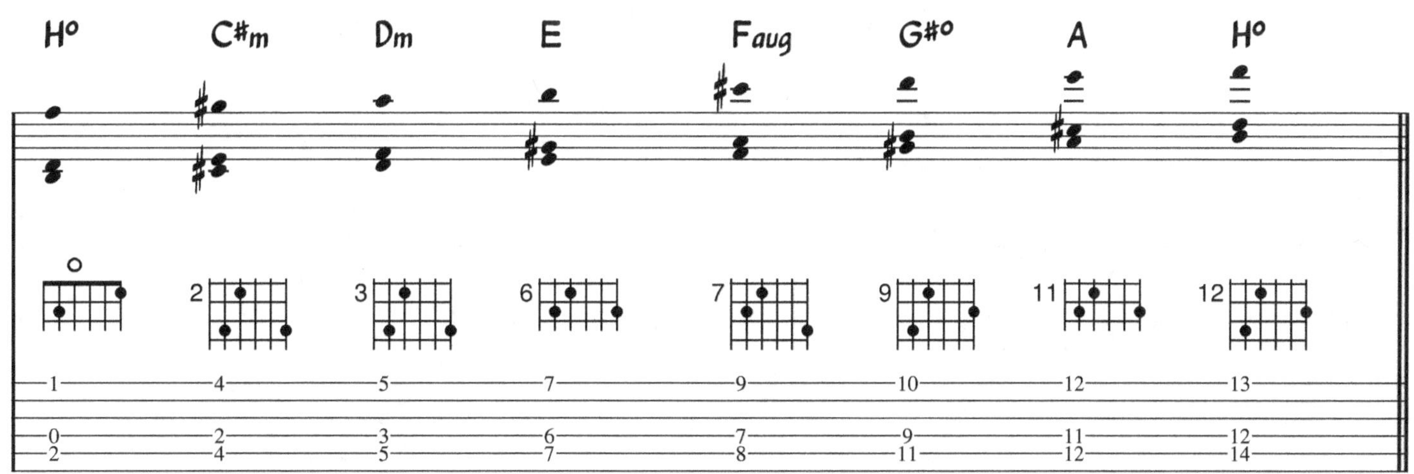

Ho
C#m
Dm
E
Faug
G#o
A
Ho

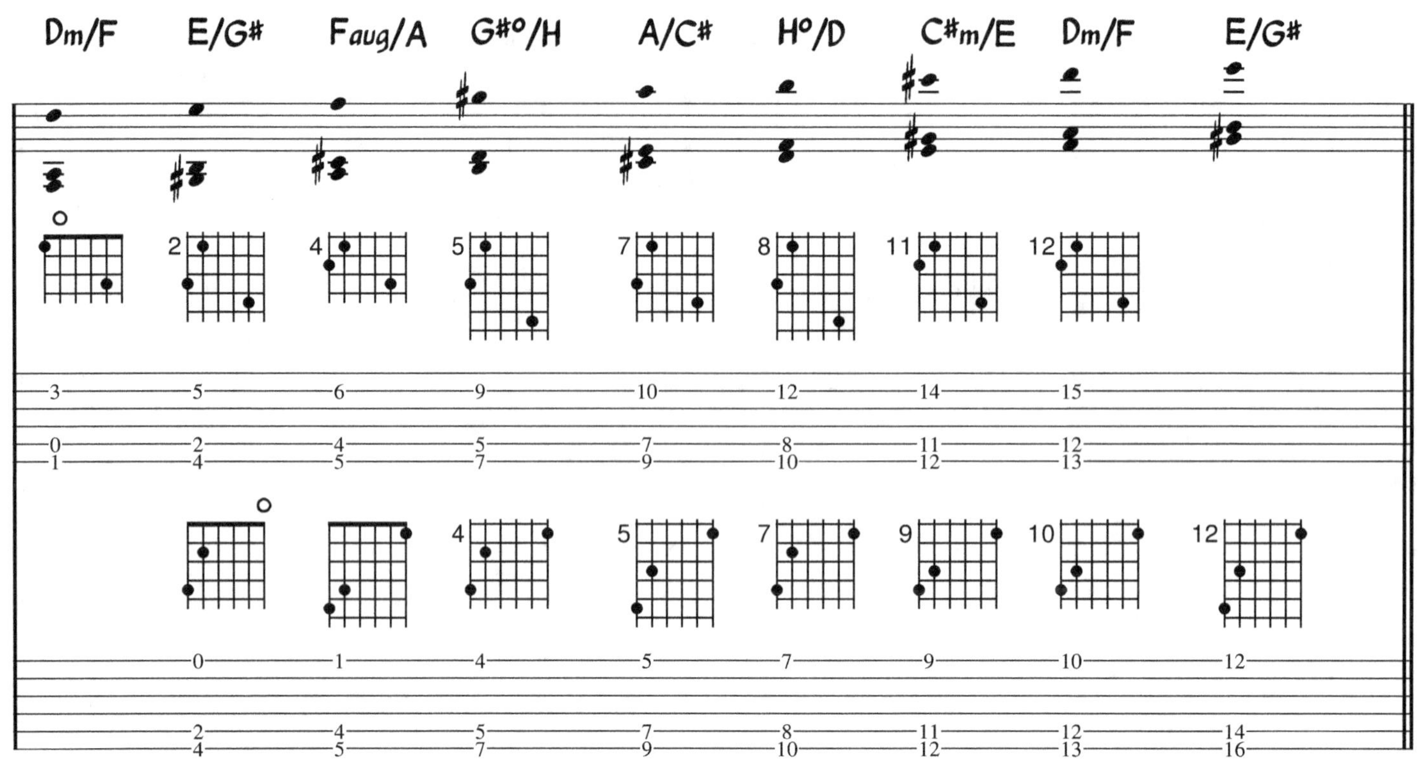

Dm/F   E/G#   Faug/A   G#o/H   A/C#   Ho/D   C#m/E   Dm/F   E/G#

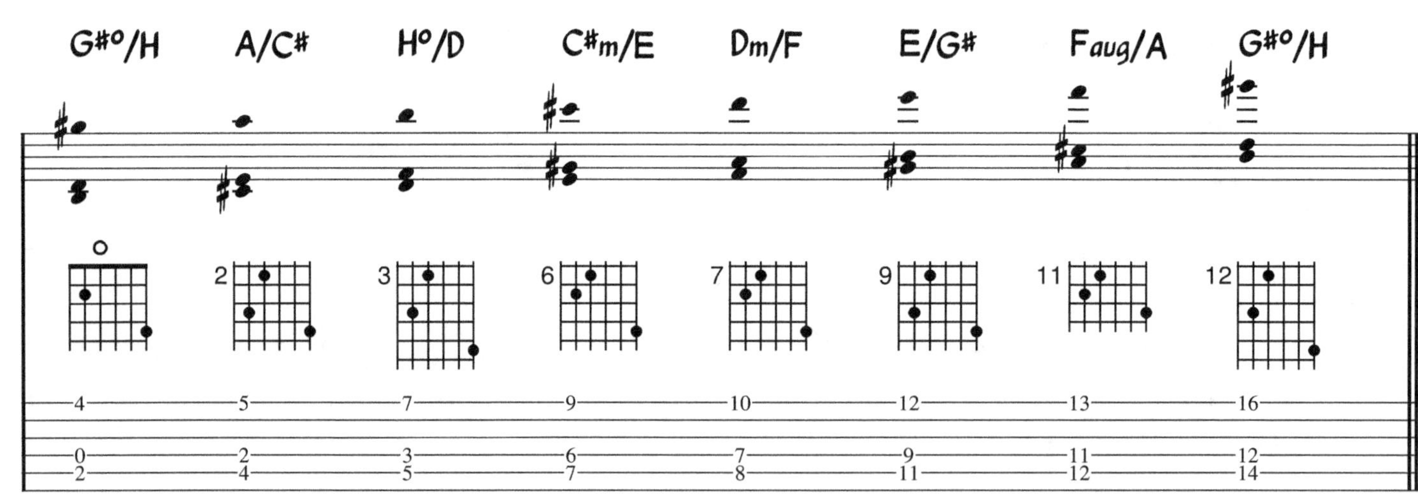

G#o/H   A/C#   Ho/D   C#m/E   Dm/F   E/G#   Faug/A   G#o/H

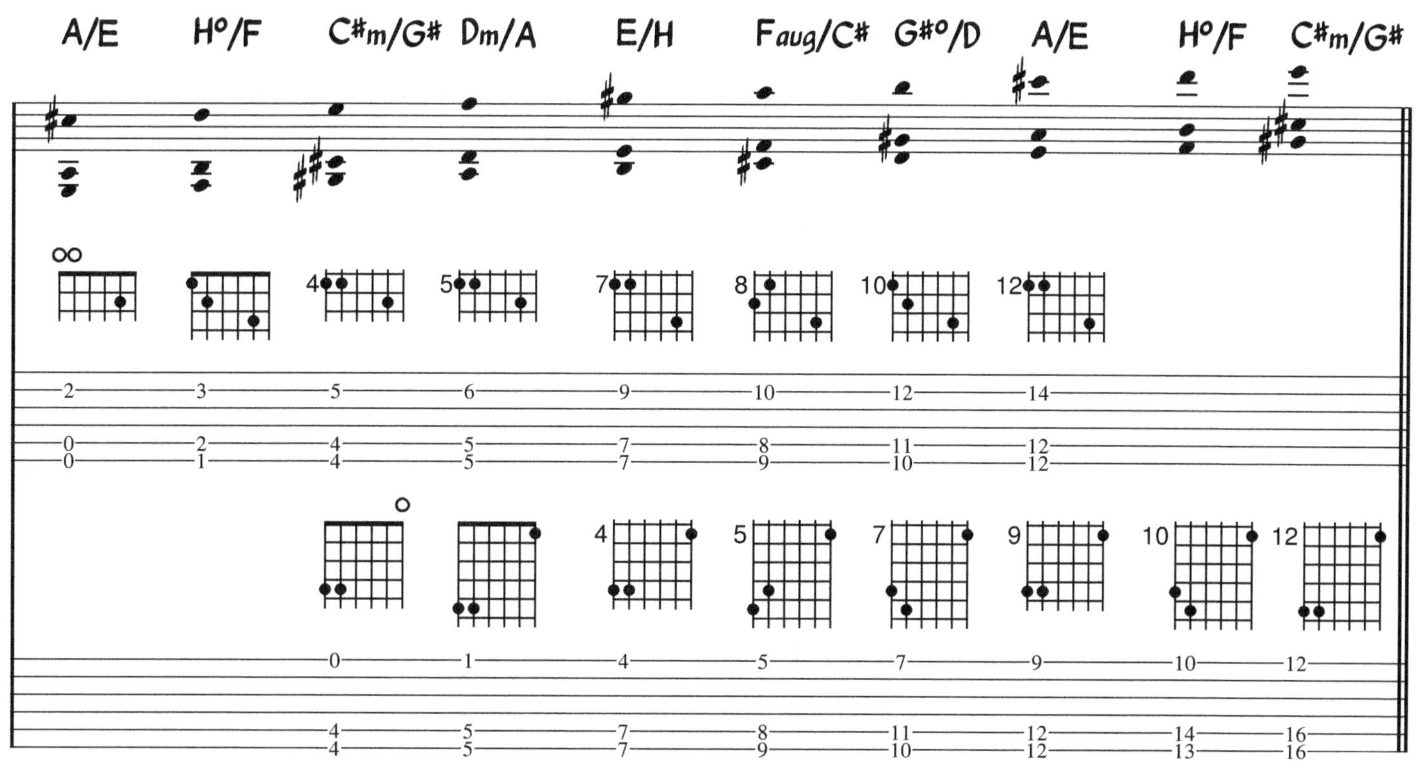

A/E
H°/F
C#m/G#
Dm/A
E/H
Faug/C#
G#°/D
A/E
H°/F
C#m/G#

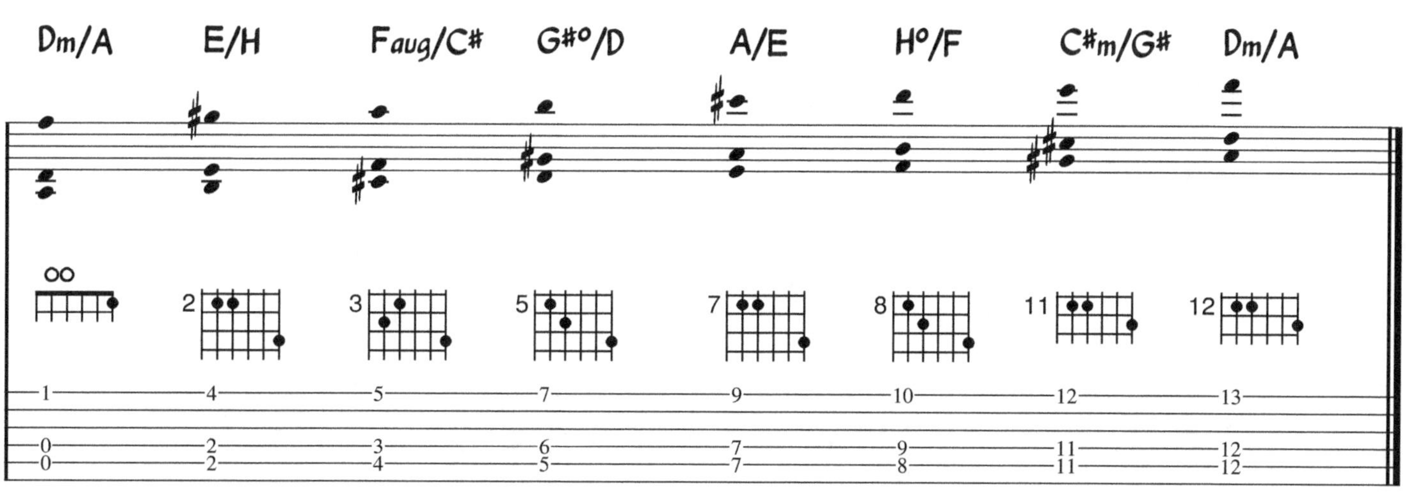

Dm/A
E/H
Faug/C#
G#°/D
A/E
H°/F
C#m/G#
Dm/A

~ E harmonisch Dur ~

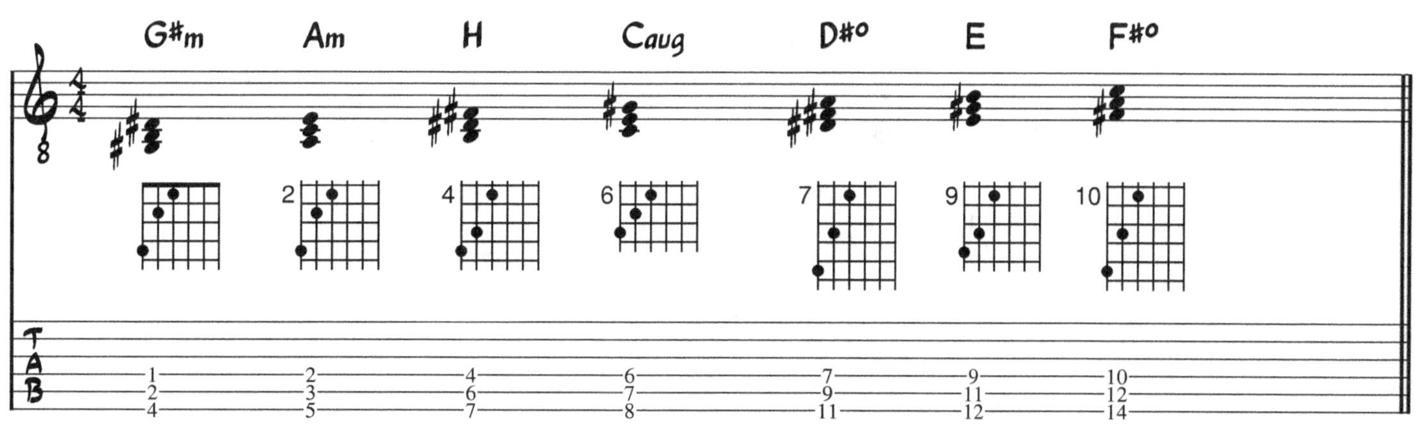

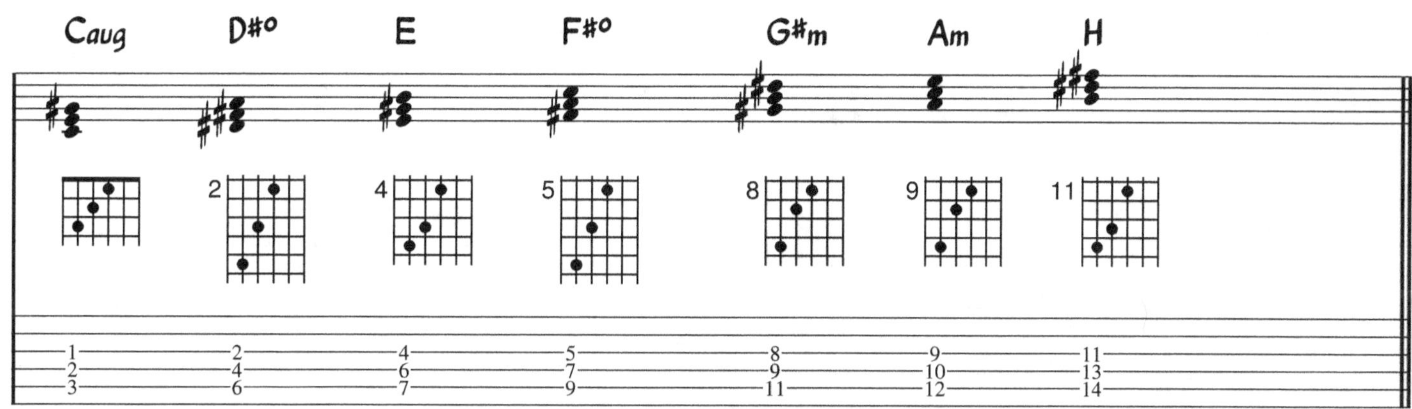

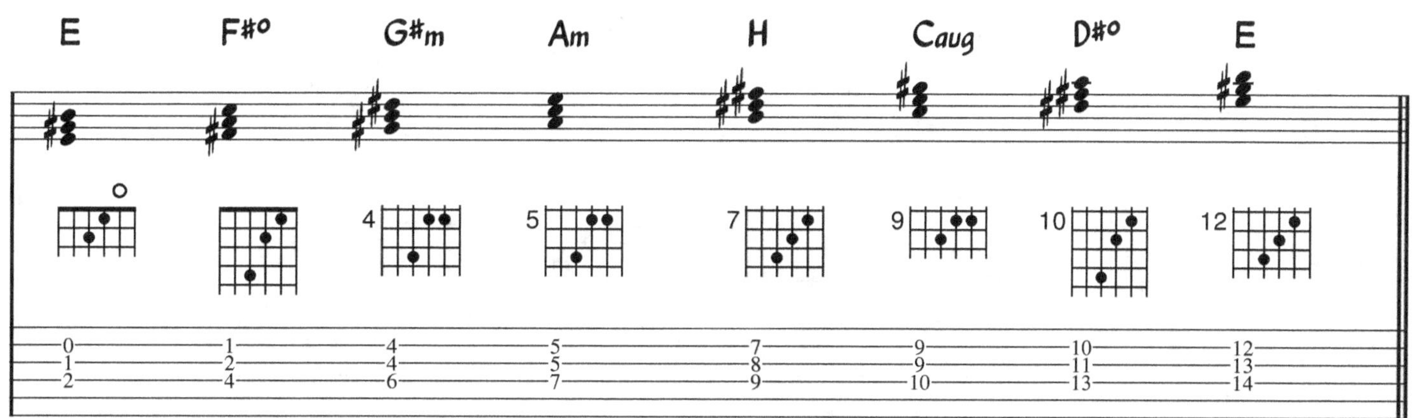

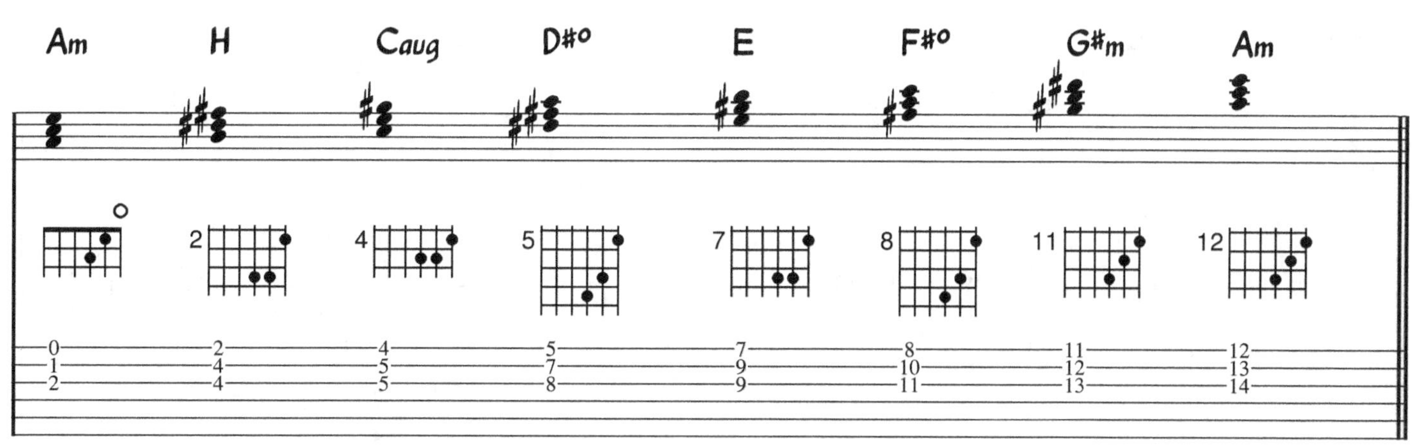

D#°/F#   E/G#   F#°/A   G#m/H   Am/C   H/D#   Caug/E   D#°/F#
G#m/H   Am/C   H/D#   Caug/E   D#°/F#   E/G#   F#°/A
Caug/E   D#°/F#   E/G#   F#°/A   G#m/H   Am/C   H/D#
E/G#   F#°/A   G#m/H   Am/C   H/D#   Caug/E   D#°/F#   E/G#

H/F#   Caug/G#   D#°/A   E/H   F#°/C   G#m/D#   Am/E
E/H   F#°/C   G#m/D#   Am/E   H/F#   Caug/G#   D#°/A
G#m/D#   Am/E   H/F#   Caug/G#   D#°/A   E/H   F#°/C   G#m/D#
Caug/G#   D#°/A   E/H   F#°/C   G#m/D#   Am/E   H/F#   Caug/G#

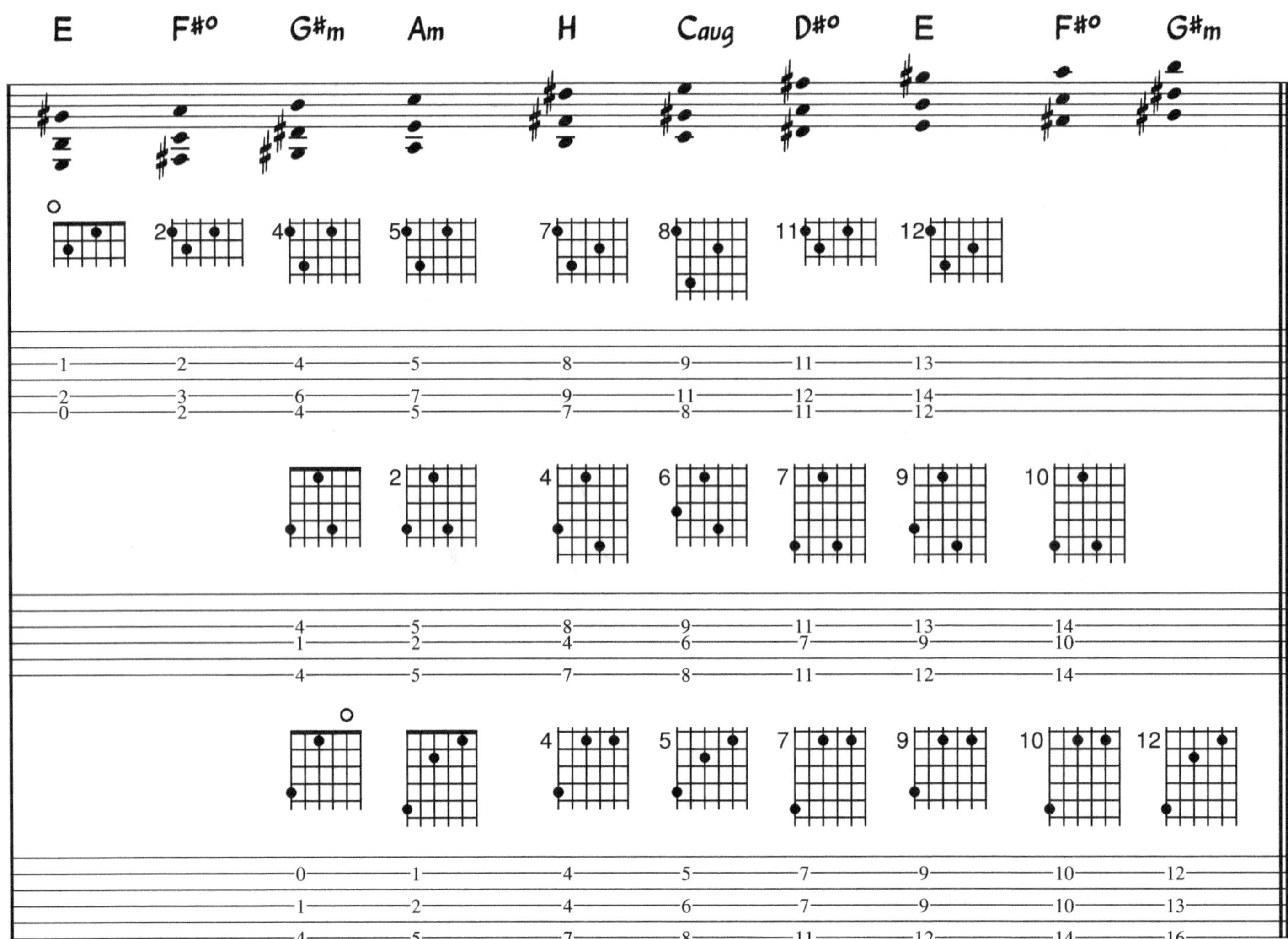

E   F#o   G#m   Am   H   Caug   D#o   E   F#o   G#m

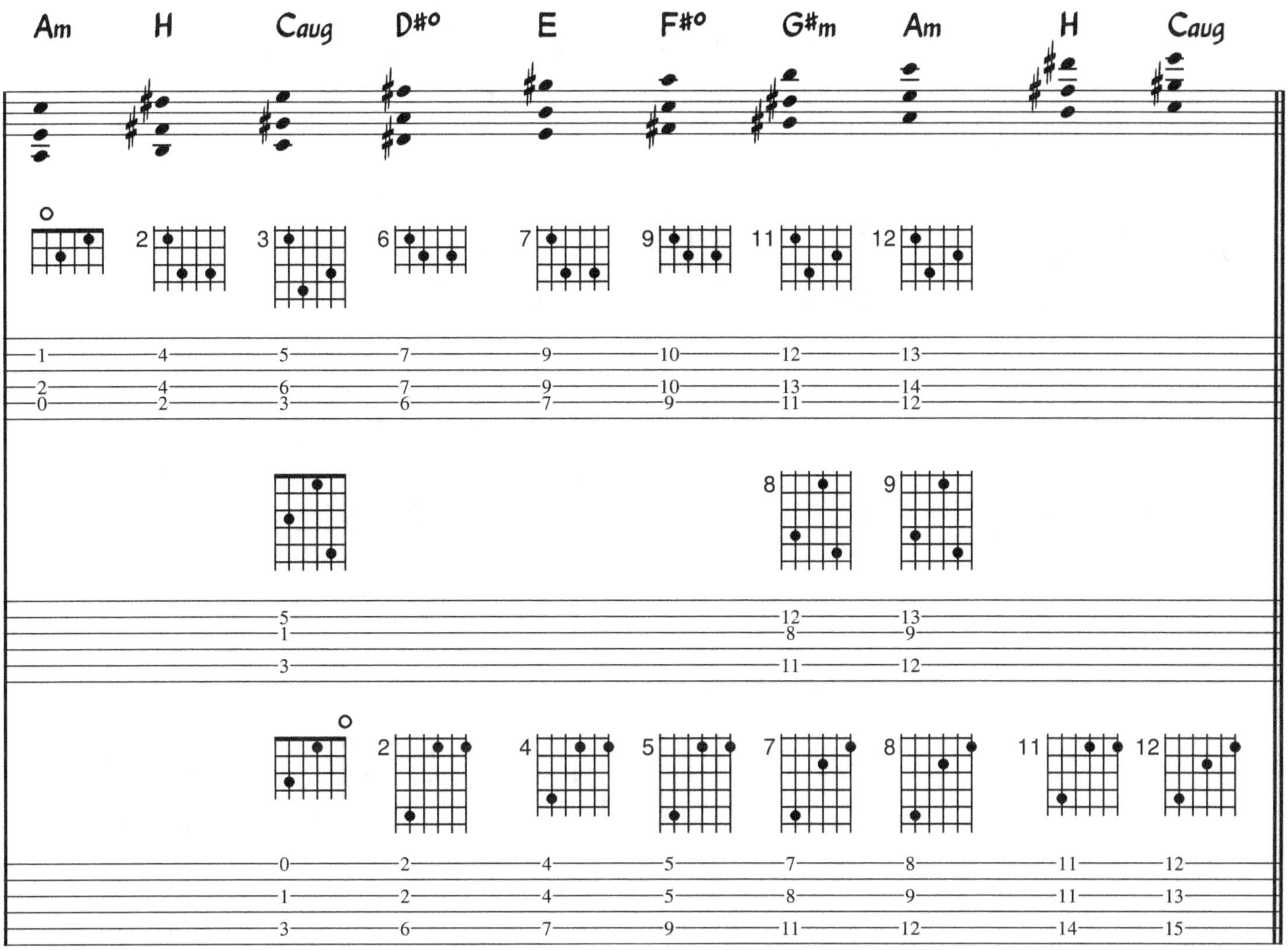

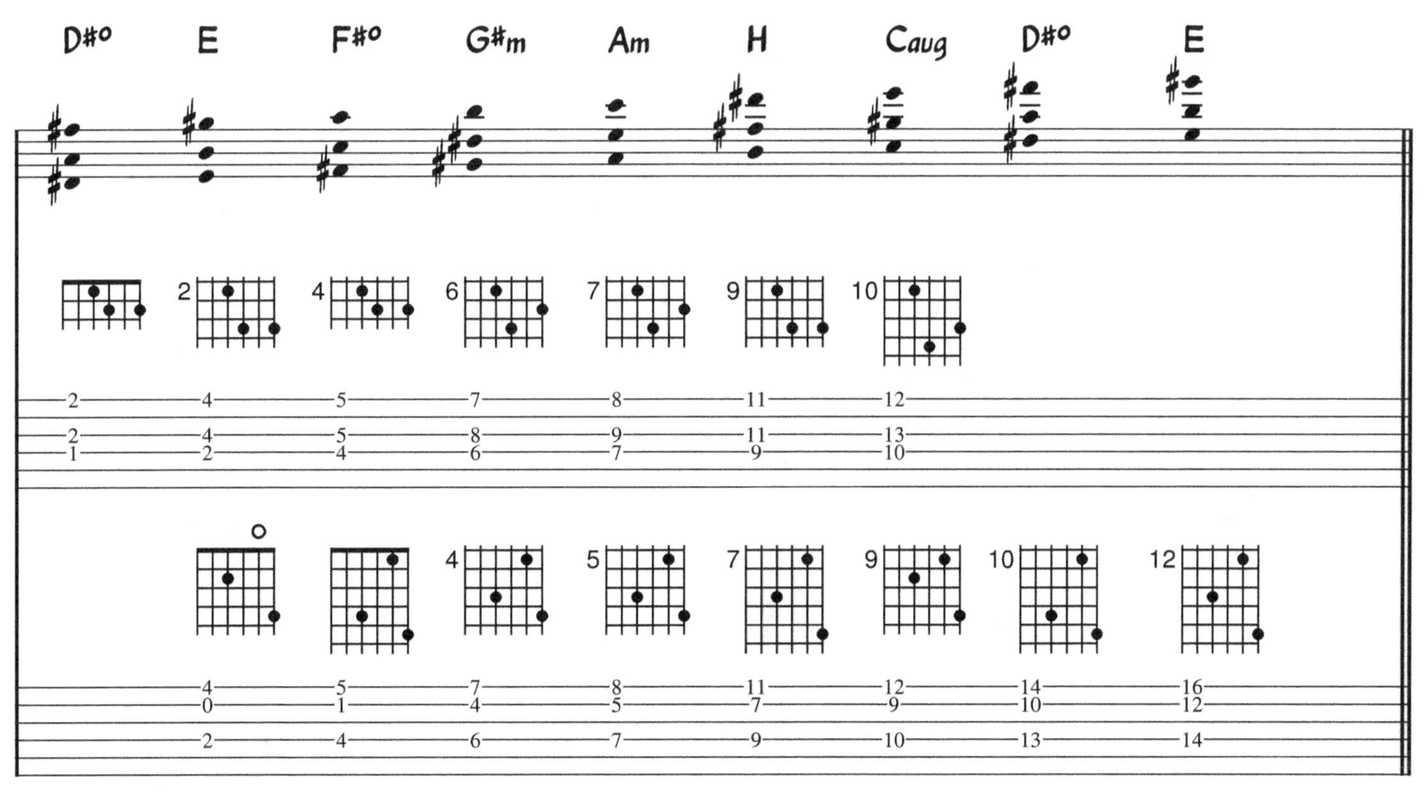

Am
H
Caug
D#o
E
F#o
G#m
Am
H
Caug
D#o
E
F#o
G#m
Am
H
Caug
D#o
E

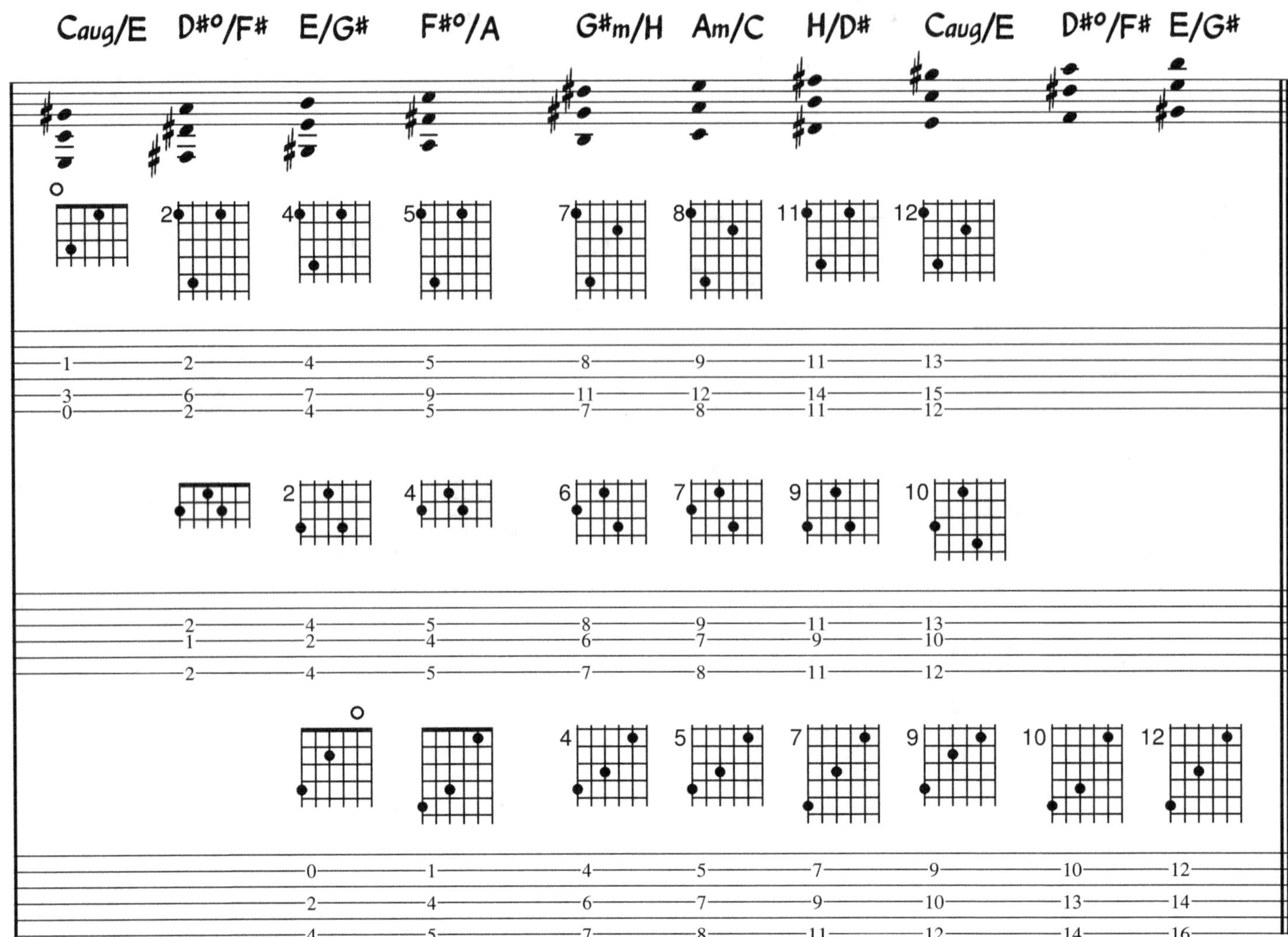
Caug/E D#o/F# E/G# F#o/A G#m/H Am/C H/D# Caug/E D#o/F# E/G#

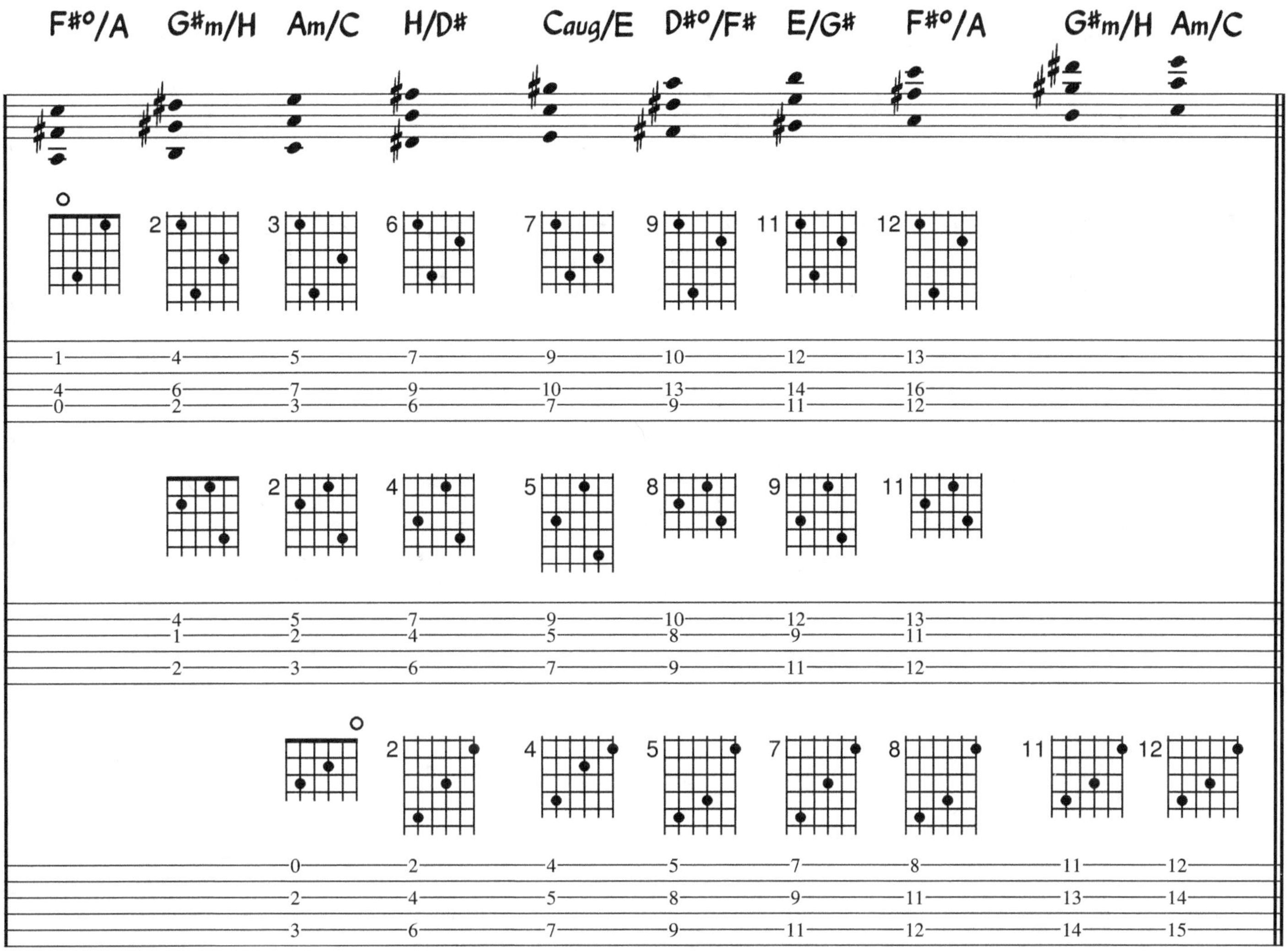

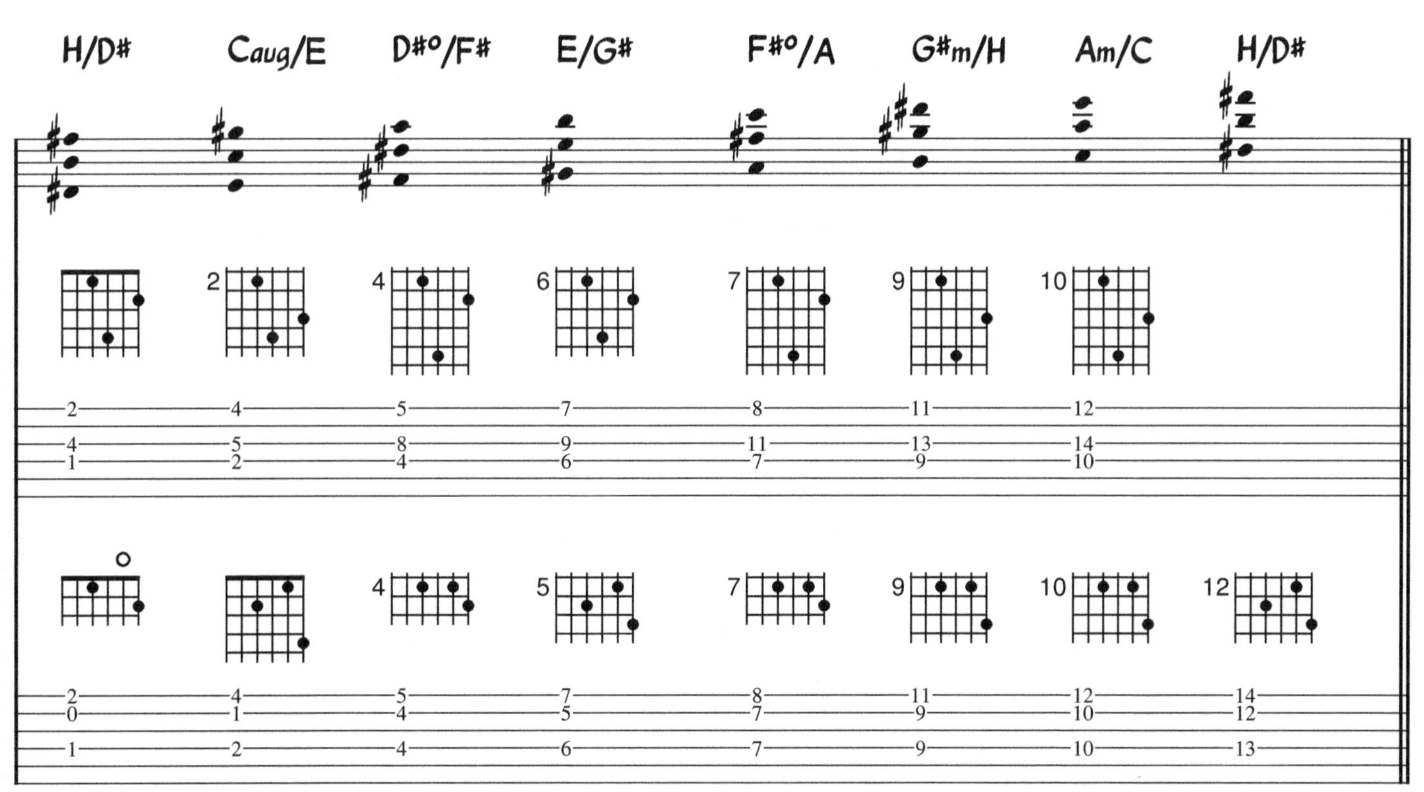

F#o/A   G#m/H   Am/C   H/D#   Caug/E   D#o/F#   E/G#   F#o/A   G#m/H   Am/C
H/D#   Caug/E   D#o/F#   E/G#   F#o/A   G#m/H   Am/C   H/D#

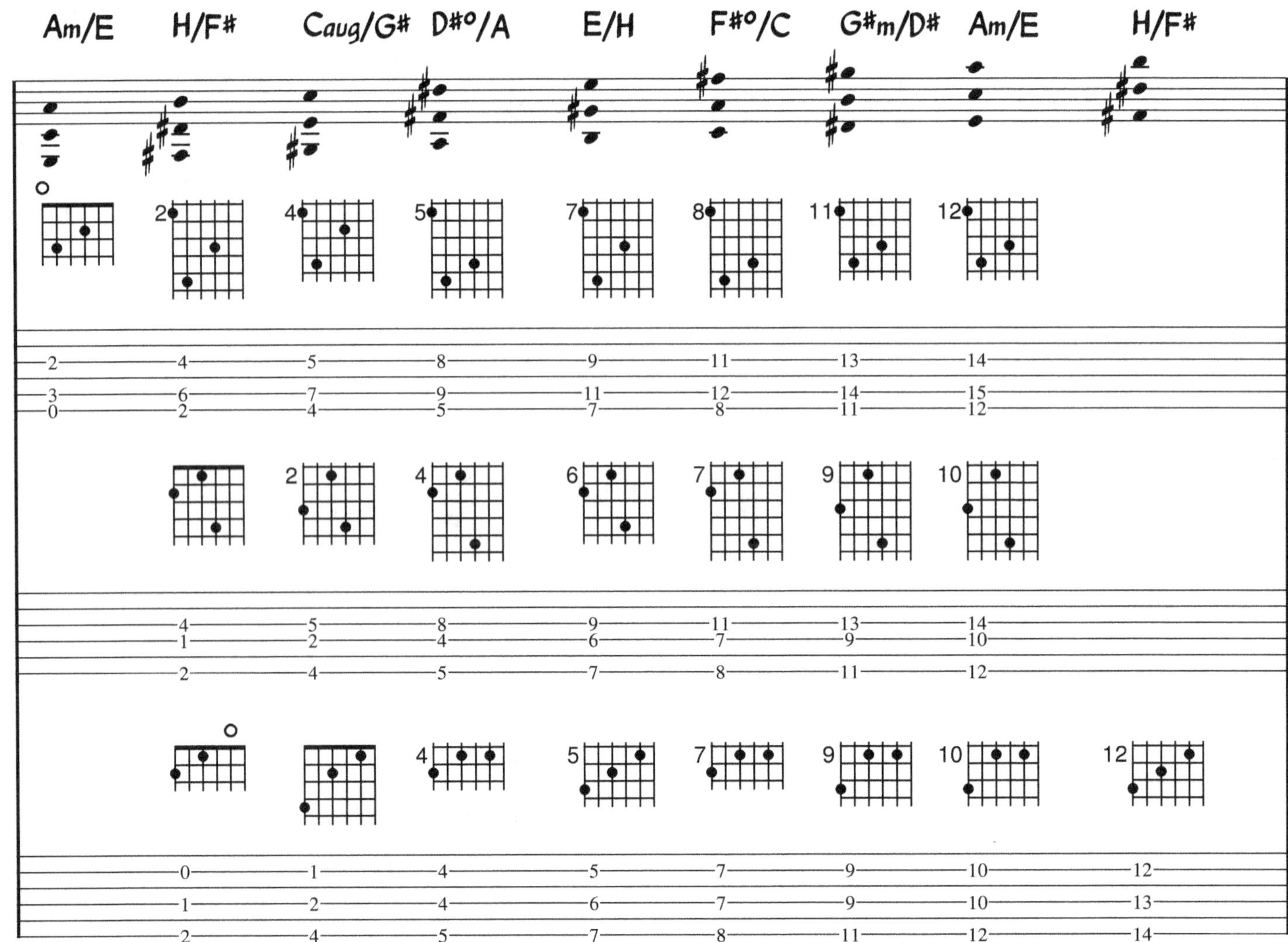

Am/E   H/F#   Caug/G#   D#o/A   E/H   F#o/C   G#m/D#   Am/E   H/F#

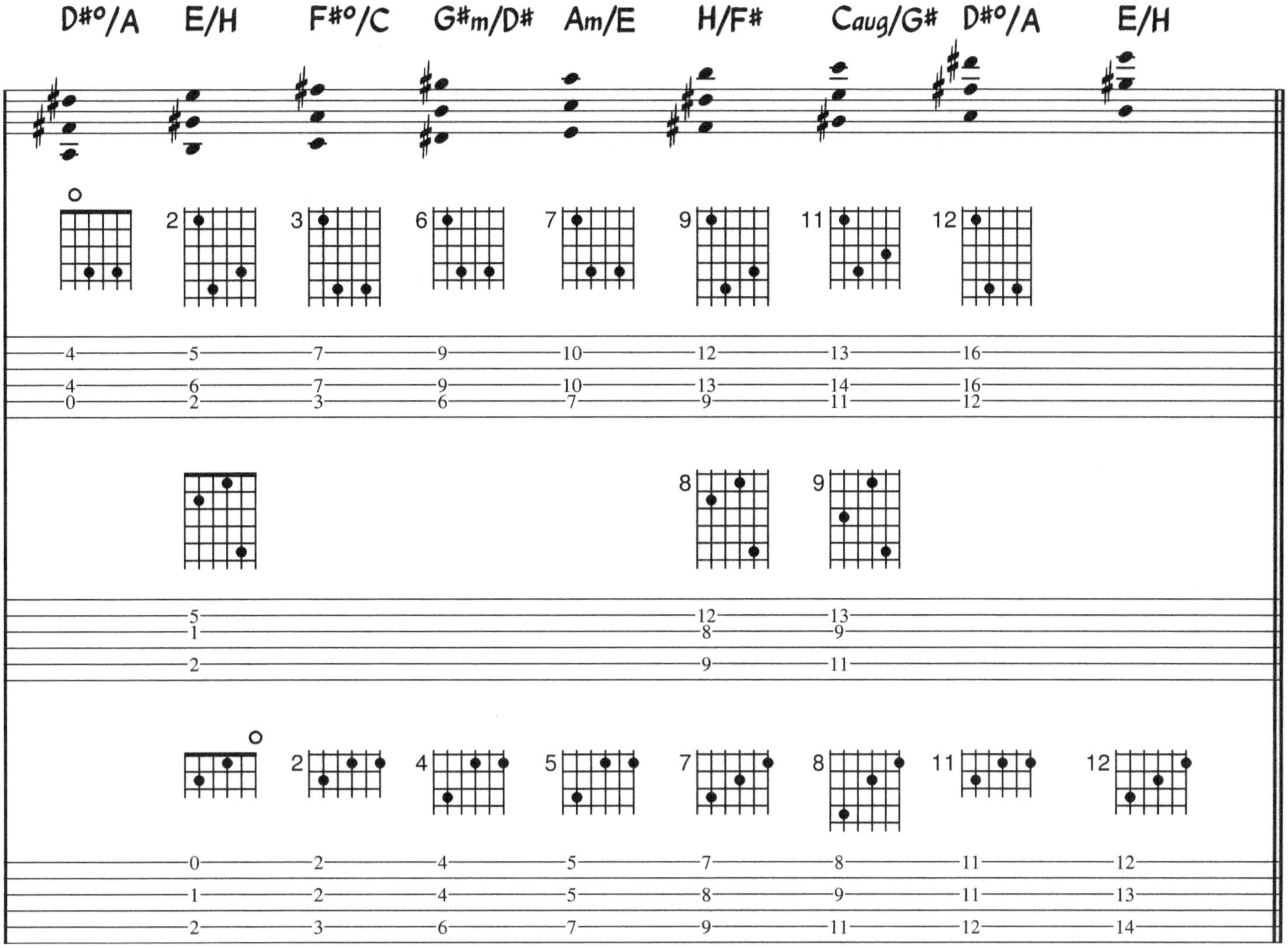

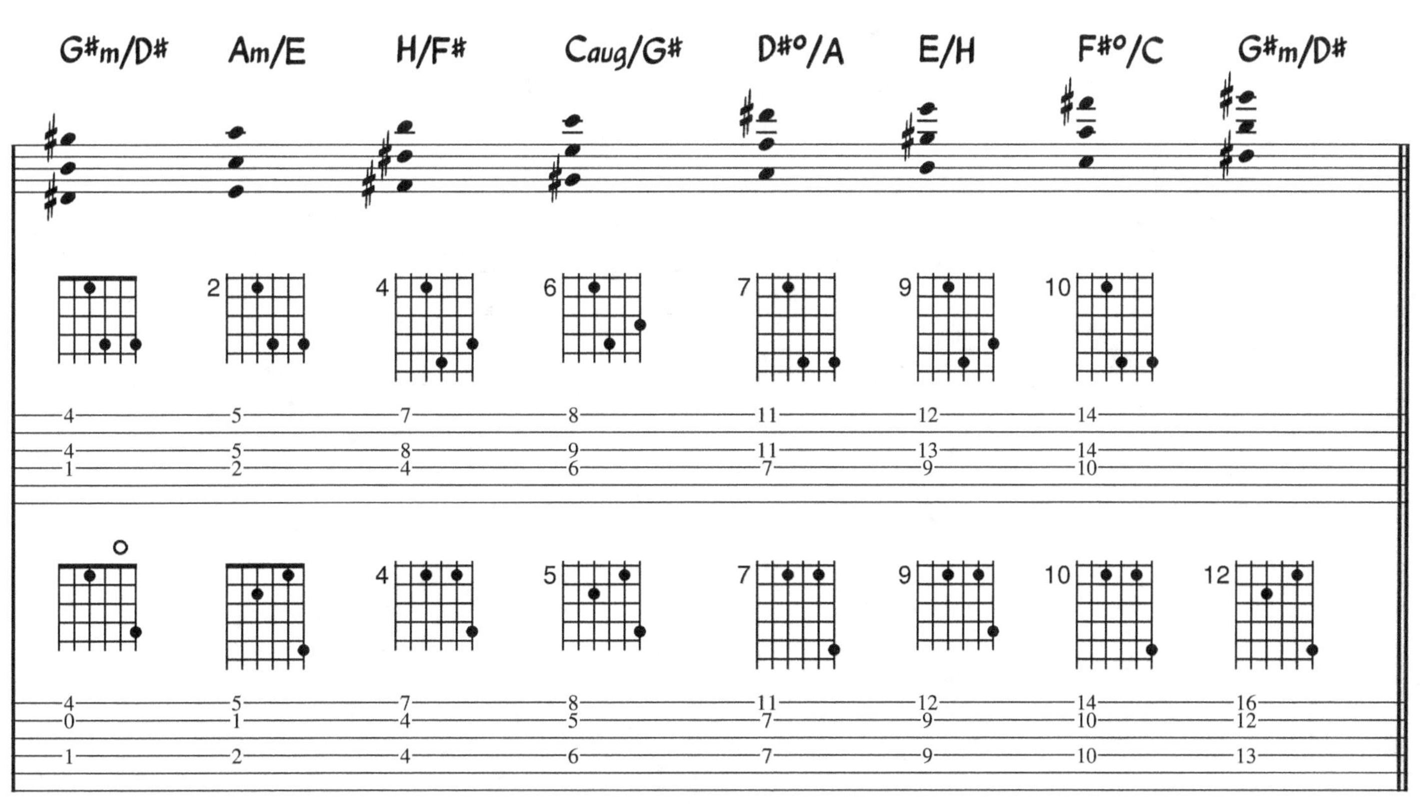

D#o/A   E/H   F#o/C   G#m/D#   Am/E   H/F#   Caug/G#   D#o/A   E/H
G#m/D#   Am/E   H/F#   Caug/G#   D#o/A   E/H   F#o/C   G#m/D#

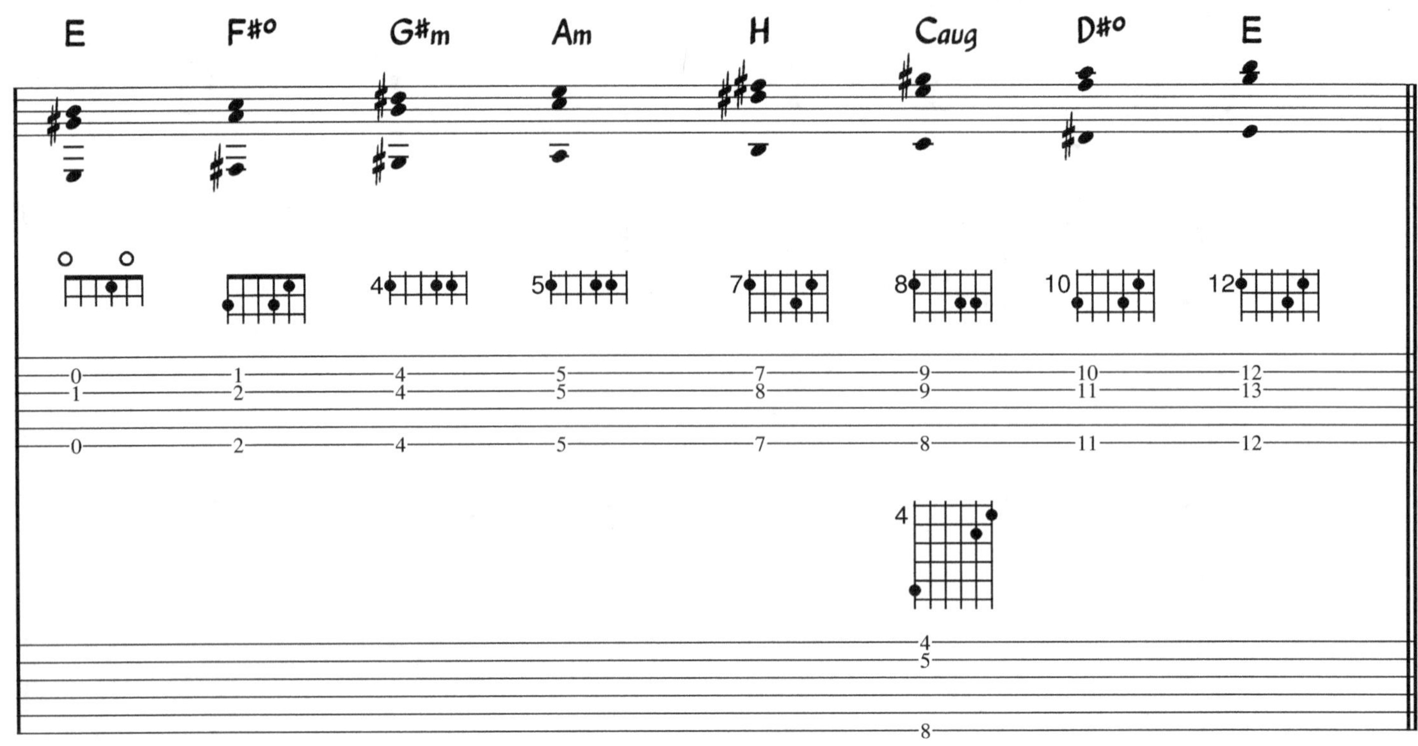

E
F#o
G#m
Am
H
Caug
D#o
E

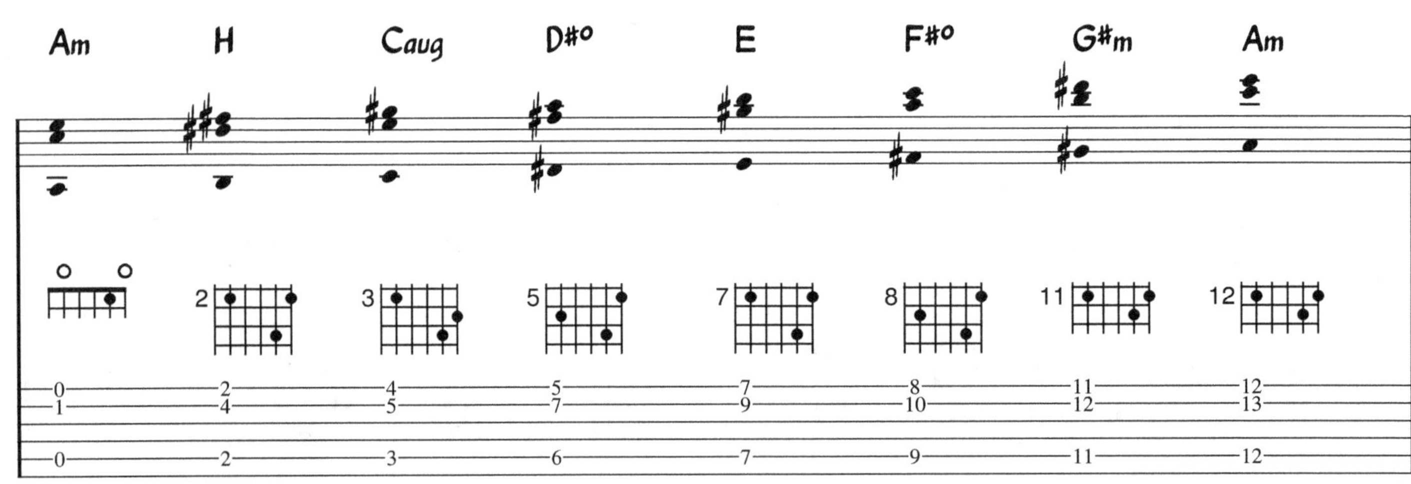

Am
H
Caug
D#o
E
F#o
G#m
Am

1. Umk. (weite Lage, Variante 2)

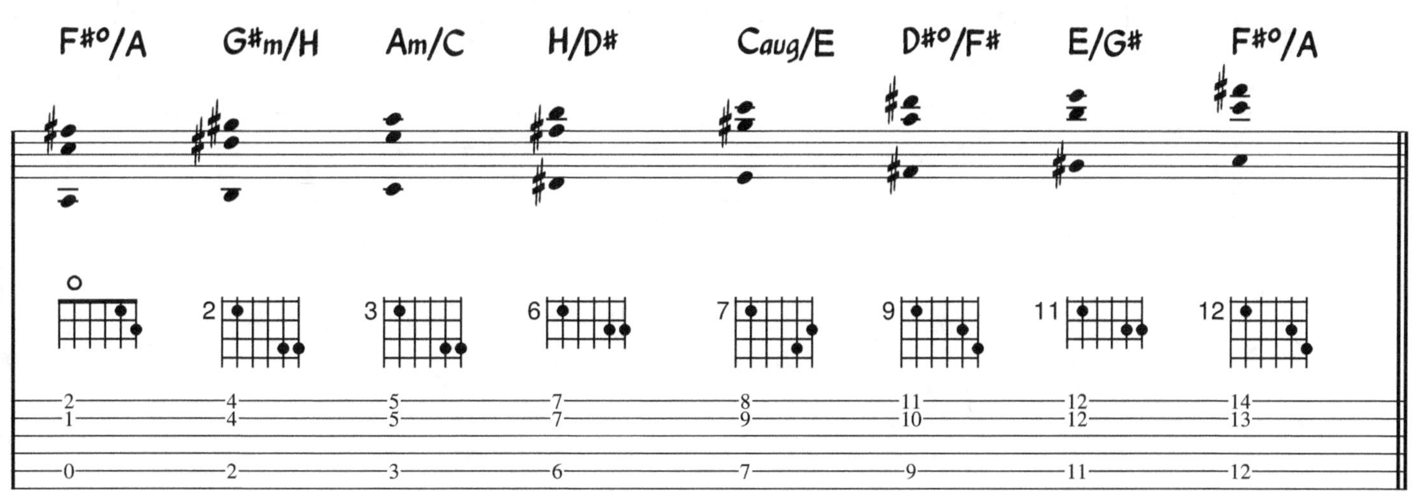

Caug/E D#°/F# E/G# F#°/A G#m/H Am/C H/D# Caug/E D#°/F# E/G#

F#°/A G#m/H Am/C H/D# Caug/E D#°/F# E/G# F#°/A

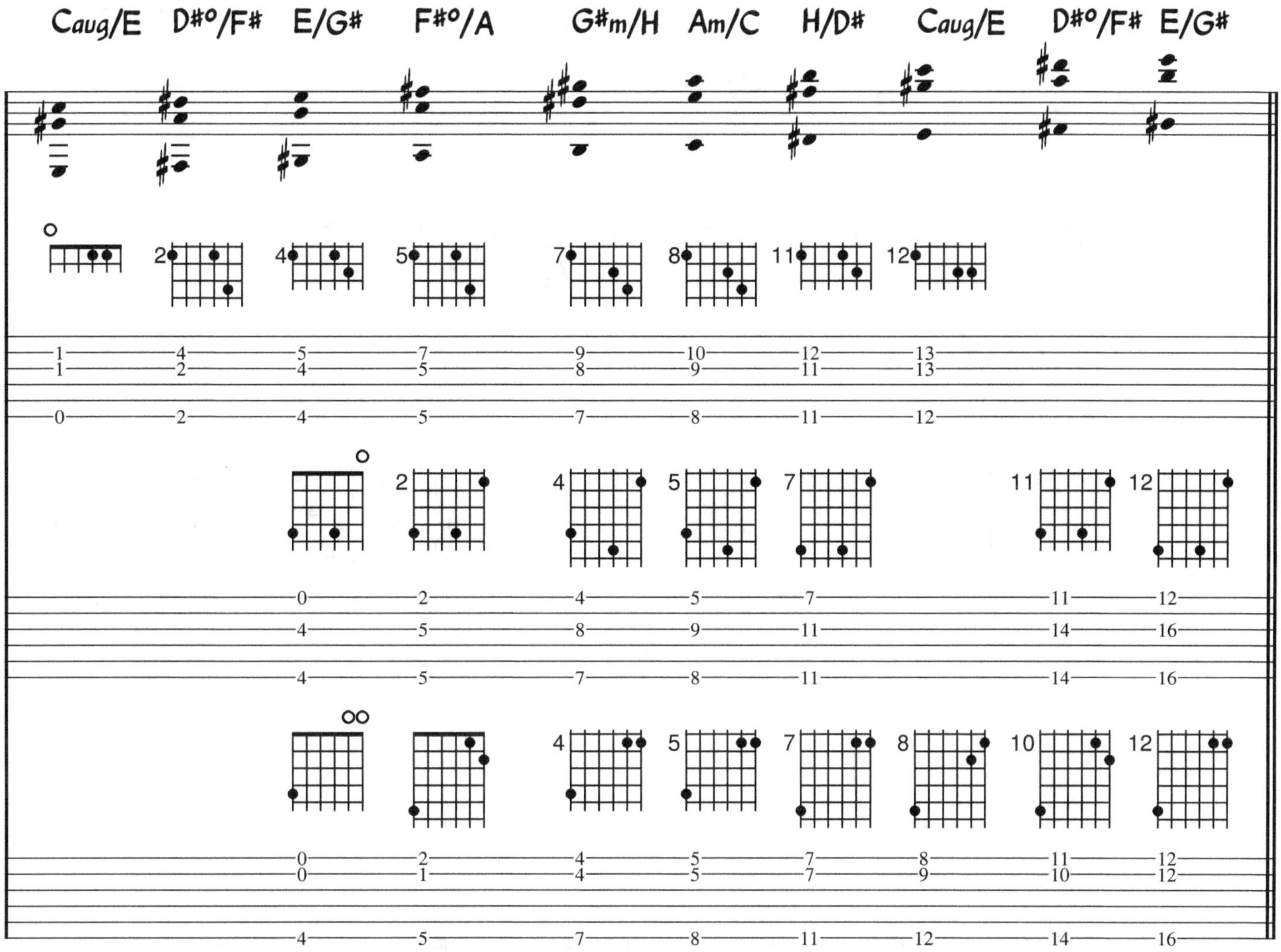

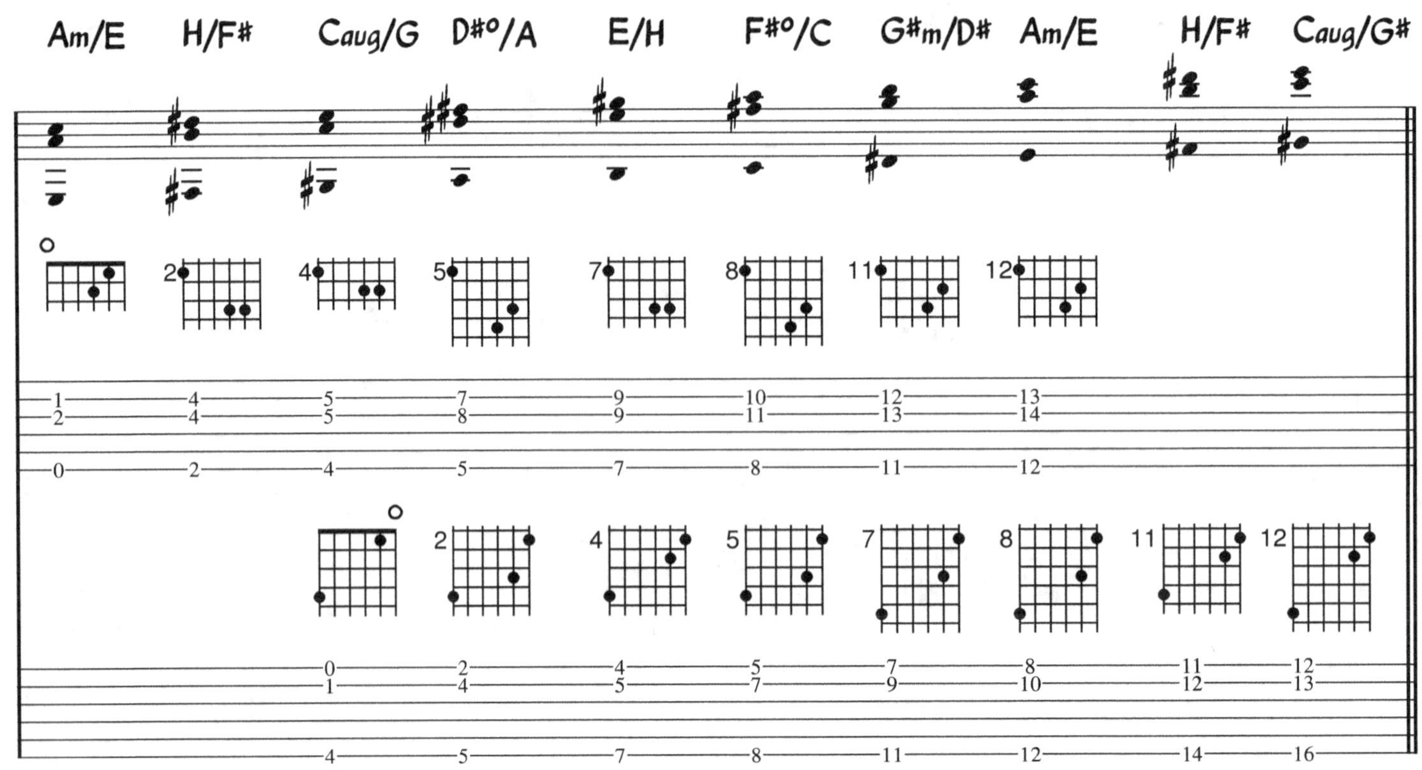

Am/E H/F# Caug/G D#°/A E/H F#°/C G#m/D# Am/E H/F# Caug/G#
D#°/A E/H F#°/C G#m/D# Am/E H/F# Caug/G# D#°/A

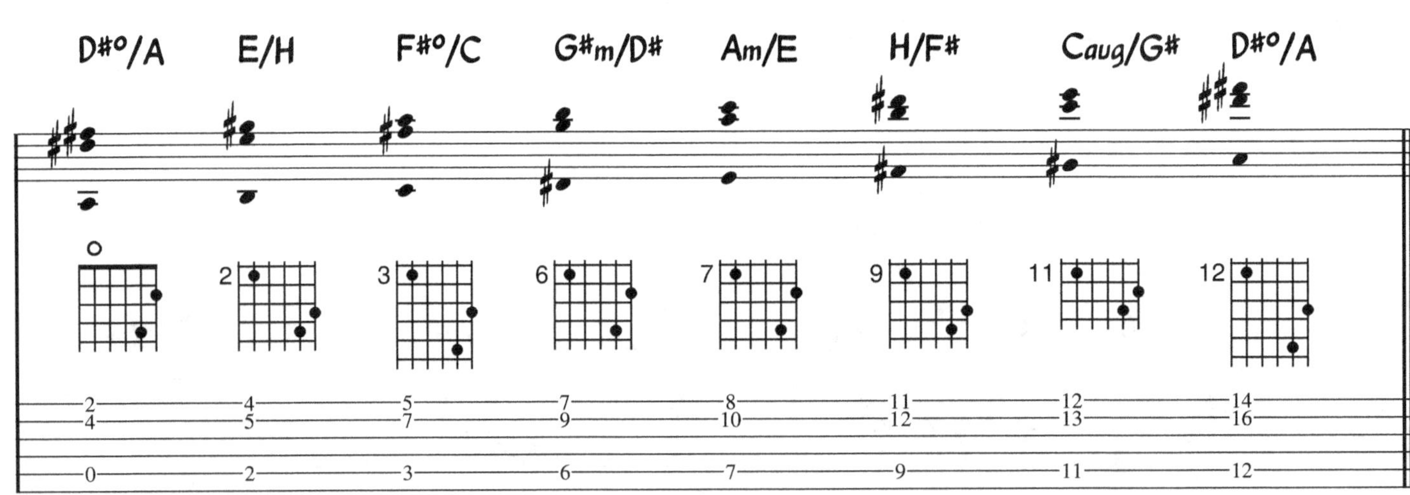

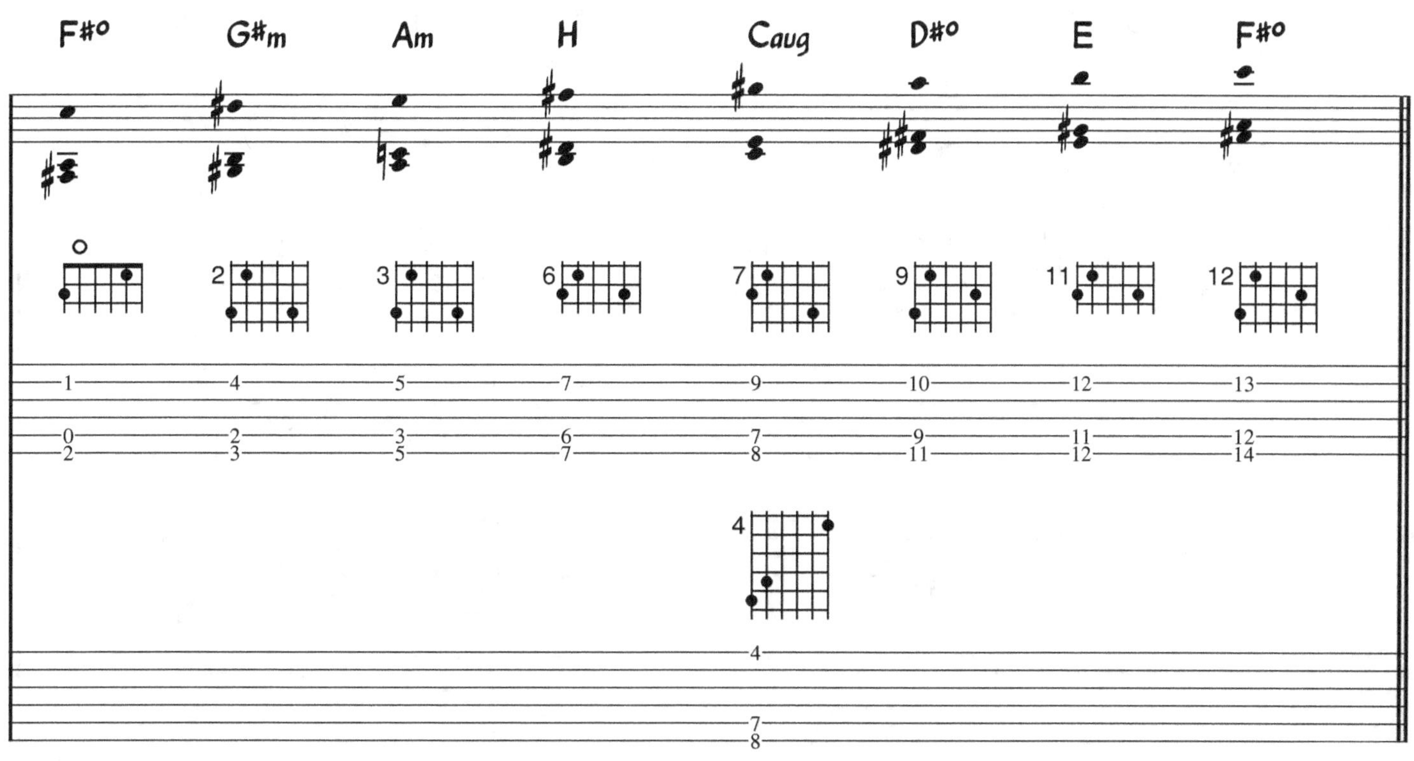

F#°
G#m
Am
H
Caug
D#°
E
F#°

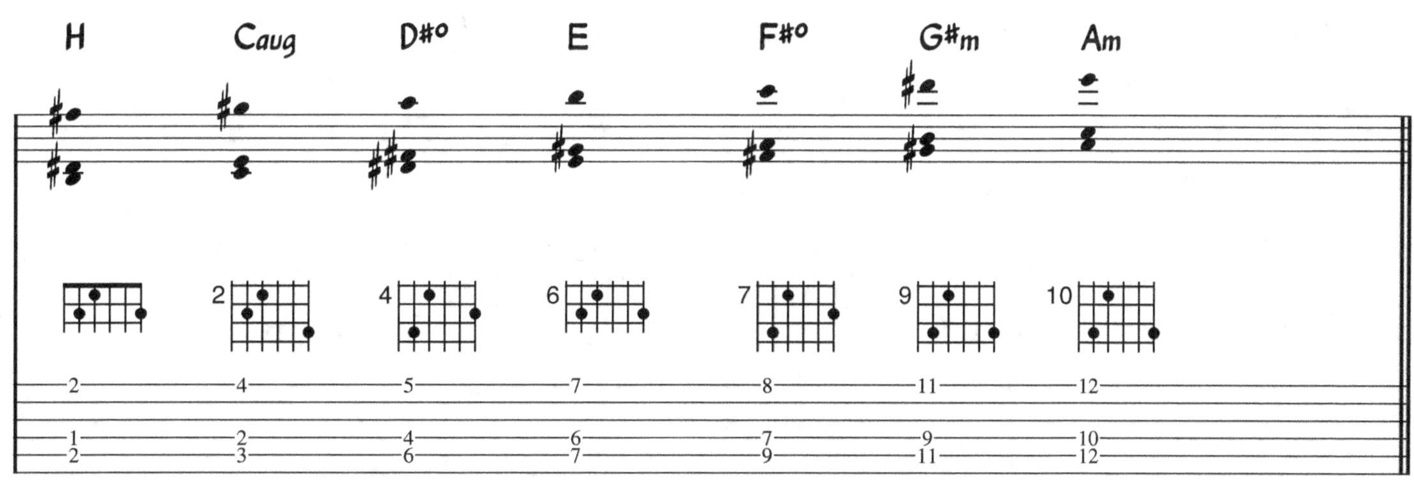

H
Caug
D#°
E
F#°
G#m
Am

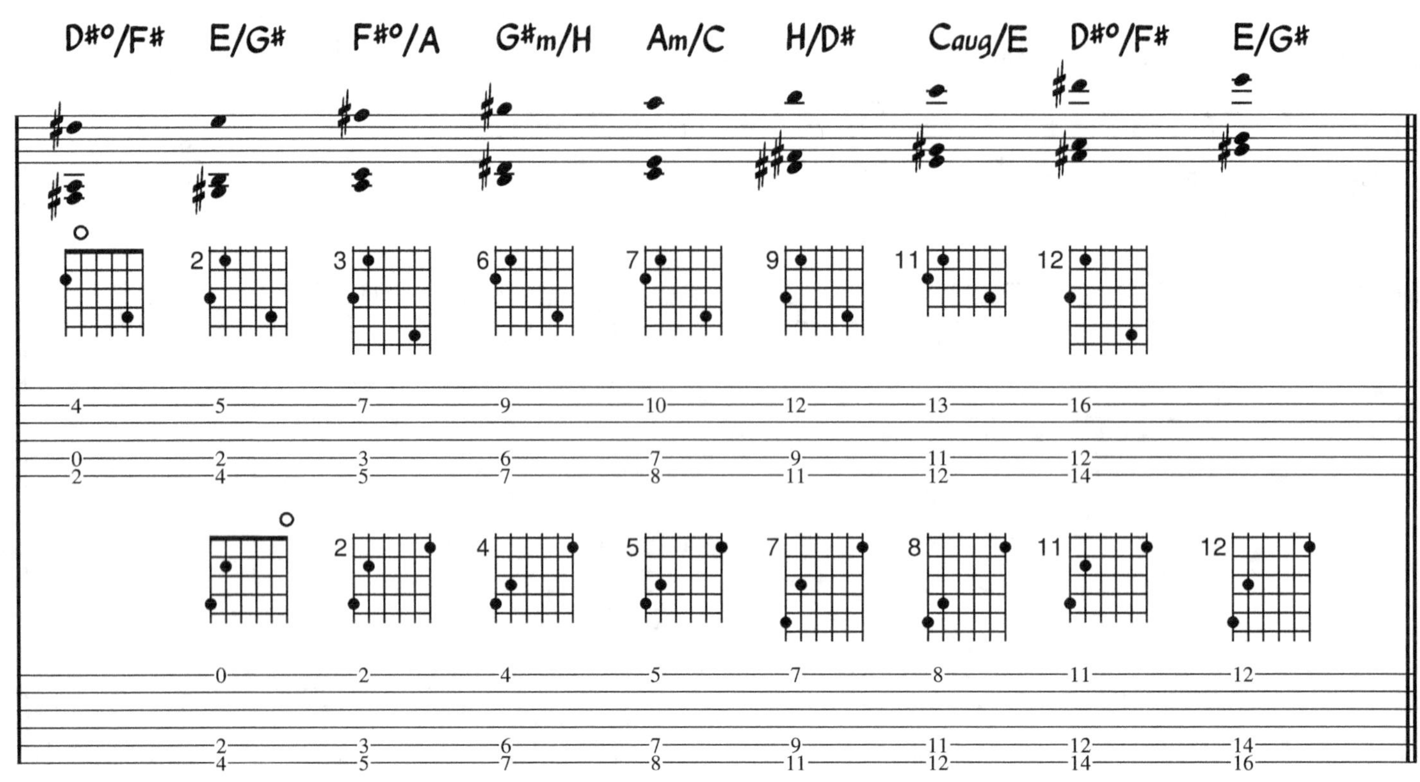
D#o/F#   E/G#   F#o/A   G#m/H   Am/C   H/D#   Caug/E   D#o/F#   E/G#

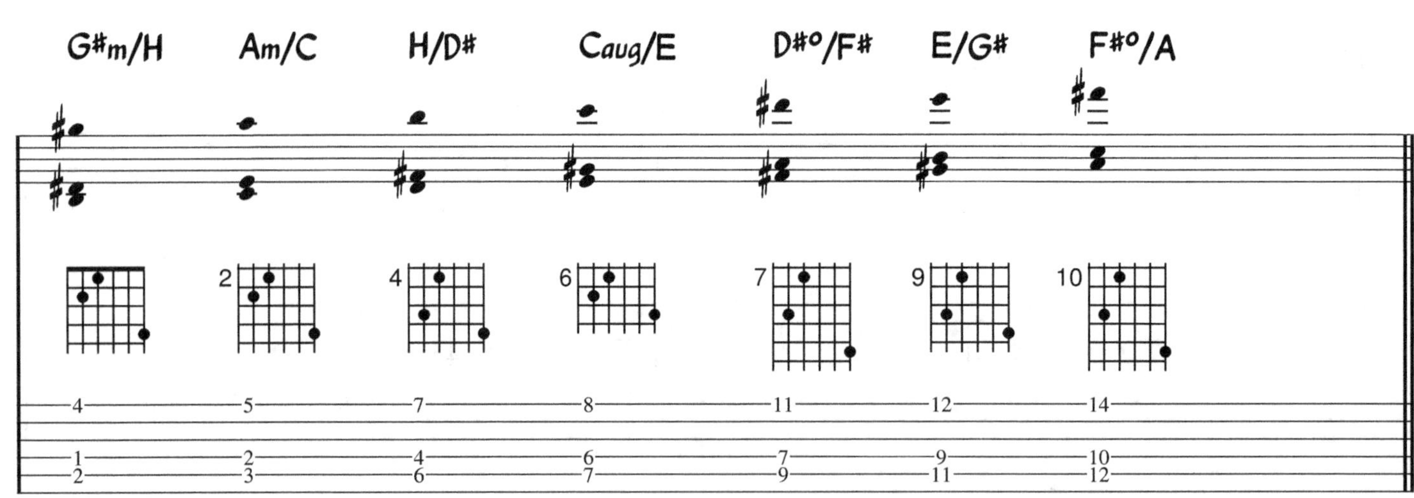
G#m/H   Am/C   H/D#   Caug/E   D#o/F#   E/G#   F#o/A

2. Umk. (weite Lage, Variante 3)

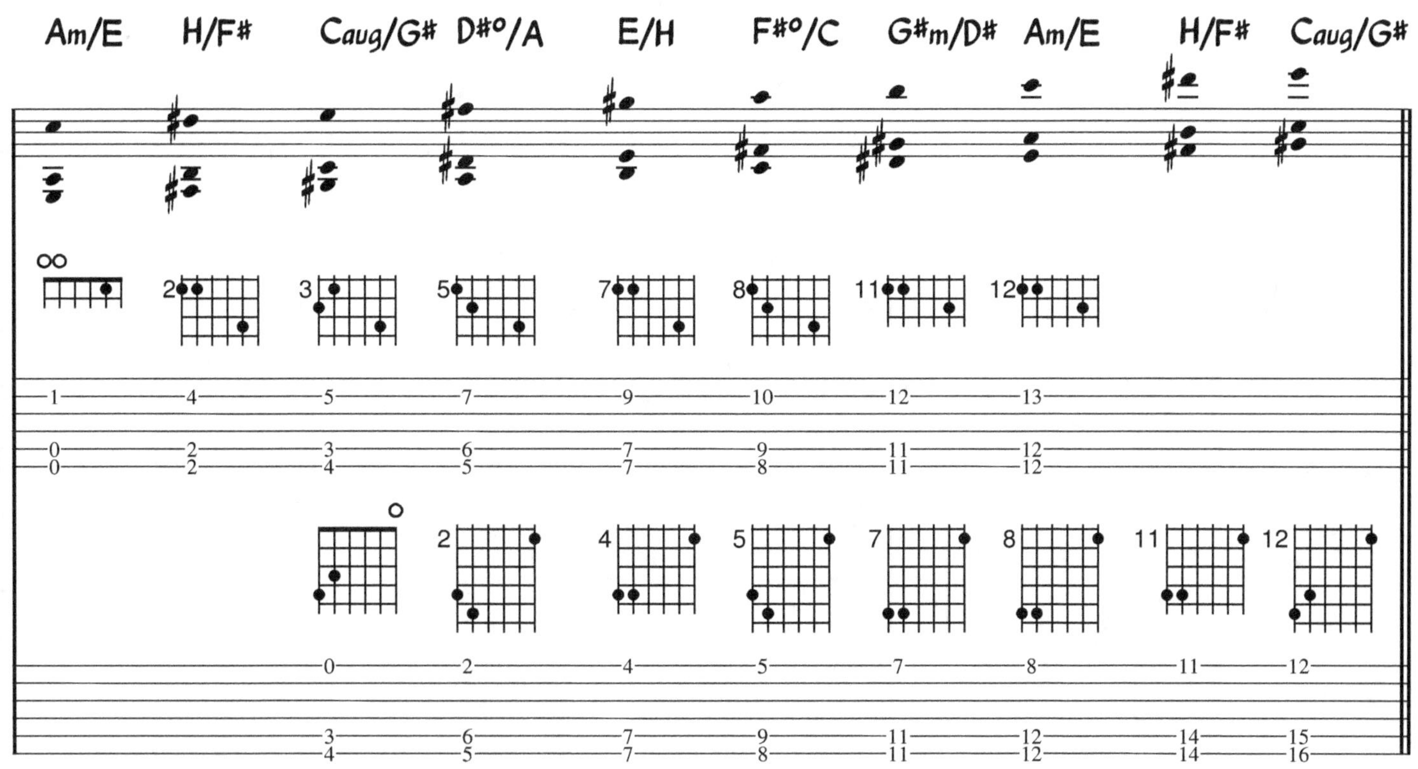

Am/E   H/F#   Caug/G#   D#°/A   E/H   F#°/C   G#m/D#   Am/E   H/F#   Caug/G#

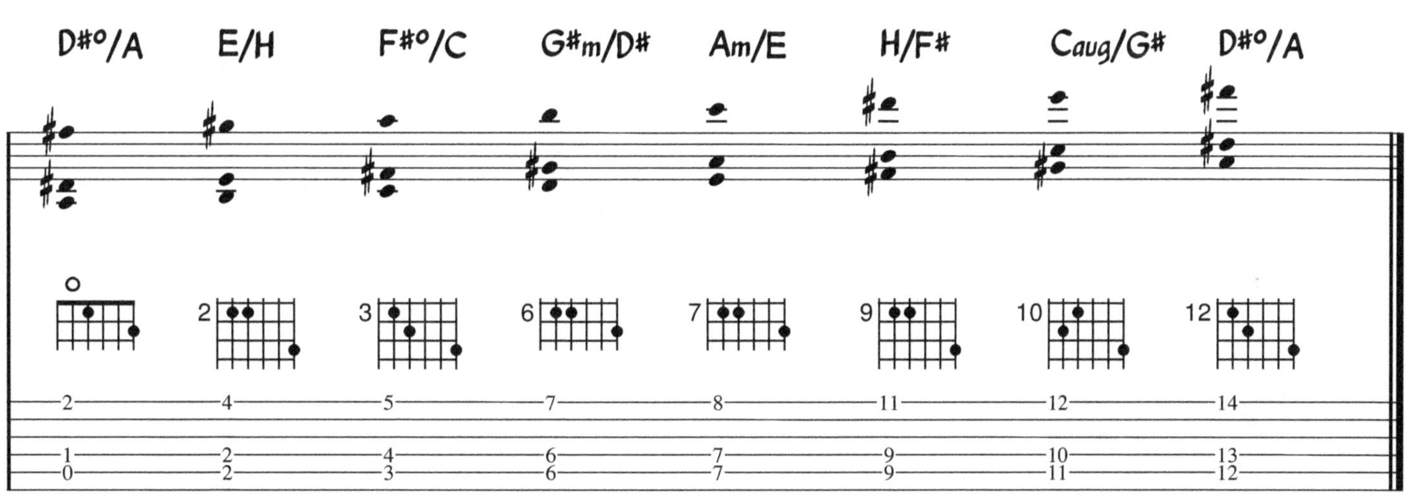

D#°/A   E/H   F#°/C   G#m/D#   Am/E   H/F#   Caug/G#   D#°/A

~ H harmonisch Dur ~

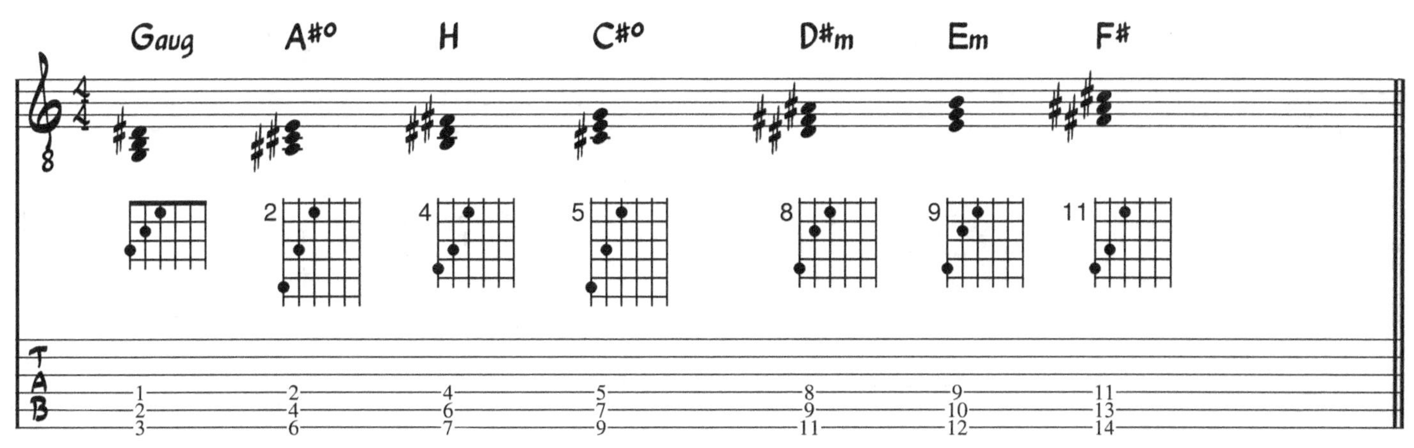

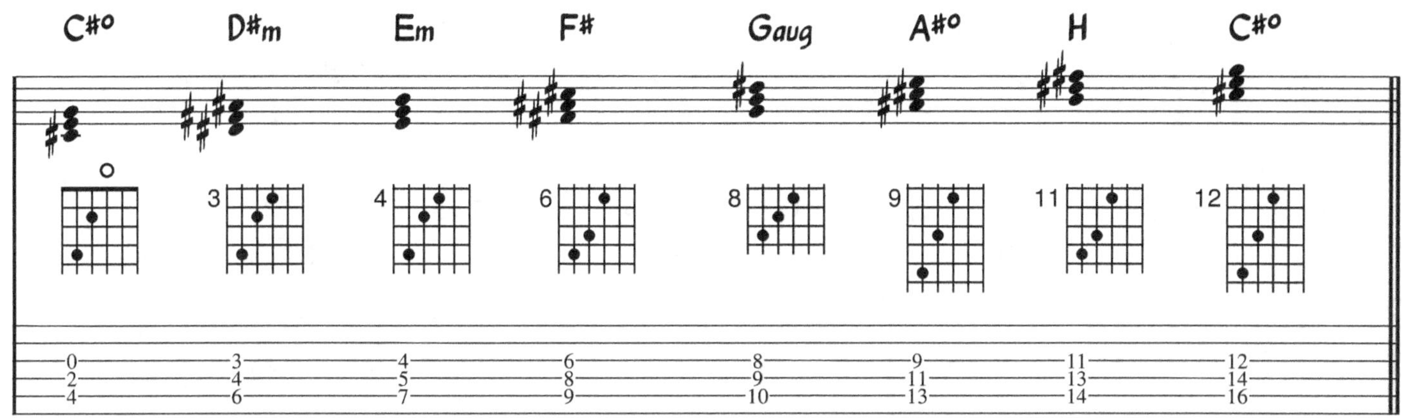

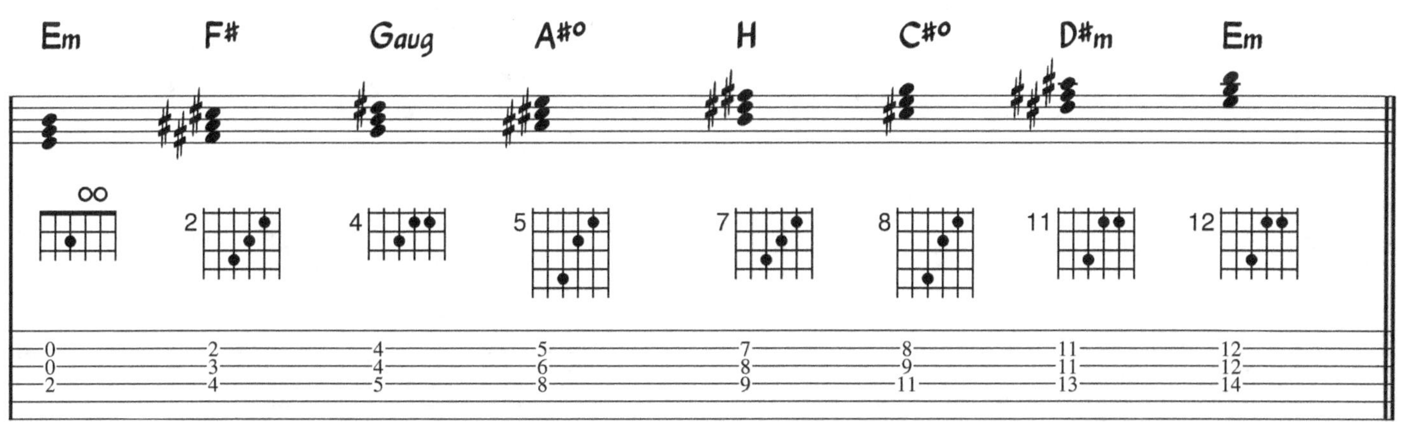

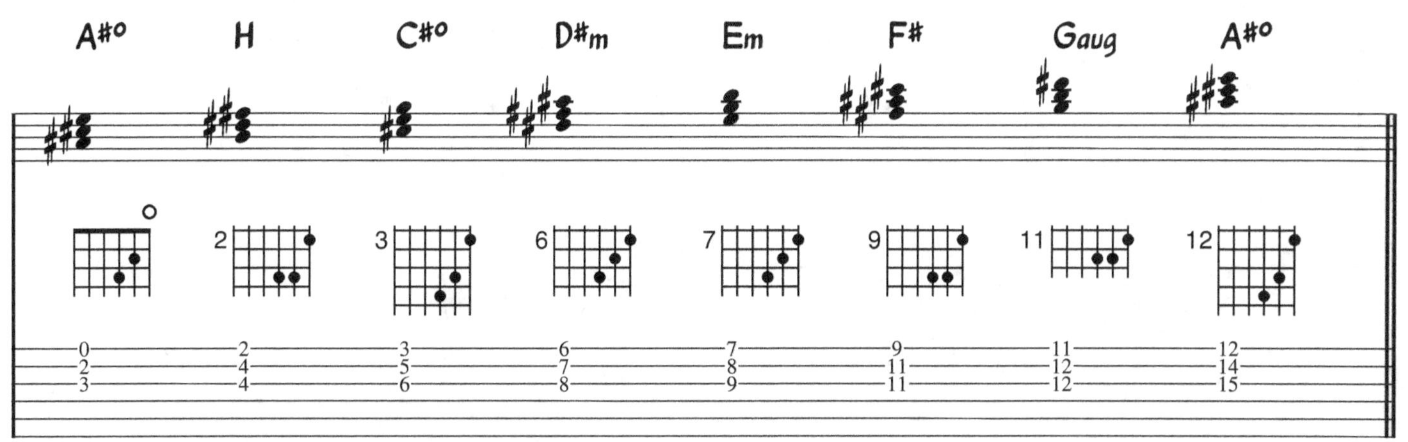

D#m/F#   Em/G   F#/A#   Gaug/H   A#o/C#   H/D#   C#o/E
Gaug/H   A#o/C#   H/D#   C#o/E   D#m/F#   Em/G   F#/A#   Gaug/H
C#o/E   D#m/F#   Em/G   F#/A#   Gaug/H   A#o/C#   H/D#   C#o/E
Em/G   F#/A#   Gaug/H   A#o/C#   H/D#   C#o/E   D#m/F#   Em/G

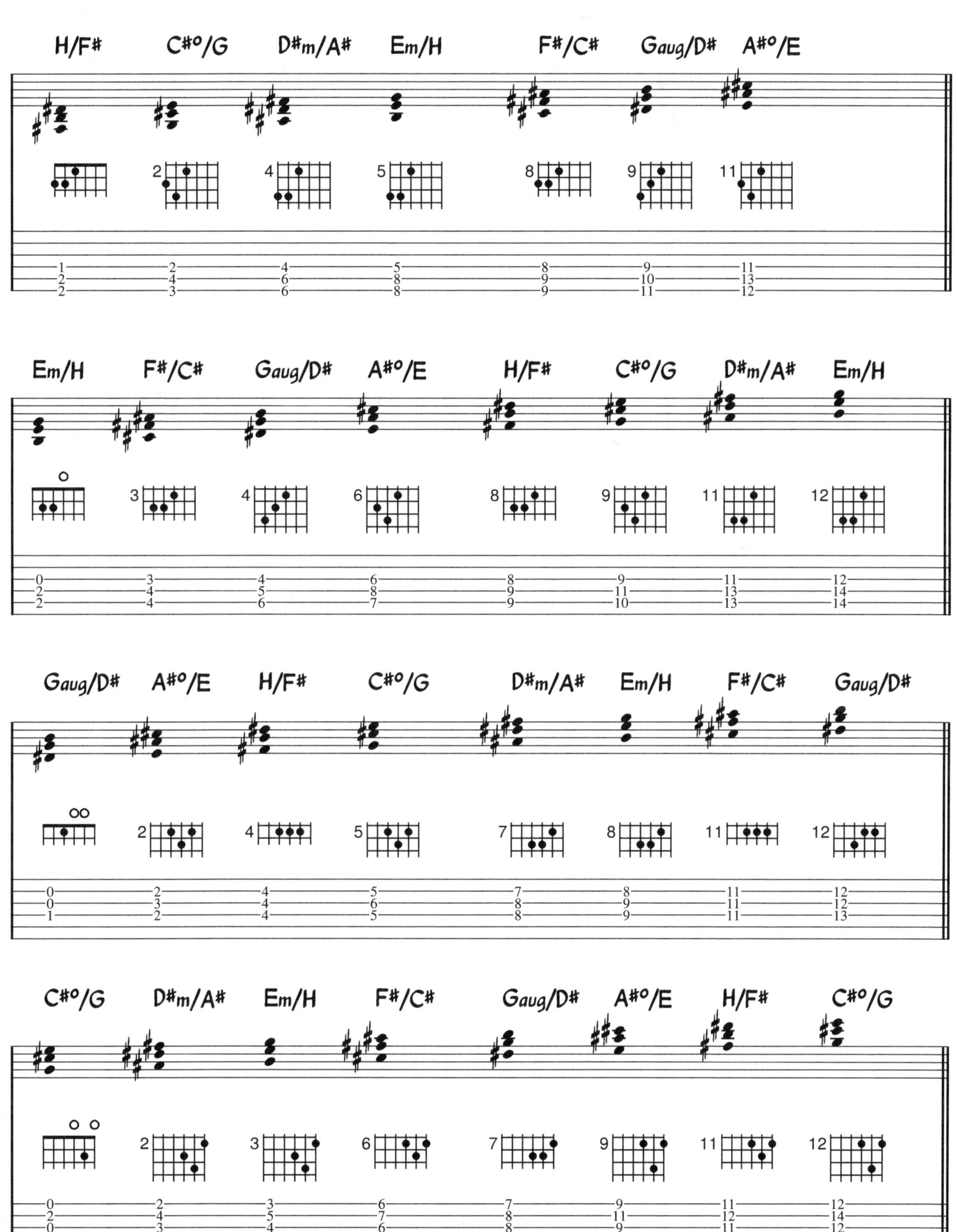

H/F#   C#o/G   D#m/A#   Em/H   F#/C#   Gaug/D#   A#o/E
Em/H   F#/C#   Gaug/D#   A#o/E   H/F#   C#o/G   D#m/A#   Em/H
Gaug/D#   A#o/E   H/F#   C#o/G   D#m/A#   Em/H   F#/C#   Gaug/D#
C#o/G   D#m/A#   Em/H   F#/C#   Gaug/D#   A#o/E   H/F#   C#o/G

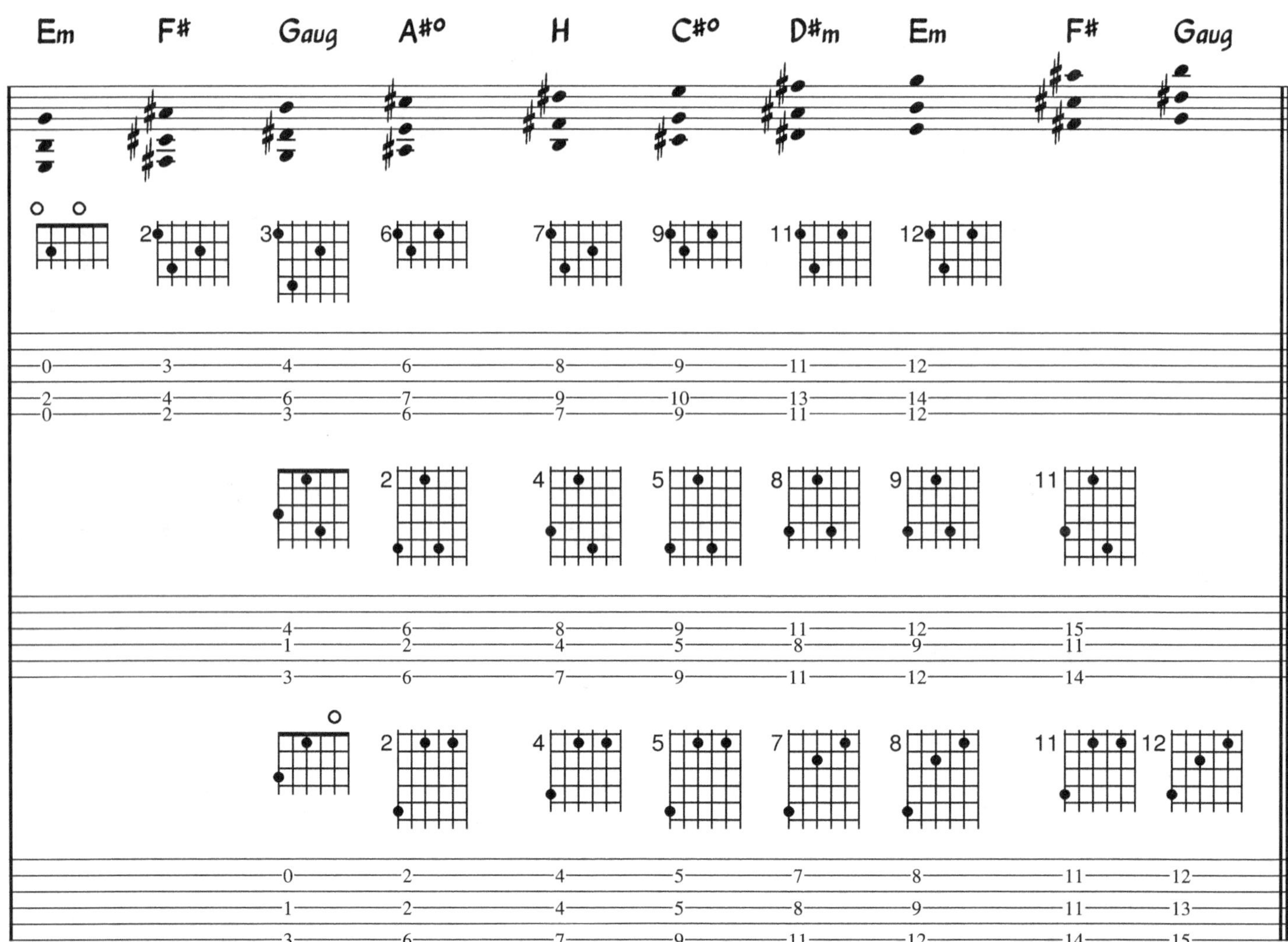

Em
F#
Gaug
A#o
H
C#o
D#m
Em
F#
Gaug

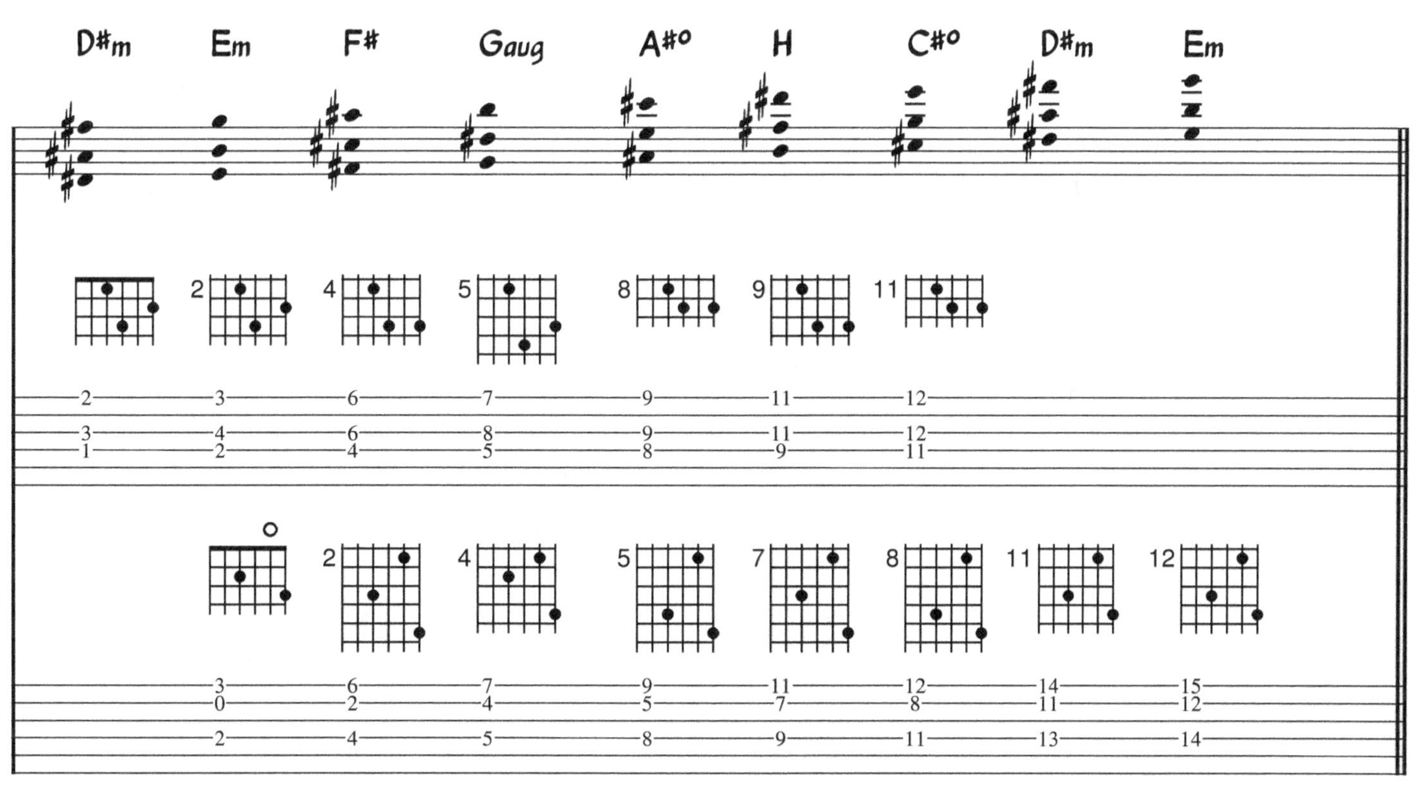

1. Umk. (weite Lage)

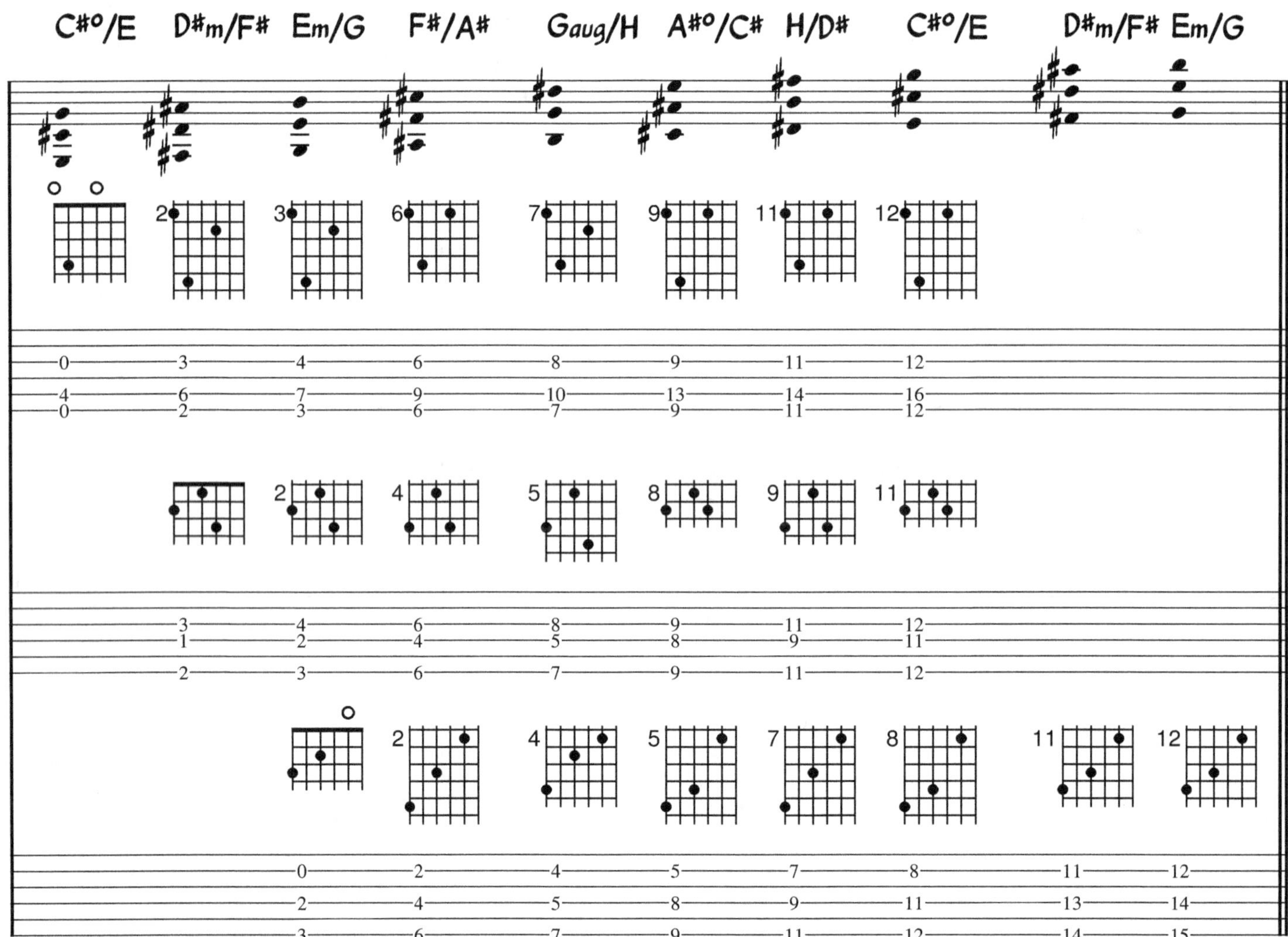
C#o/E   D#m/F#   Em/G   F#/A#   Gaug/H   A#o/C#   H/D#   C#o/E   D#m/F#   Em/G

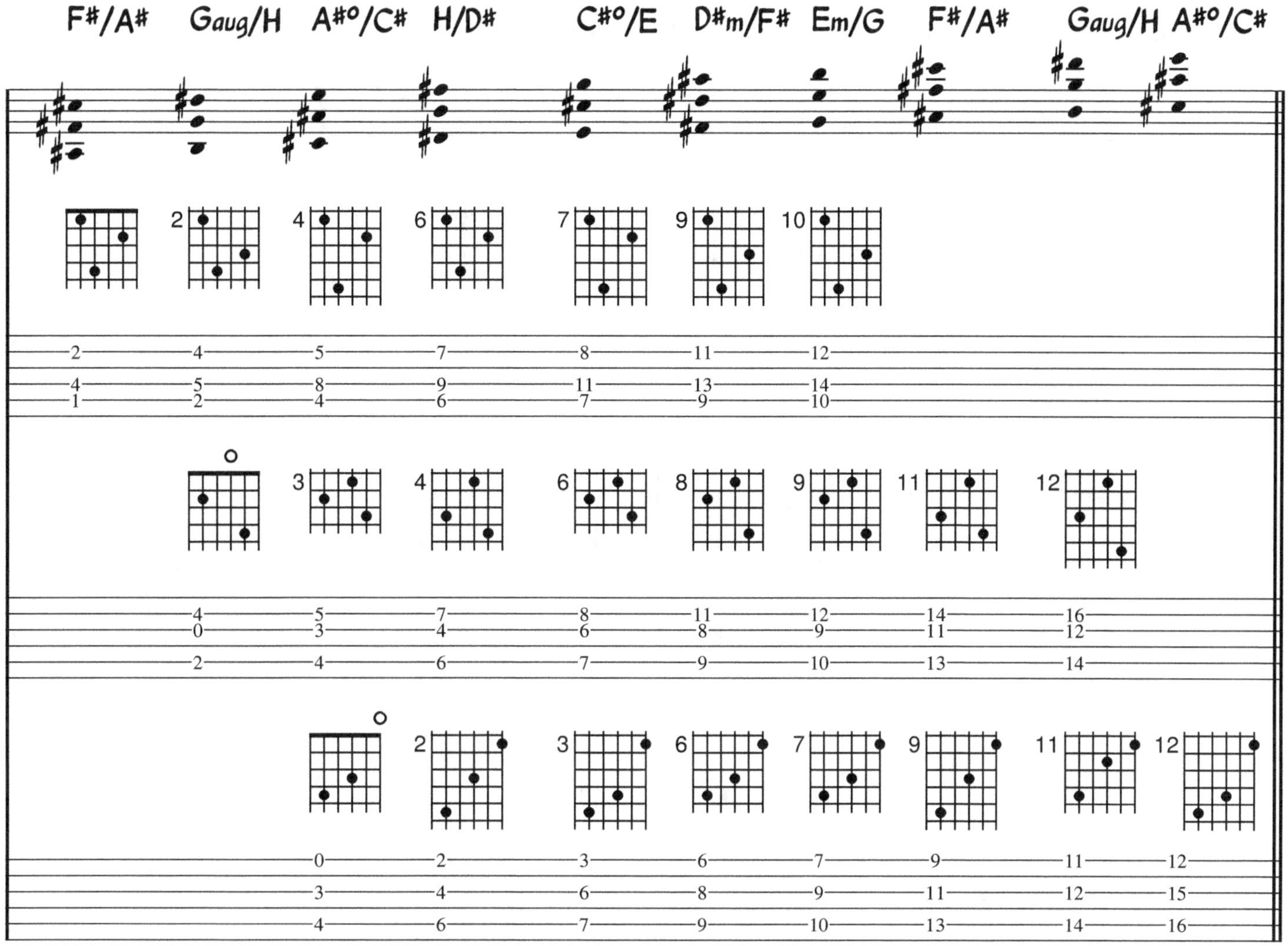

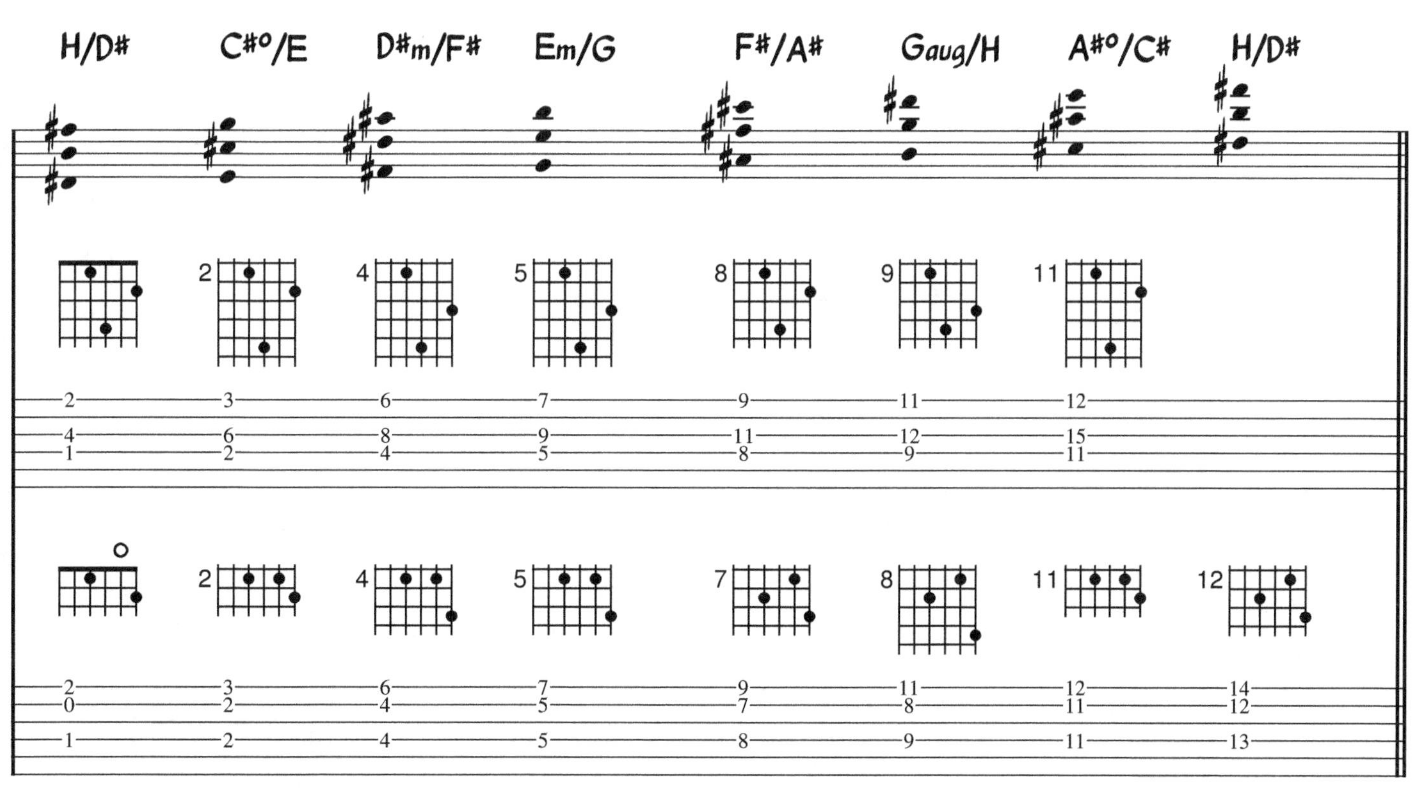

F#/A#   Gaug/H   A#o/C#   H/D#   C#o/E   D#m/F#   Em/G   F#/A#   Gaug/H   A#o/C#
H/D#   C#o/E   D#m/F#   Em/G   F#/A#   Gaug/H   A#o/C#   H/D#

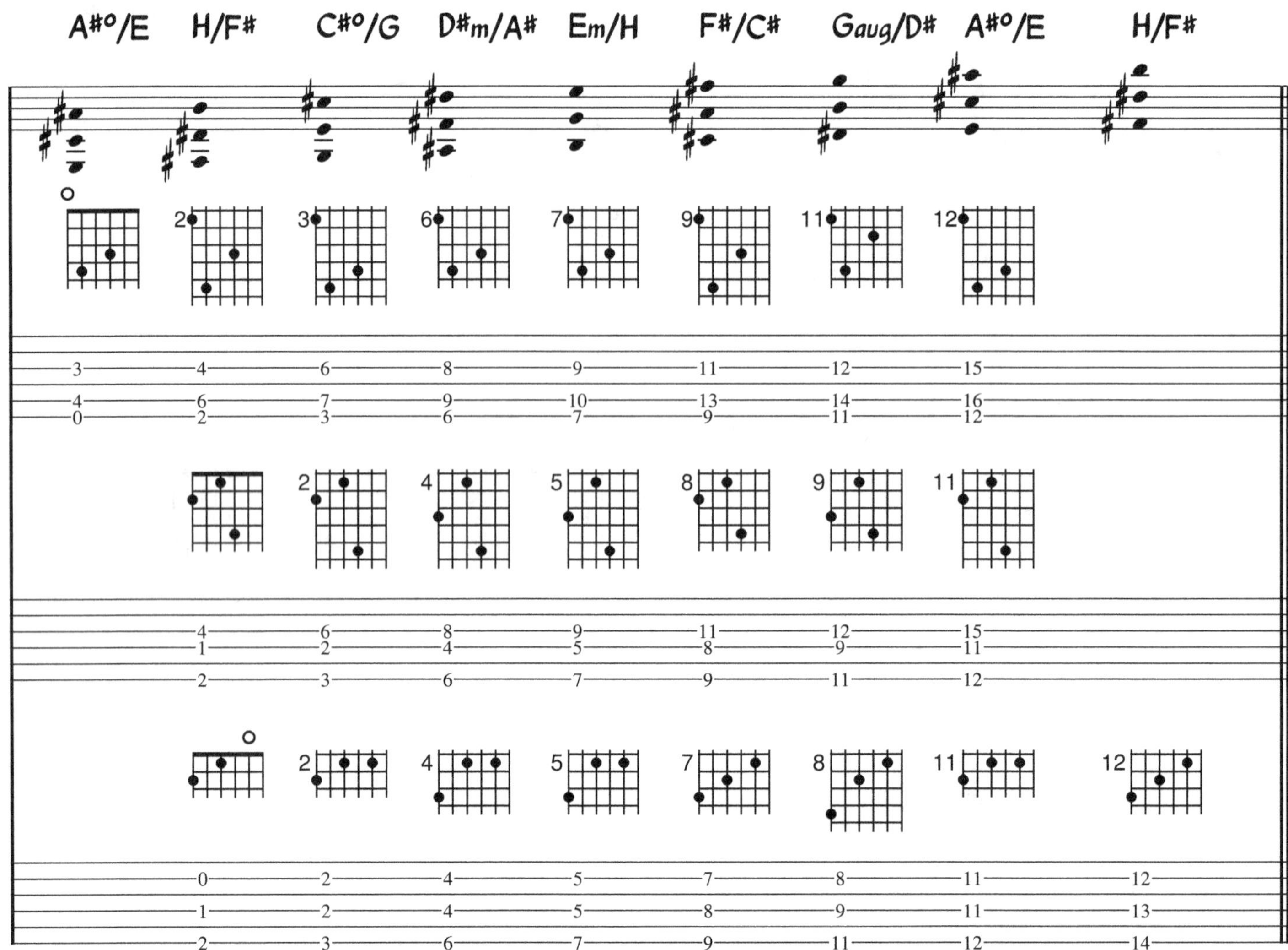
A#°/E   H/F#   C#°/G   D#m/A#   Em/H   F#/C#   Gaug/D#   A#°/E   H/F#

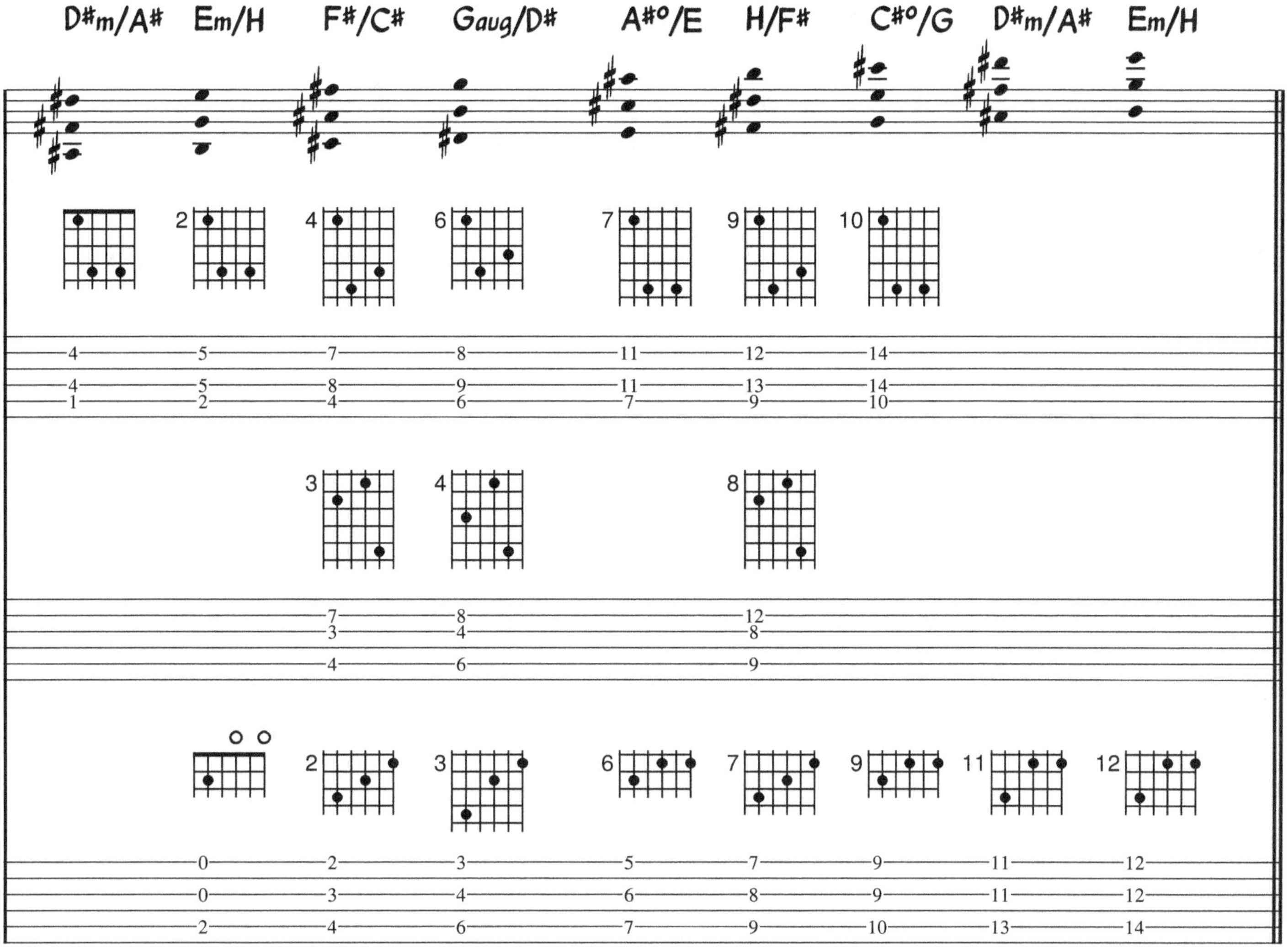

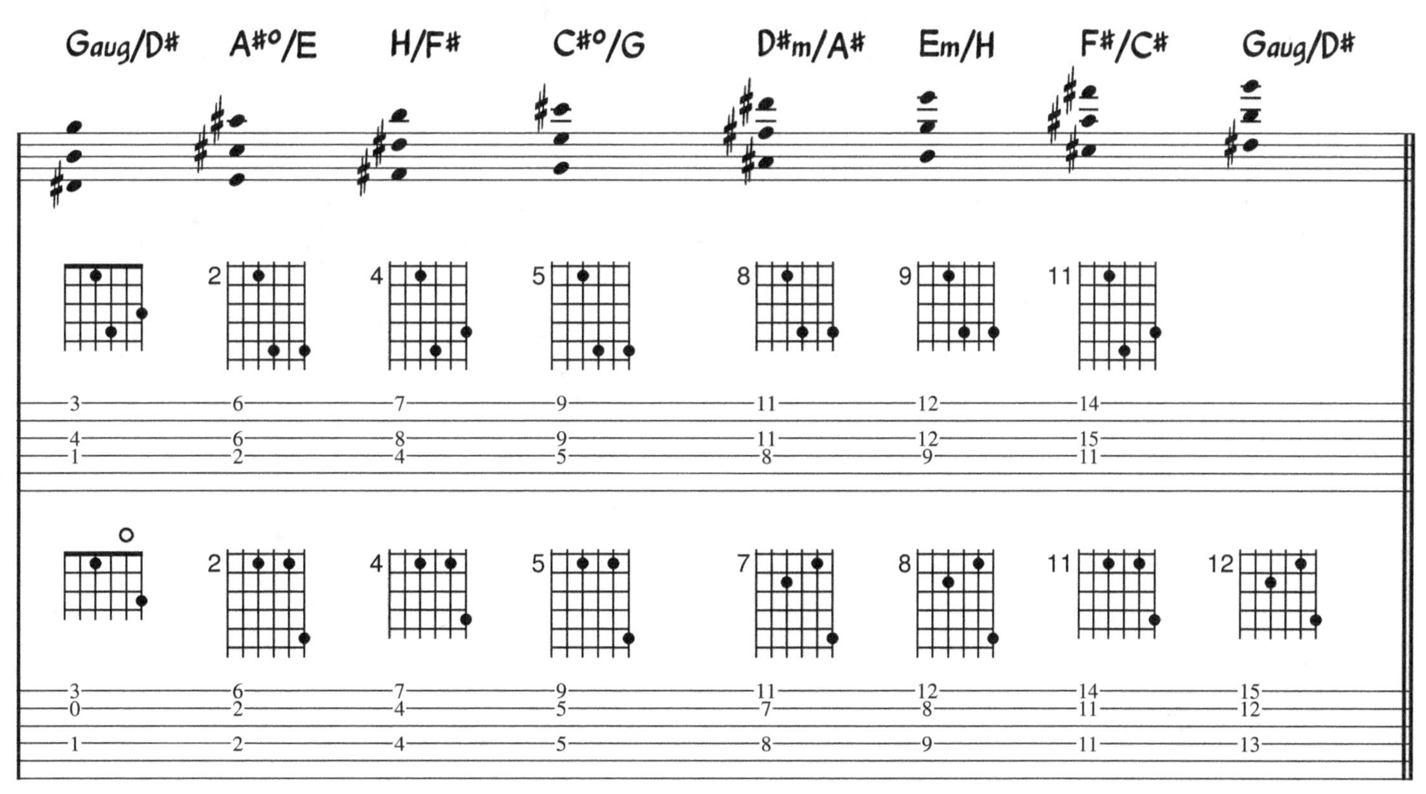

D#m/A#   Em/H   F#/C#   Gaug/D#   A#o/E   H/F#   C#o/G   D#m/A#   Em/H

Gaug/D#   A#o/E   H/F#   C#o/G   D#m/A#   Em/H   F#/C#   Gaug/D#

89

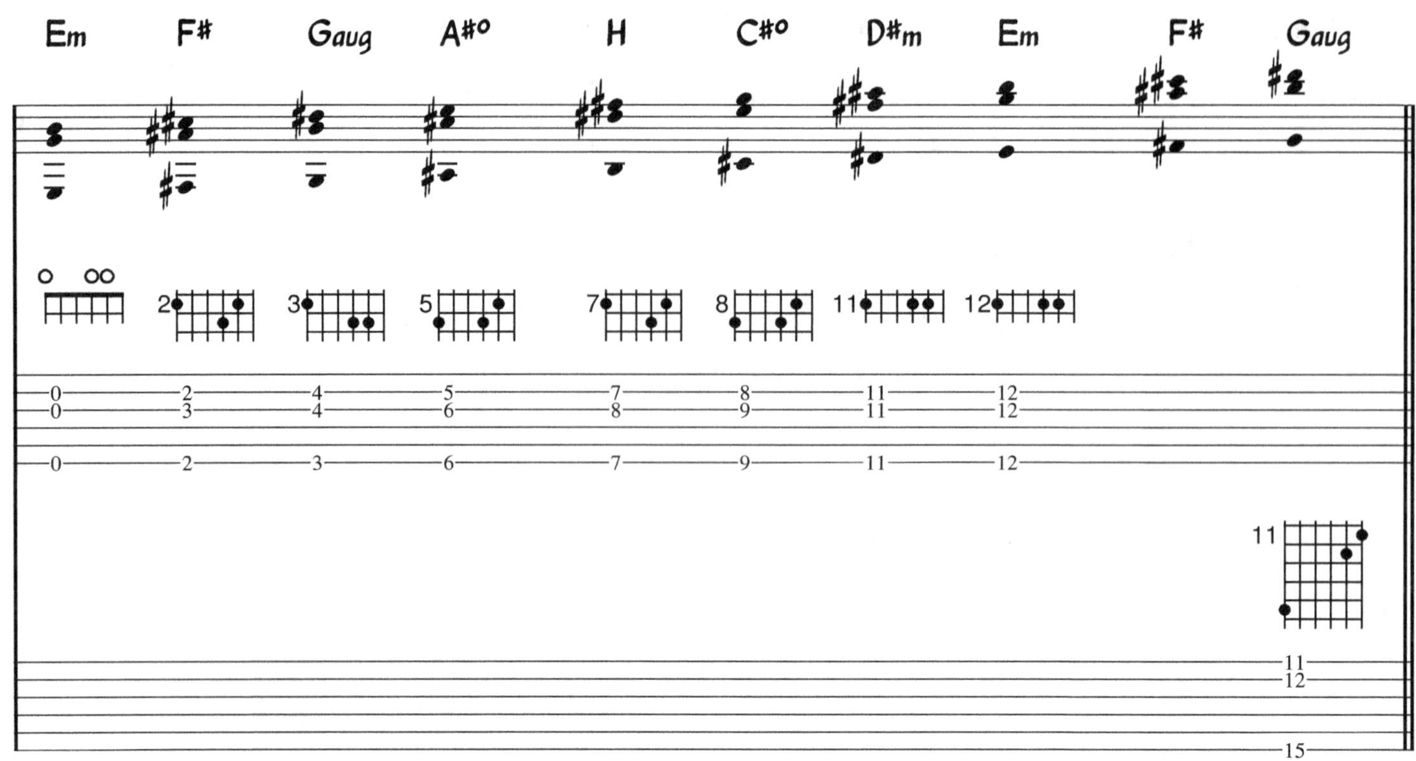

Em
F#
Gaug
A#°
H
C#°
D#m
Em
F#
Gaug

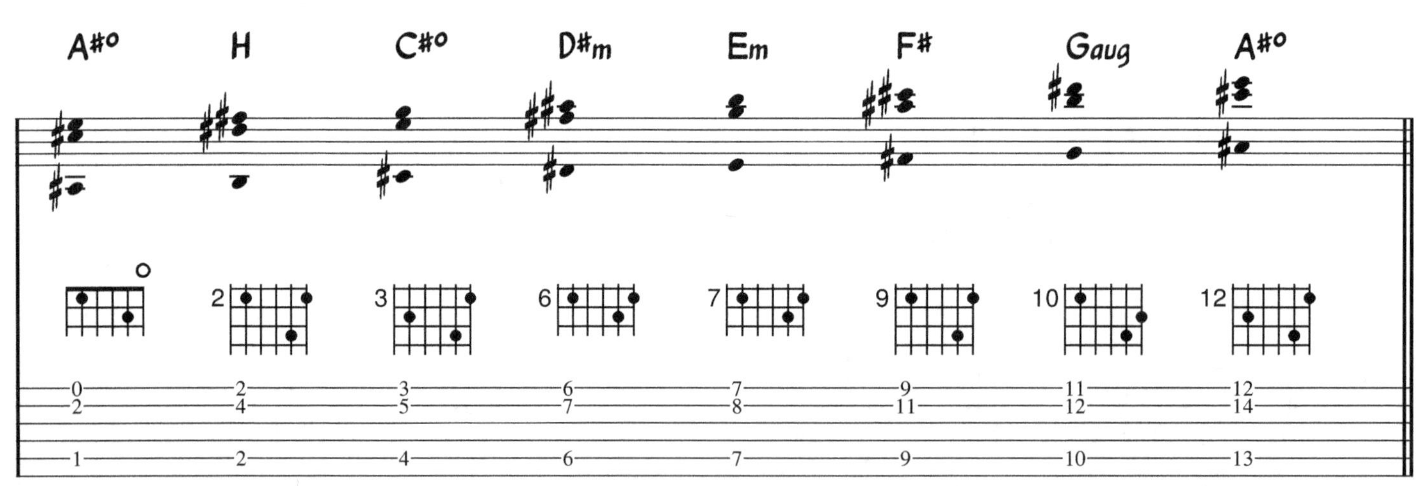

A#°
H
C#°
D#m
Em
F#
Gaug
A#°

1. Umk. (weite Lage, Variante 2)
C#o/E D#m/F# Em/G F#/A# Gaug/H A#o/C# H/D# C#o/E D#m/F# Em/G
F#/A# Gaug/H A#o/C# H/D# C#o/E D#m/F# Em/G

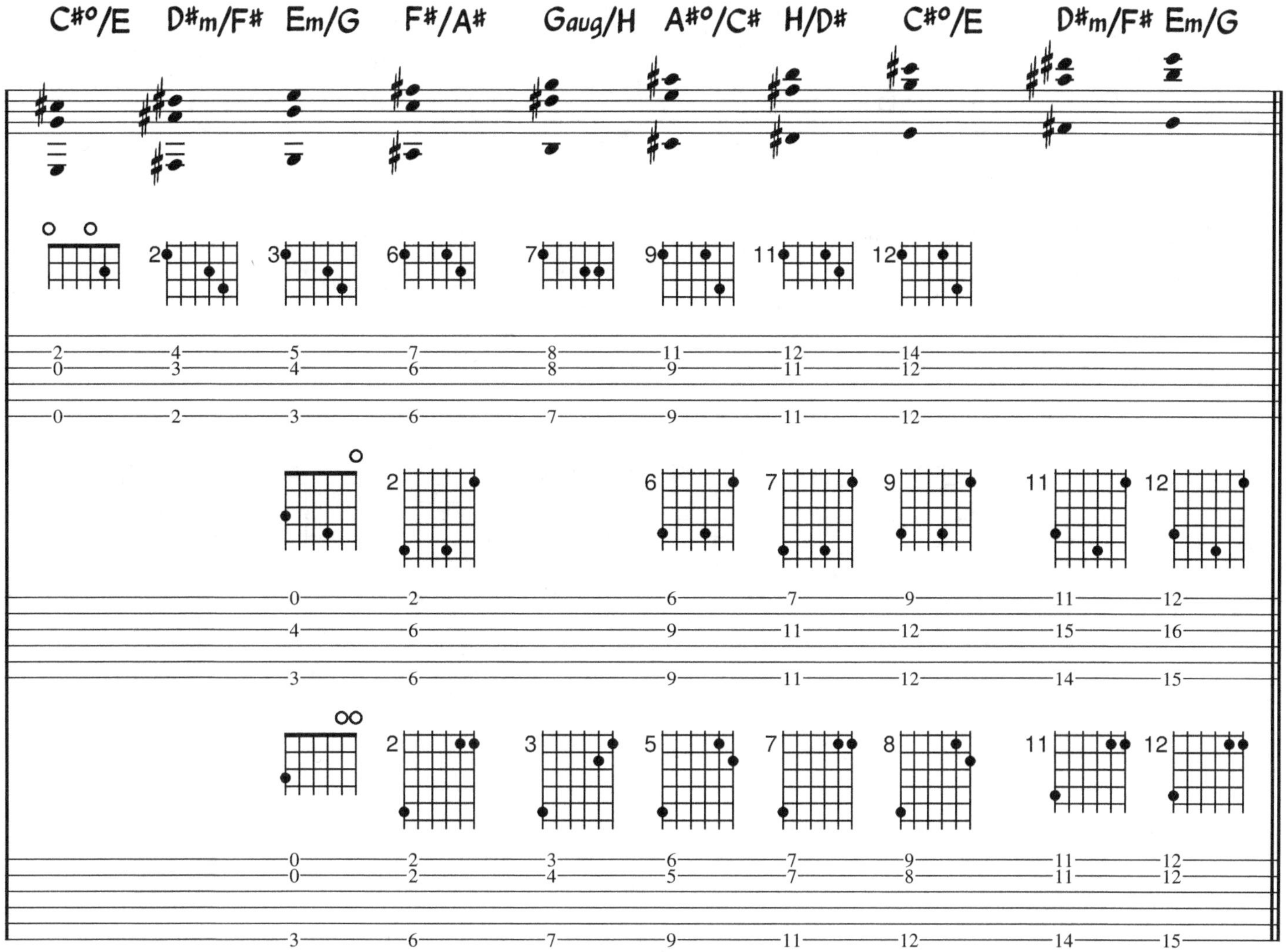

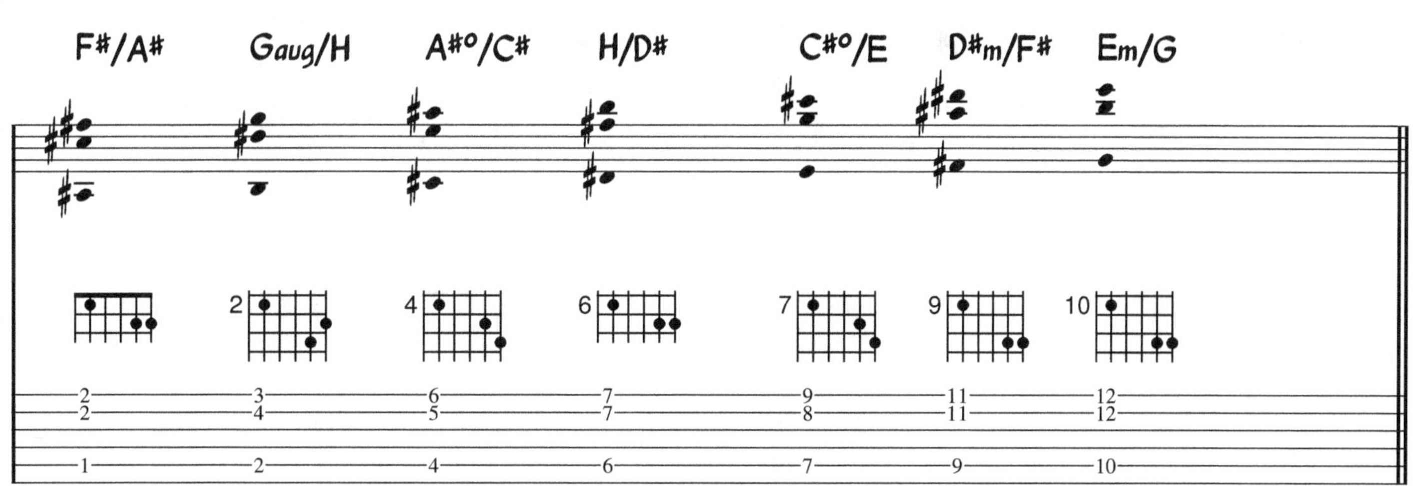

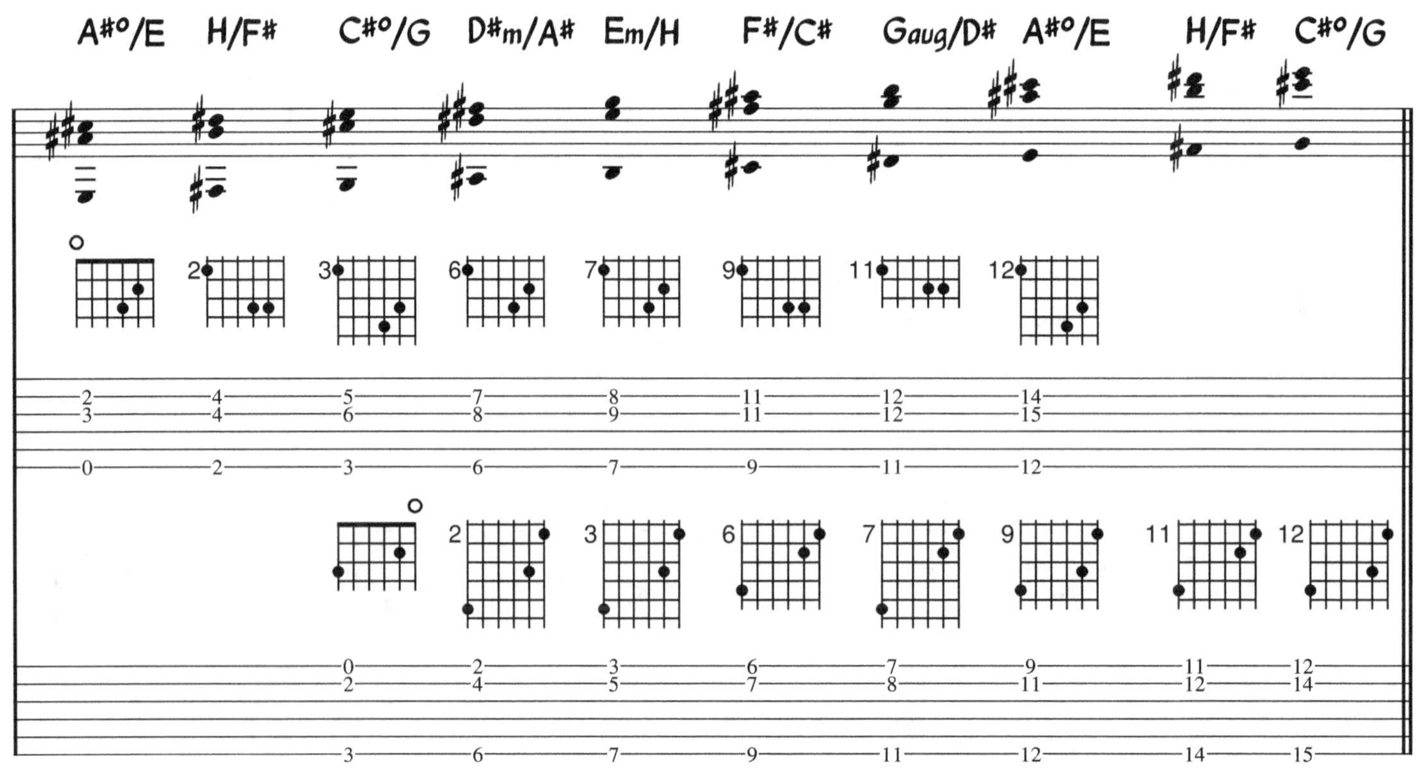

A#°/E   H/F#   C#°/G   D#m/A#   Em/H   F#/C#   Gaug/D#   A#°/E   H/F#   C#°/G

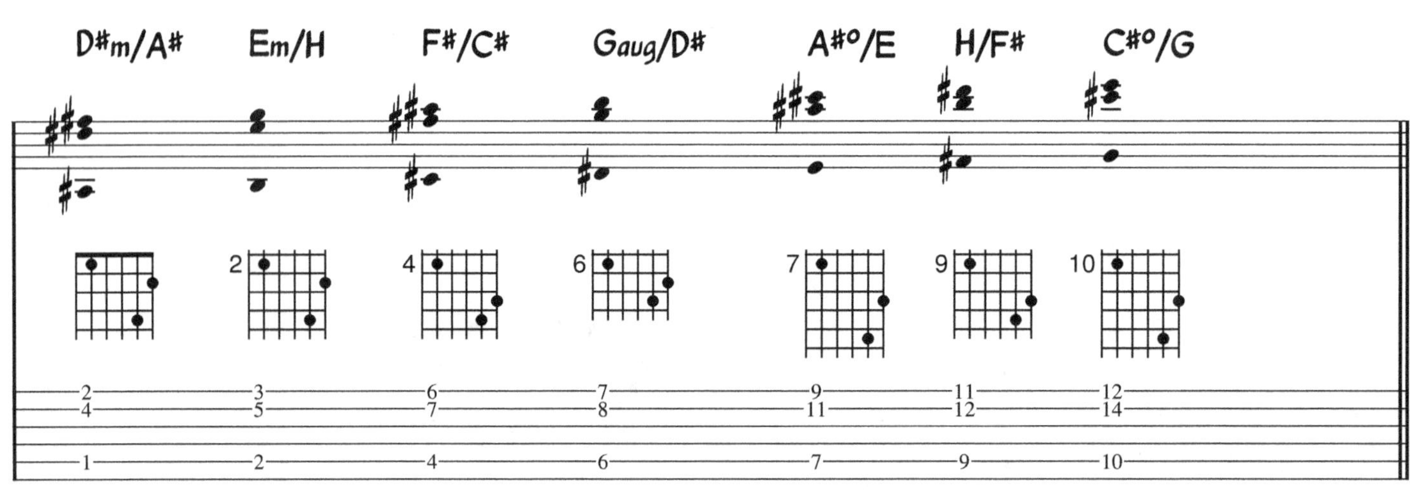

D#m/A#   Em/H   F#/C#   Gaug/D#   A#°/E   H/F#   C#°/G

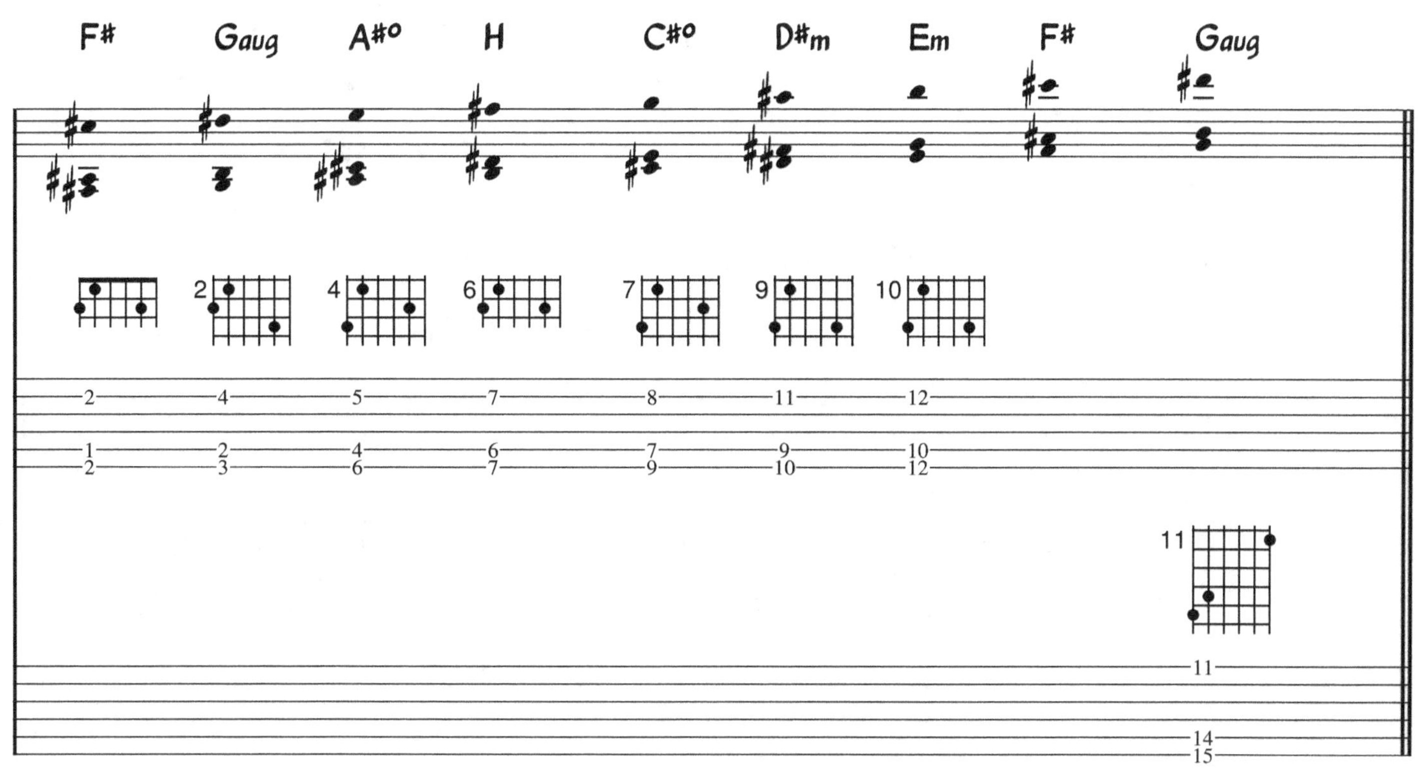

F#
Gaug
A#o
H
C#o
D#m
Em
F#
Gaug

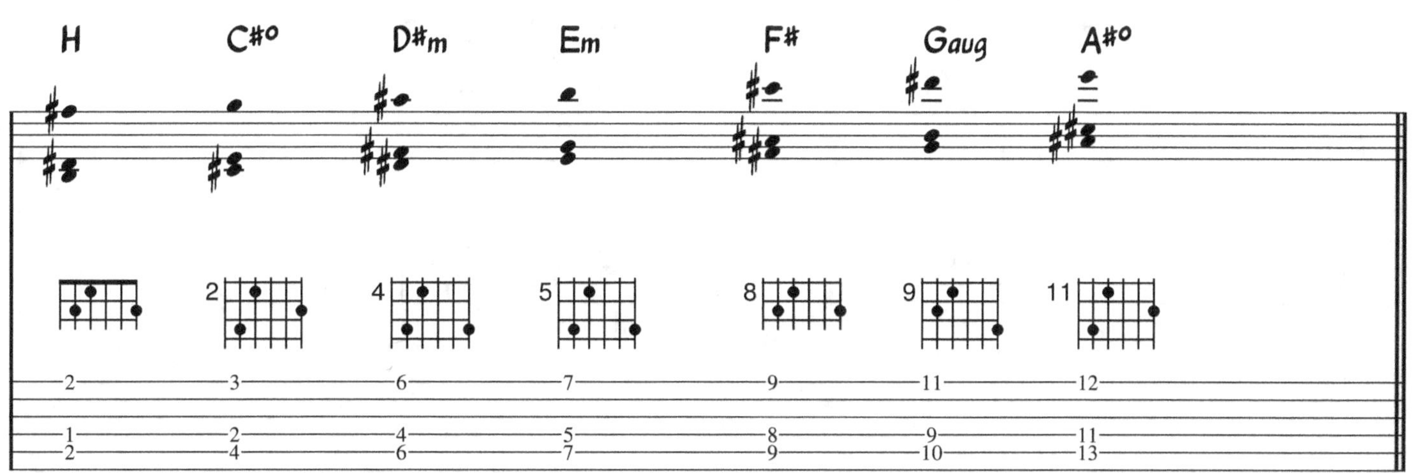

H
C#o
D#m
Em
F#
Gaug
A#o

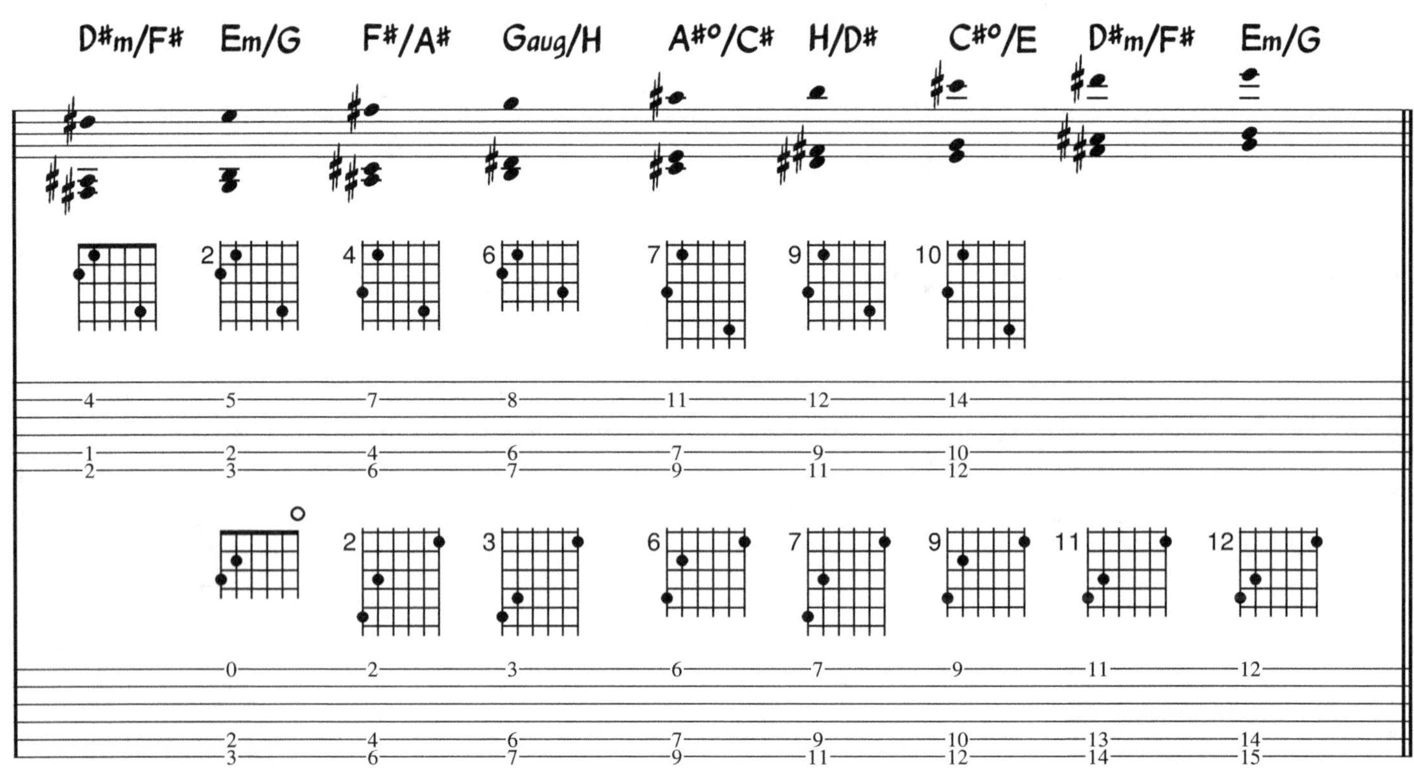

D#m/F#   Em/G   F#/A#   Gaug/H   A#°/C#   H/D#   C#°/E   D#m/F#   Em/G

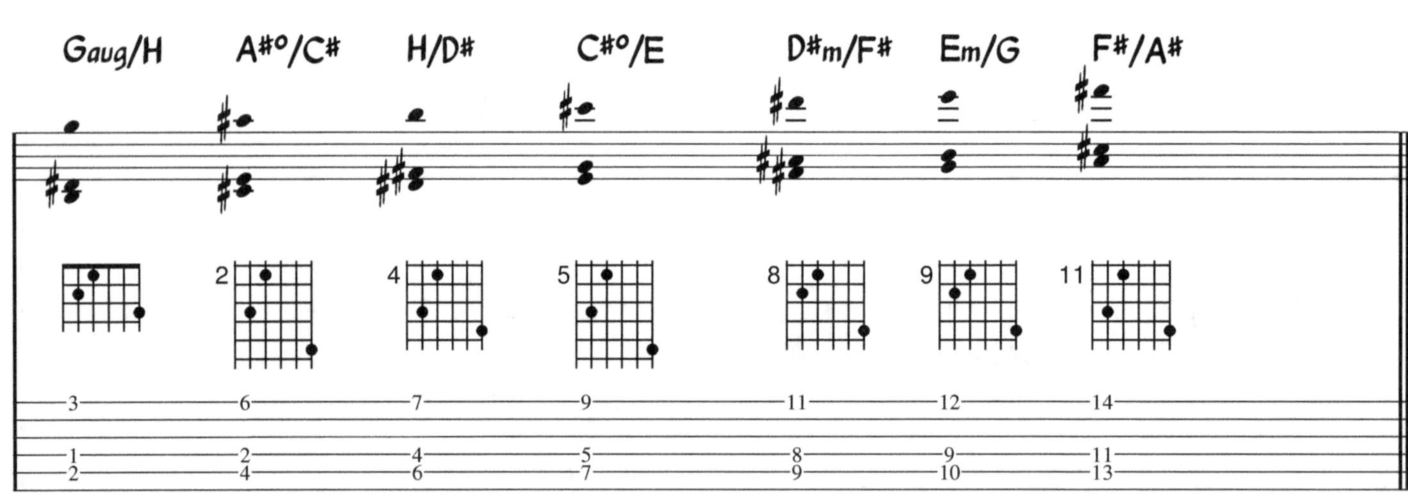

Gaug/H   A#°/C#   H/D#   C#°/E   D#m/F#   Em/G   F#/A#

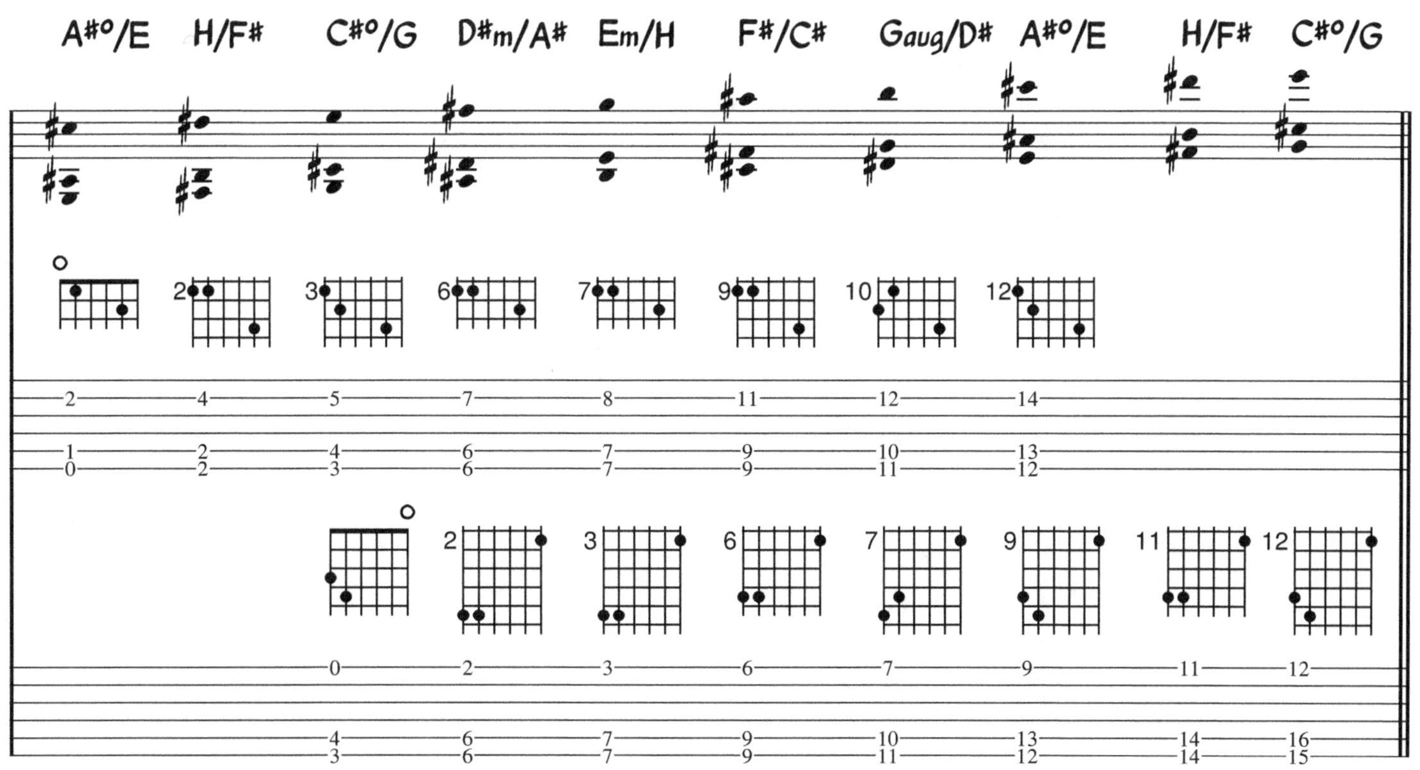

A#°/E   H/F#   C#°/G   D#m/A#   Em/H   F#/C#   Gaug/D#   A#°/E   H/F#   C#°/G

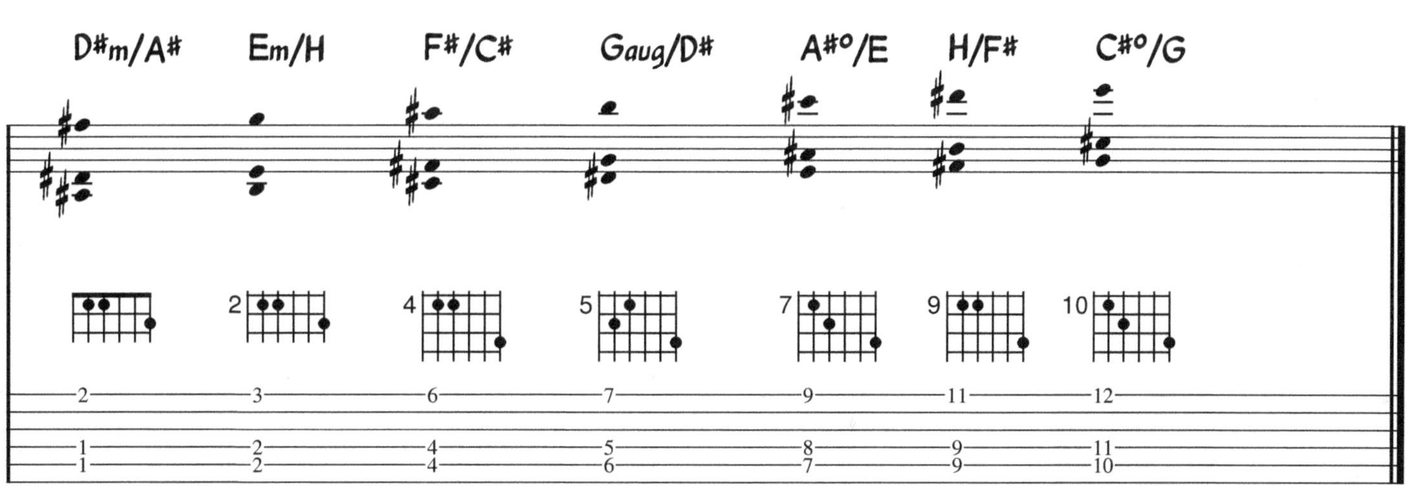

D#m/A#   Em/H   F#/C#   Gaug/D#   A#°/E   H/F#   C#°/G

~ G♭ harmonisch Dur ~

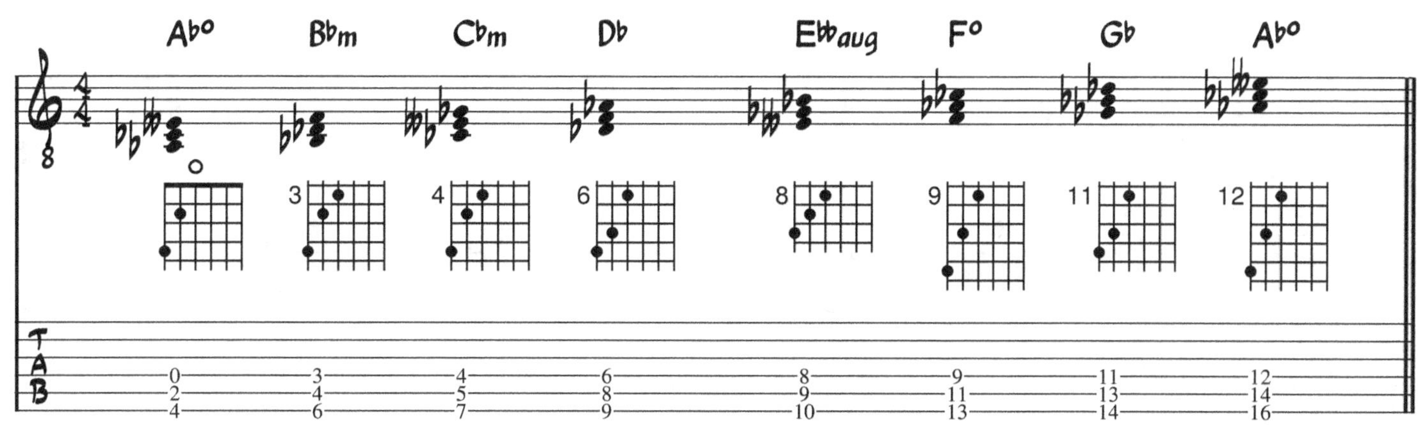

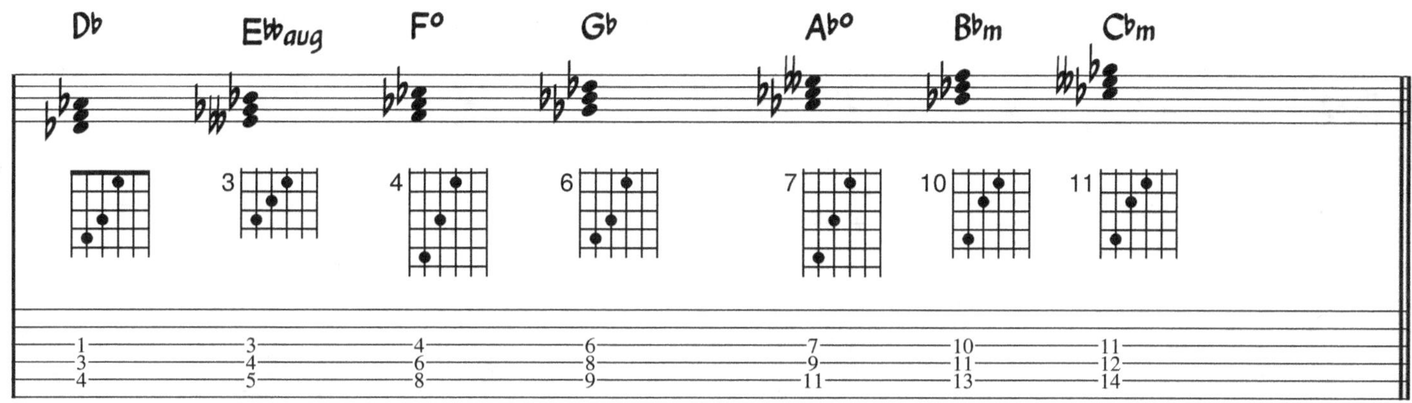

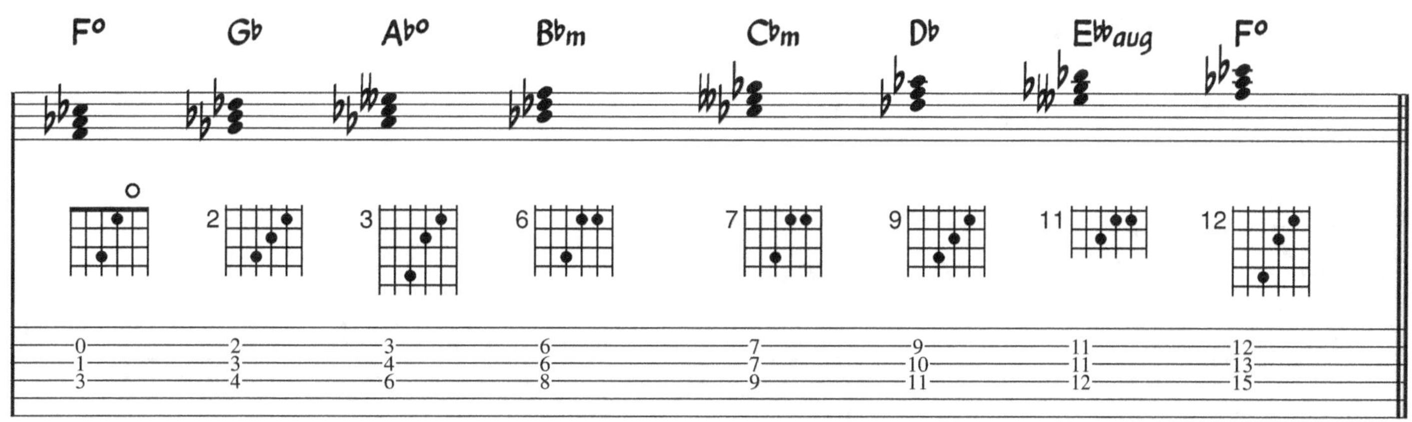

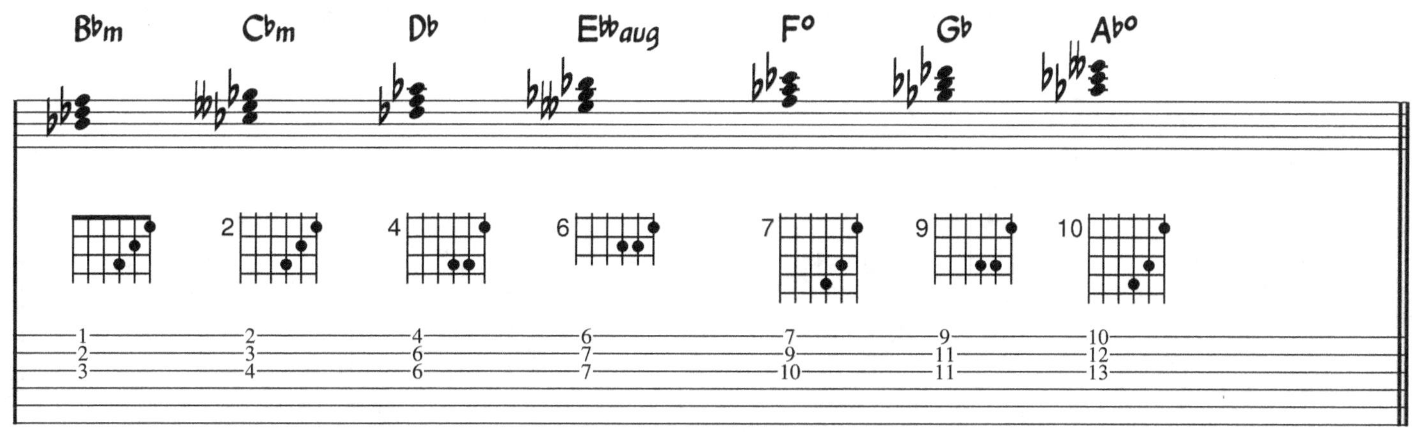

Ebbaug/Gb   Fo/Ab   Gb/Bb   Abo/Cb   Bbm/Db   Cbm/Ebb   Db/F   Ebbaug/Gb
Abo/Cb   Bbm/Db   Cbm/Ebb   Db/F   Ebbaug/Gb   Fo/Ab   Gb/Bb   Abo/Cb
Db/F   Ebbaug/Gb   Fo/Ab   Gb/Bb   Abo/Cb   Bbm/Db   Cbm/Ebb
Fo/Ab   Gb/Bb   Abo/Cb   Bbm/Db   Cbm/Ebb   Db/F   Ebbaug/Gb   Fo/Ab

Cbm/Gb   Db/Ab   Ebbaug/Bb   Fo/Cb   Gb/Db   Abo/Ebb   Bbm/F   Cbm/Gb
Fo/Cb   Gb/Db   Abo/Ebb   Bbm/F   Cbm/Gb   Db/Ab   Ebbaug/Bb
Abo/Ebb   Bbm/F   Cbm/Gb   Db/Ab   Ebbaug/Bb   Fo/Cb   Gb/Db   Abo/Ebb
Db/Ab   Ebbaug/Bb   Fo/Cb   Gb/Db   Abo/Ebb   Bbm/F   Cbm/Gb

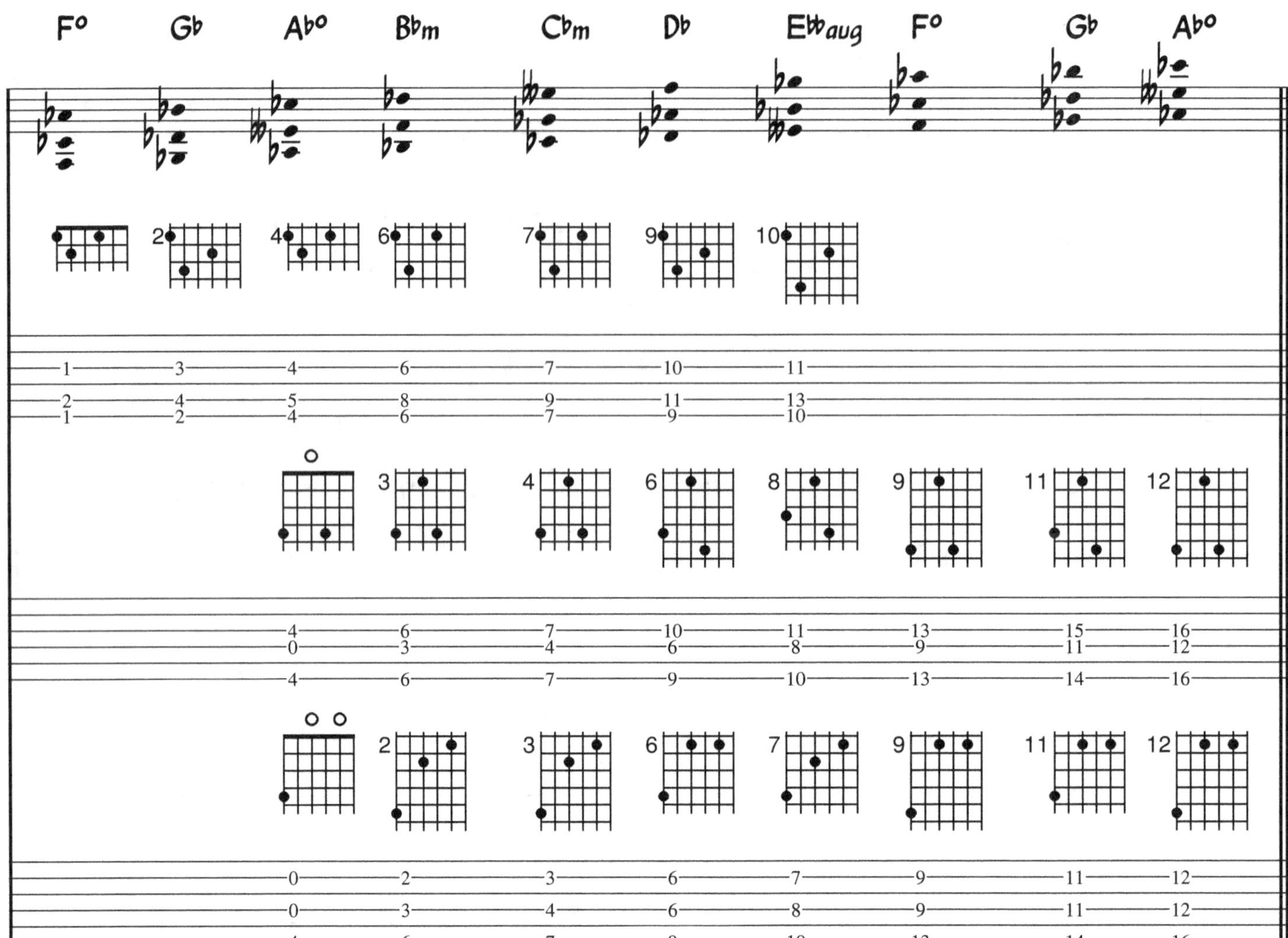

F°
Gb
Ab°
Bbm
Cbm
Db
Ebaug
F°
Gb
Ab°

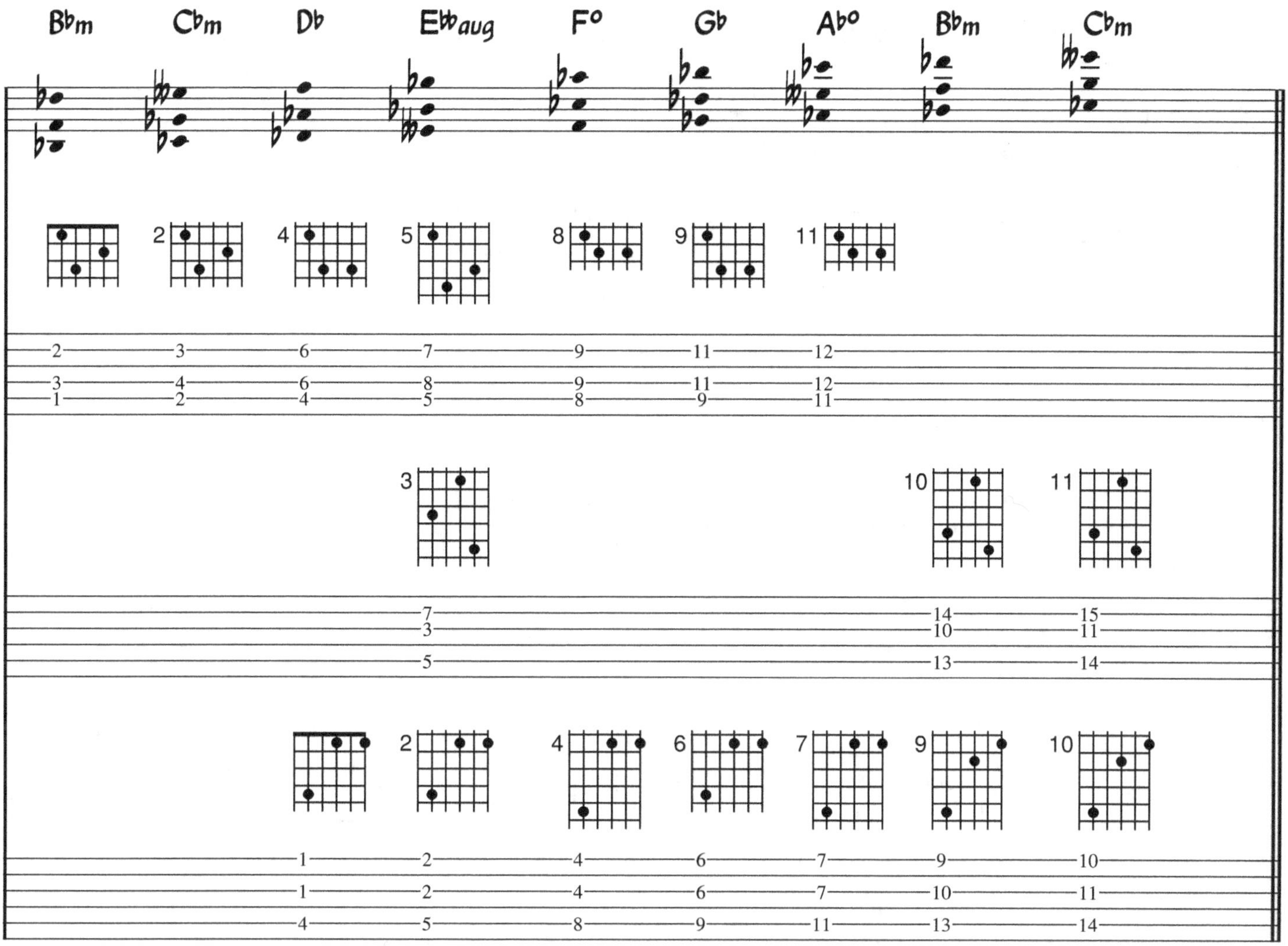
B♭m
C♭m
D♭
E𝄫aug
F°
G♭
A♭°
B♭m
C♭m

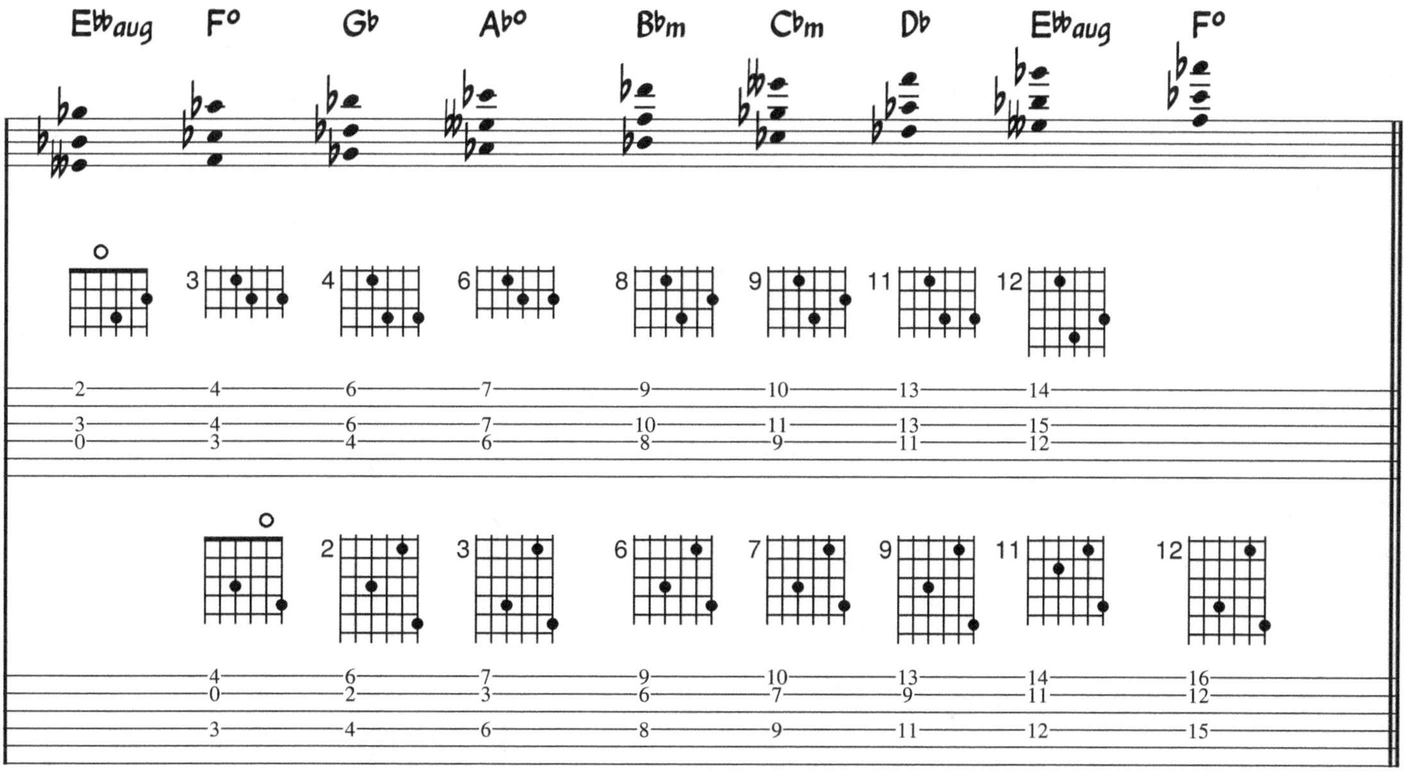
E𝄫aug
F°
G♭
A♭°
B♭m
C♭m
D♭
E𝄫aug
F°

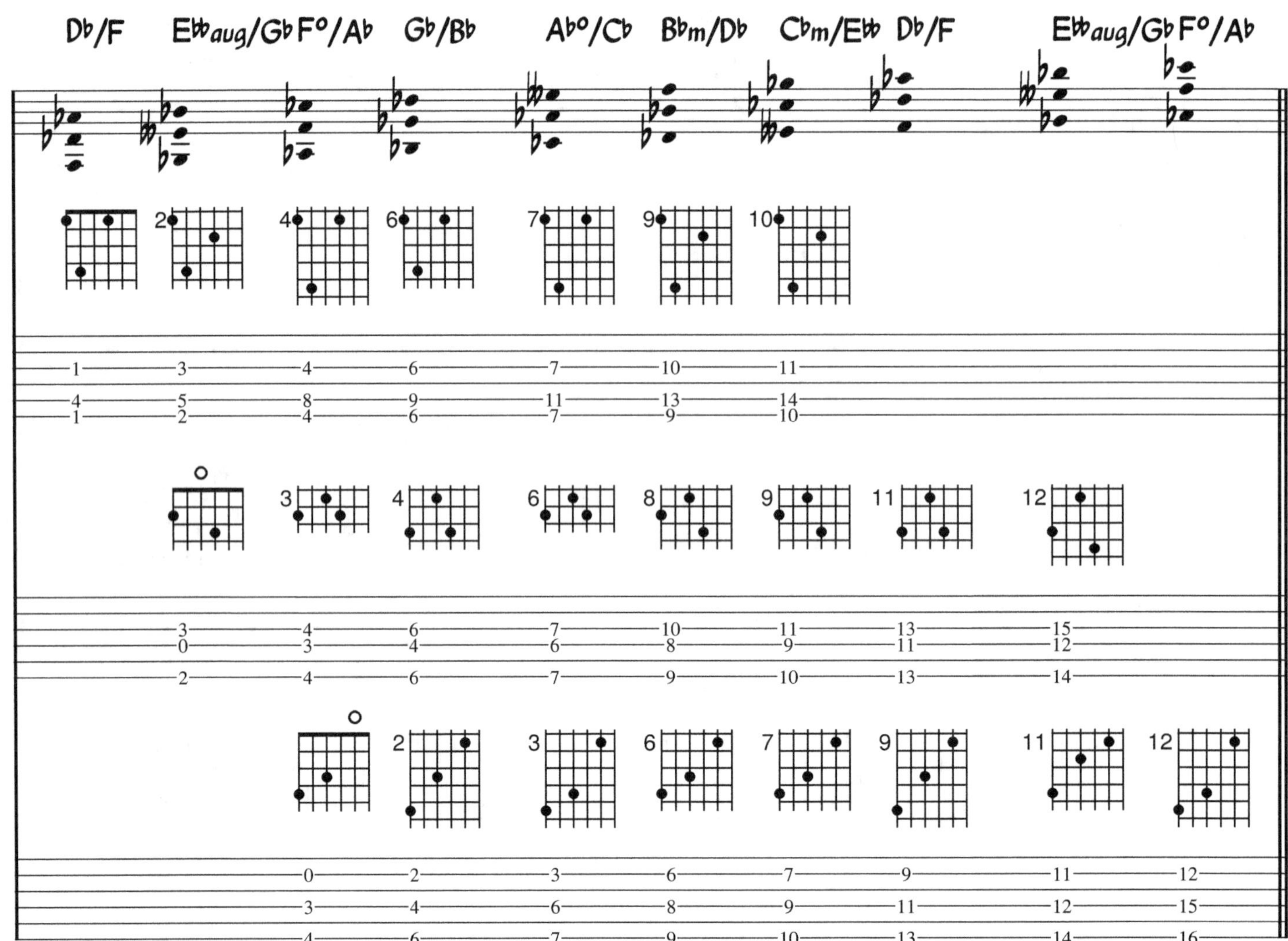
Db/F
Ebbaug/Gb
Fo/Ab
Gb/Bb
Abo/Cb
Bbm/Db
Cbm/Ebb
Db/F
Ebbaug/Gb
Fo/Ab

G♭/B♭
A♭°/C♭
B♭m/D♭
C♭m/E♭♭
D♭/F
E♭♭aug/G♭
F°/A♭
G♭/B♭
A♭°/C♭

C♭m/E♭♭
D♭/F
E♭♭aug/G♭
F°/A♭
G♭/B♭
A♭°/C♭
B♭m/D♭
C♭m/E♭♭

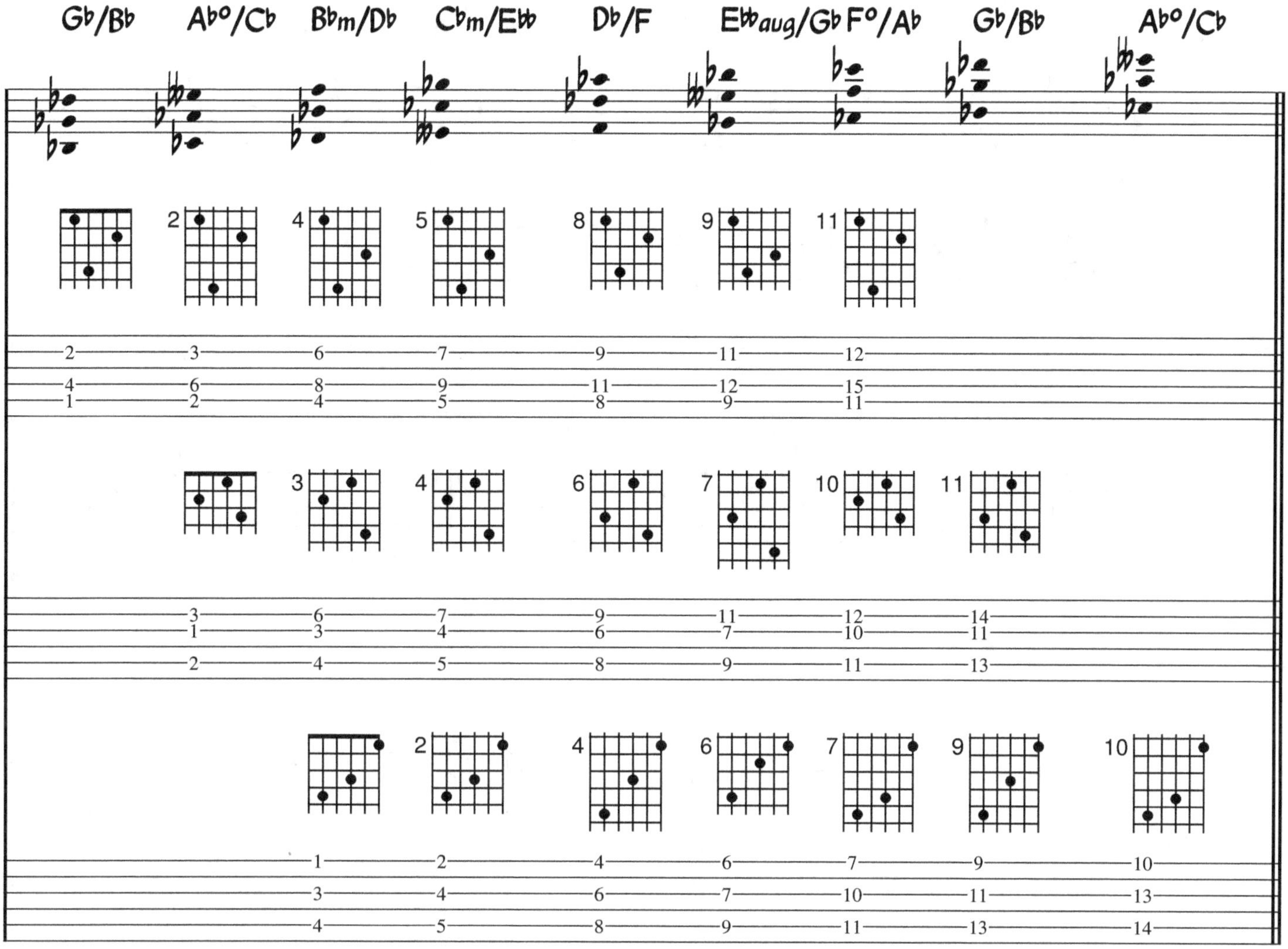

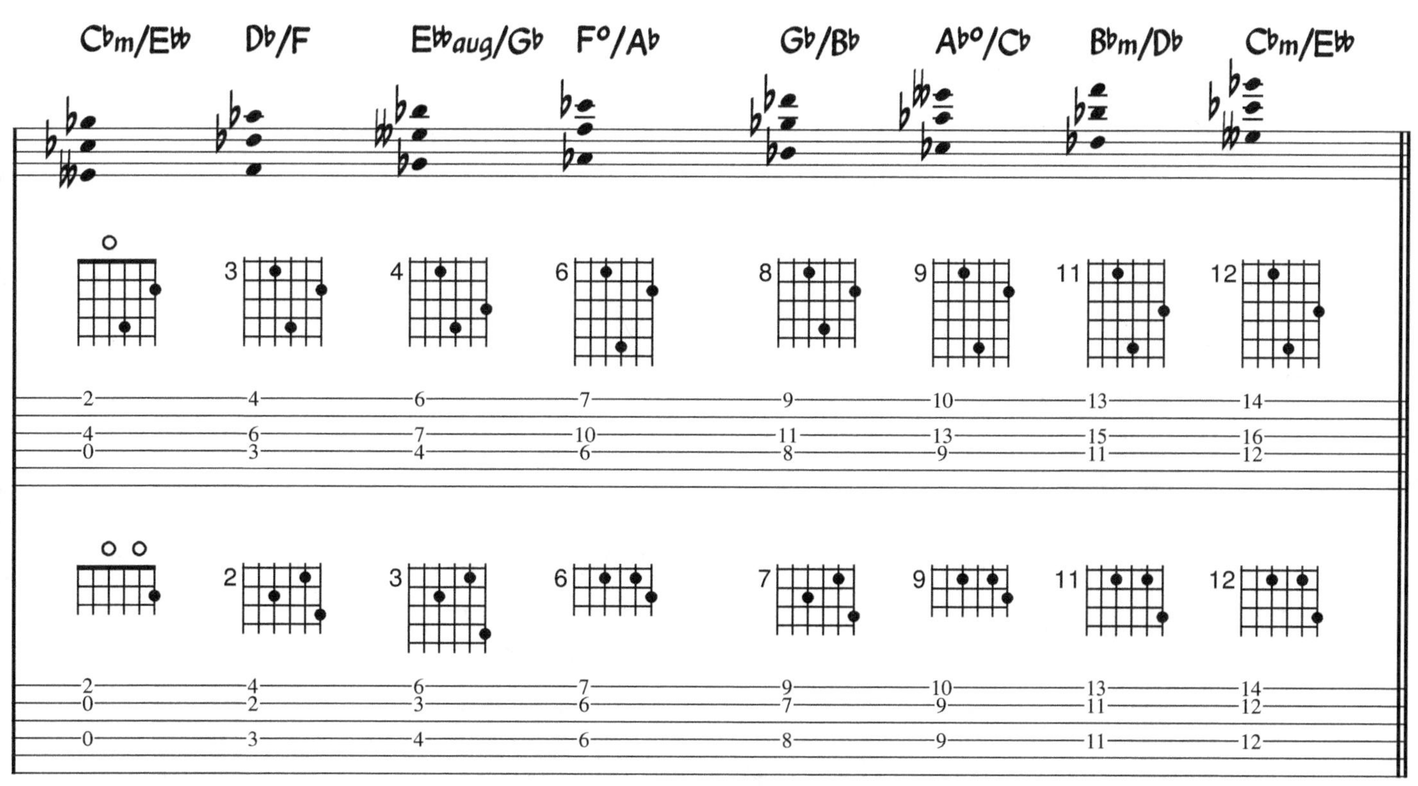

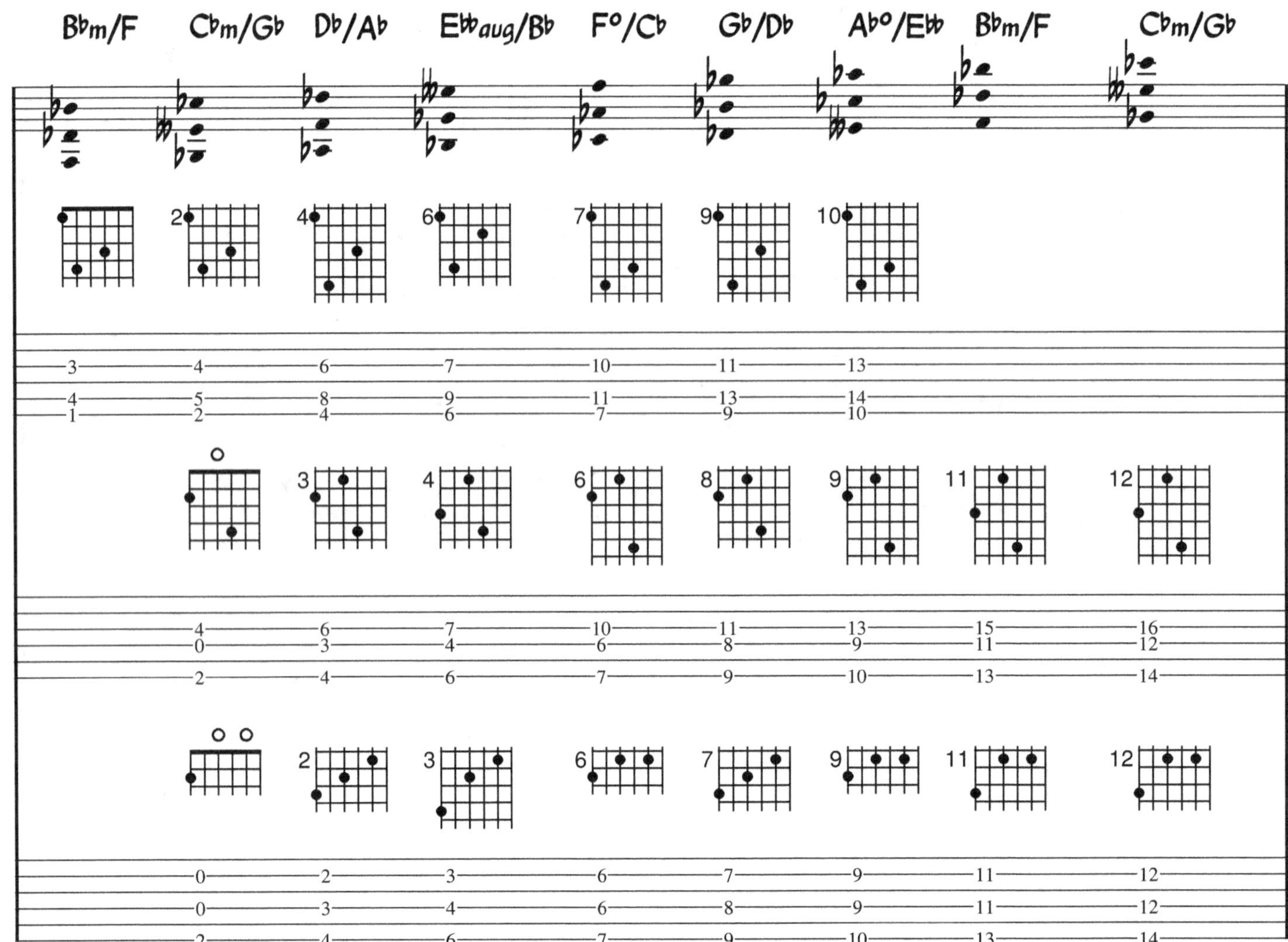

Bbm/F   Cbm/Gb   Db/Ab   Ebbaug/Bb   Fo/Cb   Gb/Db   Abo/Ebb   Bbm/F   Cbm/Gb

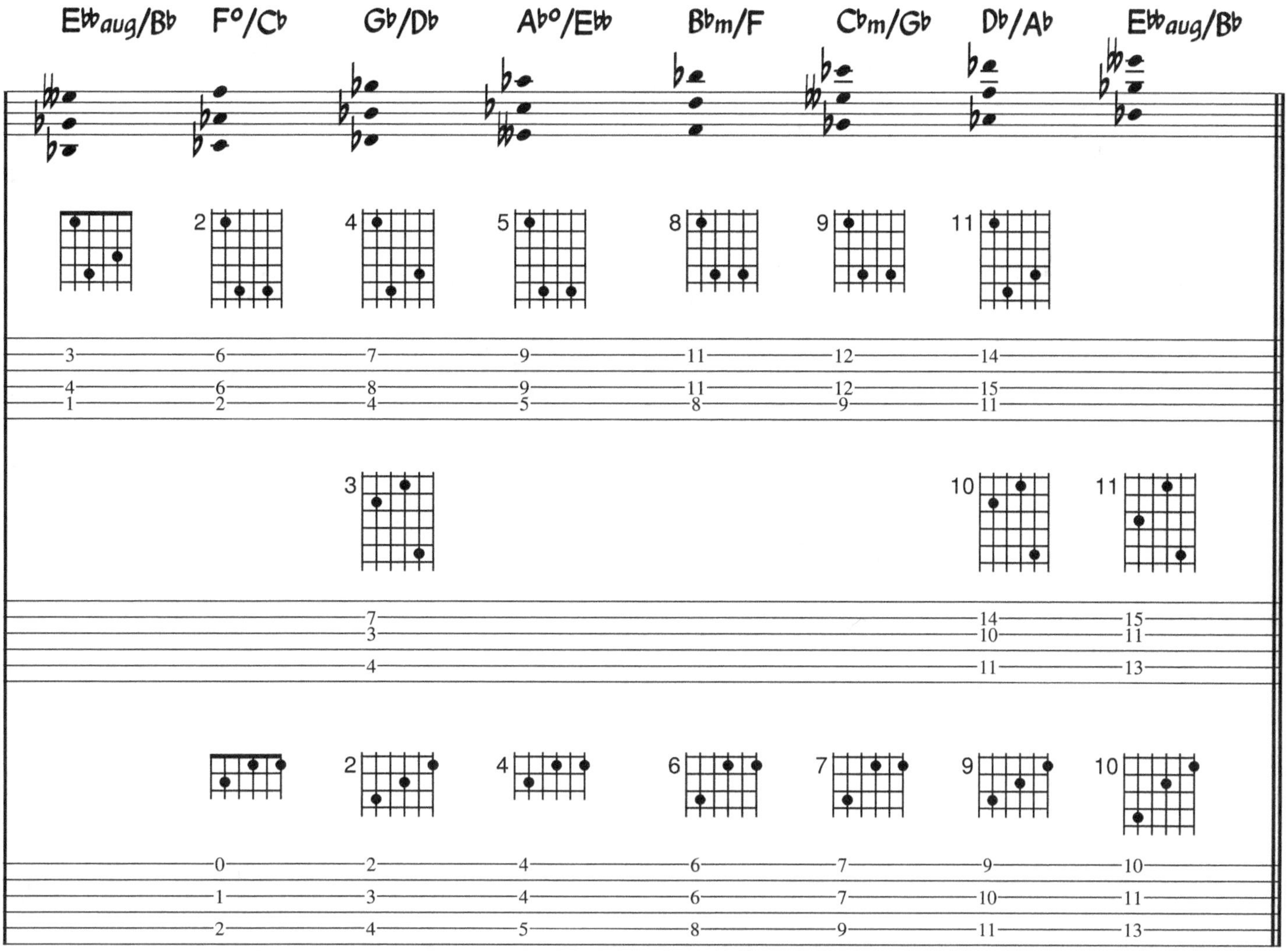

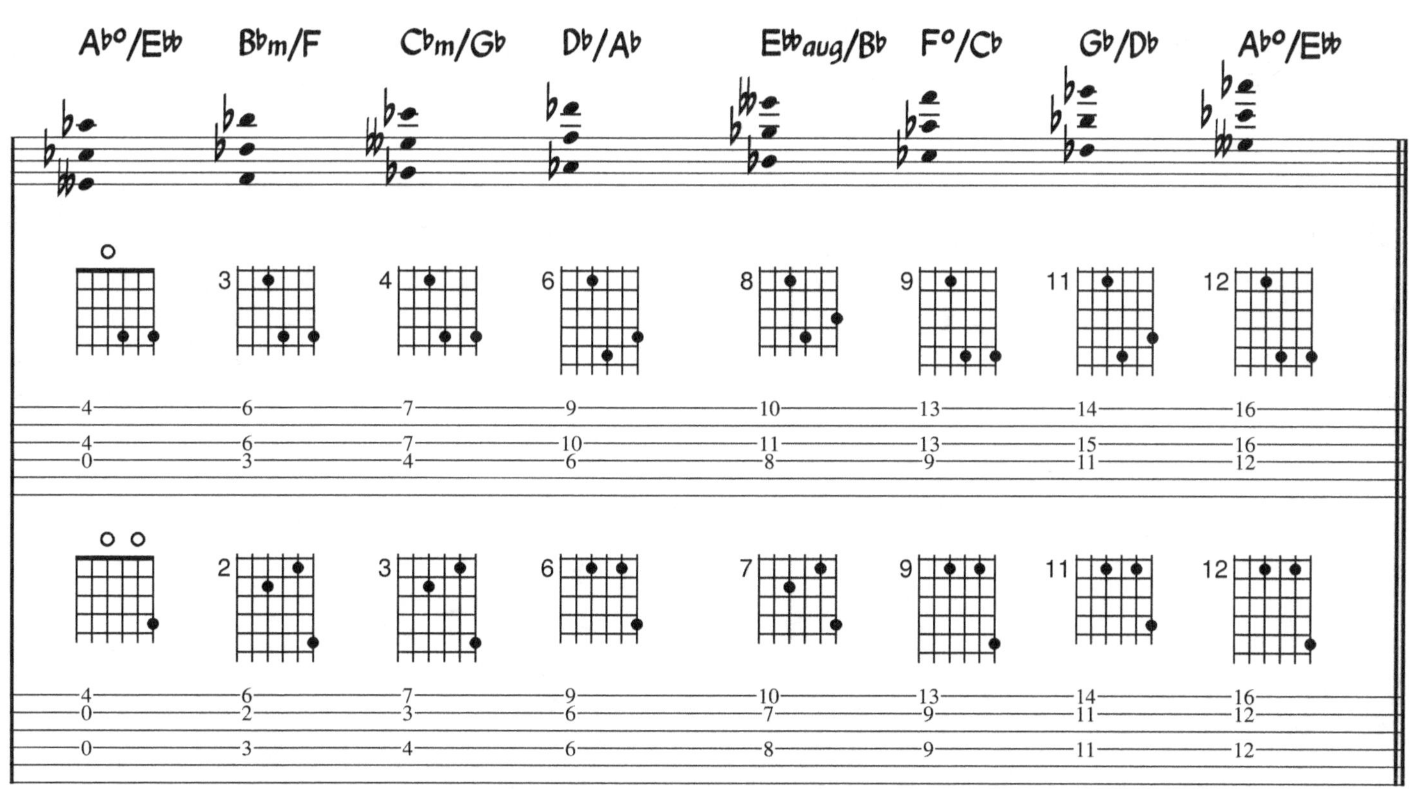

E♭♭aug/B♭   F°/C♭   G♭/D♭   A♭°/E♭   B♭m/F   C♭m/G♭   D♭/A♭   E♭♭aug/B♭
A♭°/E♭   B♭m/F   C♭m/G♭   D♭/A♭   E♭♭aug/B♭   F°/C♭   G♭/D♭   A♭°/E♭

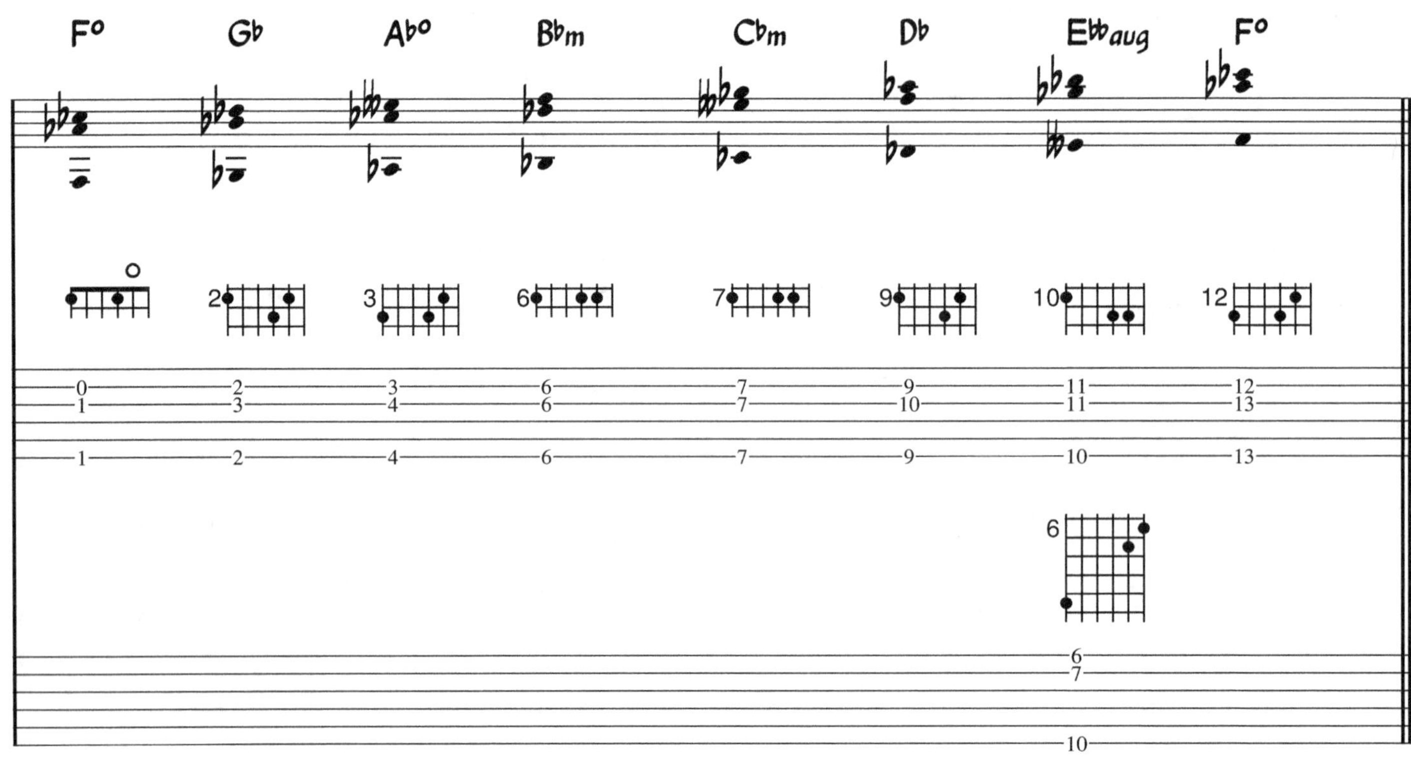

F° G♭ A♭° B♭m C♭m D♭ E♭♭aug F°

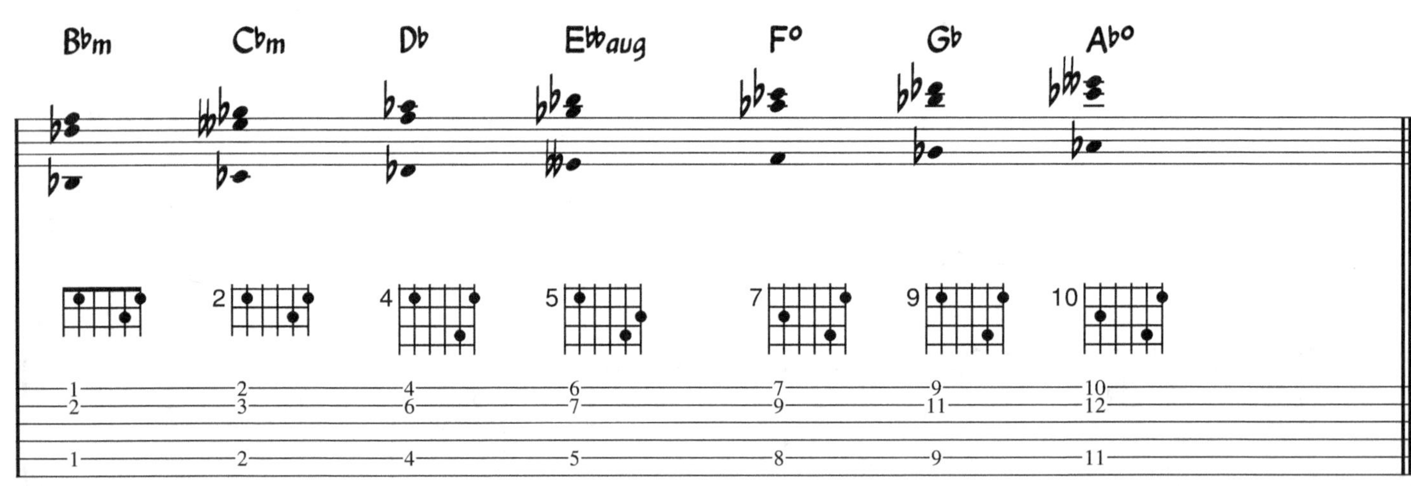

B♭m C♭m D♭ E♭♭aug F° G♭ A♭°

1. Umk. (weite Lage, Variante 2)

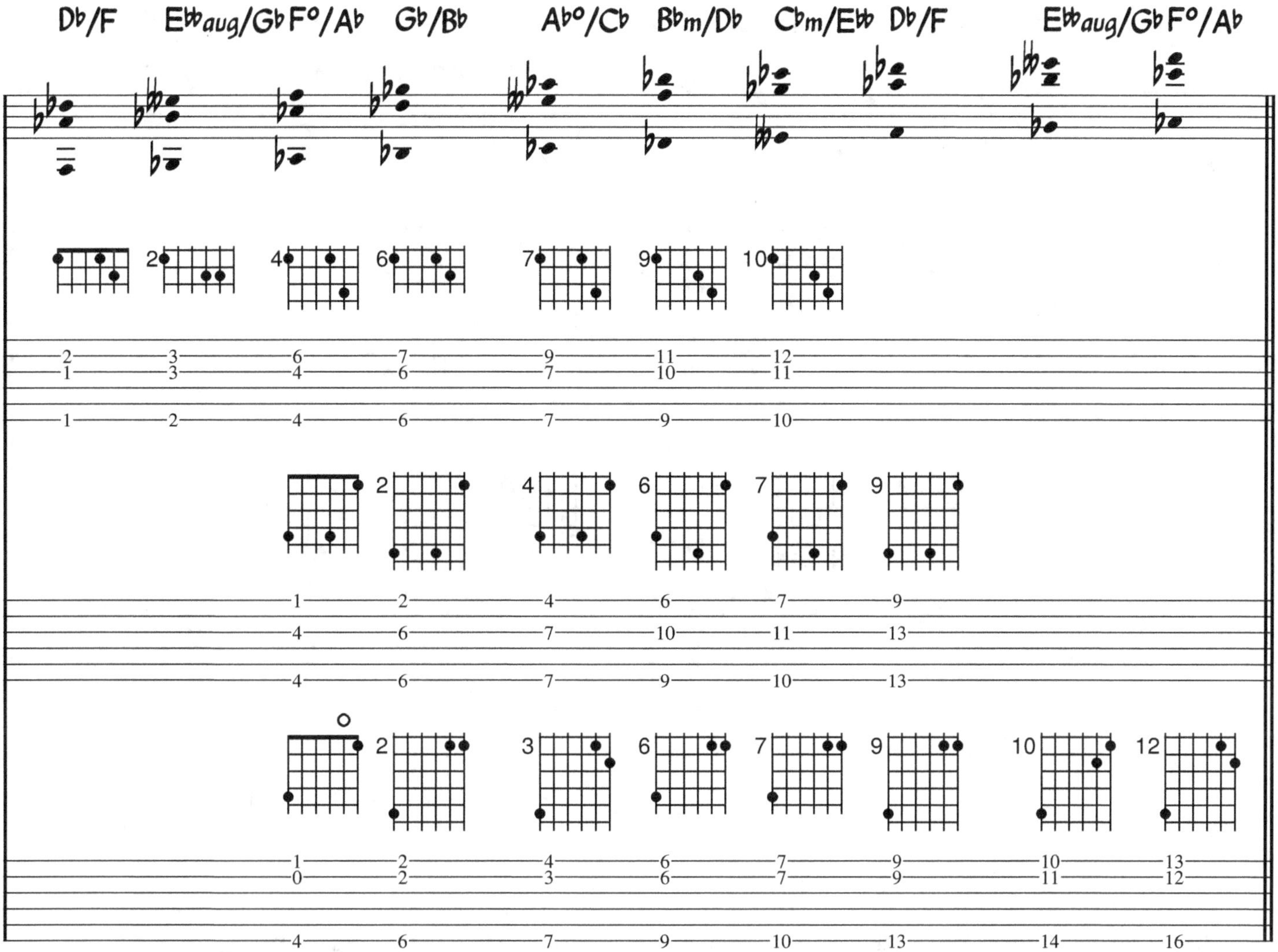

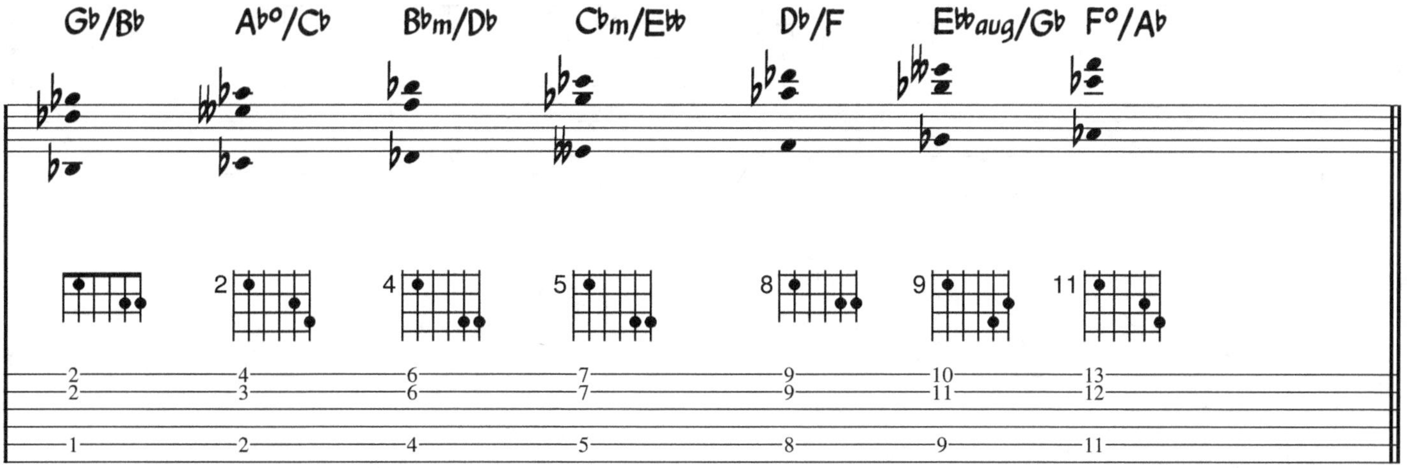

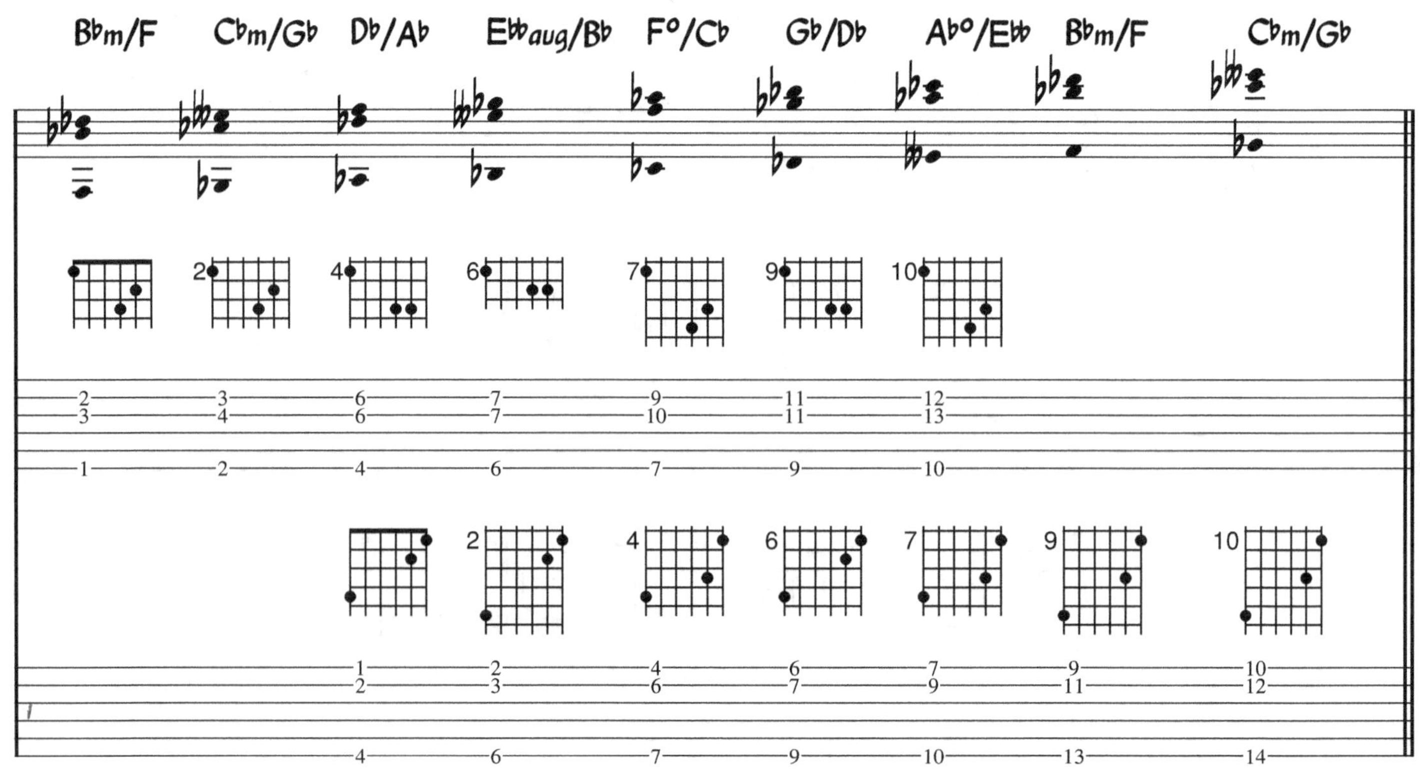

Bbm/F
Cbm/Gb
Db/Ab
Ebbaug/Bb
Fo/Cb
Gb/Db
Abo/Ebb
Bbm/F
Cbm/Gb

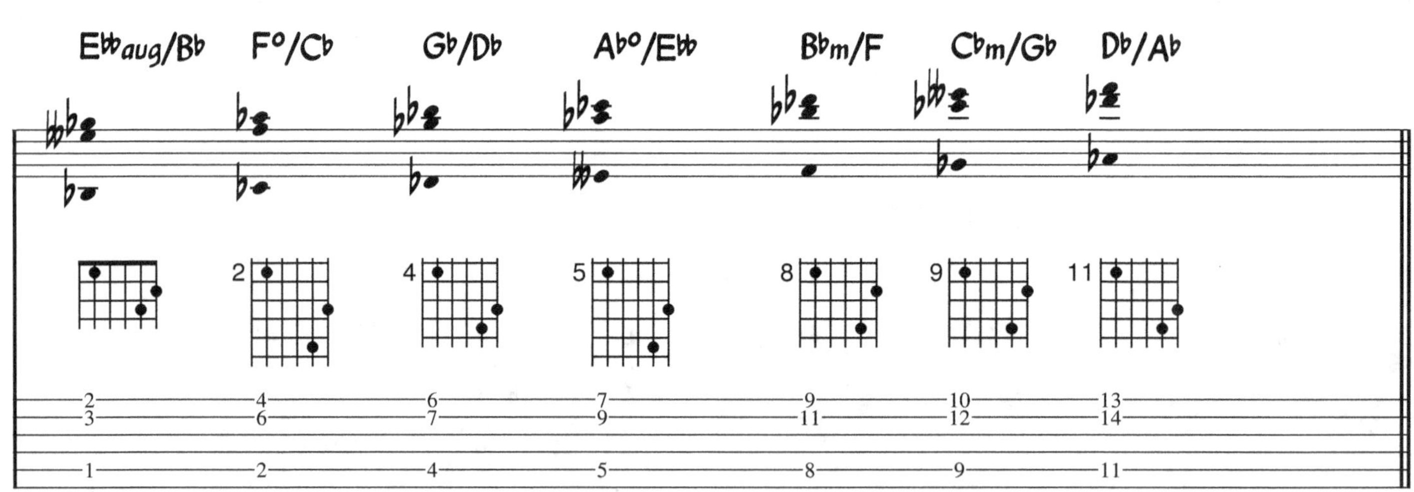

Ebbaug/Bb
Fo/Cb
Gb/Db
Abo/Ebb
Bbm/F
Cbm/Gb
Db/Ab

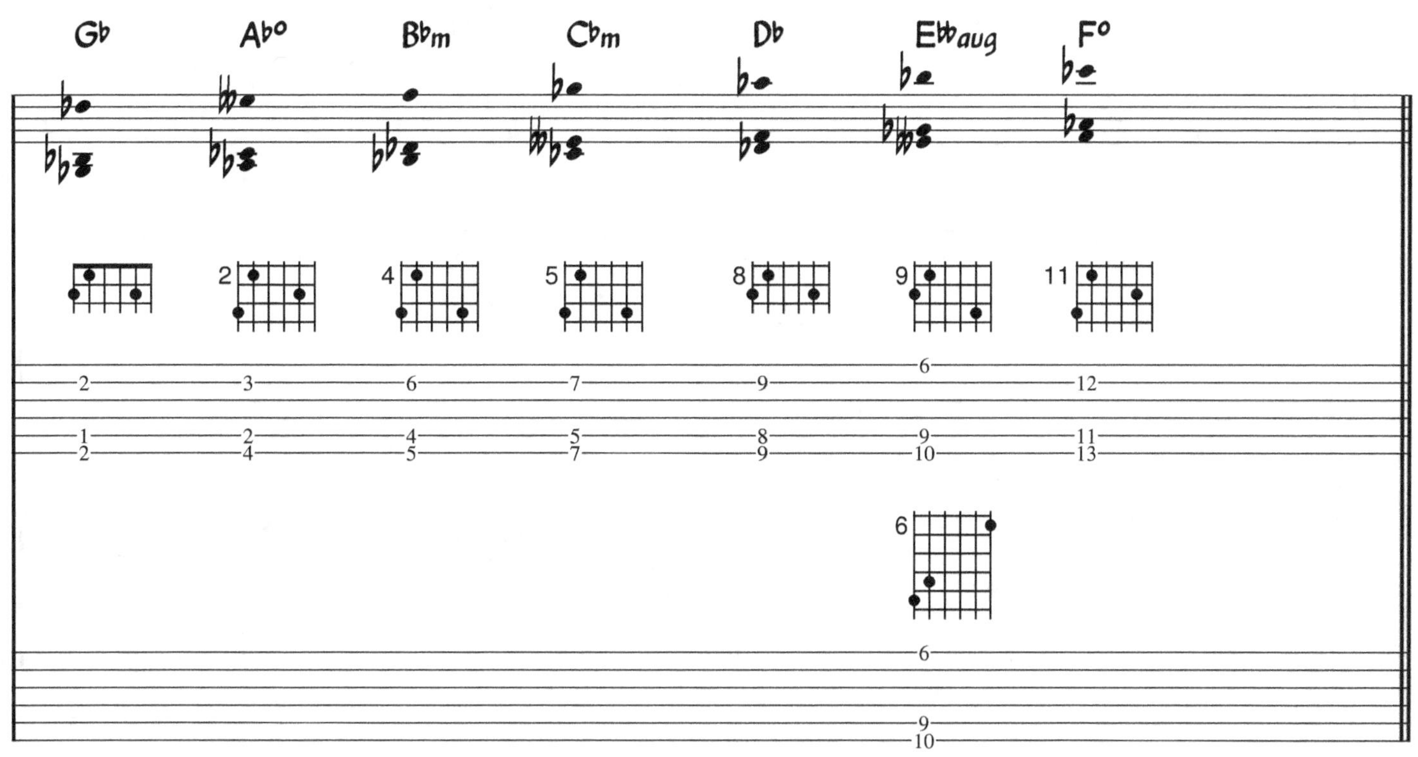

Gb
Abo
Bbm
Cbm
Db
Ebbaug
Fo
2
4
5
8
9
11
2
3
6
7
9
6
12
1
2
4
5
8
9
11
2
4
5
7
9
10
13
6
6
9
10

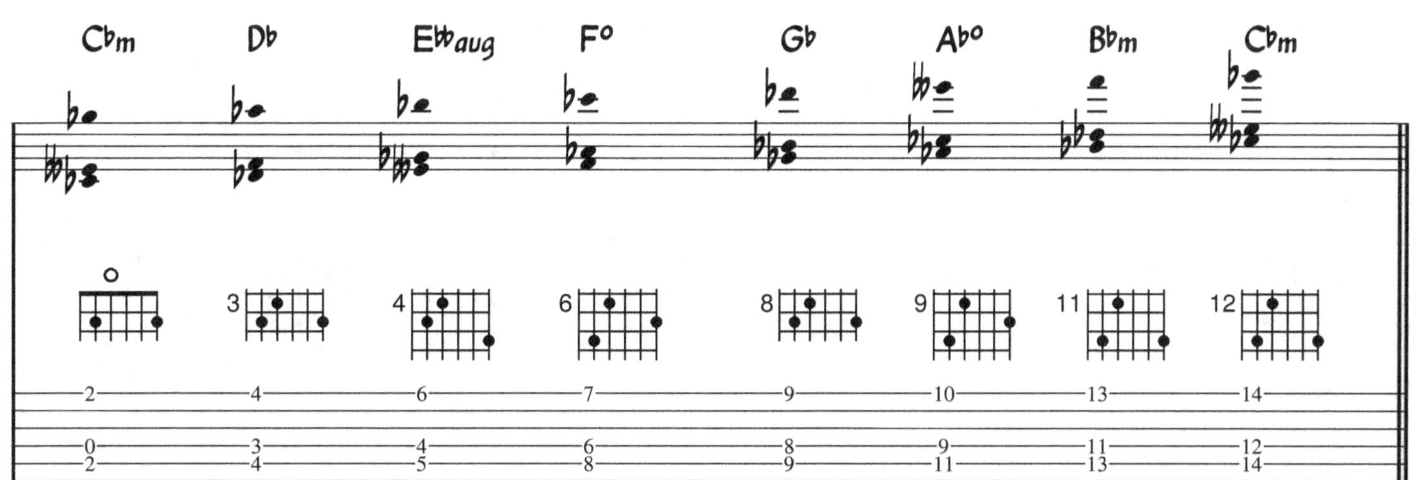

Cbm
Db
Ebbaug
Fo
Gb
Abo
Bbm
Cbm
3
4
6
8
9
11
12
2
4
6
7
9
10
13
14
0
3
4
6
8
9
11
12
2
4
5
8
9
11
13
14

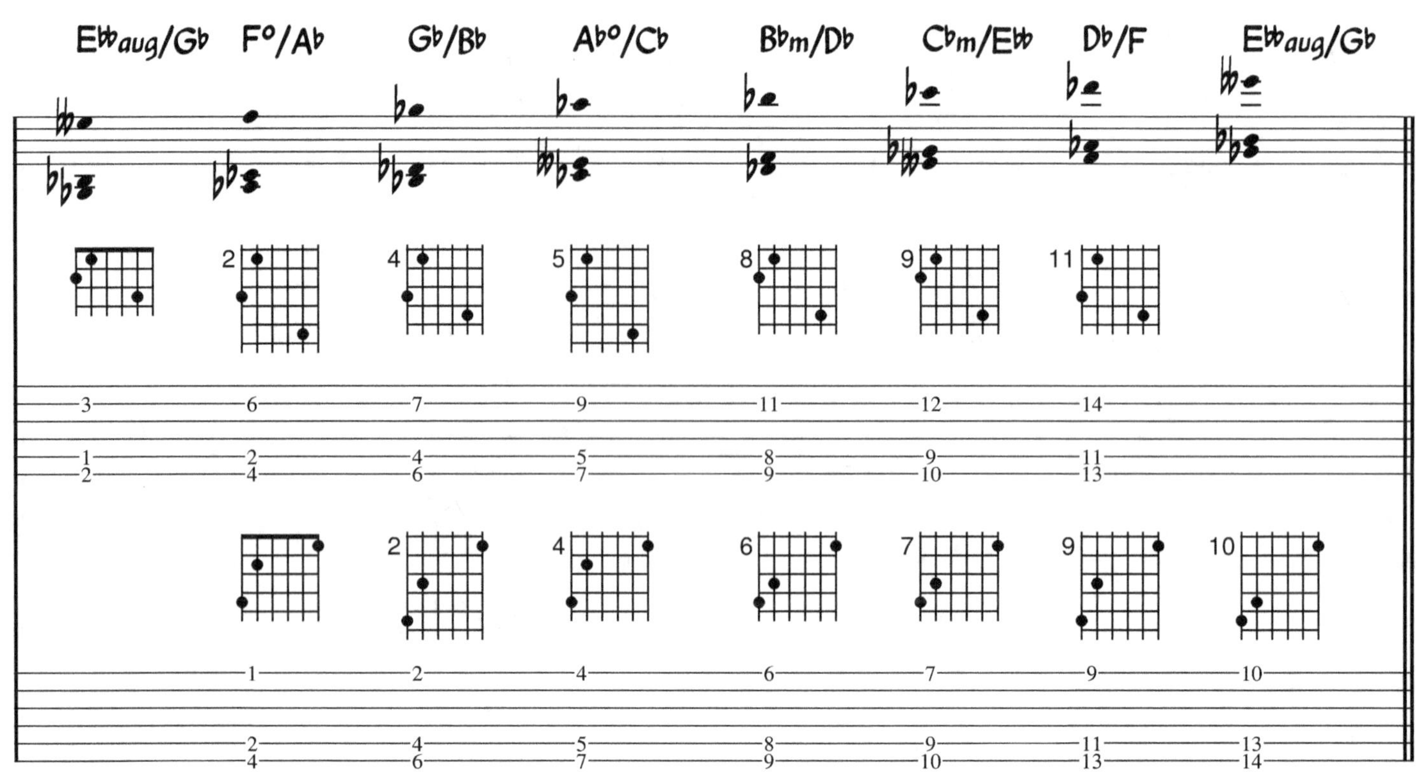
E♭♭aug/G♭   F°/A♭   G♭/B♭   A♭°/C♭   B♭m/D♭   C♭m/E♭♭   D♭/F   E♭♭aug/G♭

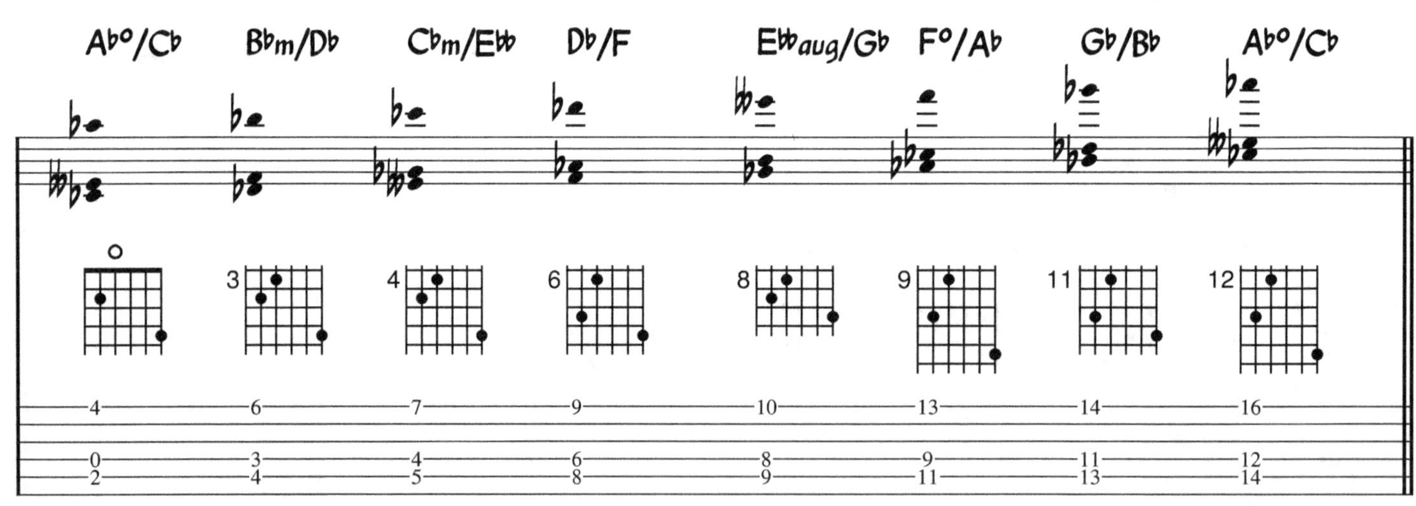
A♭°/C♭   B♭m/D♭   C♭m/E♭♭   D♭/F   E♭♭aug/G♭   F°/A♭   G♭/B♭   A♭°/C♭

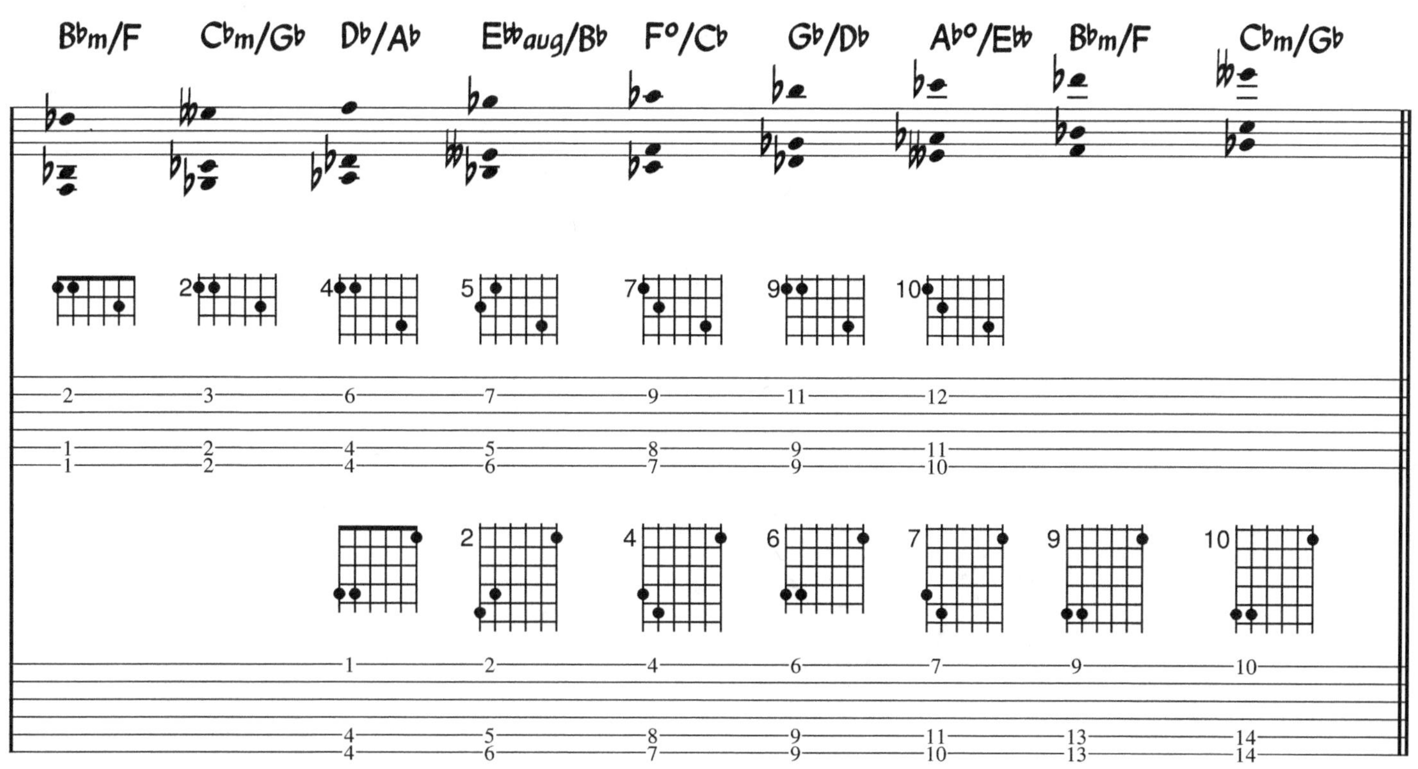

Bbm/F
Cbm/Gb
Db/Ab
Ebbaug/Bb
F°/Cb
Gb/Db
Abo/Ebb
Bbm/F
Cbm/Gb

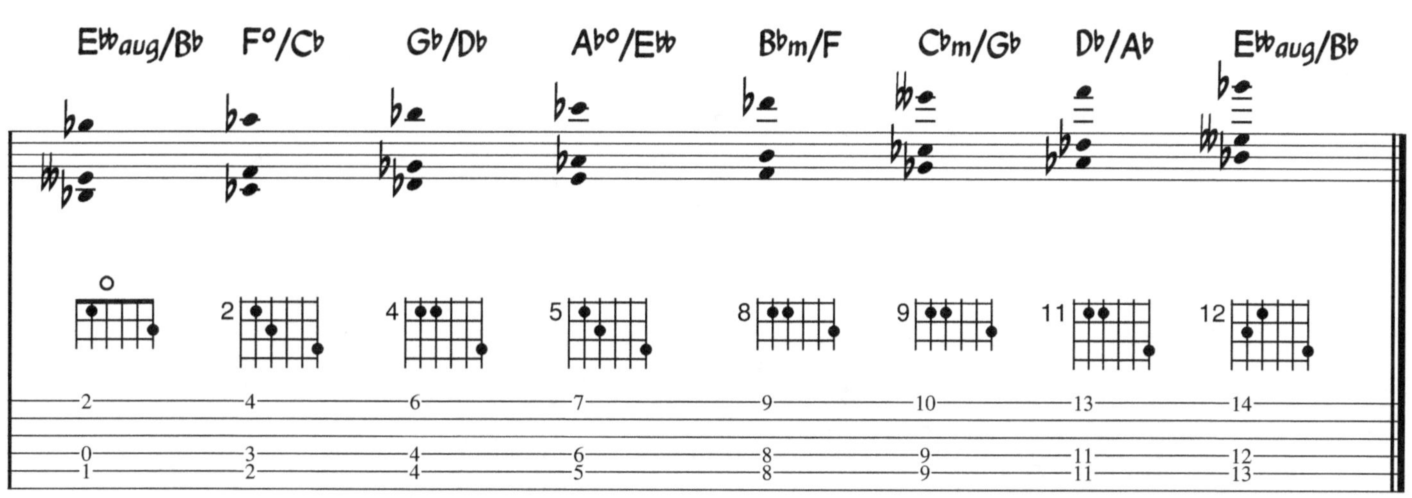

Ebbaug/Bb
F°/Cb
Gb/Db
Abo/Ebb
Bbm/F
Cbm/Gb
Db/Ab
Ebbaug/Bb

~ D♭ harmonisch Dur ~

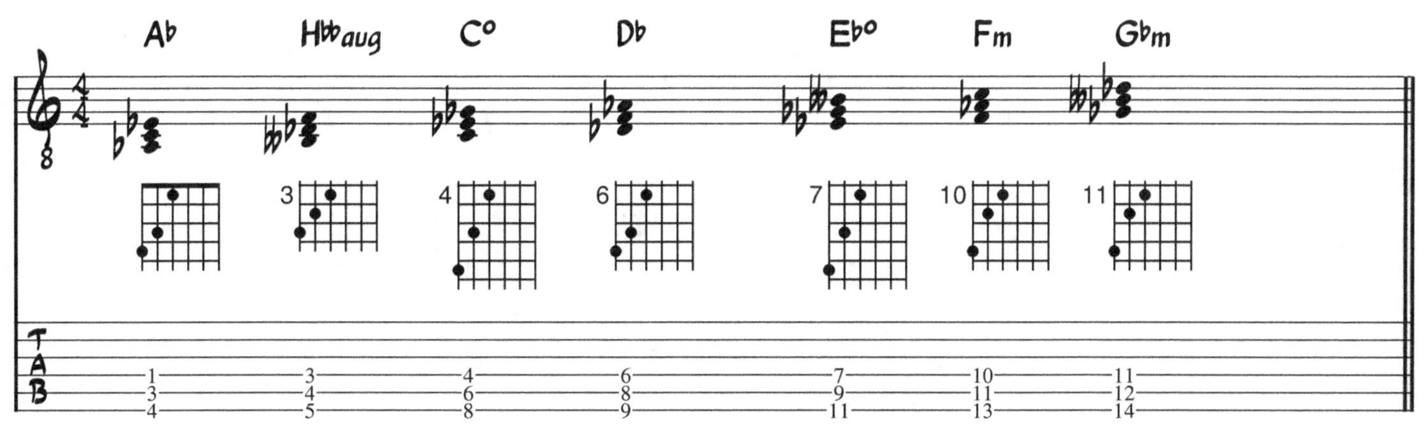

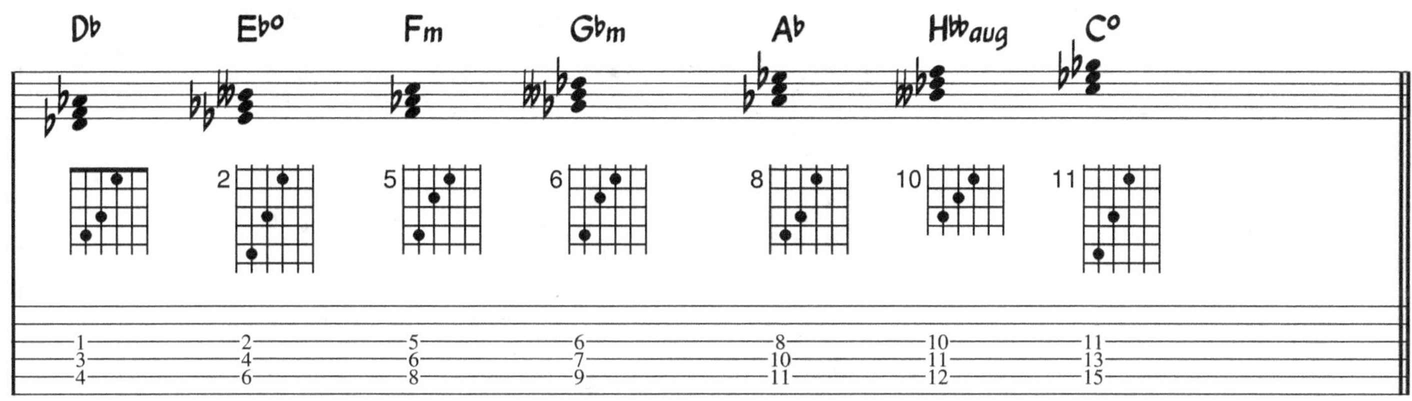

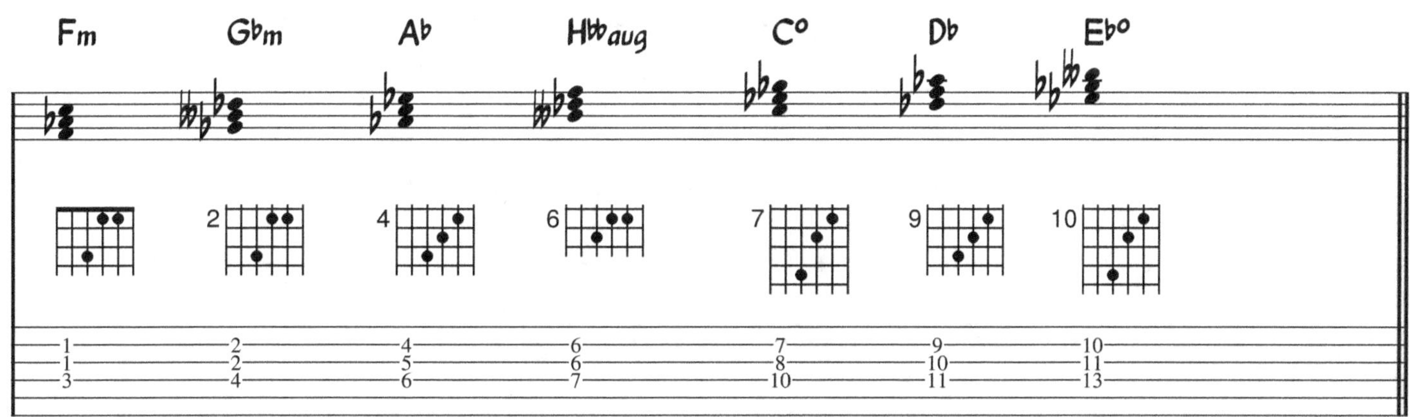

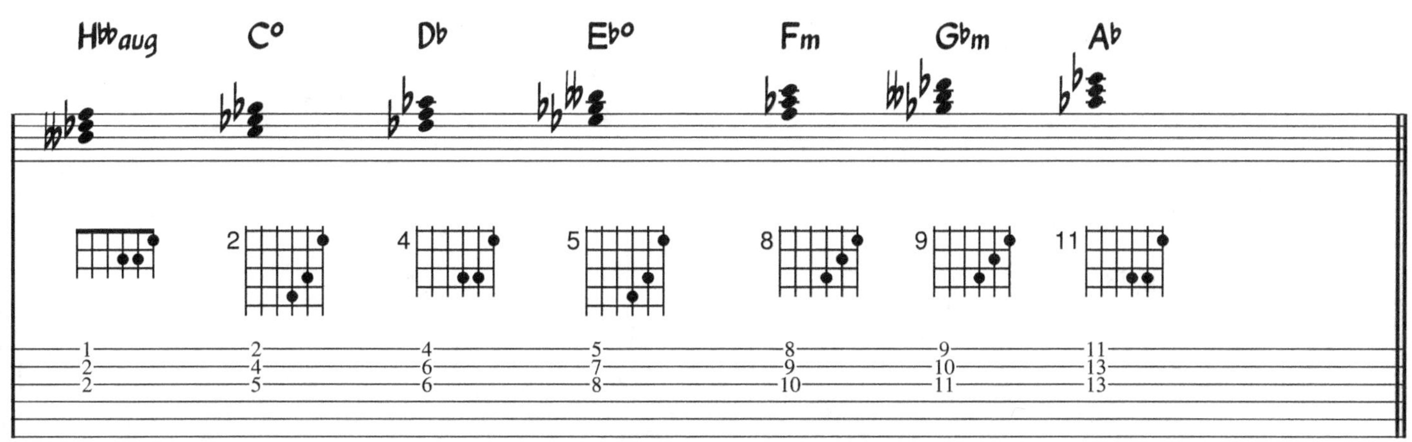

E♭°/G♭   Fm/A♭   G♭m/H♭♭   A♭/C   H♭♭aug/D♭   C°/E♭   D♭/F   E♭°/G♭
A♭/C   H♭♭aug/D♭   C°/E♭   D♭/F   E♭°/G♭   Fm/A♭   G♭m/H♭♭
D♭/F   E♭°/G♭   Fm/A♭   G♭m/H♭♭   A♭/C   H♭♭aug/D♭   C°/E♭
Fm/A♭   G♭m/H♭♭   A♭/C   H♭♭aug/D♭   C°/E♭   D♭/F   E♭°/G♭

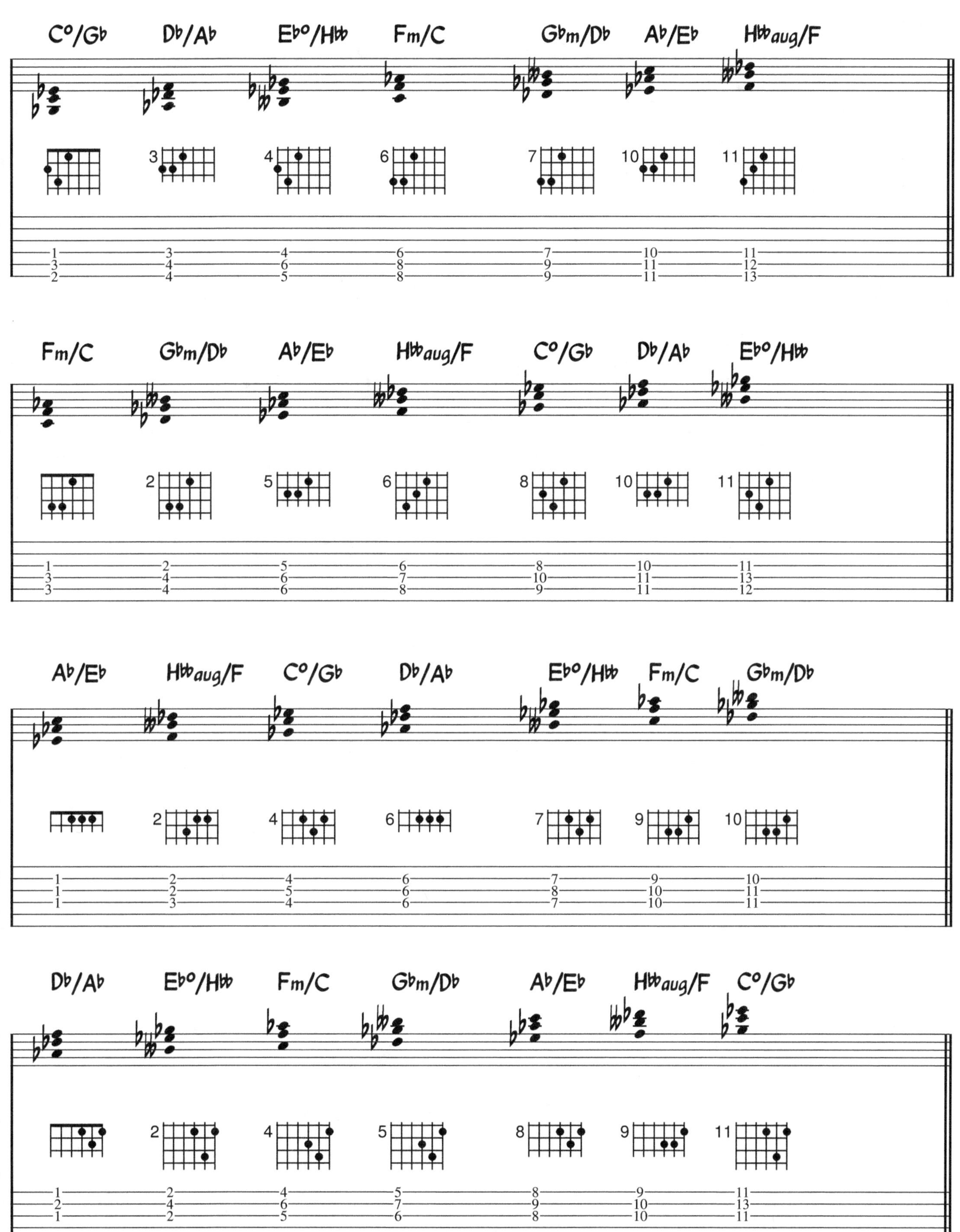
C°/Gb   Db/Ab   Eb°/Hbb   Fm/C   Gbm/Db   Ab/Eb   Hbbaug/F
Fm/C   Gbm/Db   Ab/Eb   Hbbaug/F   C°/Gb   Db/Ab   Eb°/Hbb
Ab/Eb   Hbbaug/F   C°/Gb   Db/Ab   Eb°/Hbb   Fm/C   Gbm/Db
Db/Ab   Eb°/Hbb   Fm/C   Gbm/Db   Ab/Eb   Hbbaug/F   C°/Gb

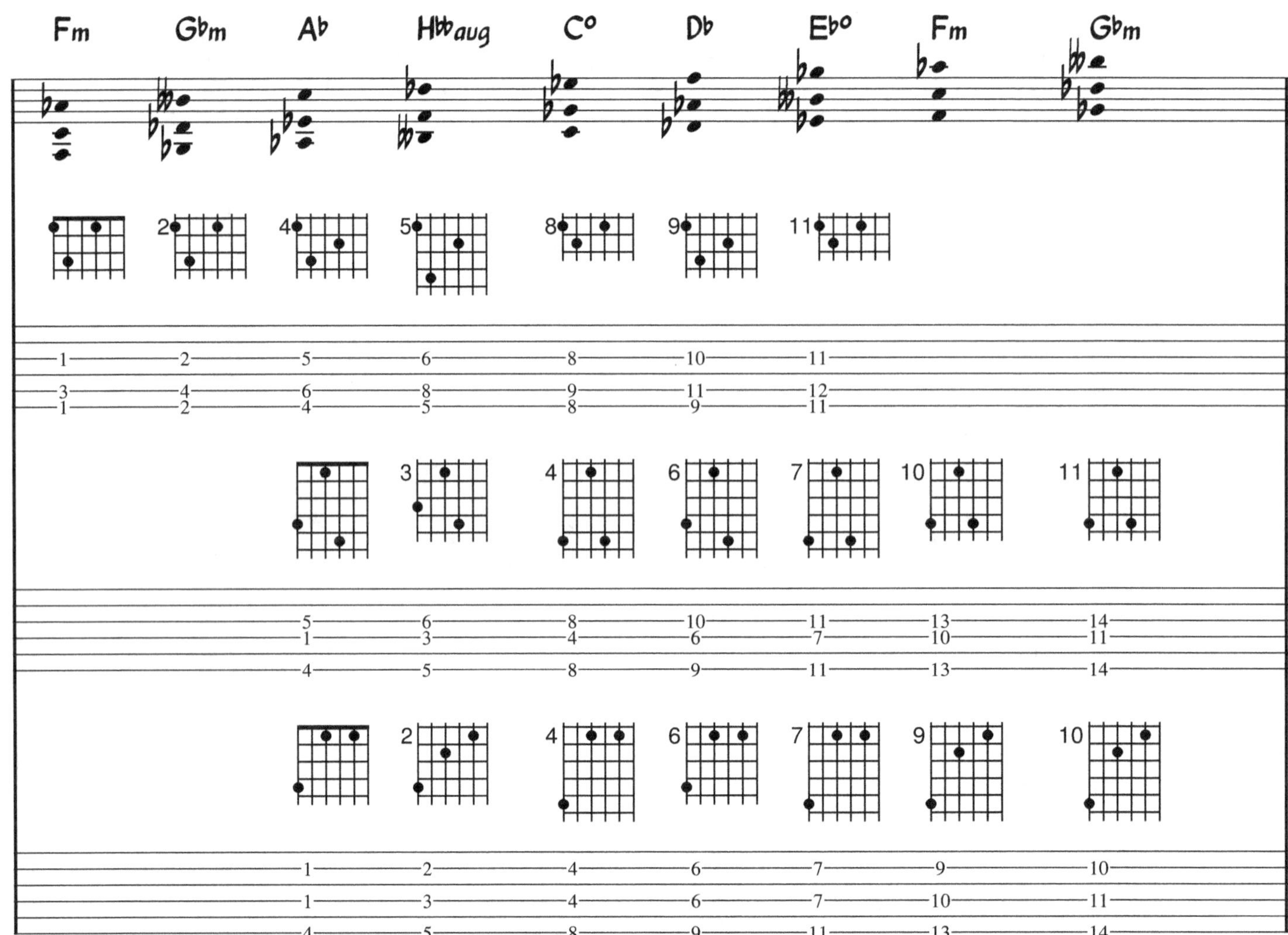
Fm
Gbm
Ab
Hbbaug
Co
Db
Ebo
Fm
Gbm

H♭♭aug
C°
D♭
E♭°
Fm
G♭m
A♭
H♭♭aug
C°

E♭°
Fm
G♭m
A♭
H♭♭aug
C°
D♭
E♭°

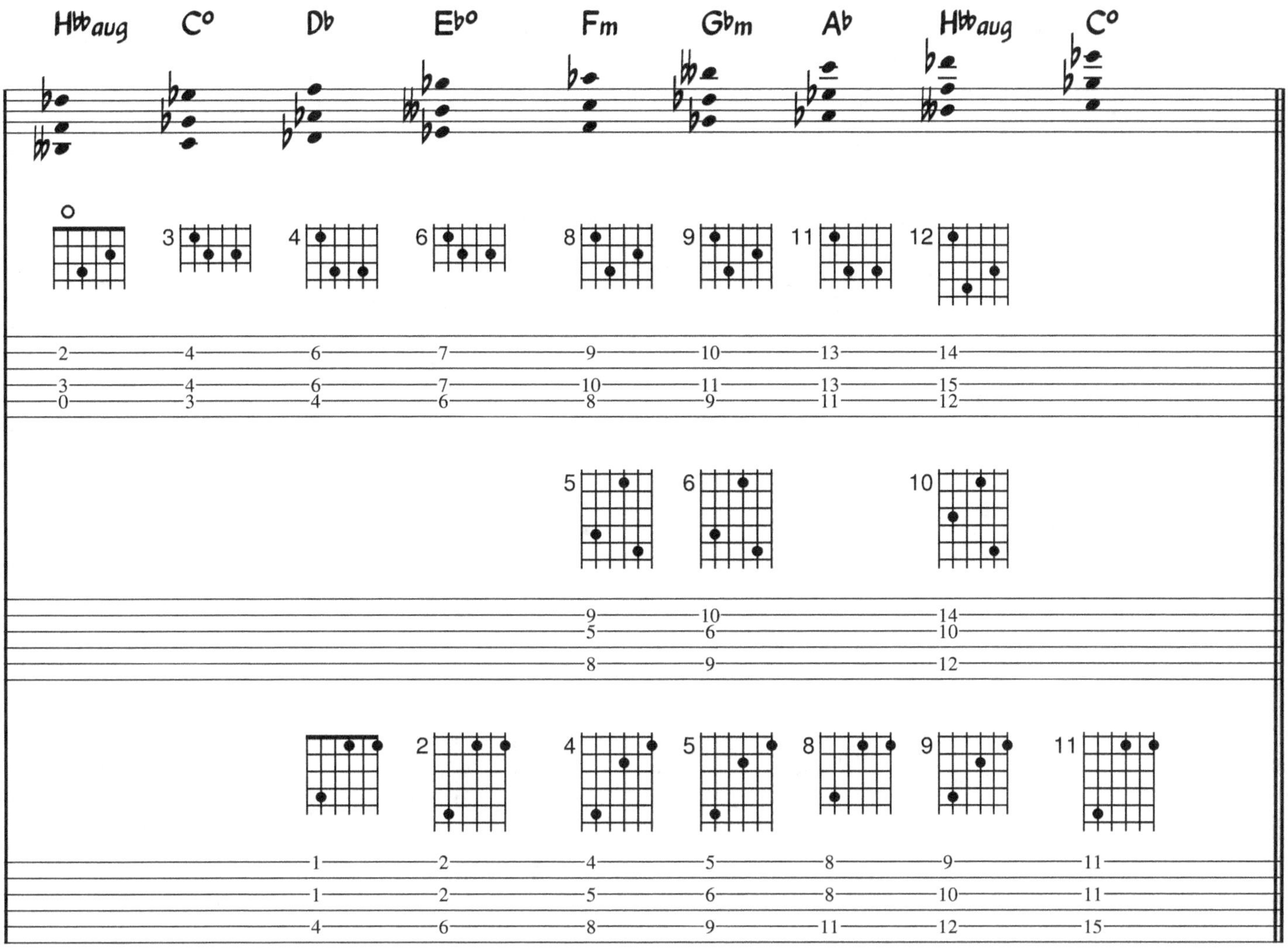

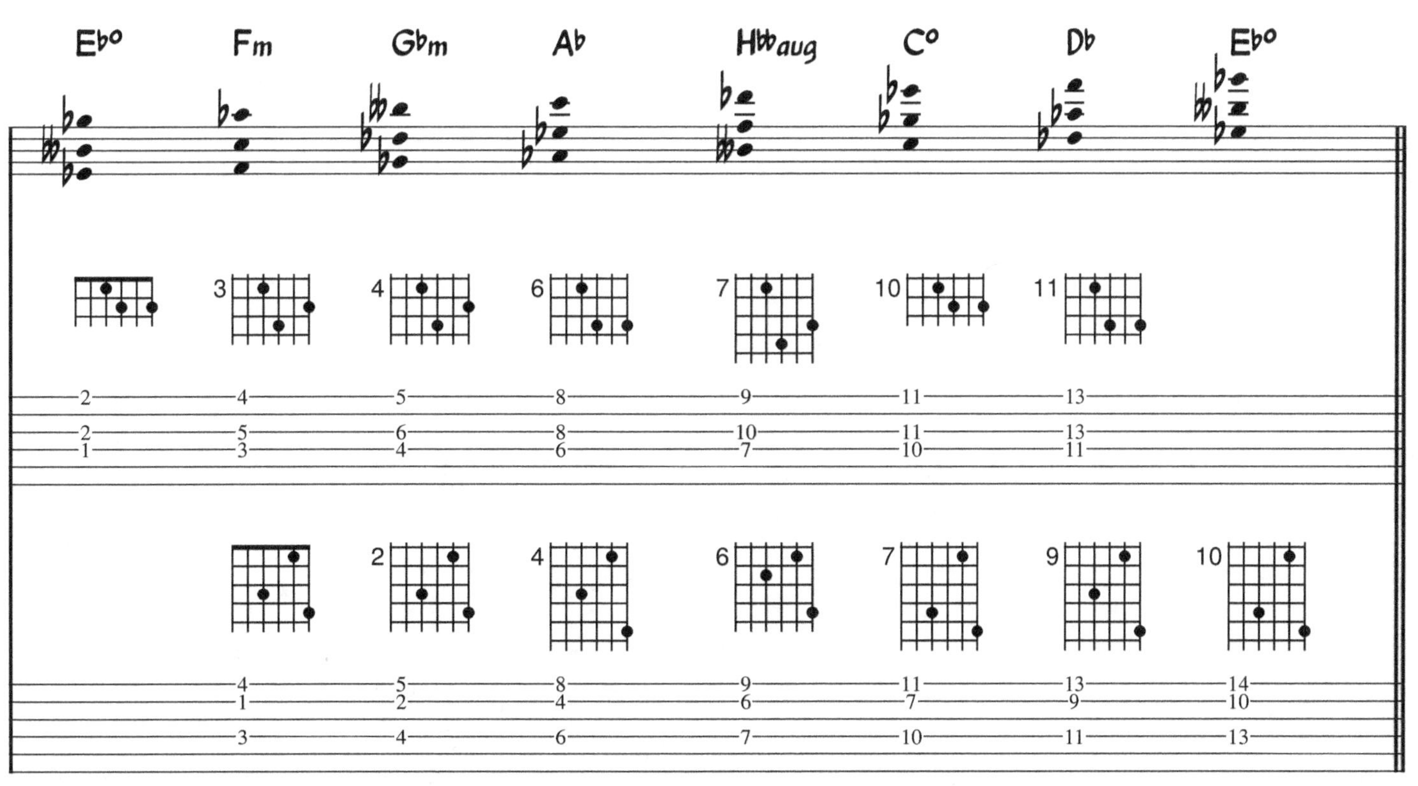

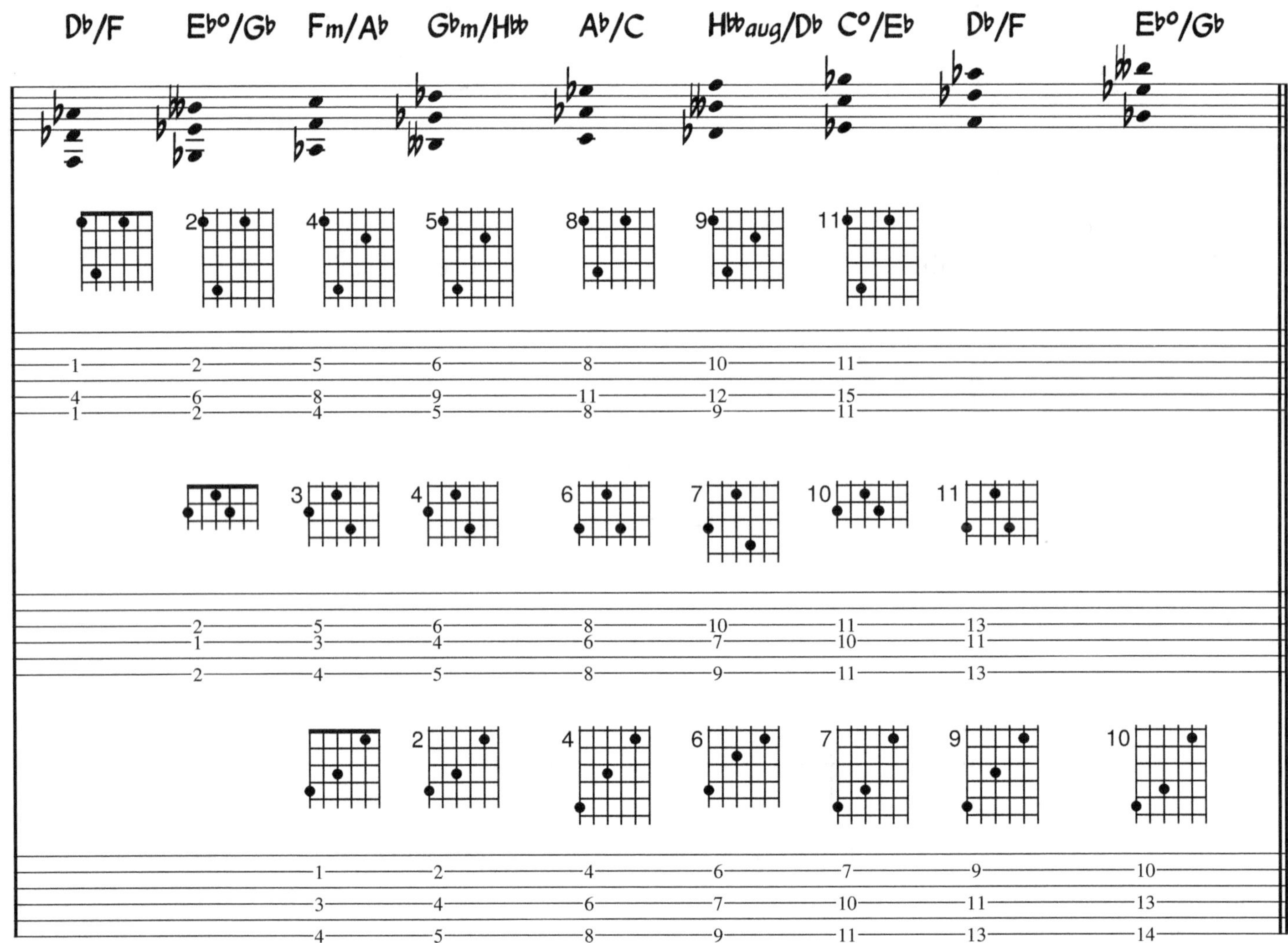
Db/F
Ebo/Gb
Fm/Ab
Gbm/Hbb
Ab/C
Hbbaug/Db
Co/Eb
Db/F
Ebo/Gb

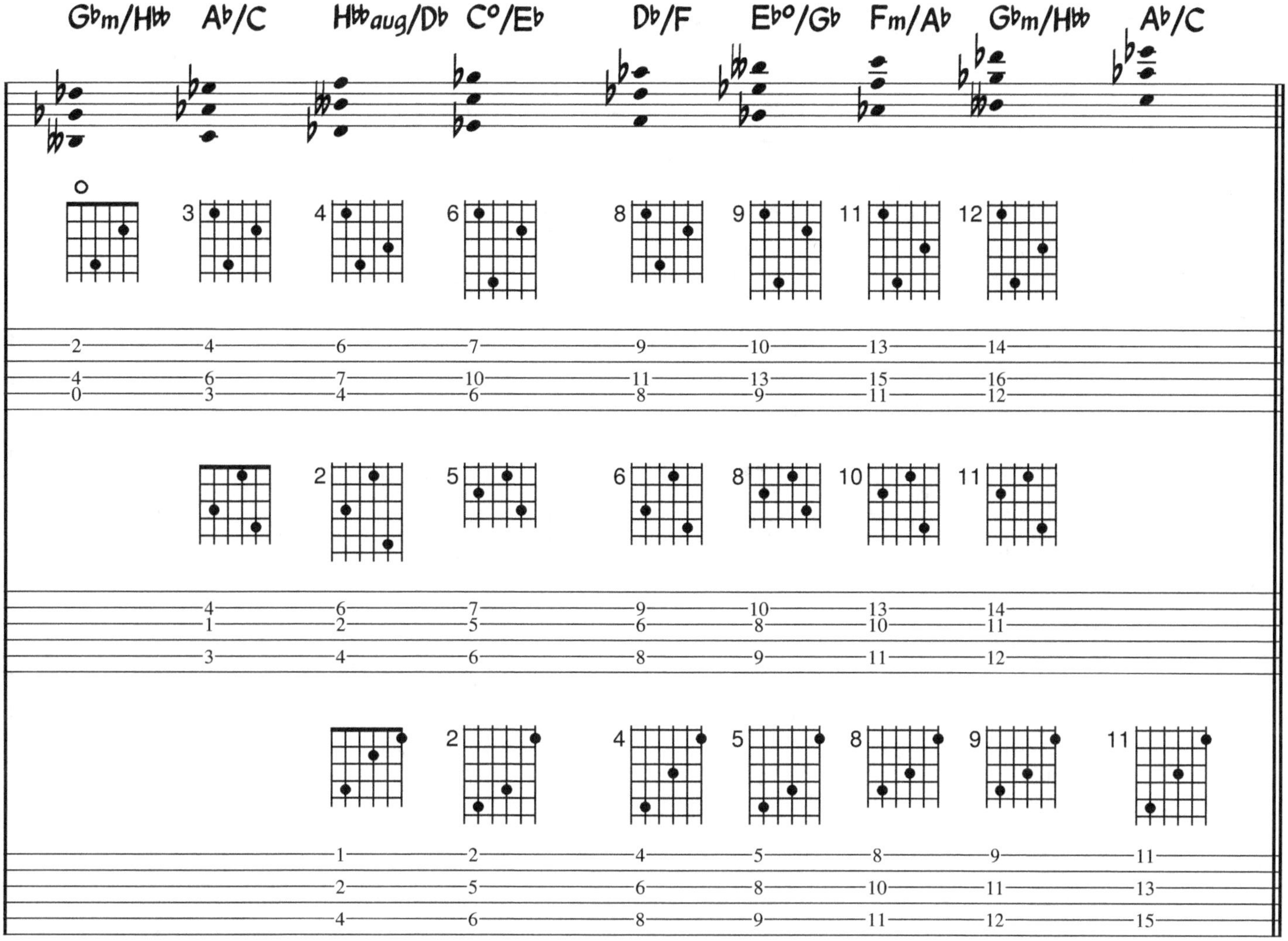

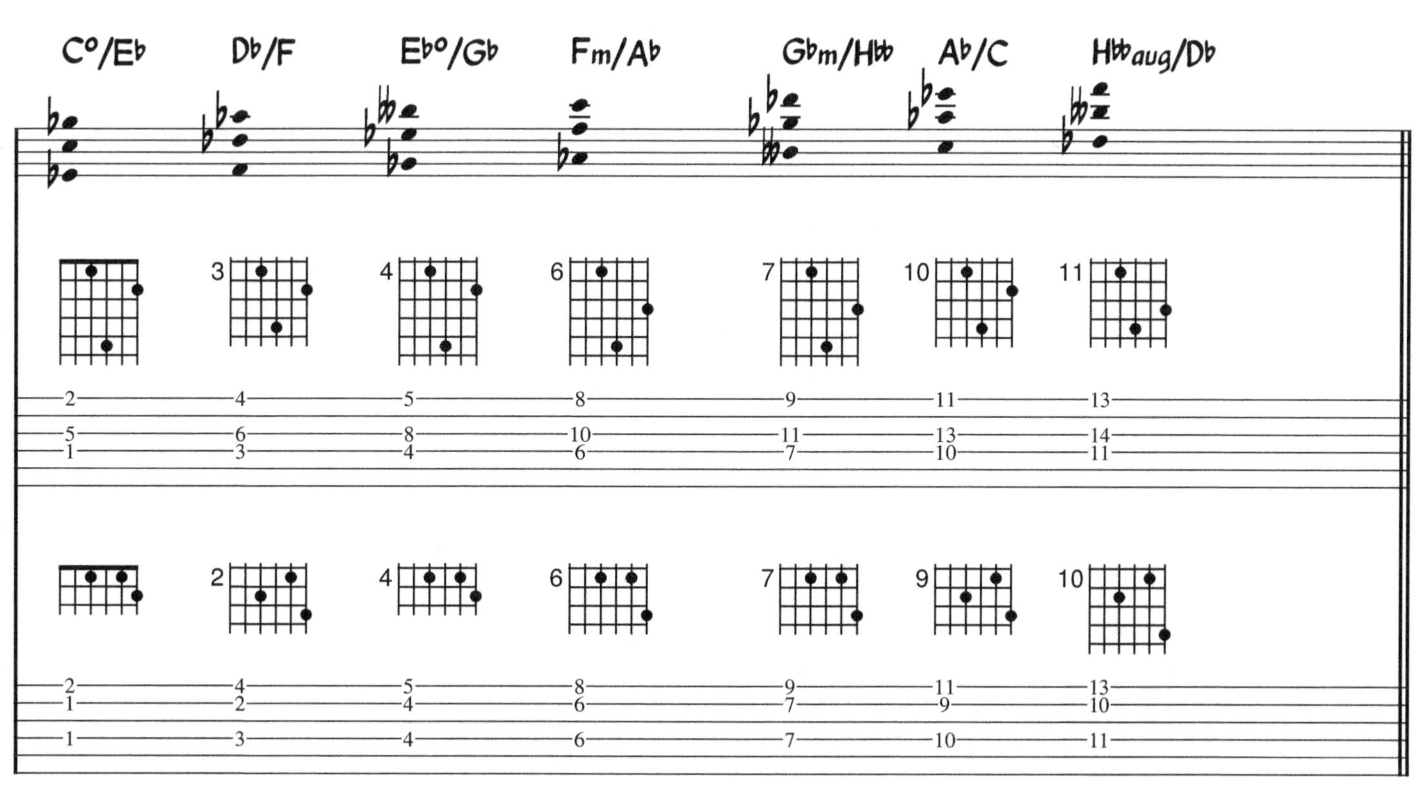

Gbm/Hbb Ab/C Hbbaug/Db C°/Eb Db/F Ebo/Gb Fm/Ab Gbm/Hbb Ab/C
C°/Eb Db/F Ebo/Gb Fm/Ab Gbm/Hbb Ab/C Hbbaug/Db

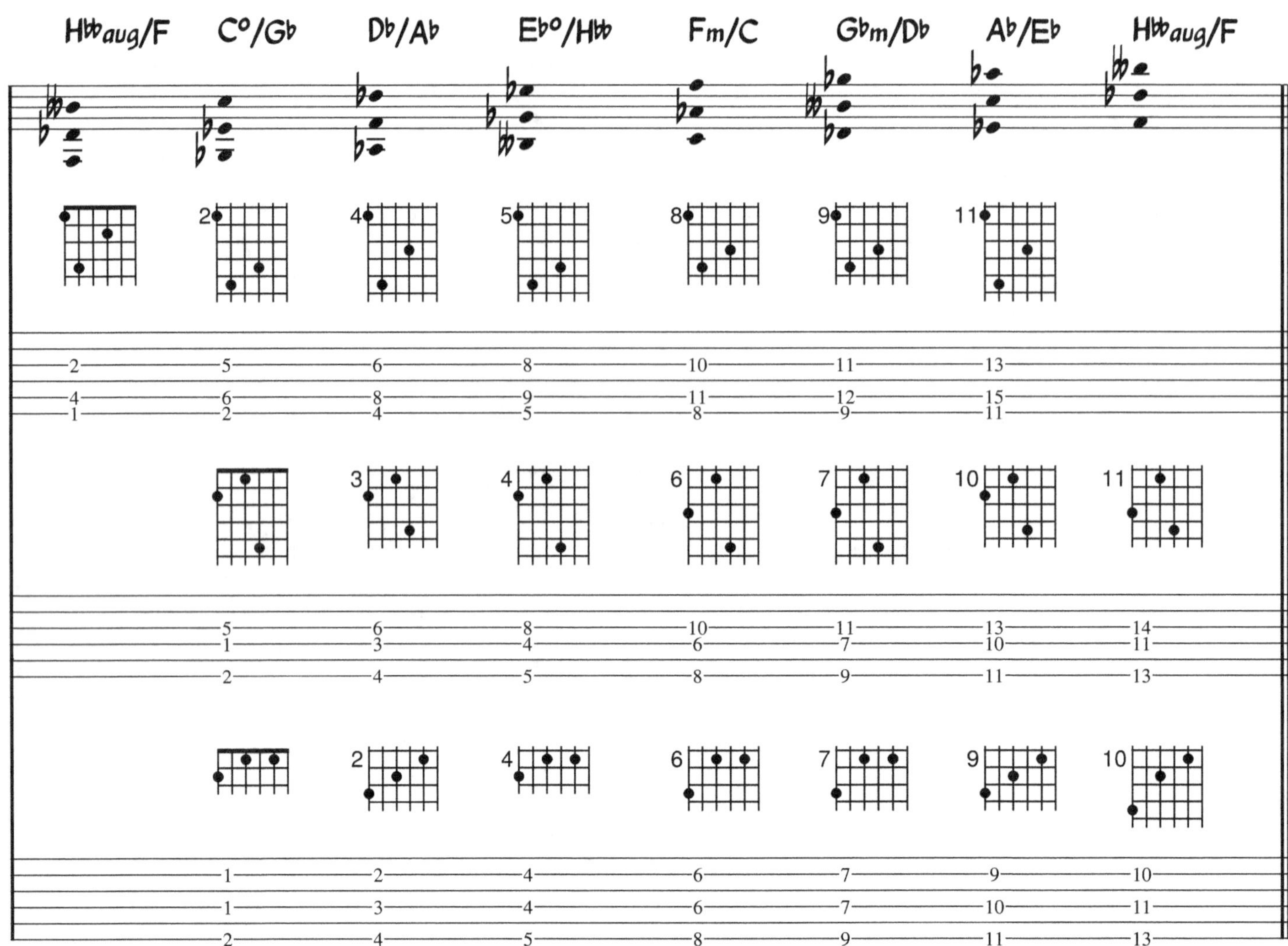

H𝄫aug/F   C°/G♭   D♭/A♭   E♭°/H𝄫   Fm/C   G♭m/D♭   A♭/E♭   H𝄫aug/F

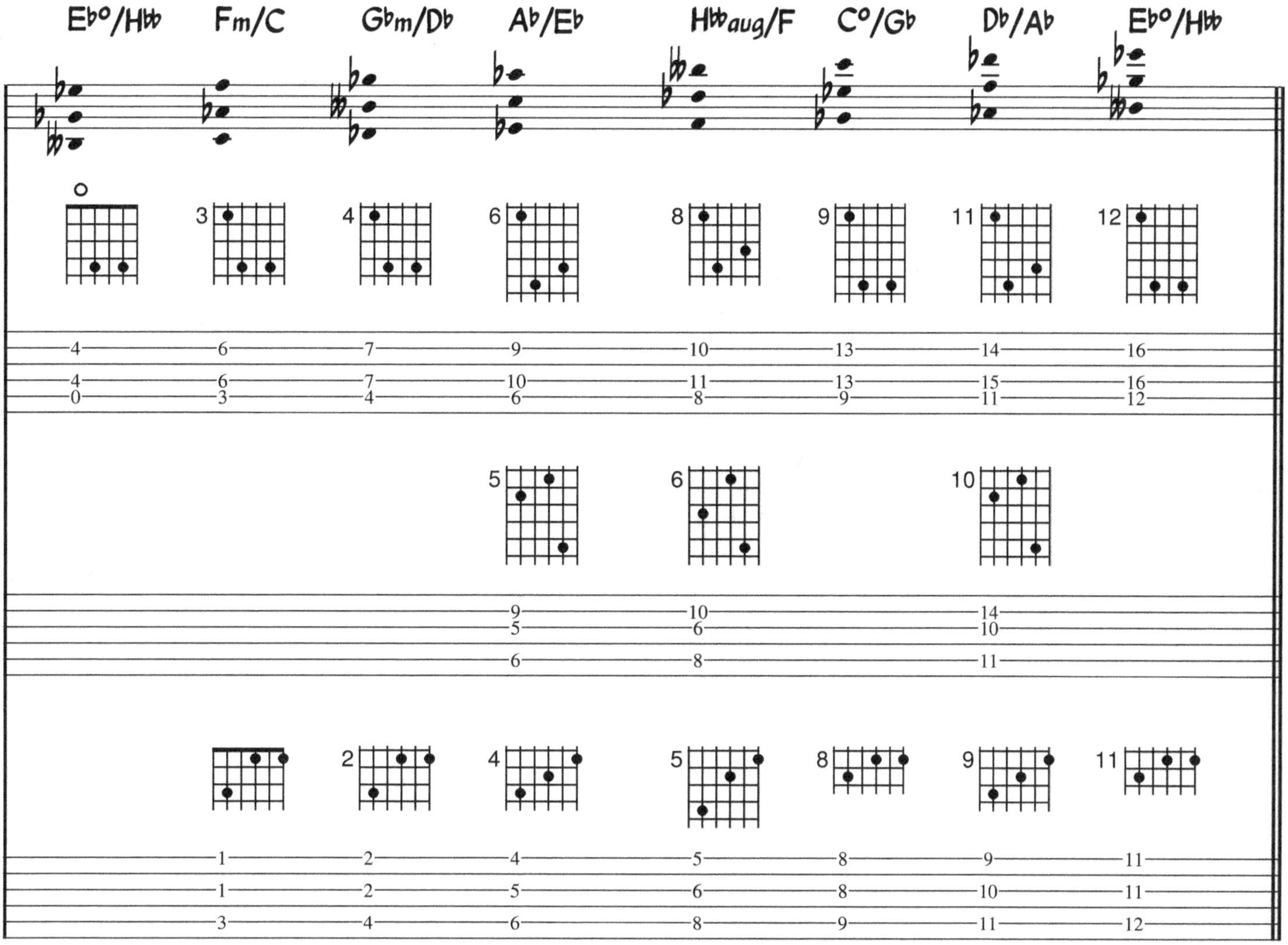
E♭°/H♭♭
Fm/C
G♭m/D♭
A♭/E♭
H♭♭aug/F
C°/G♭
D♭/A♭
E♭°/H♭♭

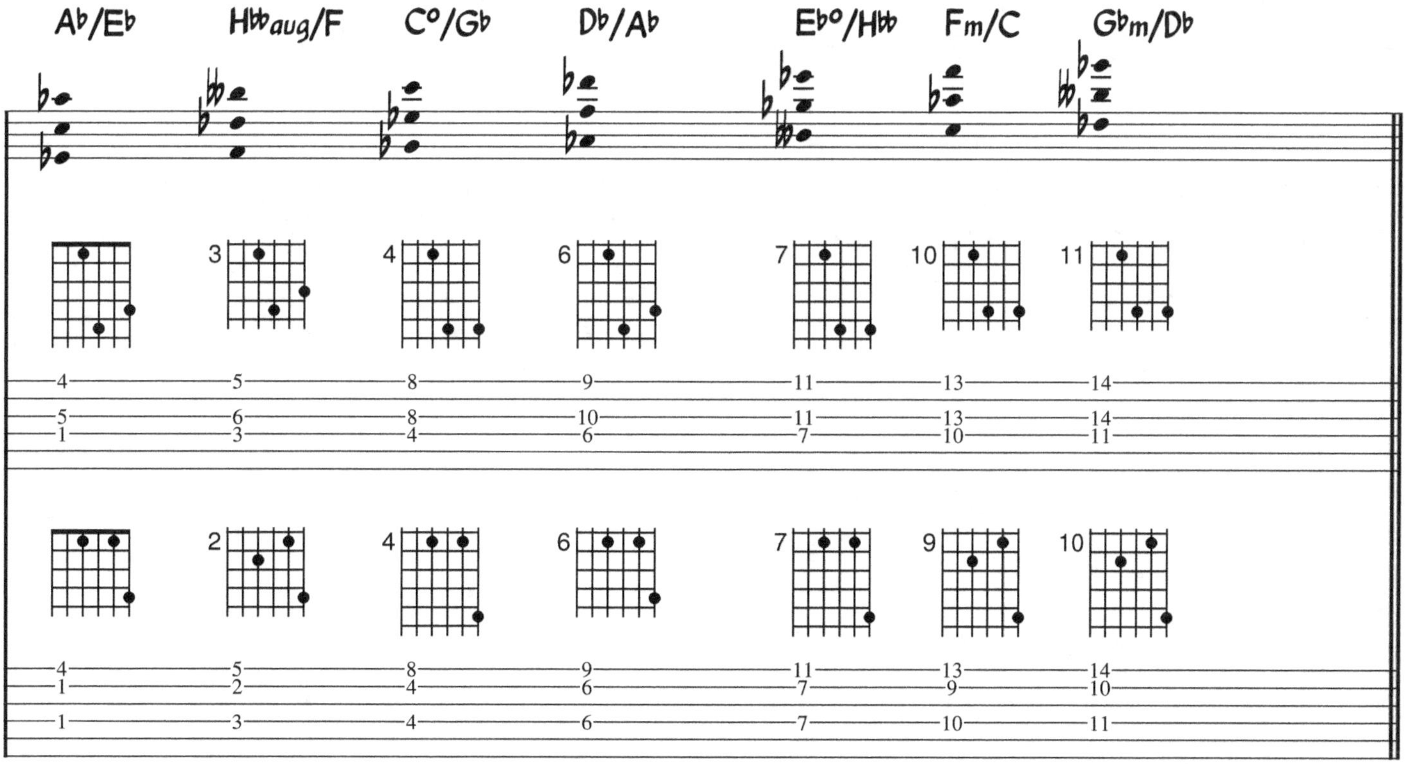
A♭/E♭
H♭♭aug/F
C°/G♭
D♭/A♭
E♭°/H♭♭
Fm/C
G♭m/D♭

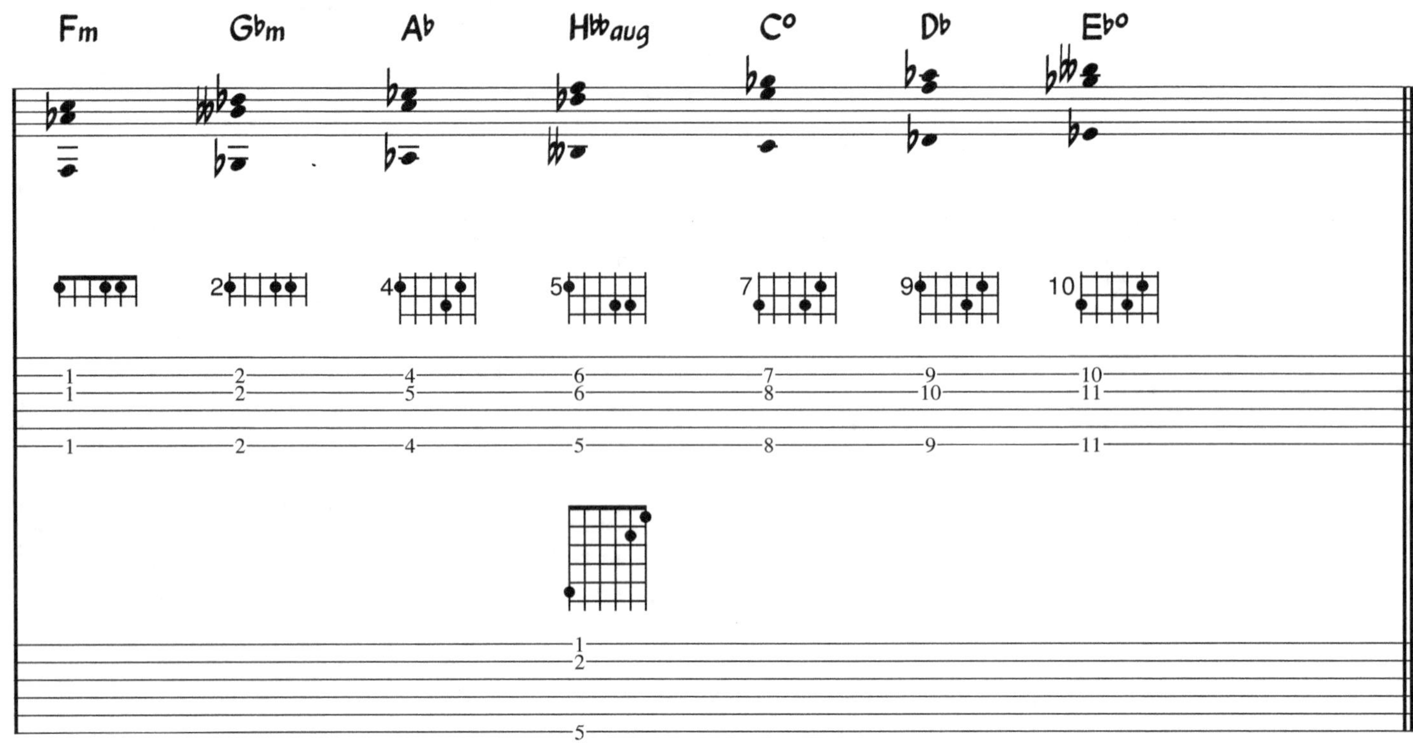
Fm
Gbm
Ab
Hbbaug
Co
Db
Ebo

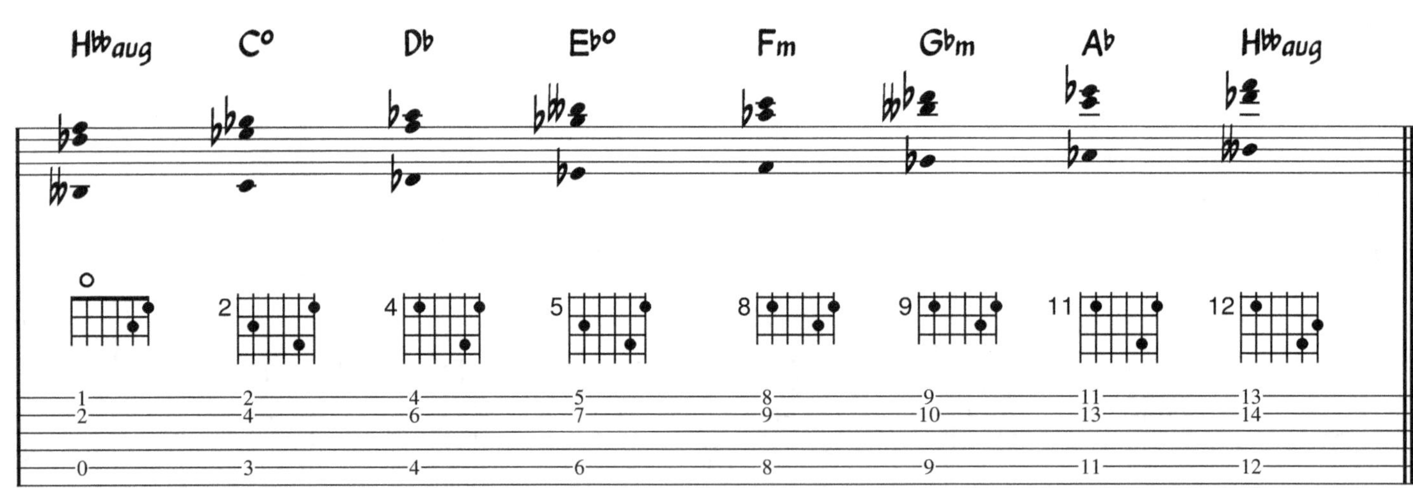
Hbbaug
Co
Db
Ebo
Fm
Gbm
Ab
Hbbaug

1. Umk. (weite Lage, Variante 2)

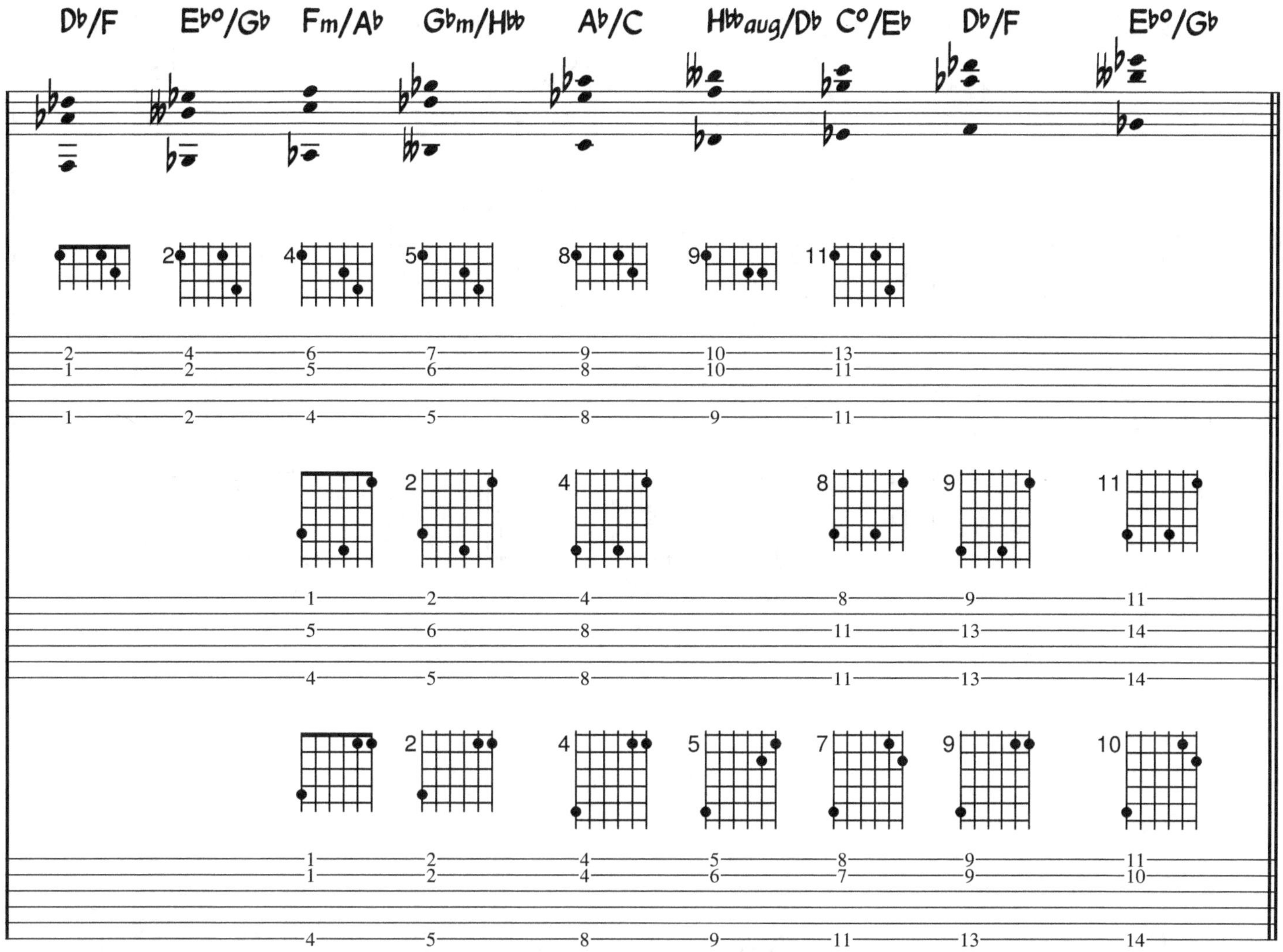

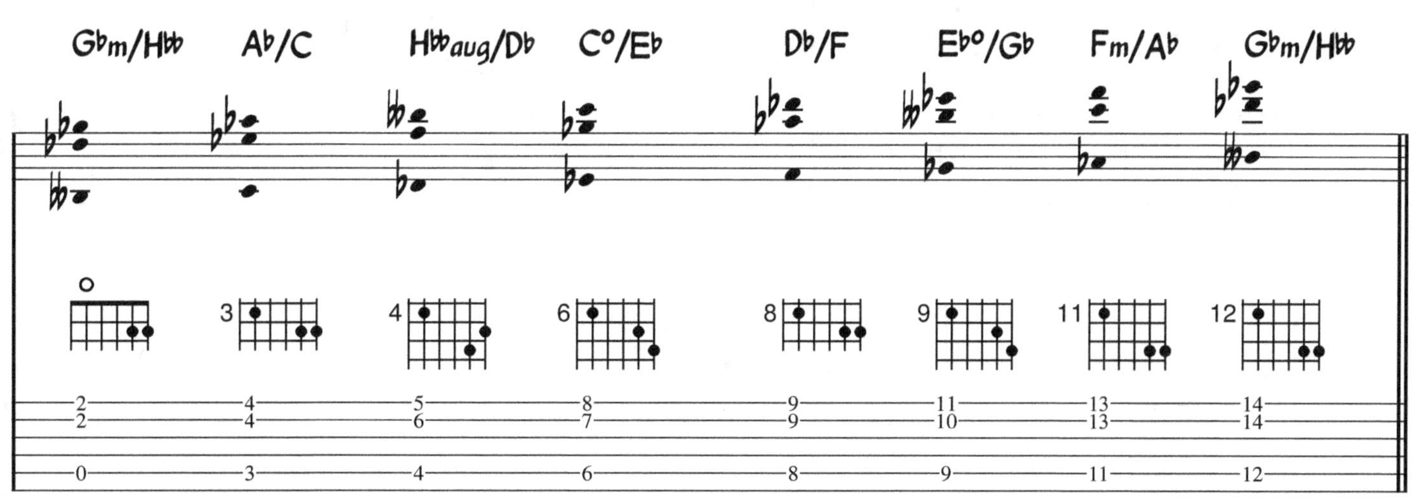
Db/F   Ebo/Gb   Fm/Ab   Gbm/Hbb   Ab/C   Hbbaug/Db   Co/Eb   Db/F   Ebo/Gb
Gbm/Hbb   Ab/C   Hbbaug/Db   Co/Eb   Db/F   Ebo/Gb   Fm/Ab   Gbm/Hbb

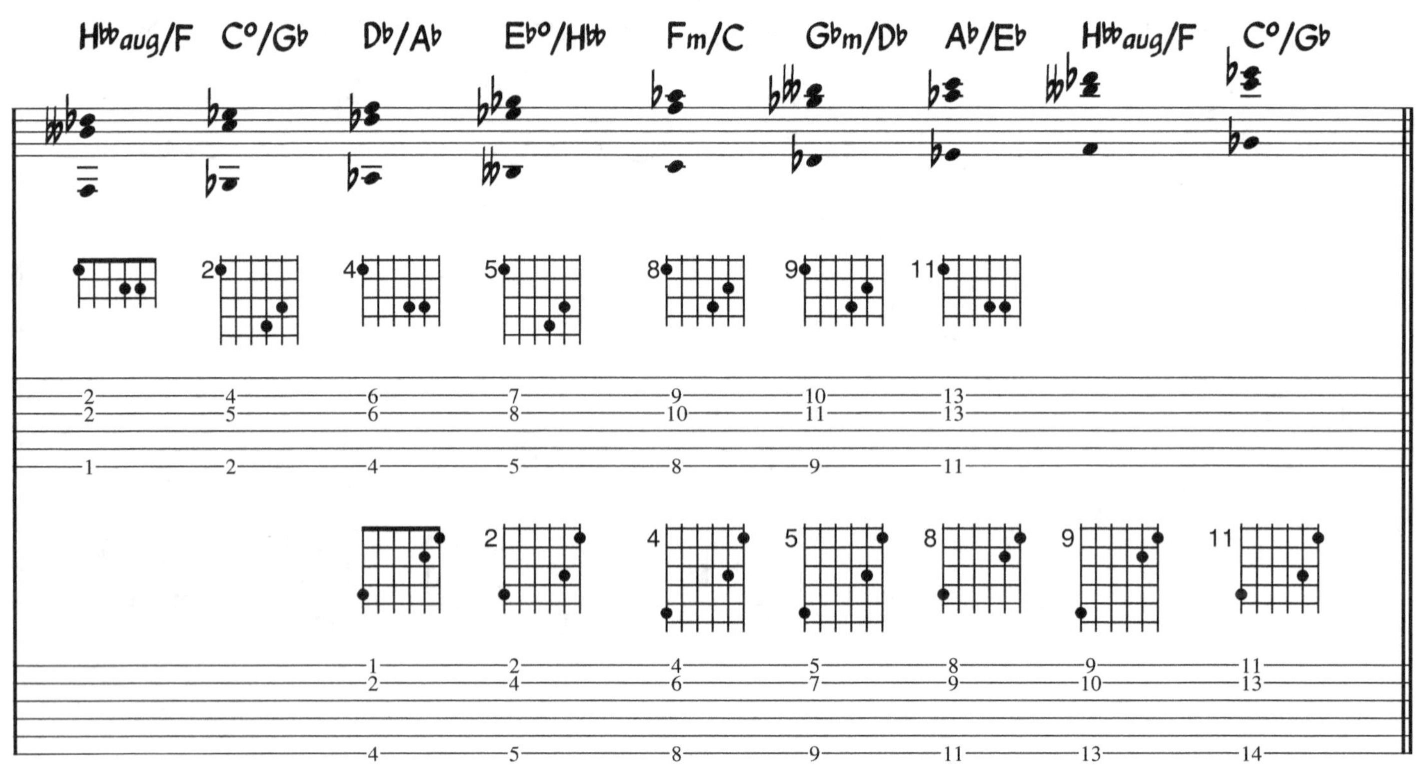
Hᵇᵇaug/F C°/Gᵇ Dᵇ/Aᵇ Eᵇ°/Hᵇᵇ Fm/C Gᵇm/Dᵇ Aᵇ/Eᵇ Hᵇᵇaug/F C°/Gᵇ

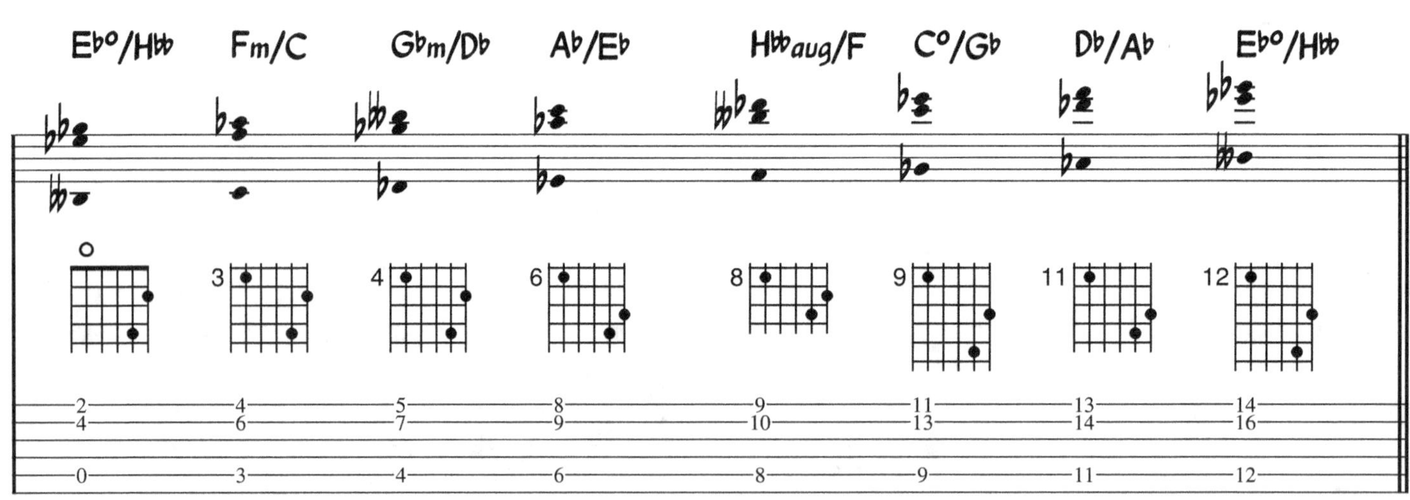
Eᵇ°/Hᵇᵇ Fm/C Gᵇm/Dᵇ Aᵇ/Eᵇ Hᵇᵇaug/F C°/Gᵇ Dᵇ/Aᵇ Eᵇ°/Hᵇᵇ

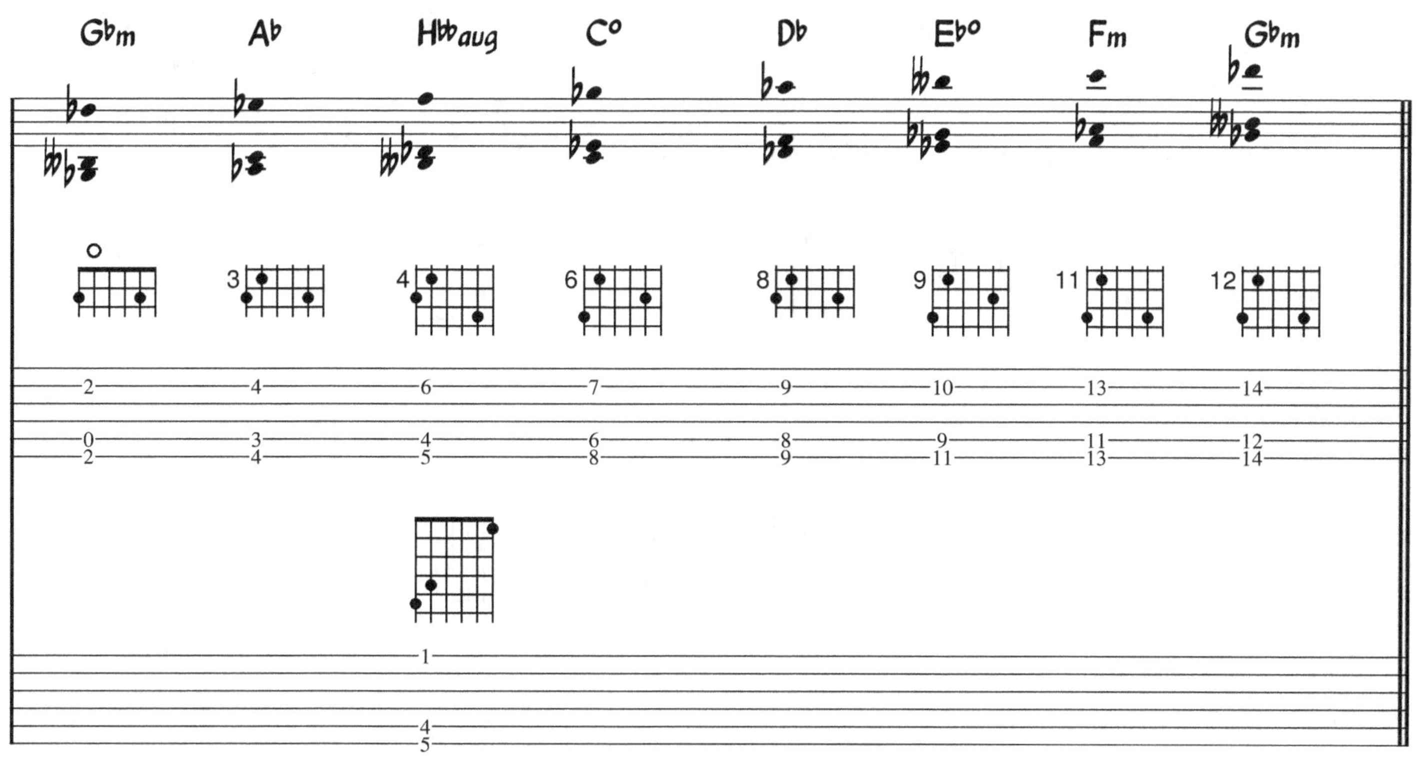

Gbm   Ab   Hbbaug   Co   Db   Ebo   Fm   Gbm
2 4 6 7 9 10 13 14
0 3 4 6 8 9 11 12
2 4 5 8 9 11 13 14
1
4
5

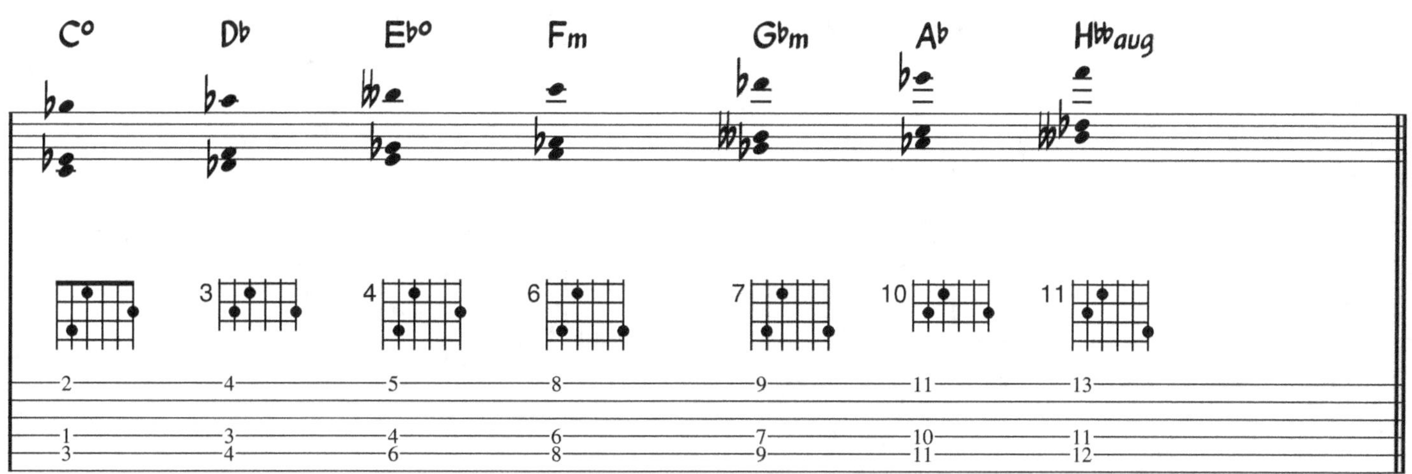

Co   Db   Ebo   Fm   Gbm   Ab   Hbbaug
2 4 5 8 9 11 13
1 3 4 6 7 10 11
3 4 6 8 9 11 12

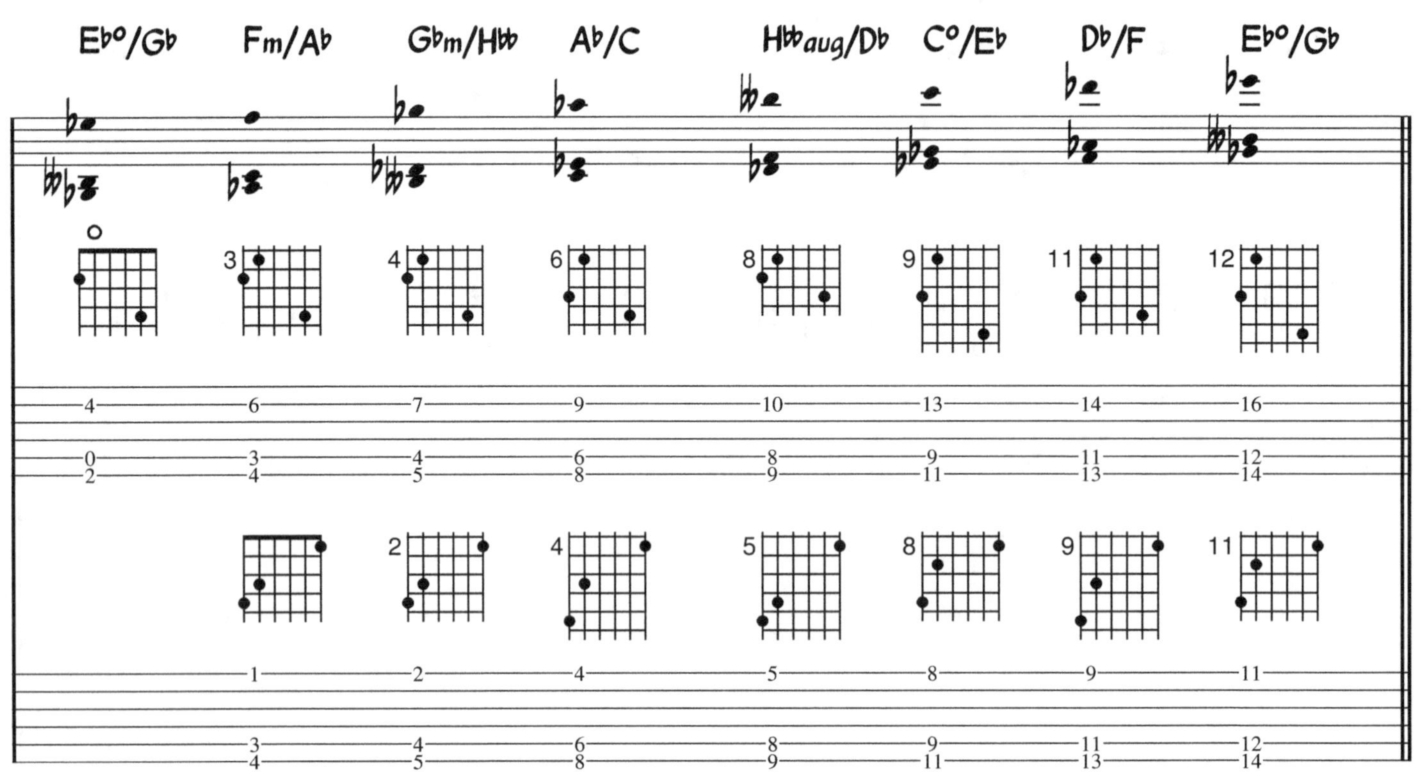
Ebo/Gb
Fm/Ab
Gbm/Hbb
Ab/C
Hbbaug/Db
Co/Eb
Db/F
Ebo/Gb

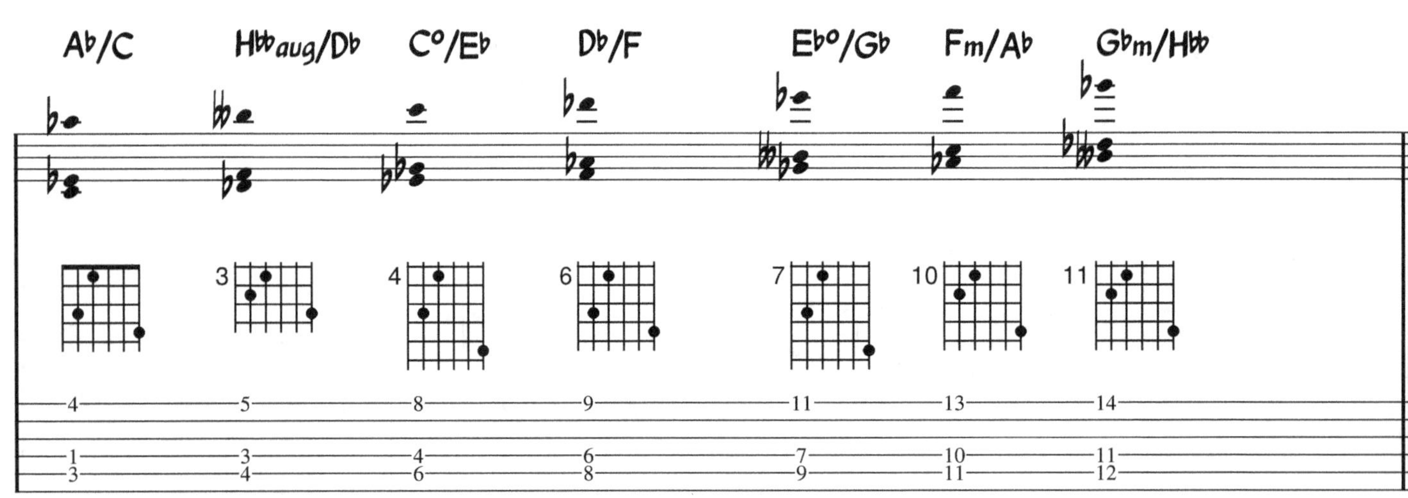
Ab/C
Hbbaug/Db
Co/Eb
Db/F
Ebo/Gb
Fm/Ab
Gbm/Hbb

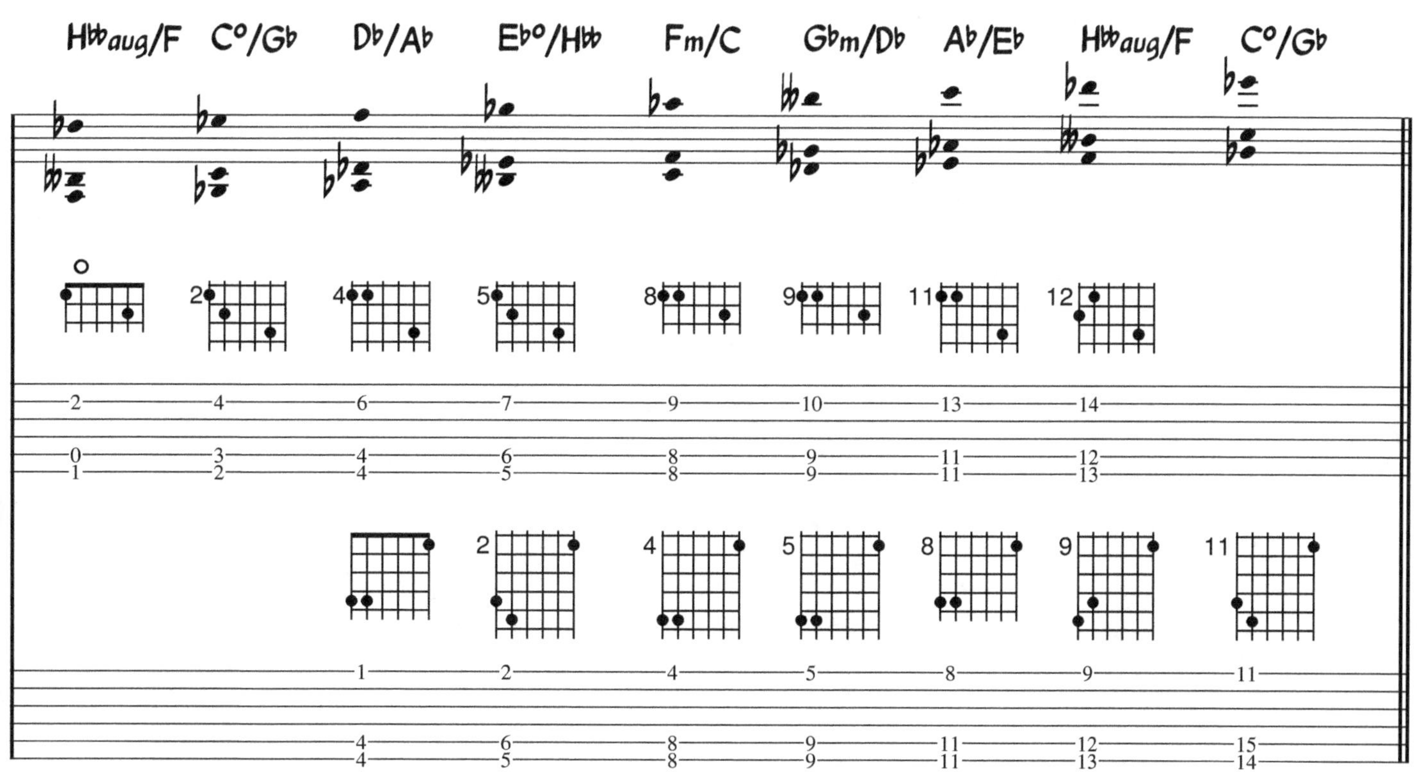
H♭♭aug/F   C°/G♭   D♭/A♭   E♭°/H♭♭   Fm/C   G♭m/D♭   A♭/E♭   H♭♭aug/F   C°/G♭

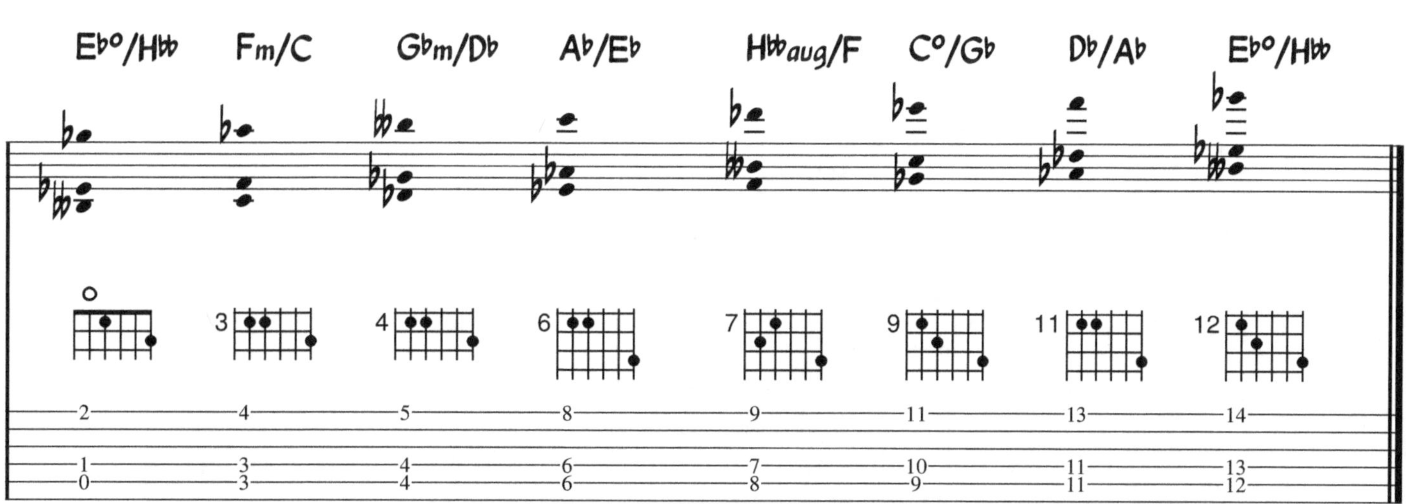
E♭°/H♭♭   Fm/C   G♭m/D♭   A♭/E♭   H♭♭aug/F   C°/G♭   D♭/A♭   E♭°/H♭♭

~ A♭ harmonisch Dur ~

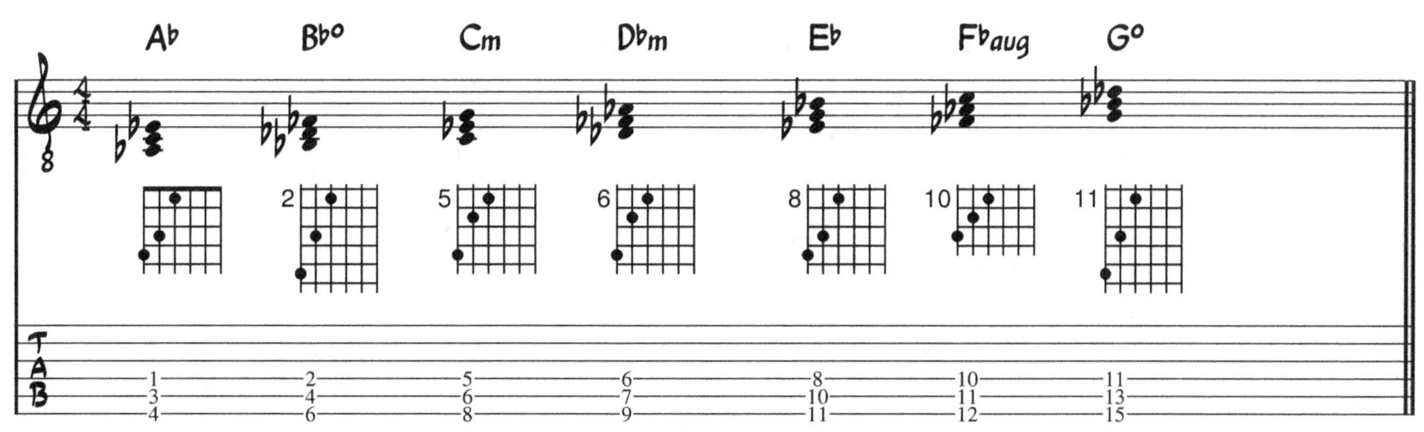

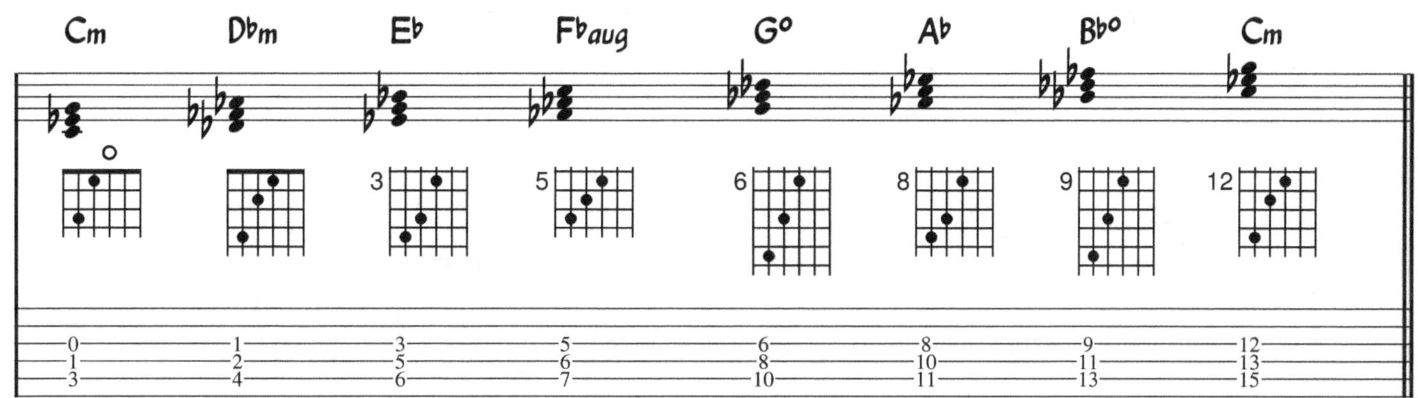

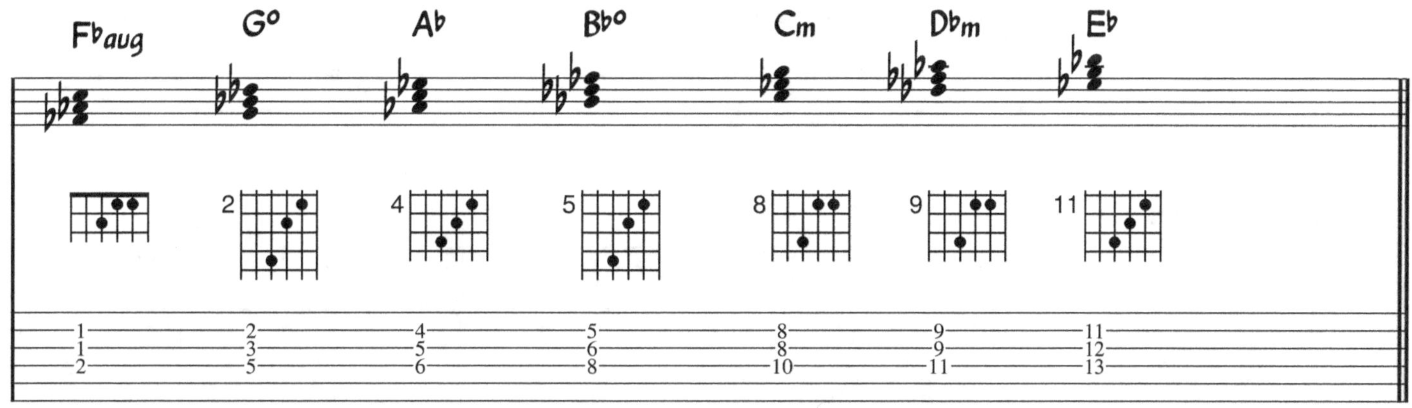

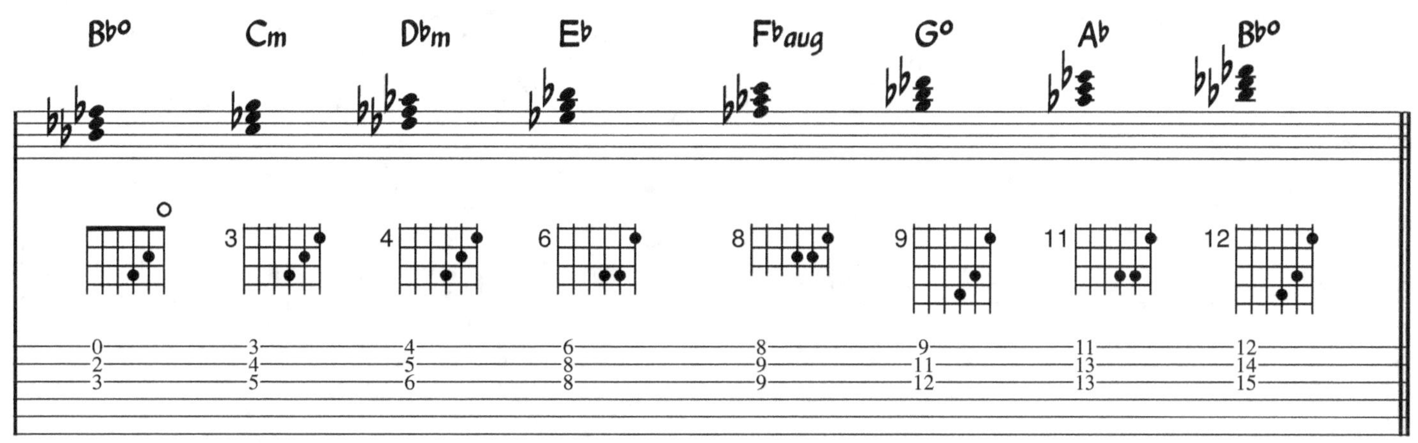

Eb/G   Fbaug/Ab   Go/Bb   Ab/C   Bbo/Db   Cm/Eb   Dbm/Fb
Ab/C   Bbo/Db   Cm/Eb   Dbm/Fb   Eb/G   Fbaug/Ab   Go/Bb
Cm/Eb   Dbm/Fb   Eb/G   Fbaug/Ab   Go/Bb   Ab/C   Bbo/Db   Cm/Eb
Fbaug/Ab   Go/Bb   Ab/C   Bbo/Db   Cm/Eb   Dbm/Fb   Eb/G   Fbaug/Ab

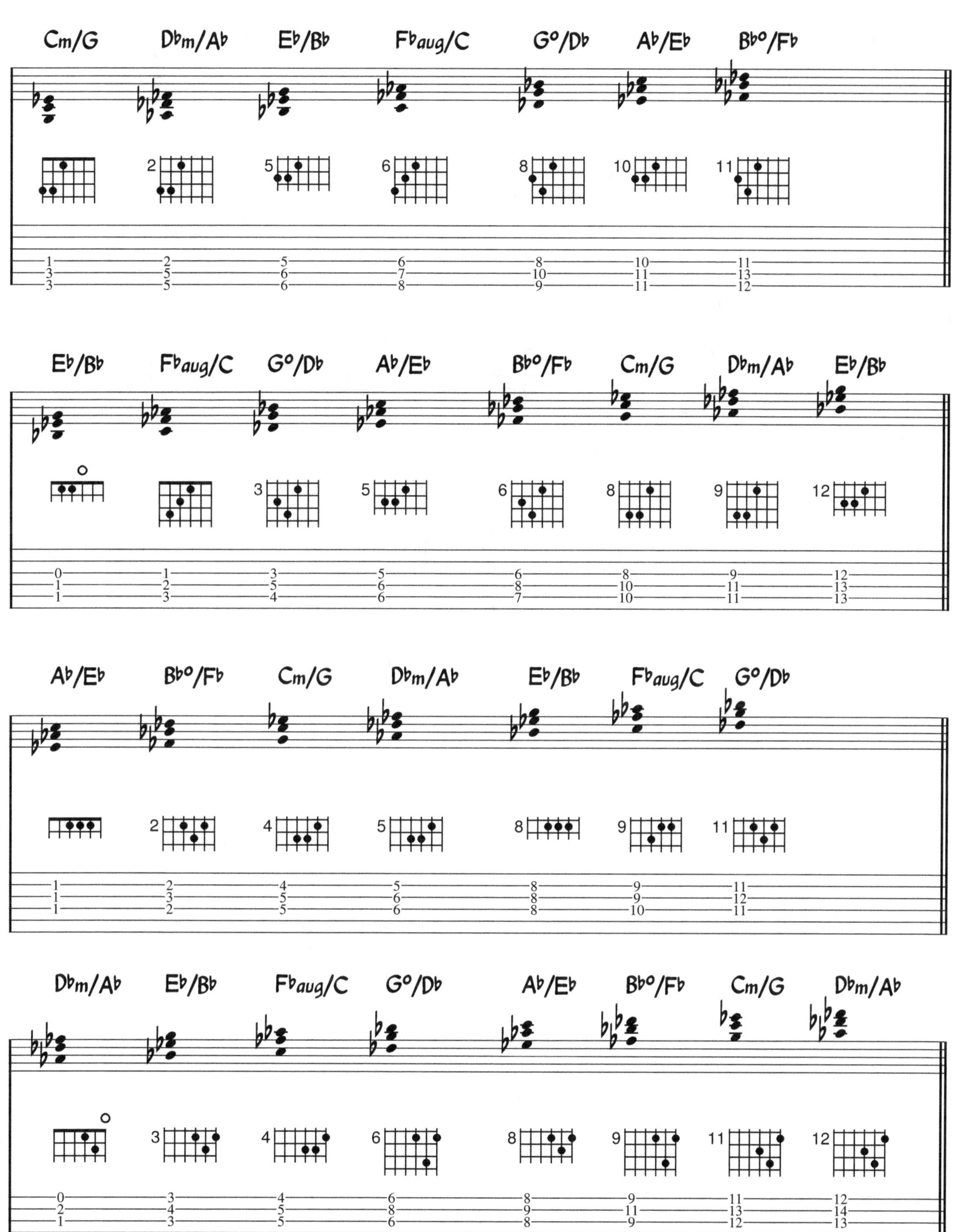

Cm/G   Dbm/Ab   Eb/Bb   Fbaug/C   Go/Db   Ab/Eb   Bbo/Fb
Eb/Bb   Fbaug/C   Go/Db   Ab/Eb   Bbo/Fb   Cm/G   Dbm/Ab   Eb/Bb
Ab/Eb   Bbo/Fb   Cm/G   Dbm/Ab   Eb/Bb   Fbaug/C   Go/Db
Dbm/Ab   Eb/Bb   Fbaug/C   Go/Db   Ab/Eb   Bbo/Fb   Cm/G   Dbm/Ab

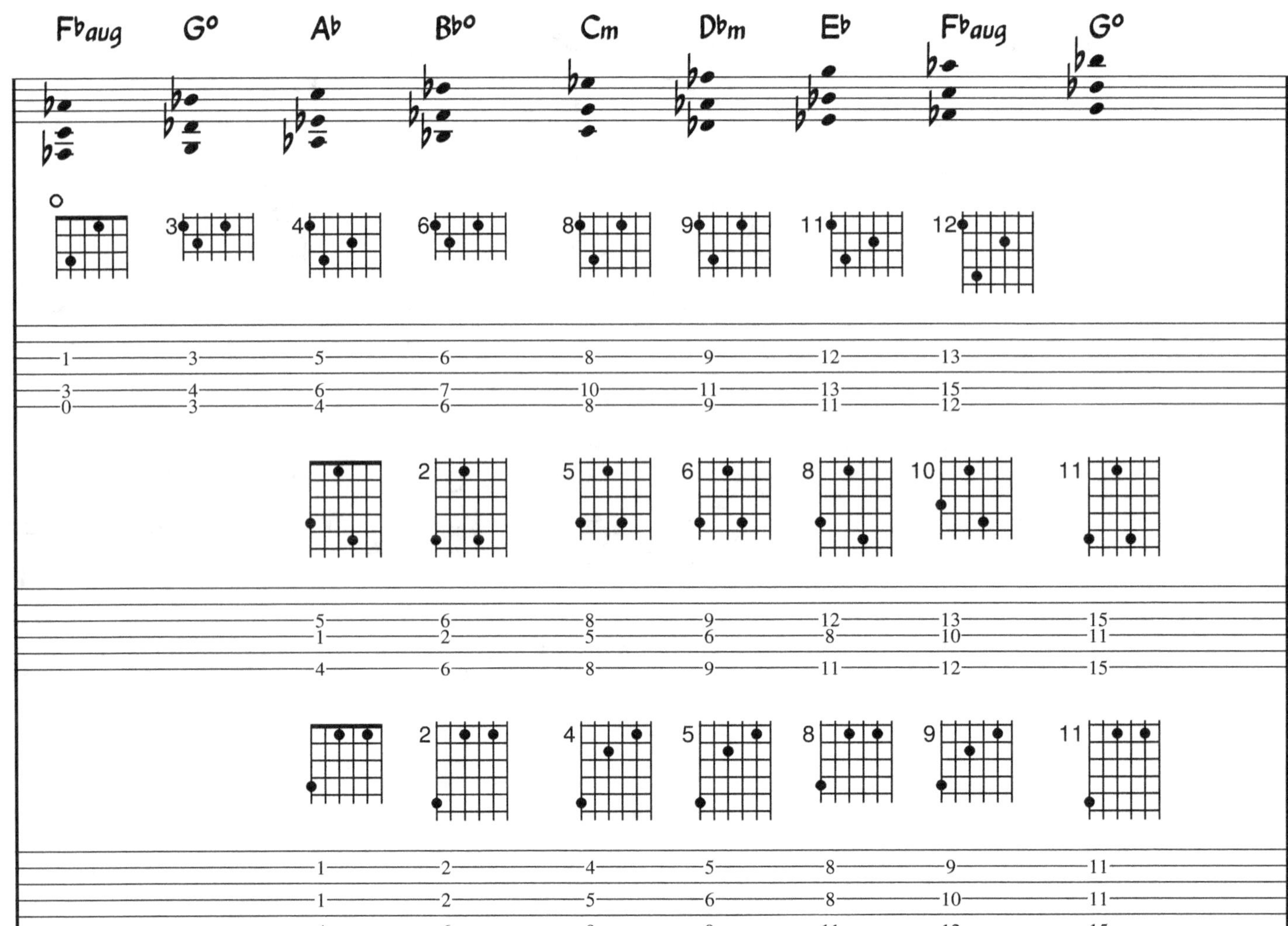

F♭aug
G°
A♭
B♭°
Cm
D♭m
E♭
F♭aug
G°

Bbo
Cm
Dbm
Eb
Fbaug
Go
Ab
Bbo
Cm
Dbm

Eb
Fbaug
Go
Ab
Bbo
Cm
Dbm
Eb

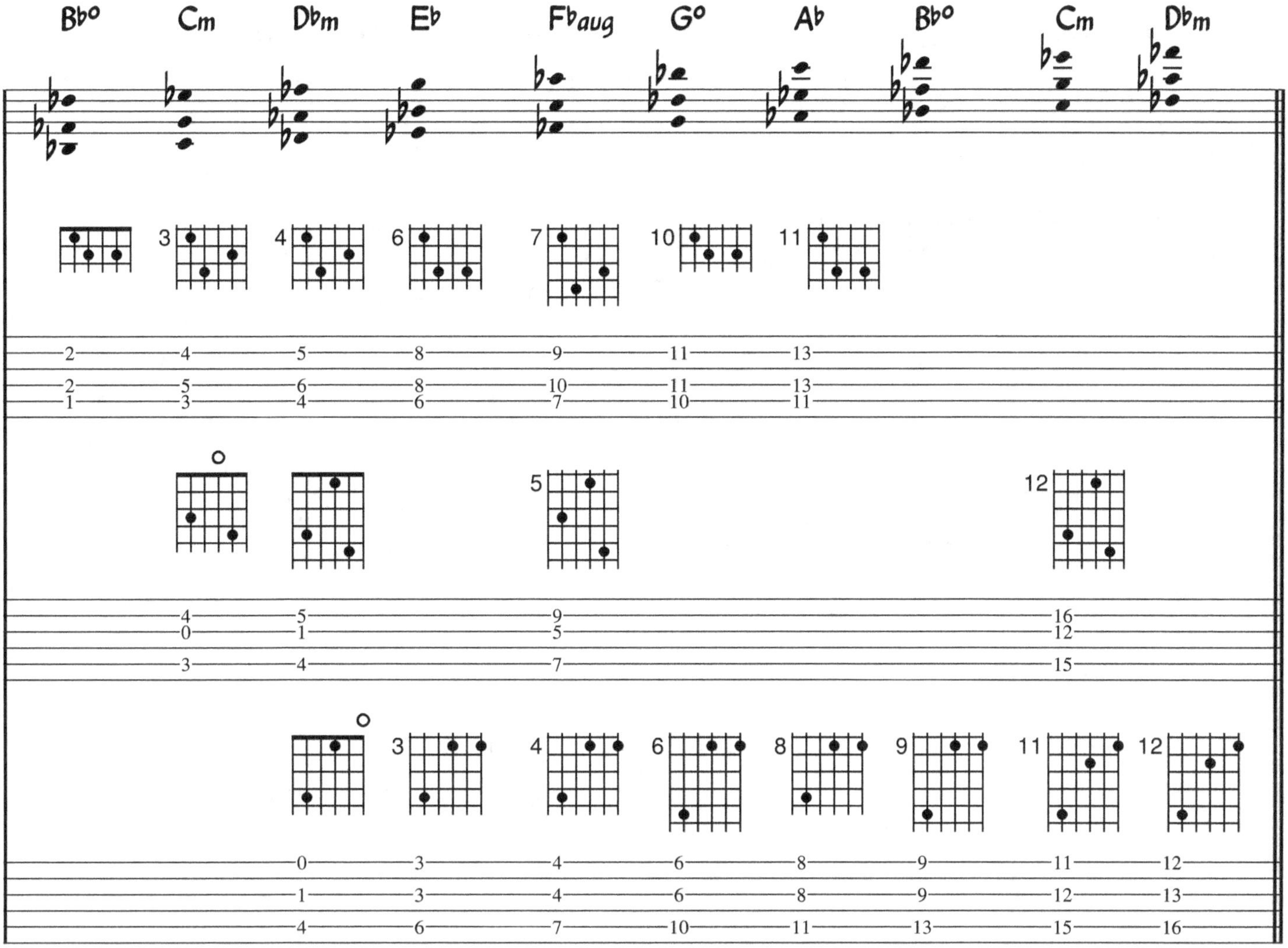

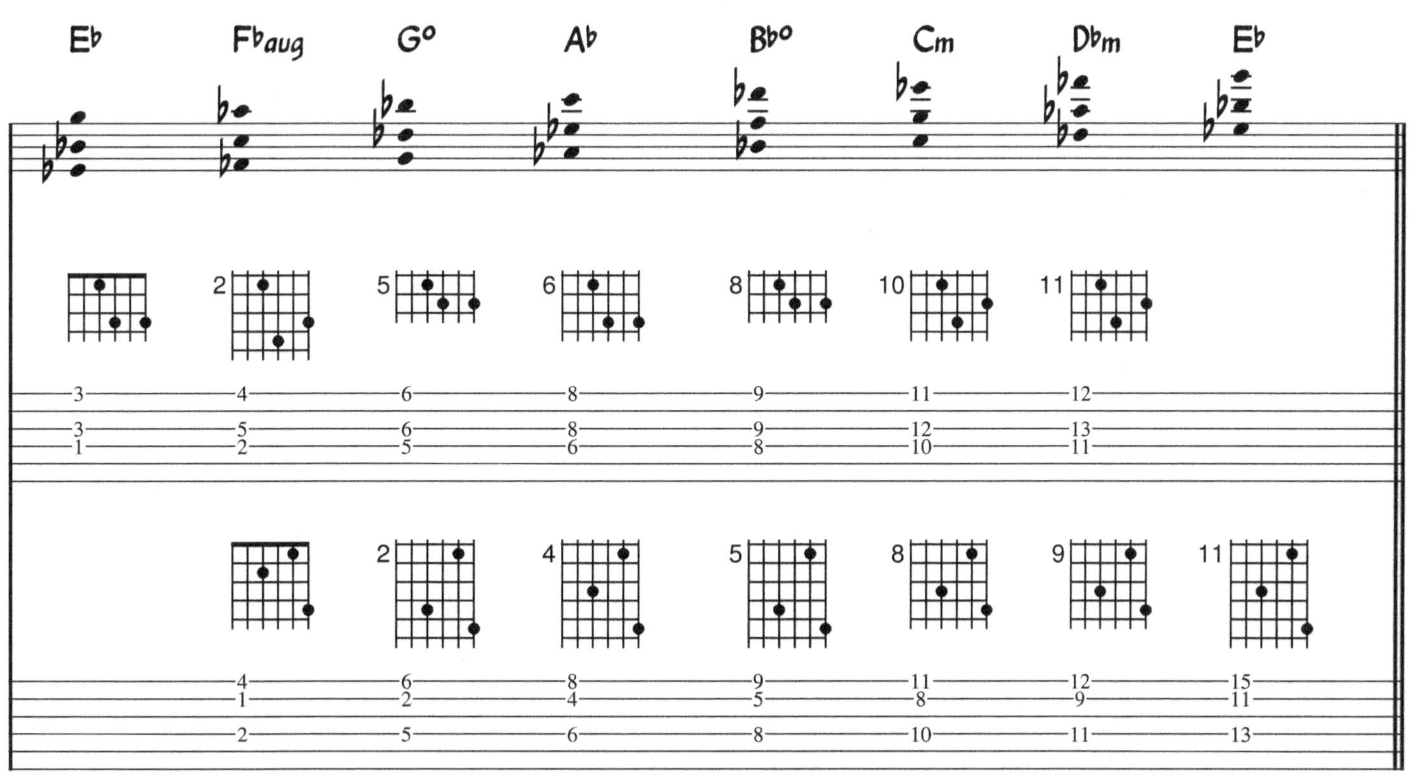

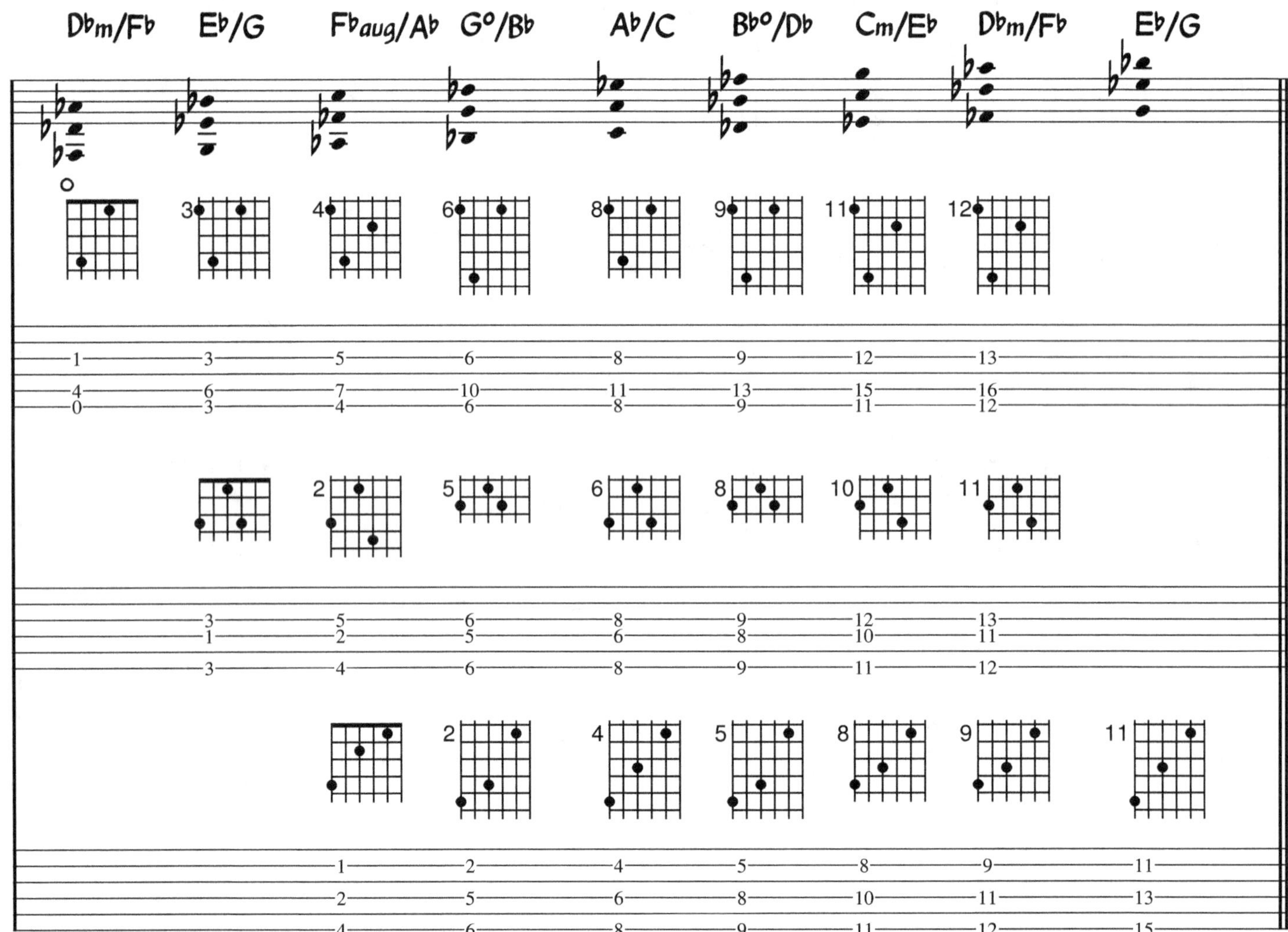

D♭m/F♭
E♭/G
F♭aug/A♭
G°/B♭
A♭/C
B♭°/D♭
Cm/E♭
D♭m/F♭
E♭/G

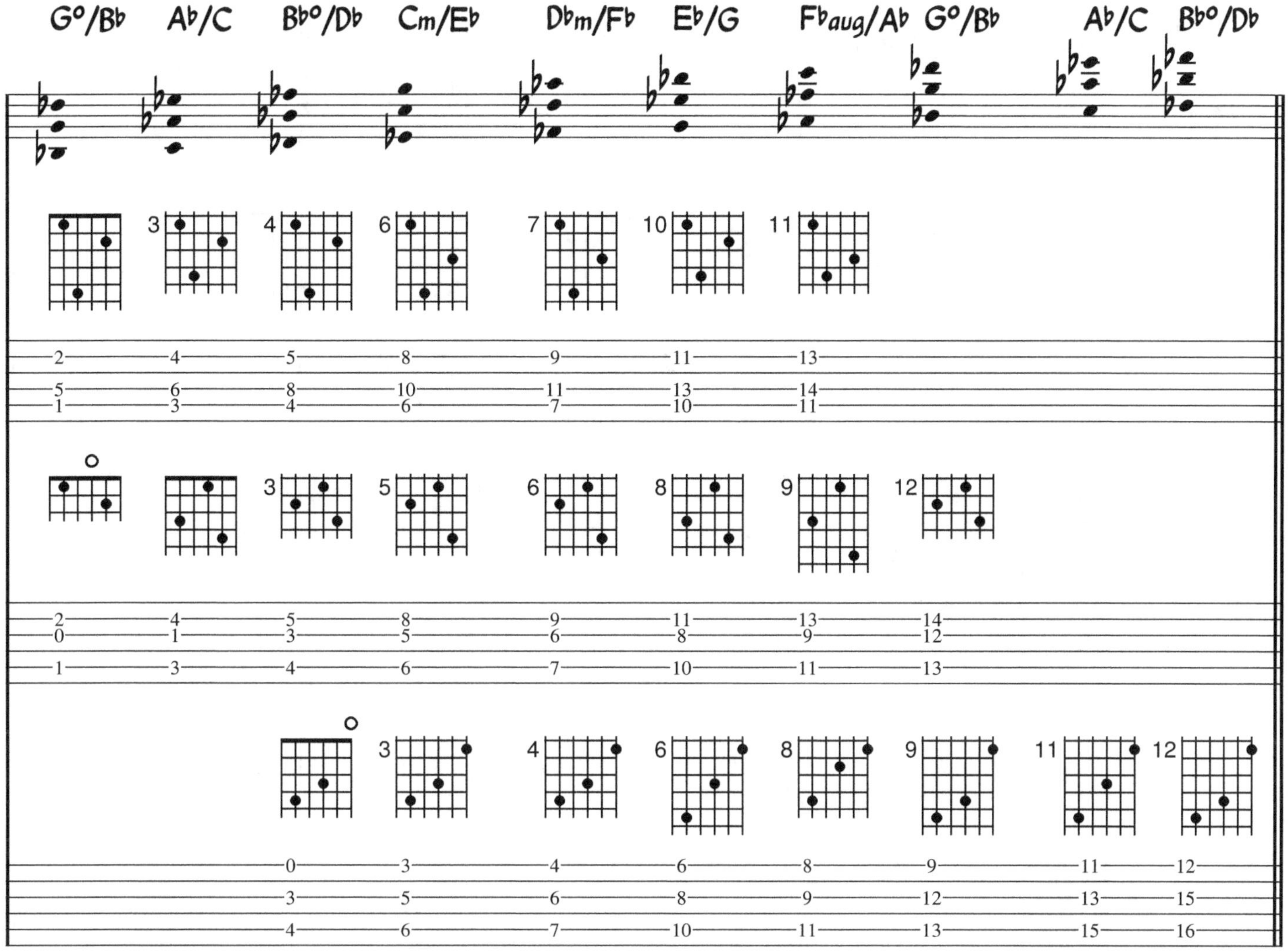

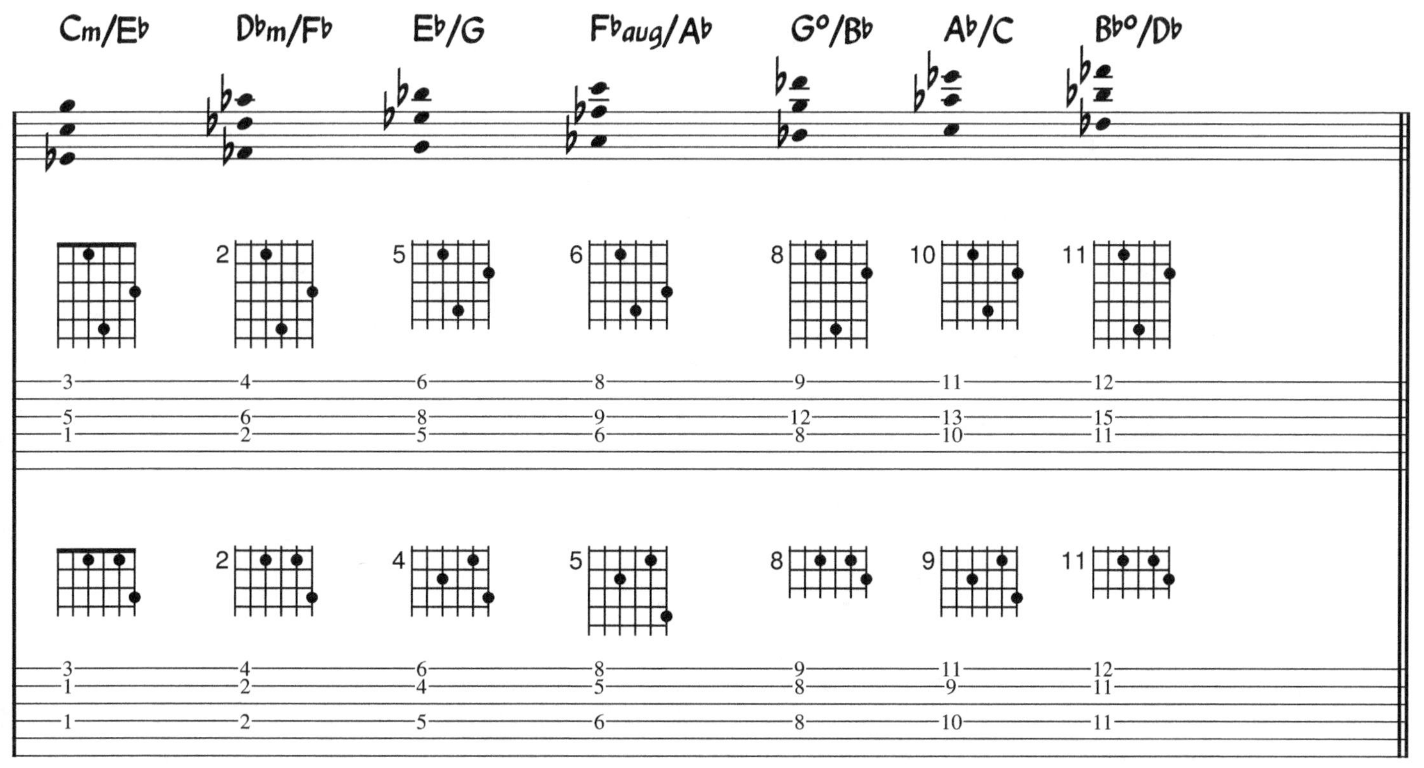

G°/B♭ A♭/C B♭°/D♭ Cm/E♭ D♭m/F♭ E♭/G F♭aug/A♭ G°/B♭ A♭/C B♭°/D♭
Cm/E♭ D♭m/F♭ E♭/G F♭aug/A♭ G°/B♭ A♭/C B♭°/D♭

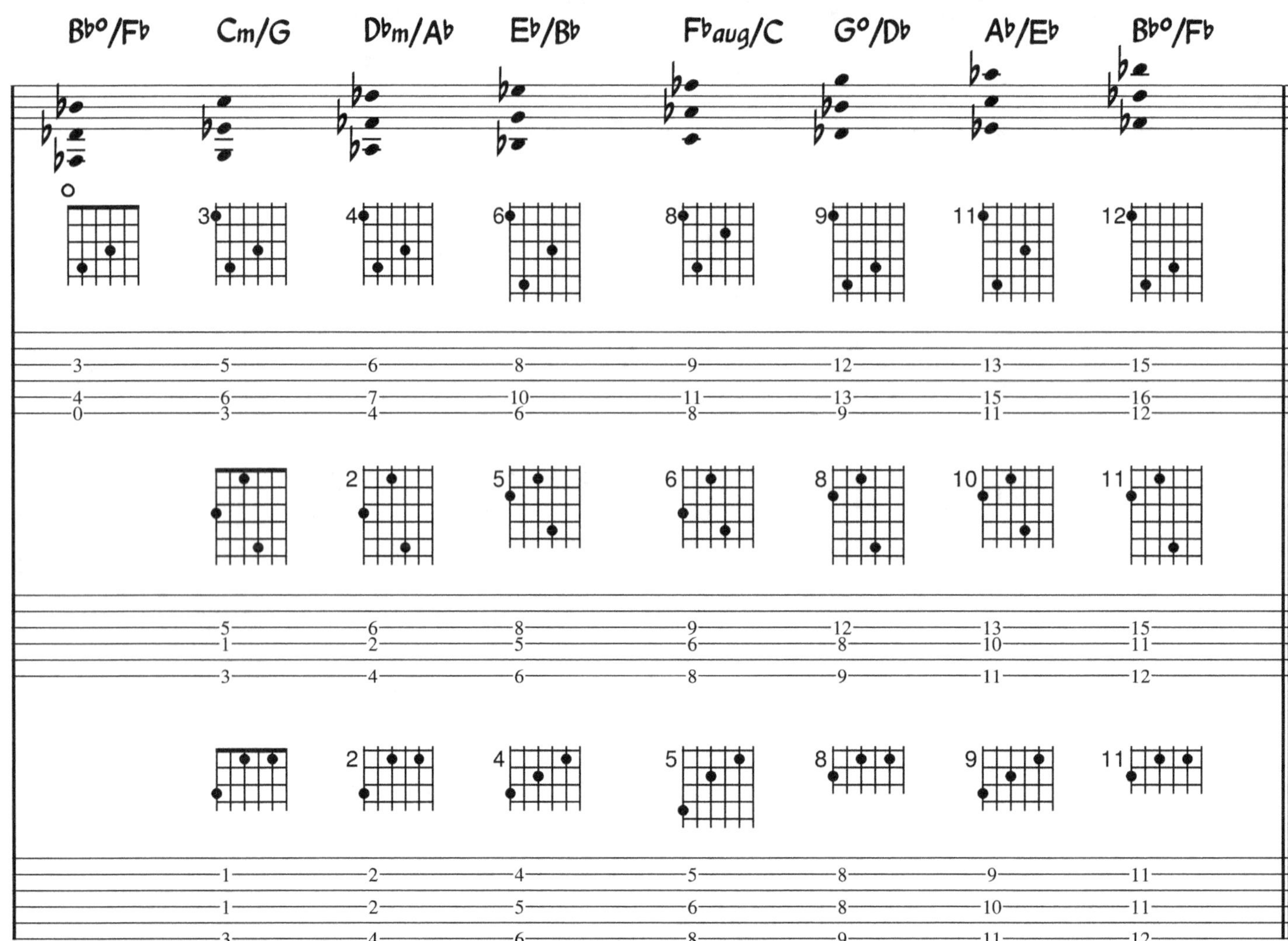

B♭°/F♭
Cm/G
D♭m/A♭
E♭/B♭
F♭aug/C
G°/D♭
A♭/E♭
B♭°/F♭

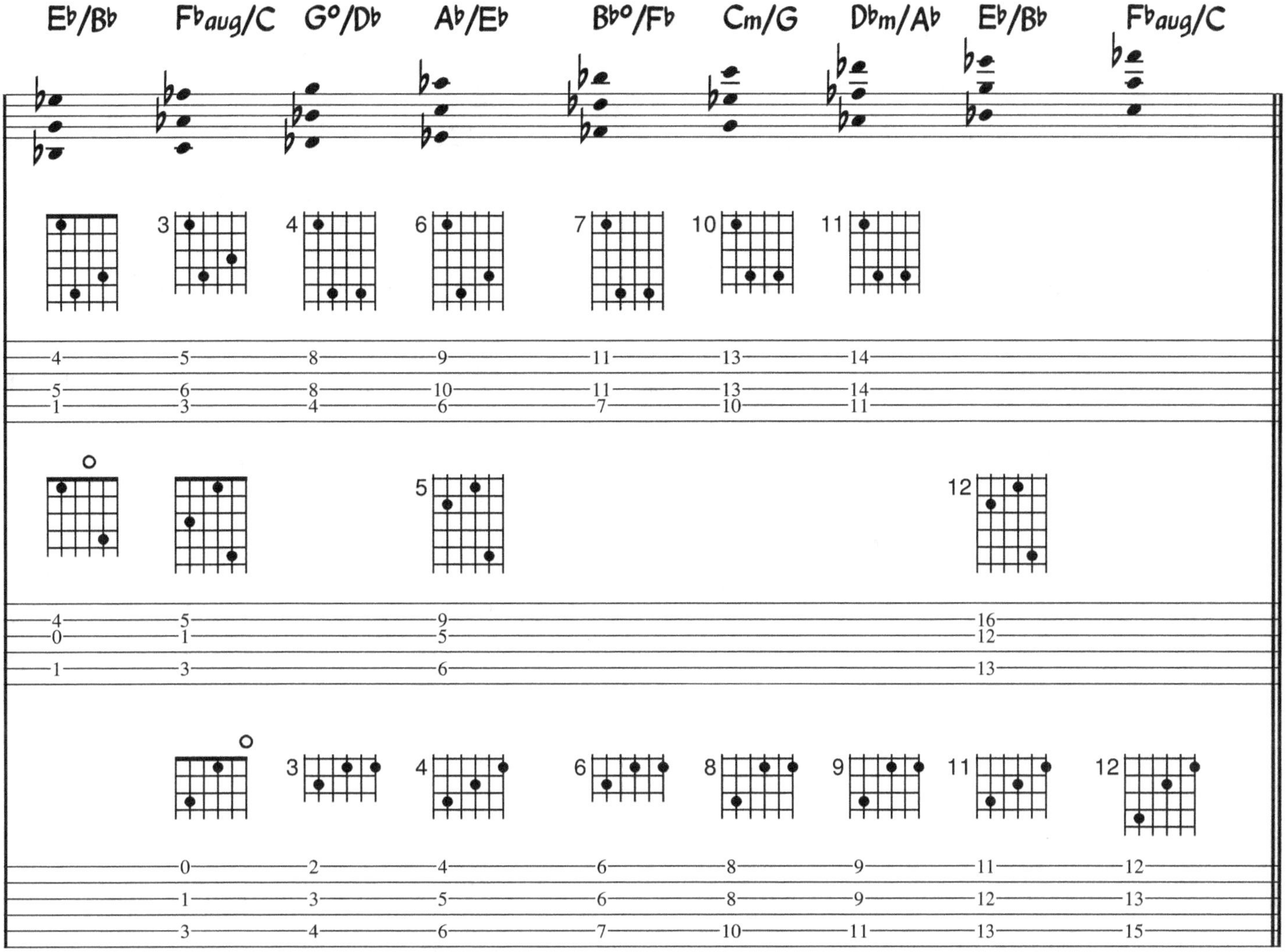

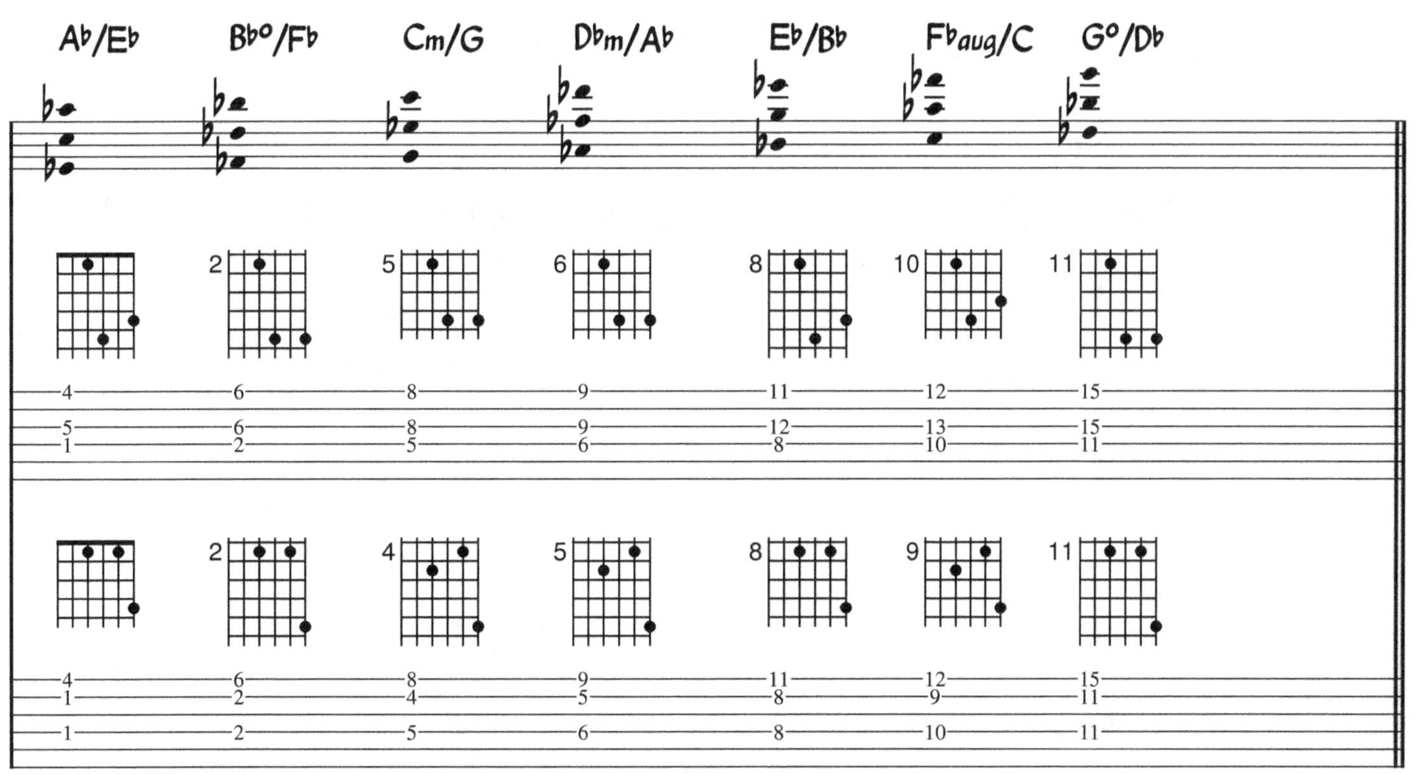

Eb/Bb Fbaug/C Go/Db Ab/Eb Bbo/Fb Cm/G Dbm/Ab Eb/Bb Fbaug/C
Ab/Eb Bbo/Fb Cm/G Dbm/Ab Eb/Bb Fbaug/C Go/Db

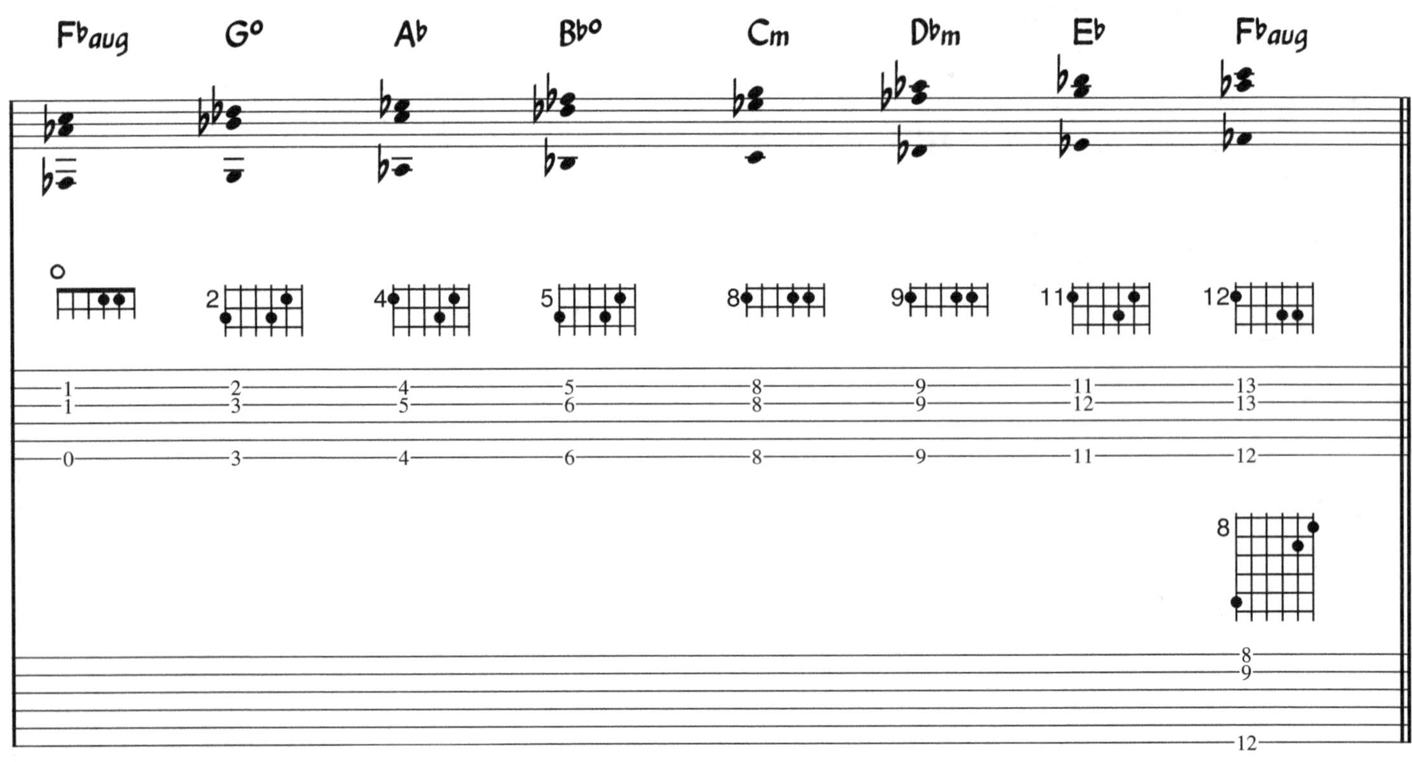
Fbaug
Go
Ab
Bbo
Cm
Dbm
Eb
Fbaug

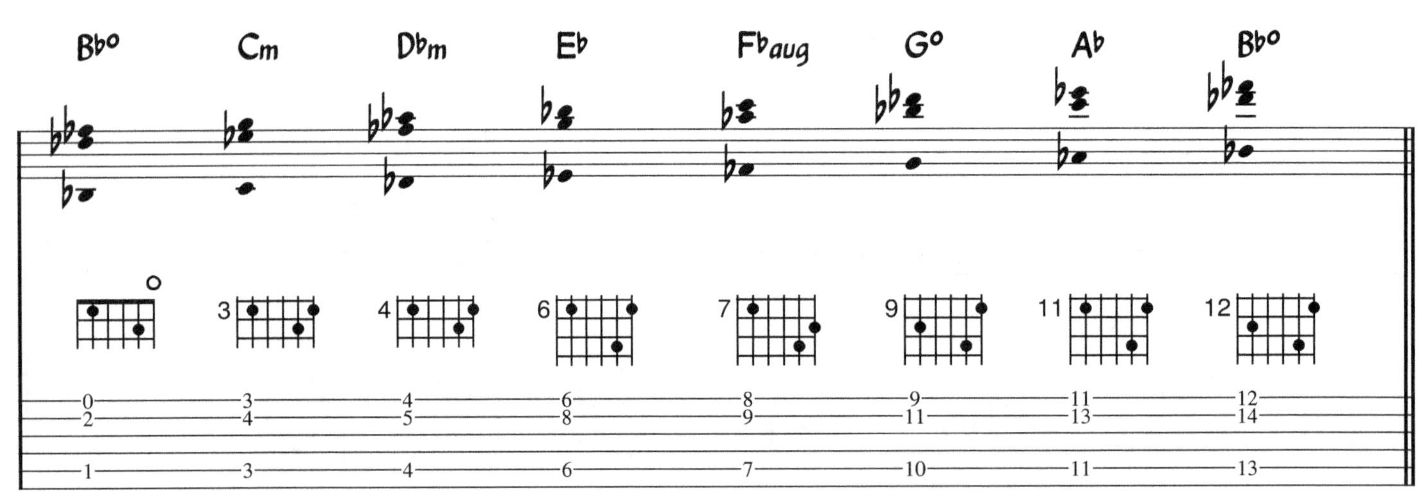
Bbo
Cm
Dbm
Eb
Fbaug
Go
Ab
Bbo

1. Umk. (weite Lage, Variante 2)

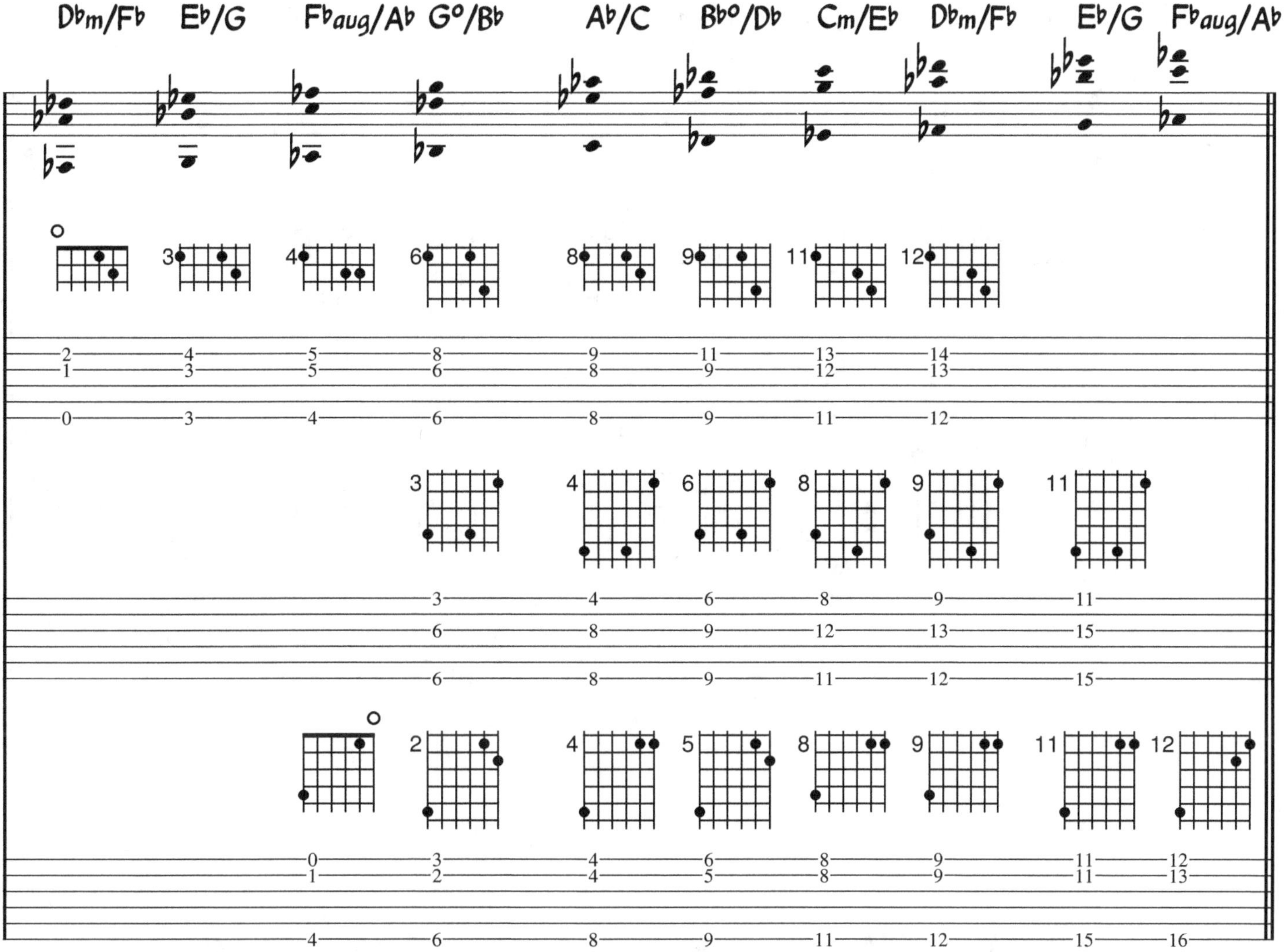

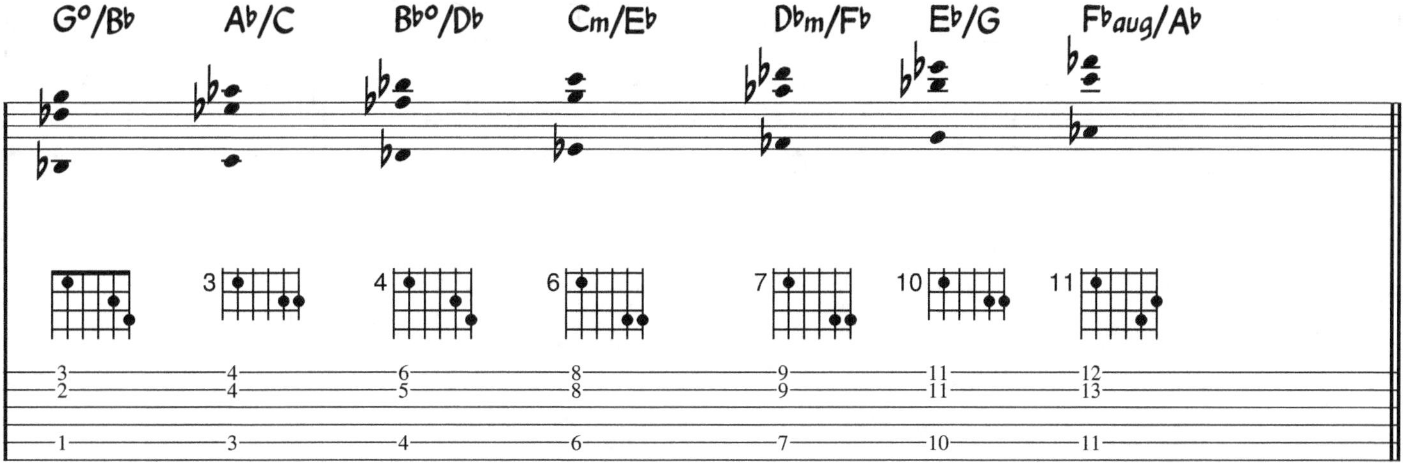

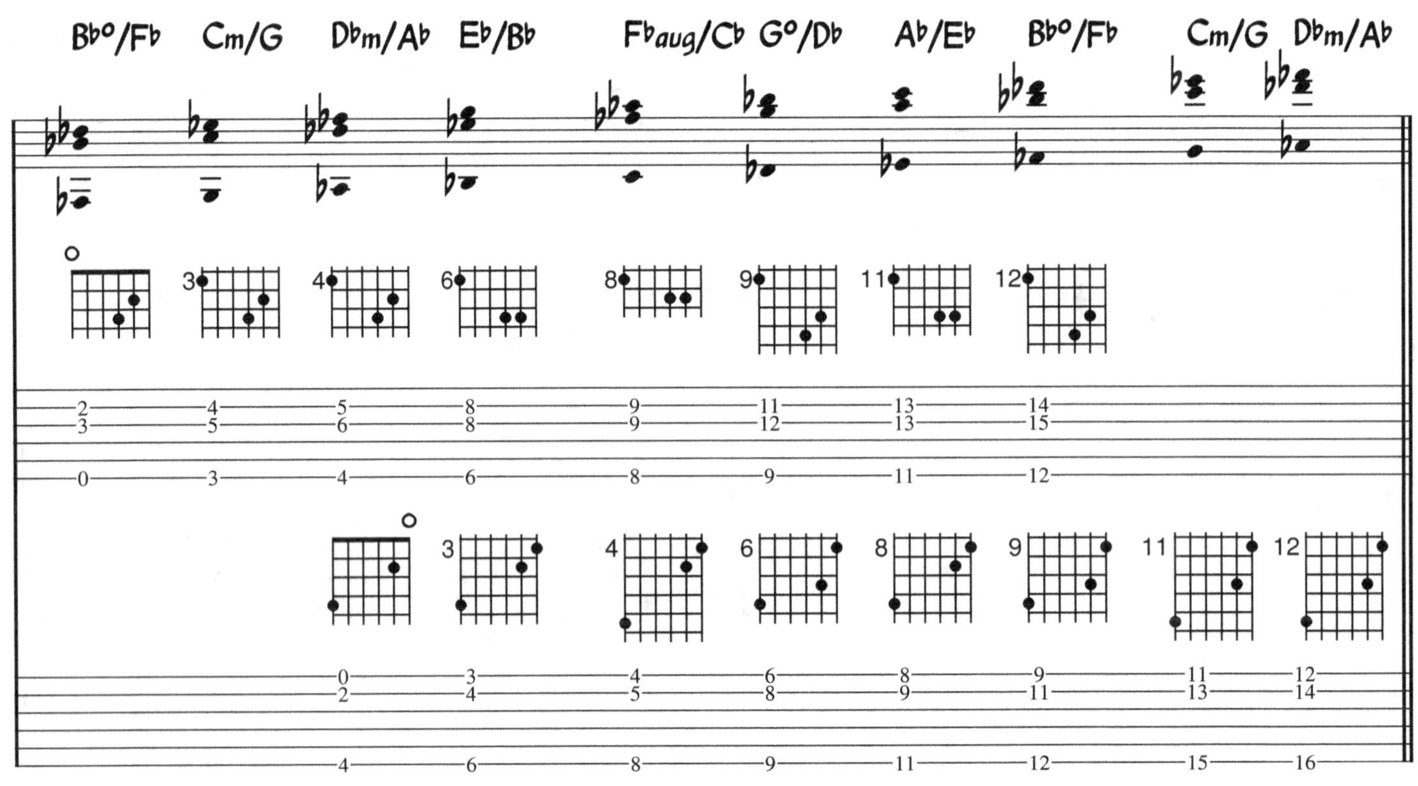
Bb°/Fb   Cm/G   Dbm/Ab   Eb/Bb   Fbaug/Cb   G°/Db   Ab/Eb   Bb°/Fb   Cm/G   Dbm/Ab

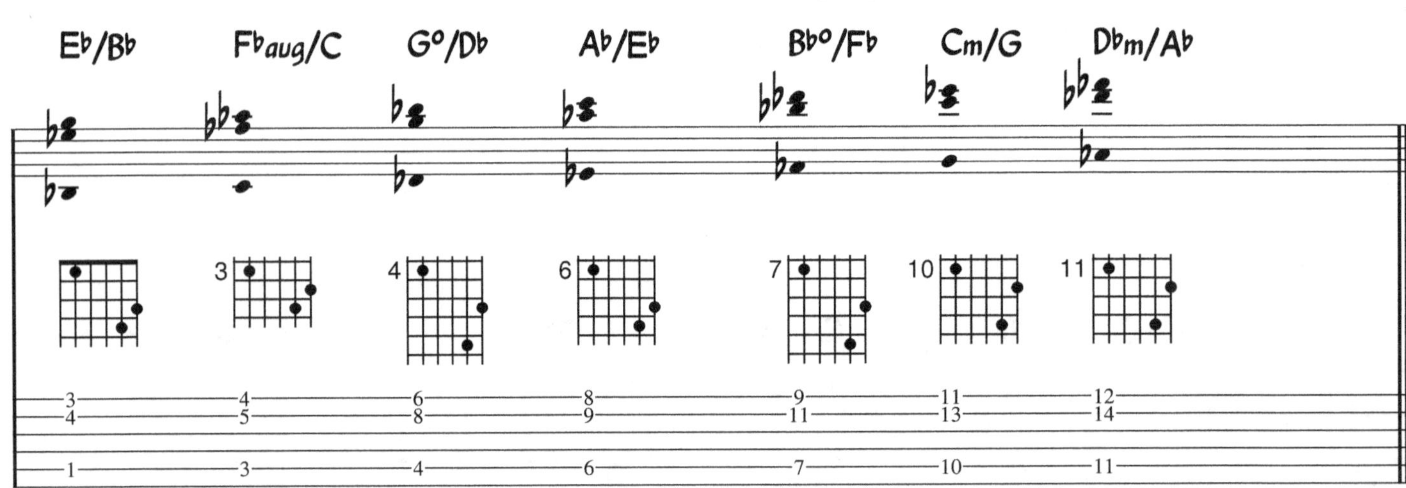
Eb/Bb   Fbaug/C   G°/Db   Ab/Eb   Bb°/Fb   Cm/G   Dbm/Ab

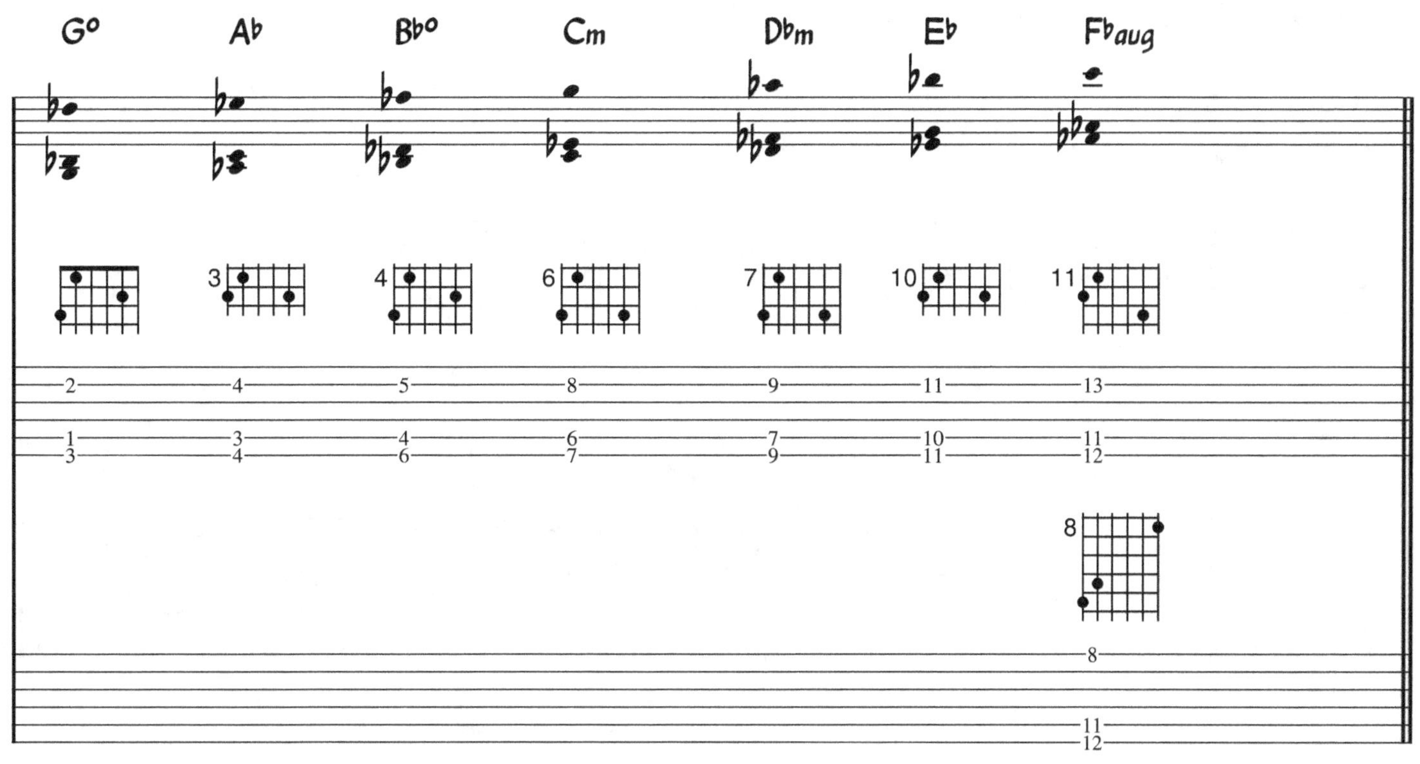

G° Ab Bb° Cm Dbm Eb Fbaug
3 4 6 7 10 11
2 4 5 8 9 11 13
1 3 4 6 7 10 11
3 4 6 7 9 11 12
8
8
11
12

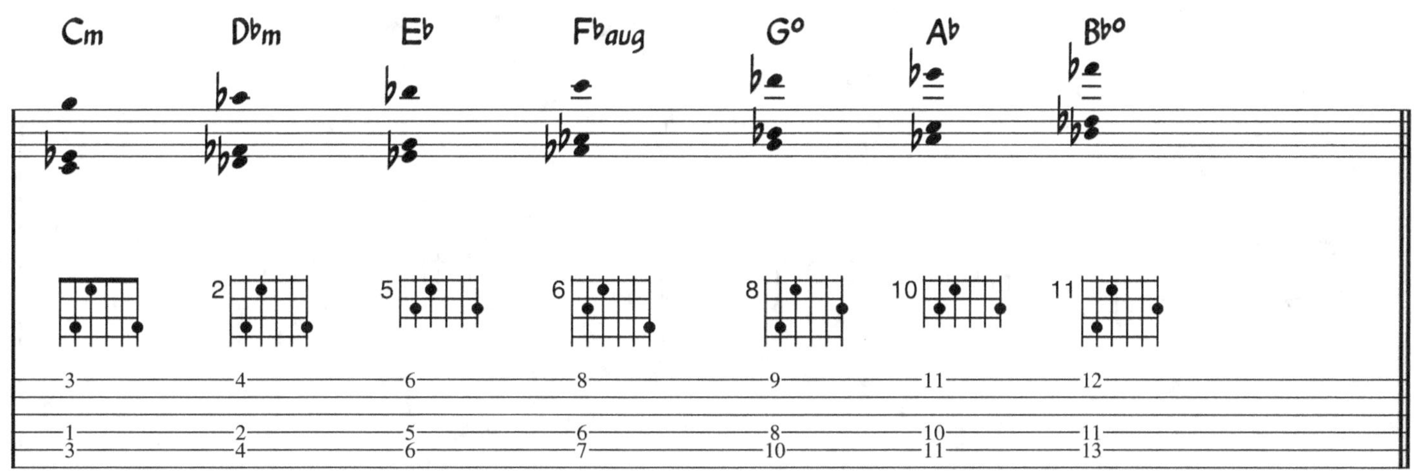

Cm Dbm Eb Fbaug G° Ab Bb°
2 5 6 8 10 11
3 4 6 8 9 11 12
1 2 5 6 8 10 11
3 4 6 7 10 11 13

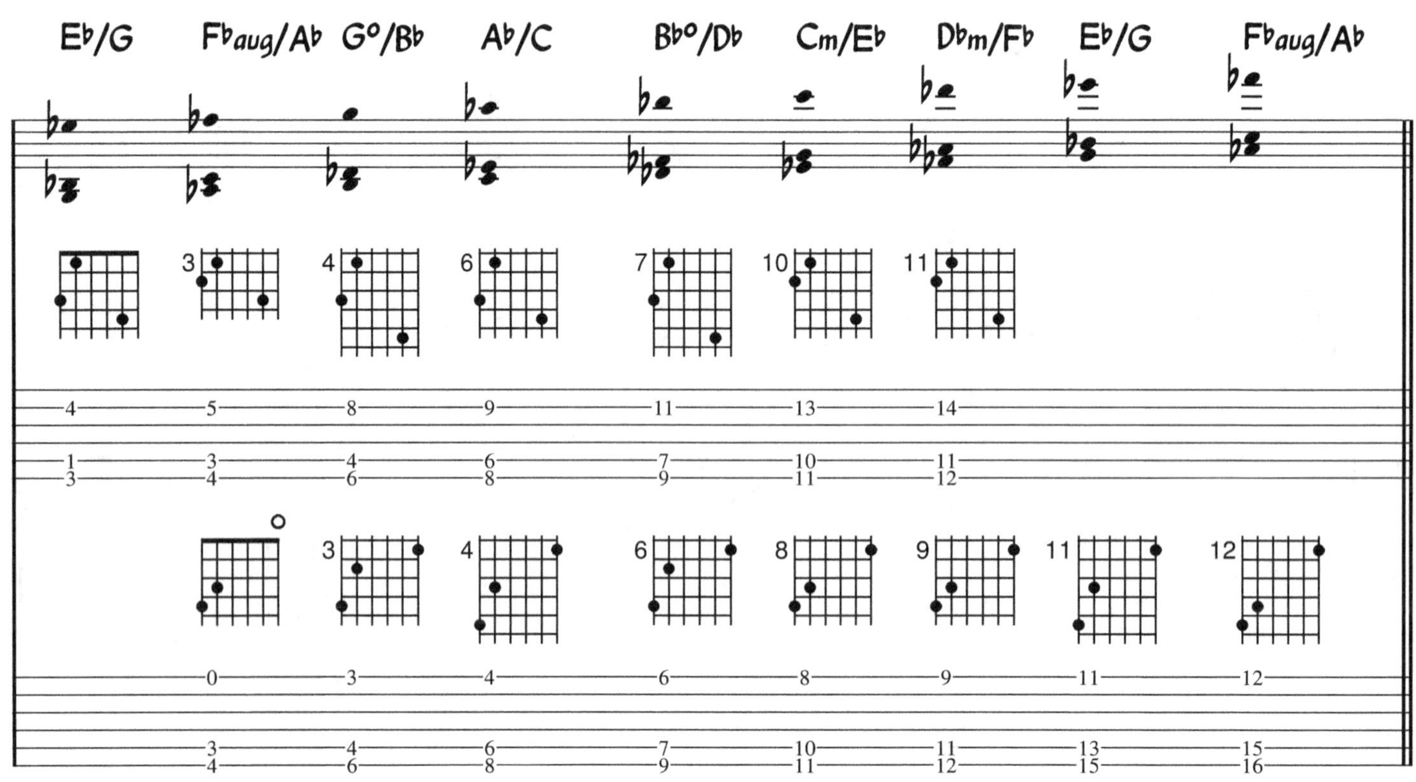

Eb/G
Fbaug/Ab
Go/Bb
Ab/C
Bbo/Db
Cm/Eb
Dbm/Fb
Eb/G
Fbaug/Ab

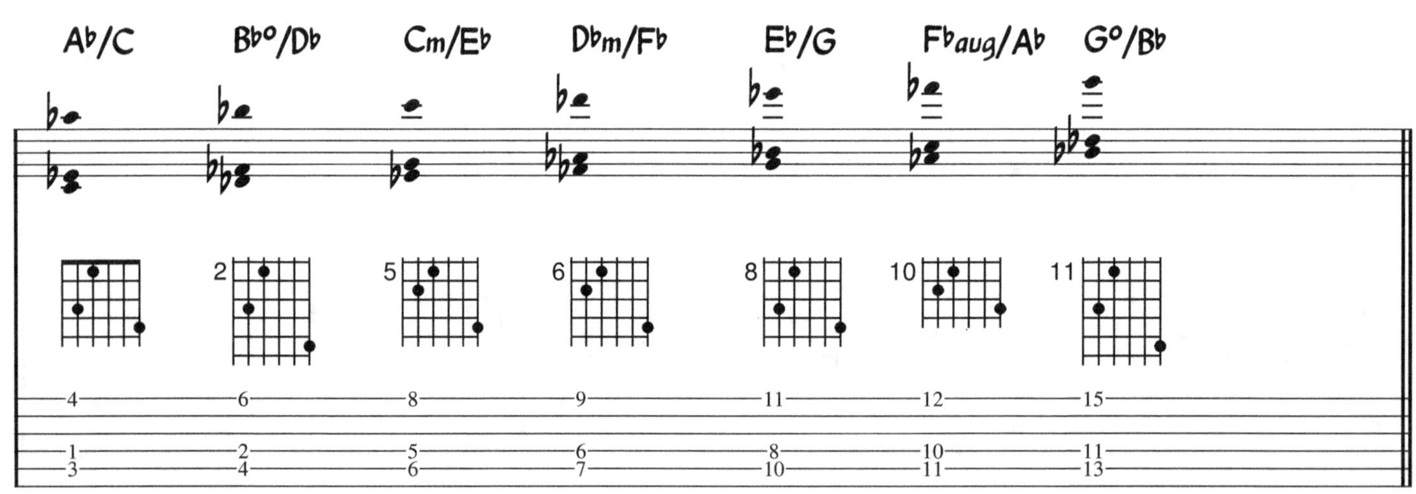

Ab/C
Bbo/Db
Cm/Eb
Dbm/Fb
Eb/G
Fbaug/Ab
Go/Bb

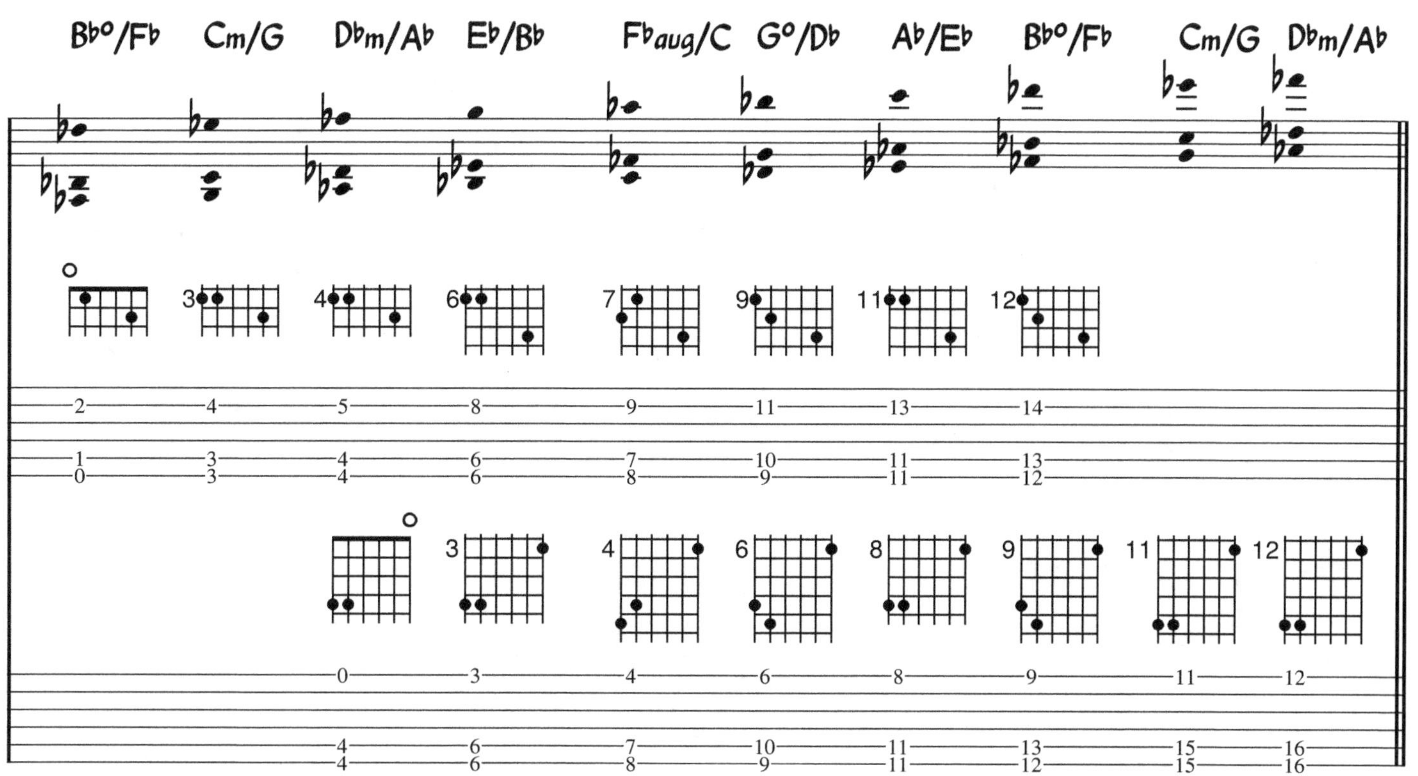

Bb°/Fb   Cm/G   Dbm/Ab   Eb/Bb   Fbaug/C   G°/Db   Ab/Eb   Bb°/Fb   Cm/G   Dbm/Ab

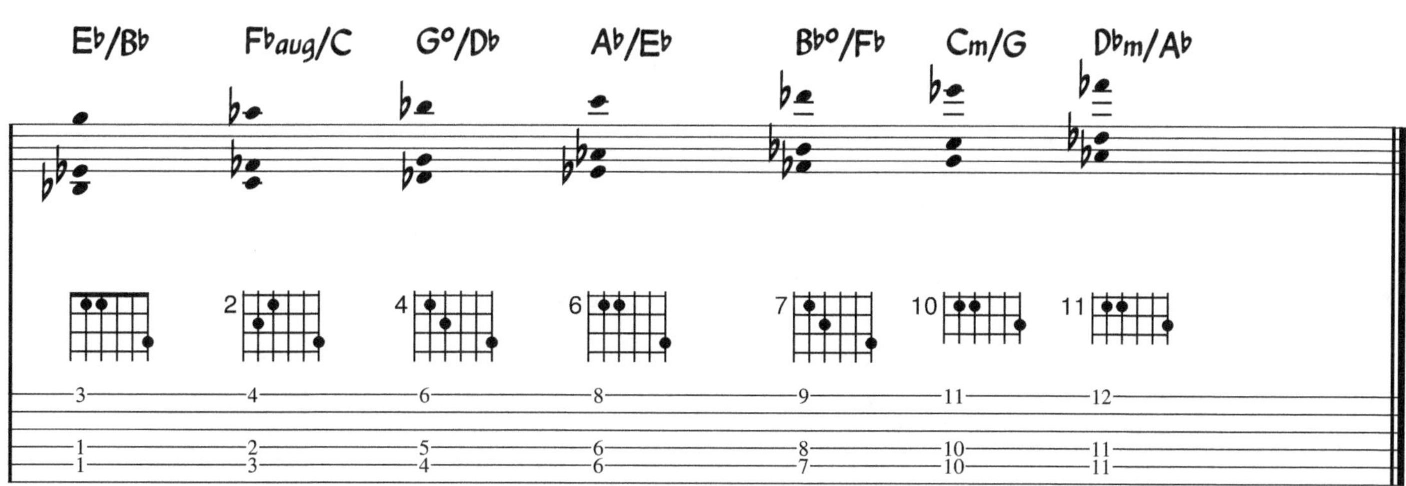

Eb/Bb   Fbaug/C   G°/Db   Ab/Eb   Bb°/Fb   Cm/G   Dbm/Ab

~ E♭ harmonisch Dur ~

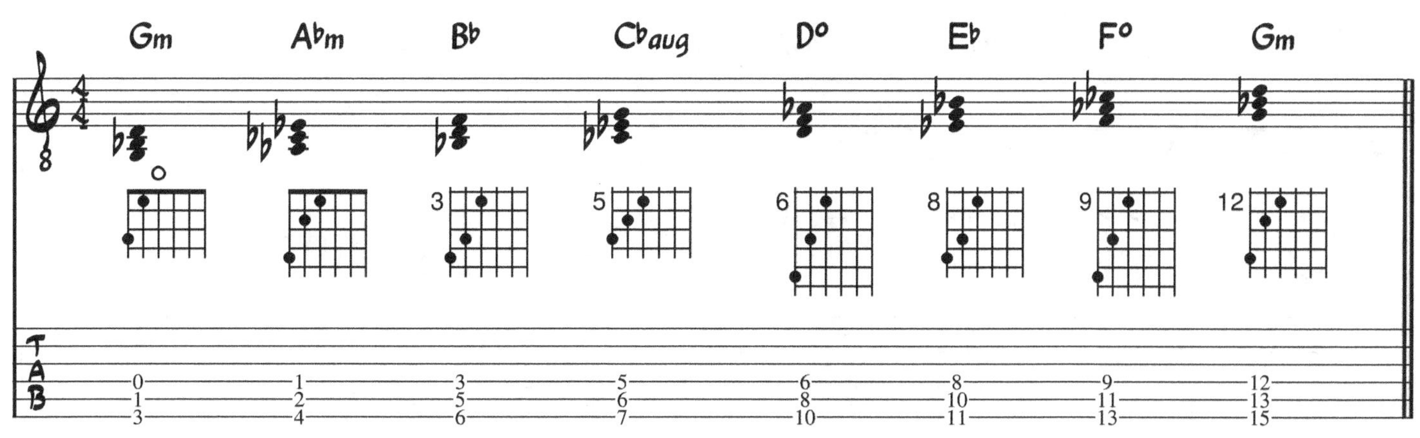

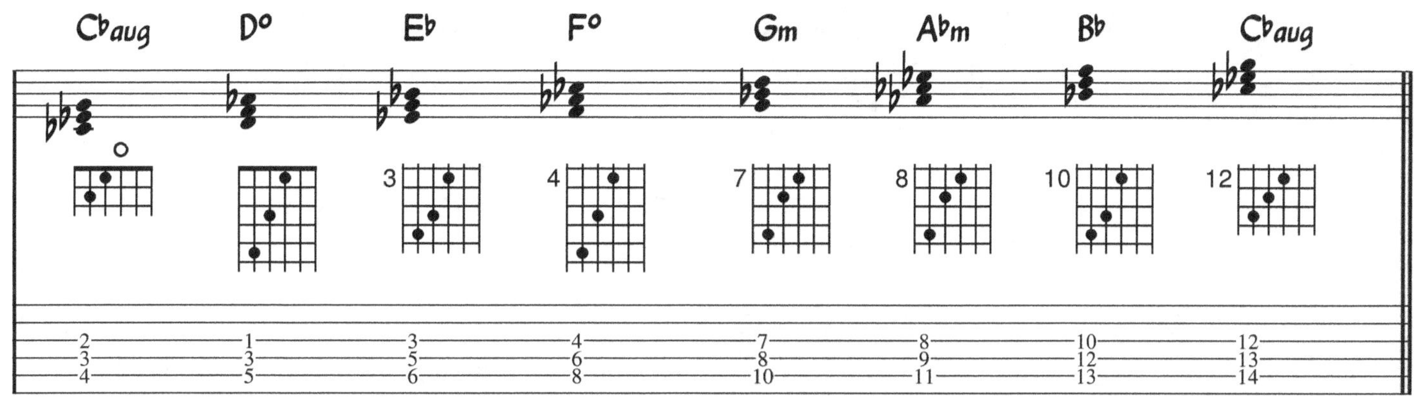

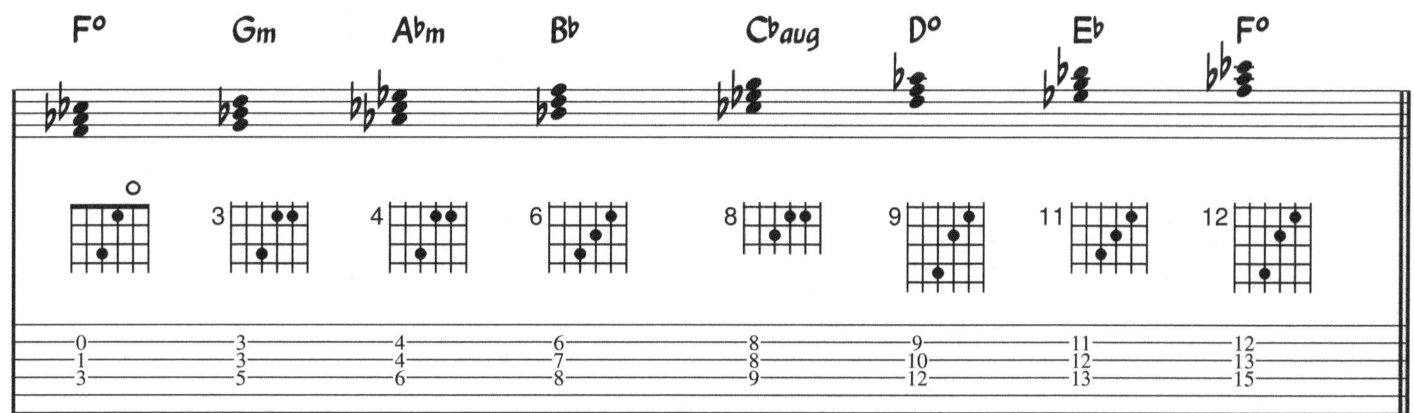

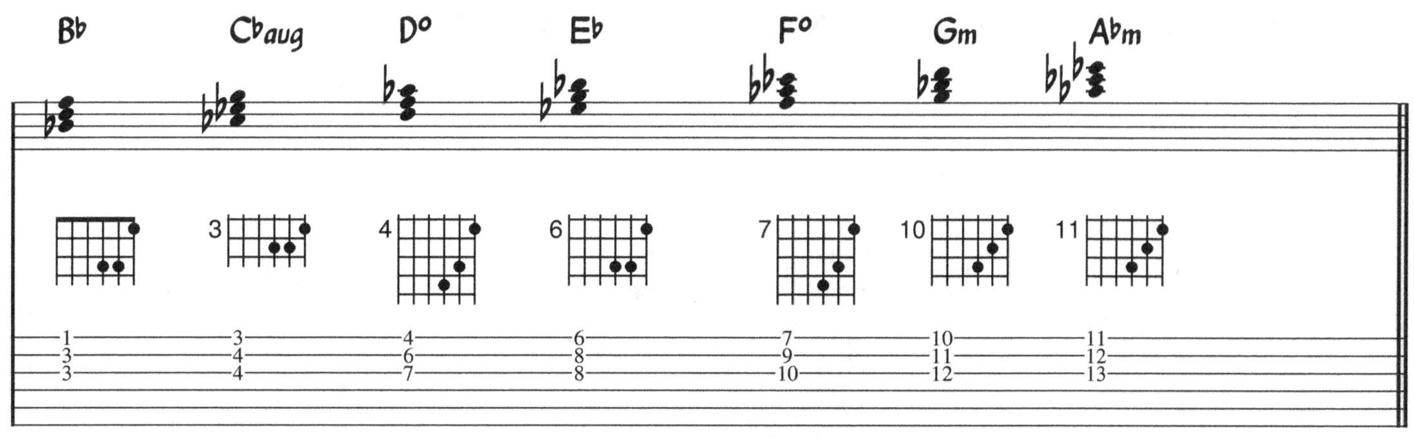

Eb/G   Fo/Ab   Gm/Bb   Abm/Cb   Bb/D   Cbaug/Eb   Do/F
Gm/Bb   Abm/Cb   Bb/D   Cbaug/Eb   Do/F   Eb/G   Fo/Ab   Gm/Bb
Cbaug/Eb   Do/F   Eb/G   Fo/Ab   Gm/Bb   Abm/Cb   Bb/D   Cbaug/Eb
Fo/Ab   Gm/Bb   Abm/Cb   Bb/D   Cbaug/Eb   Do/F   Eb/G   Fo/Ab

2. Umk.

Bb/F   Cbaug/G   Do/Ab   Eb/Bb   Fo/Cb   Gm/D   Abm/Eb   Bb/F
Eb/Bb   Fo/Cb   Gm/D   Abm/Eb   Bb/F   Cbaug/G   Do/Ab   Eb/Bb
Abm/Eb   Bb/F   Cbaug/G   Do/Ab   Eb/Bb   Fo/Cb   Gm/D   Abm/Eb
Do/Ab   Eb/Bb   Fo/Cb   Gm/D   Abm/Eb   Bb/F   Cbaug/G

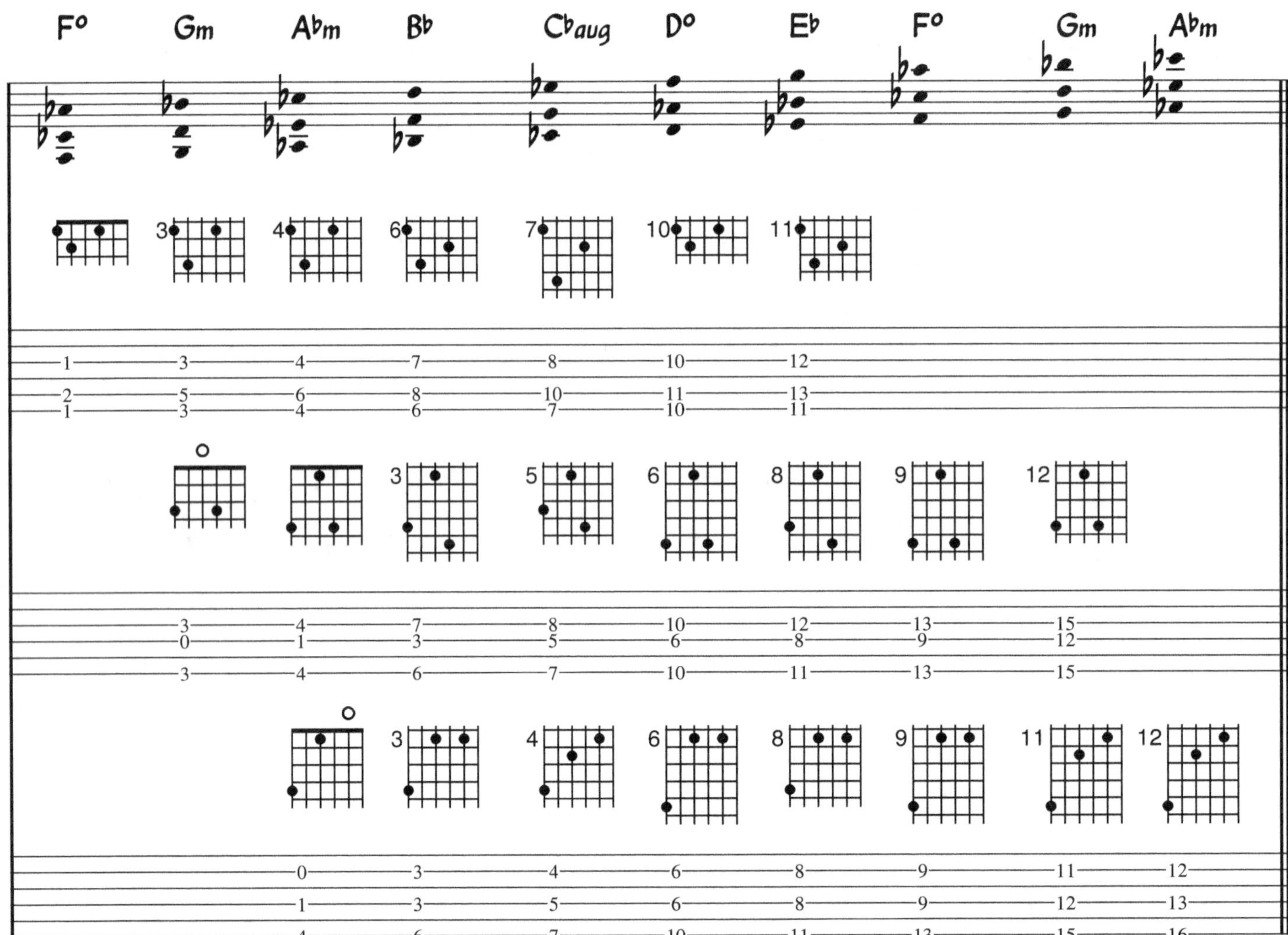
F°
Gm
A♭m
B♭
C♭aug
D°
E♭
F°
Gm
A♭m

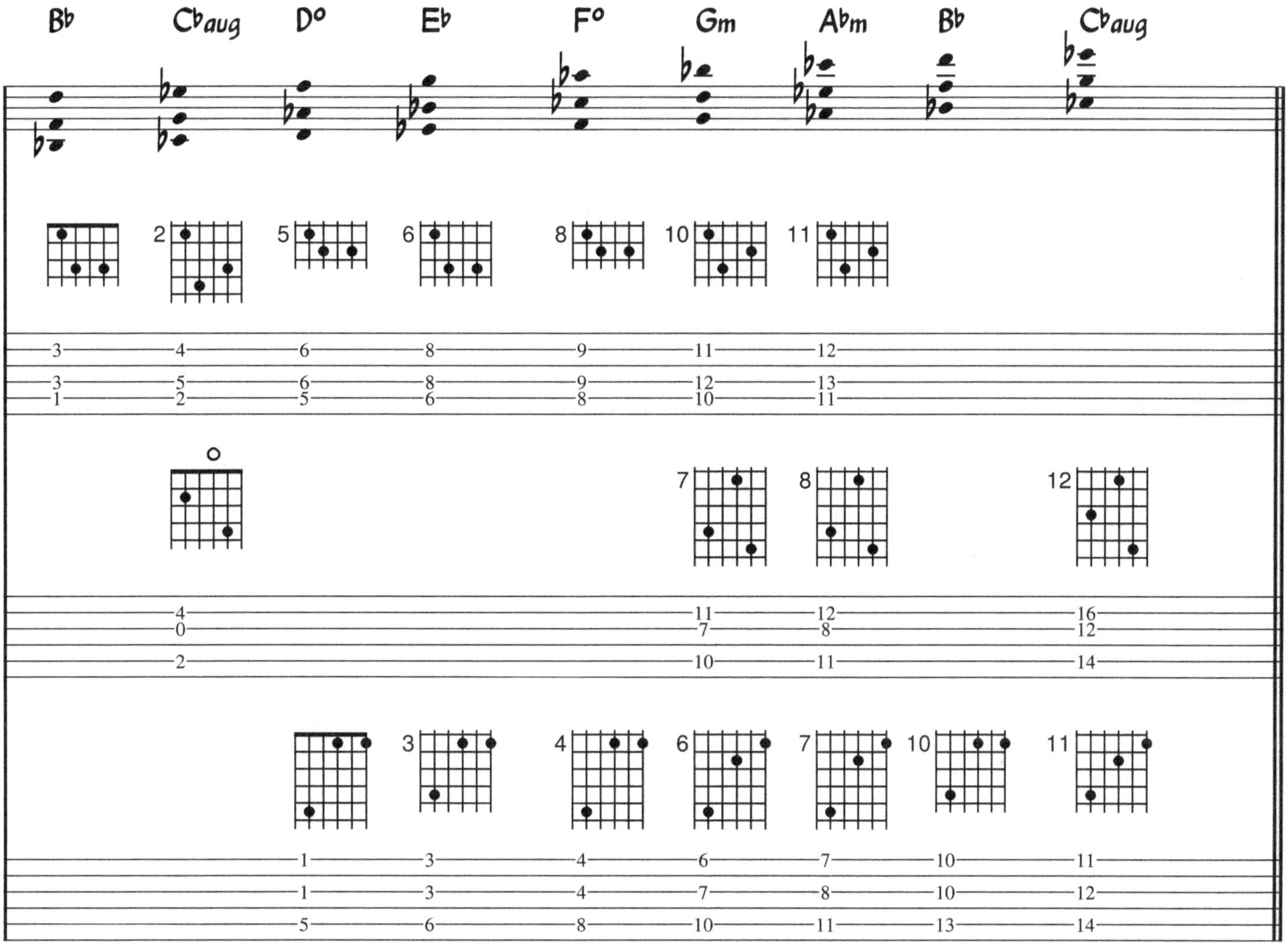

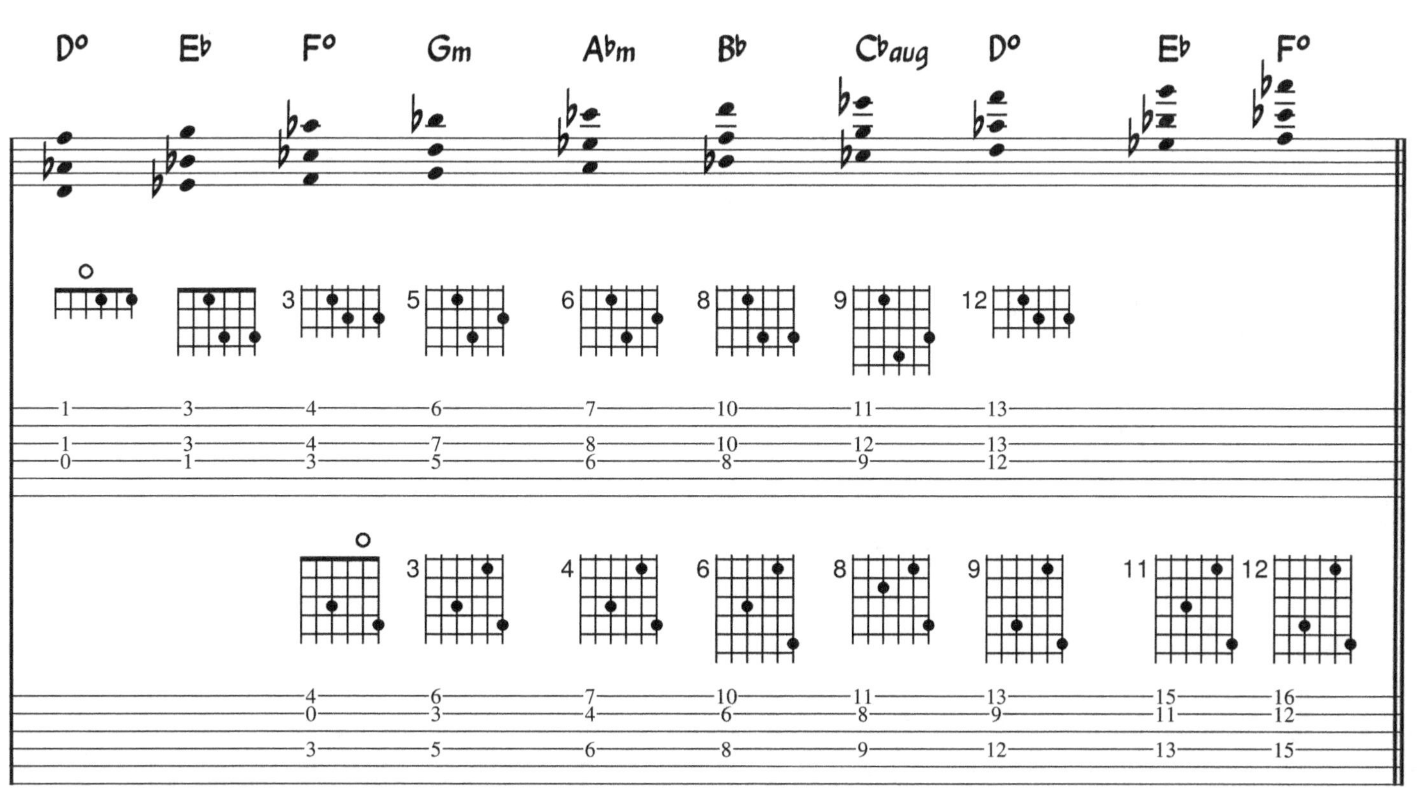

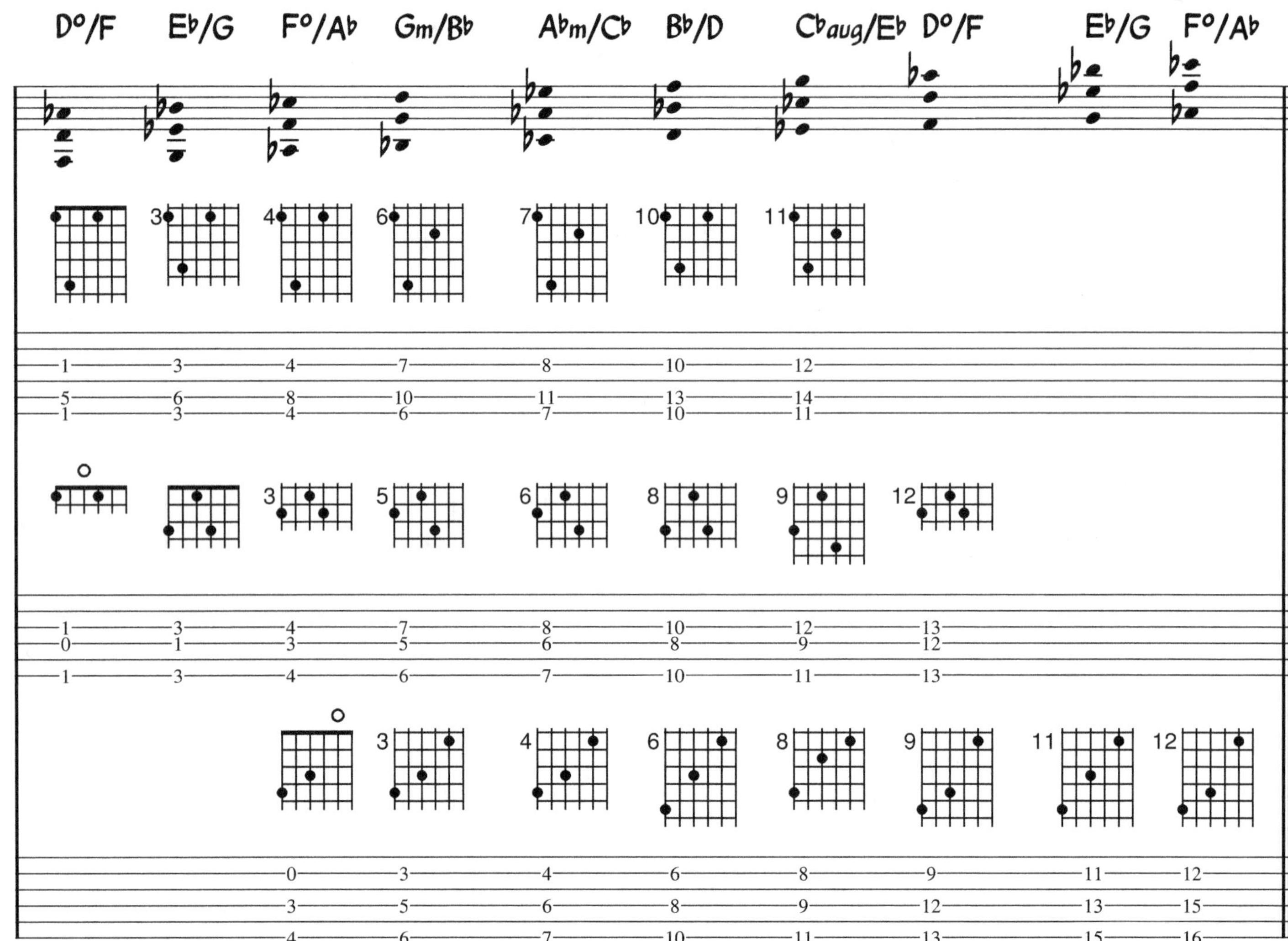

D°/F   E♭/G   F°/A♭   Gm/B♭   A♭m/C♭   B♭/D   C♭aug/E♭   D°/F   E♭/G   F°/A♭

Gm/Bb
Abm/Cb
Bb/D
Cbaug/Eb
D°/F
Eb/G
F°/Ab
Gm/Bb
Abm/Cb

Bb/D
Cbaug/Eb
D°/F
Eb/G
F°/Ab
Gm/Bb
Abm/Cb
Bb/D
Cbaug/Eb

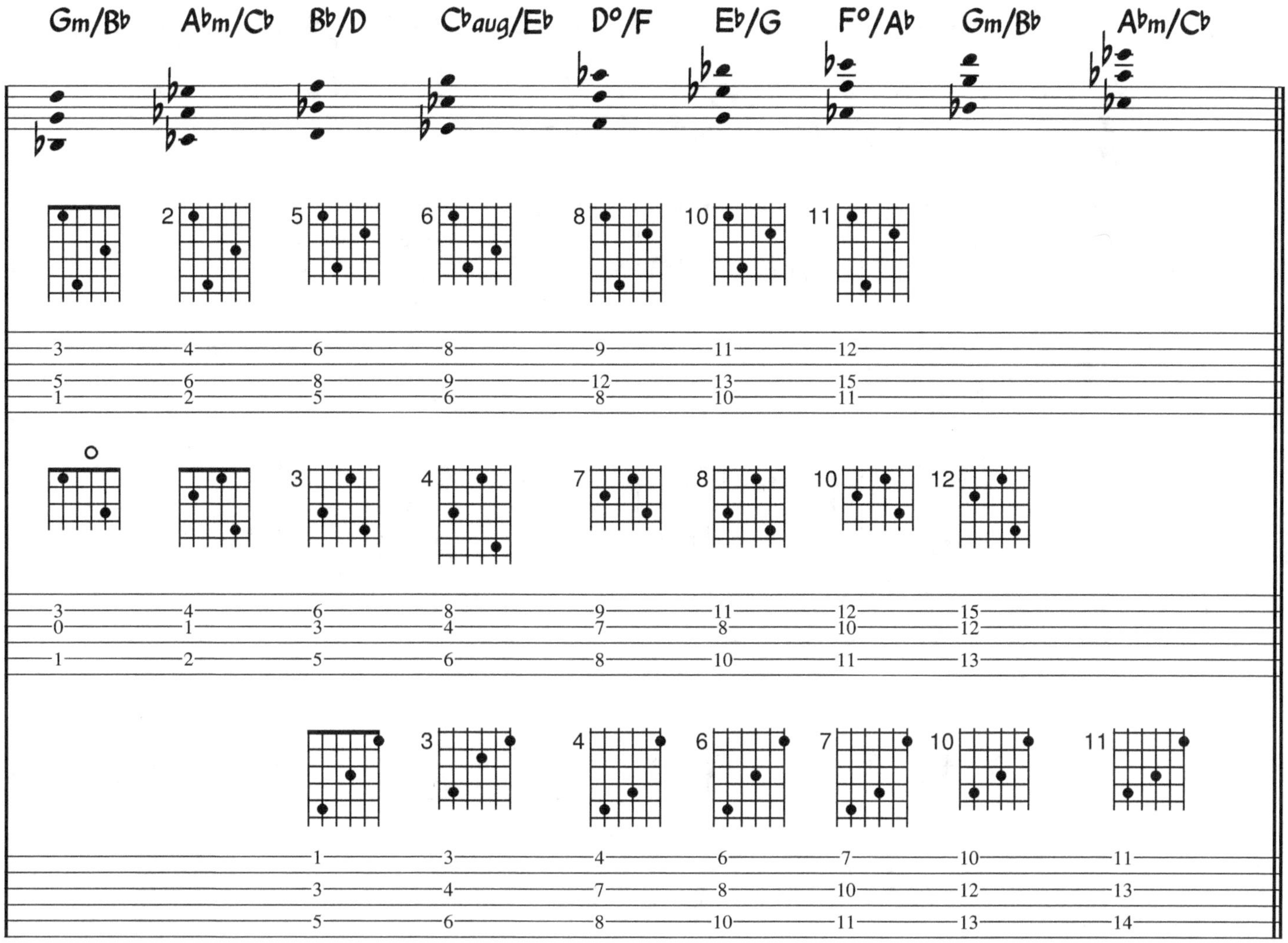

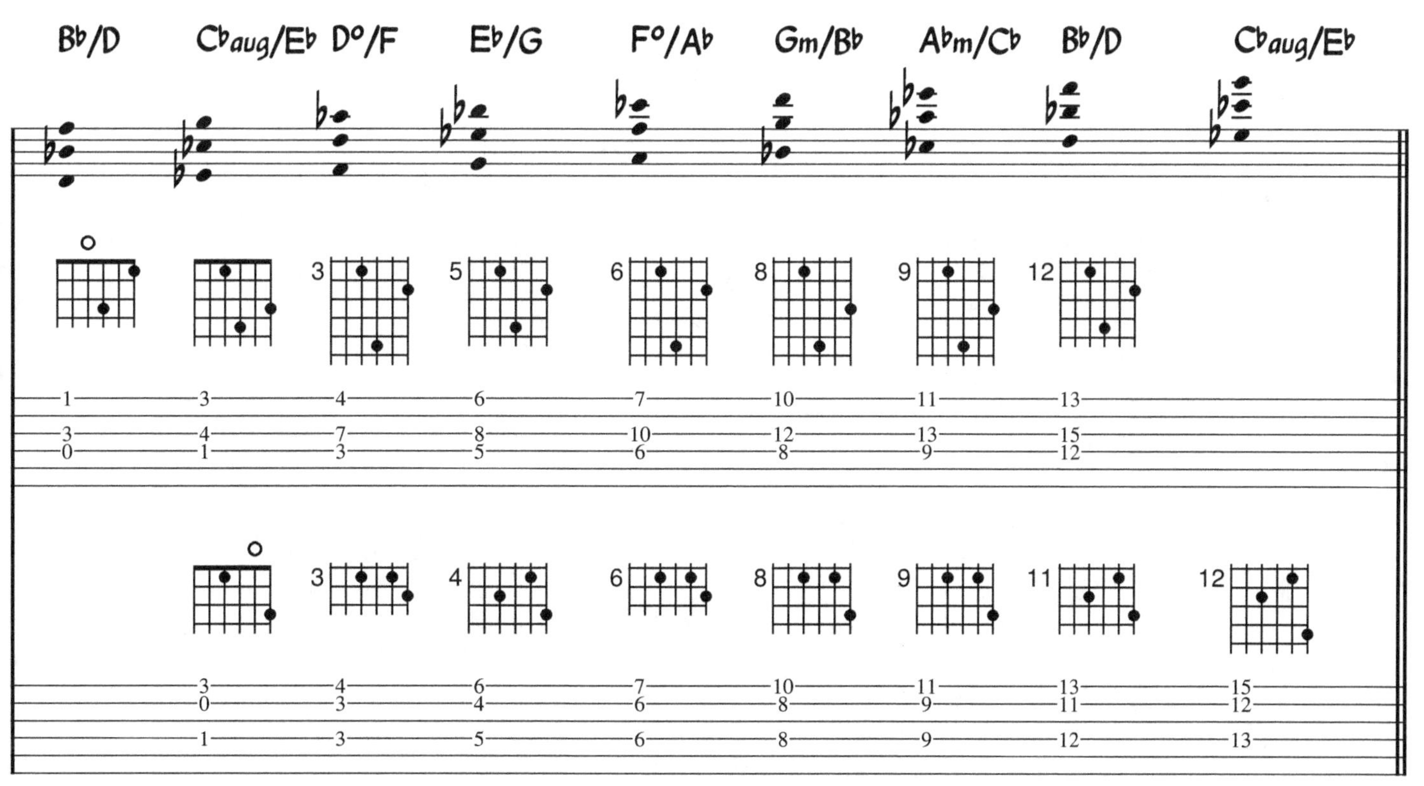

2. Umk. (weite Lage)

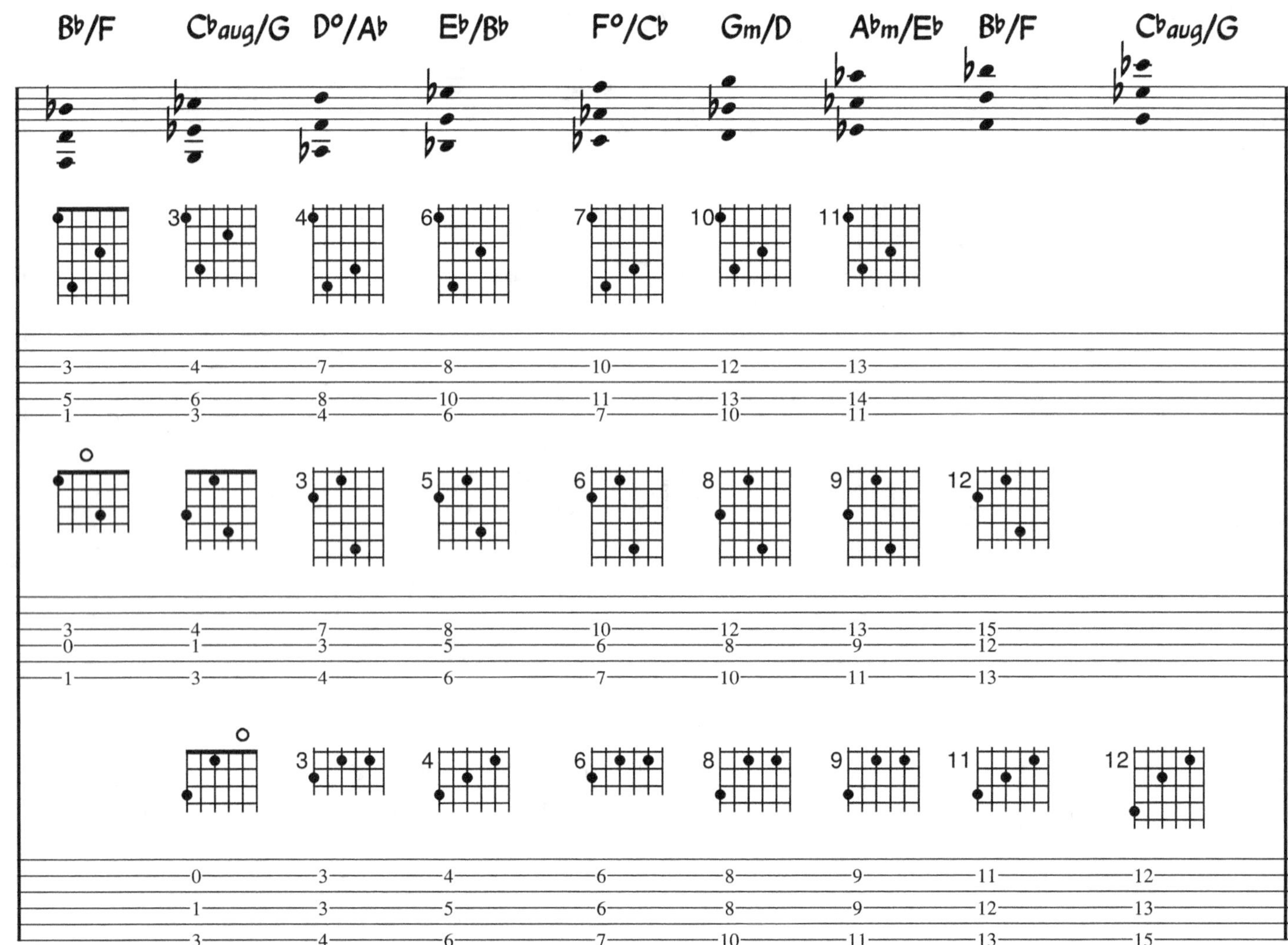
Bb/F
Cbaug/G
Do/Ab
Eb/Bb
Fo/Cb
Gm/D
Abm/Eb
Bb/F
Cbaug/G

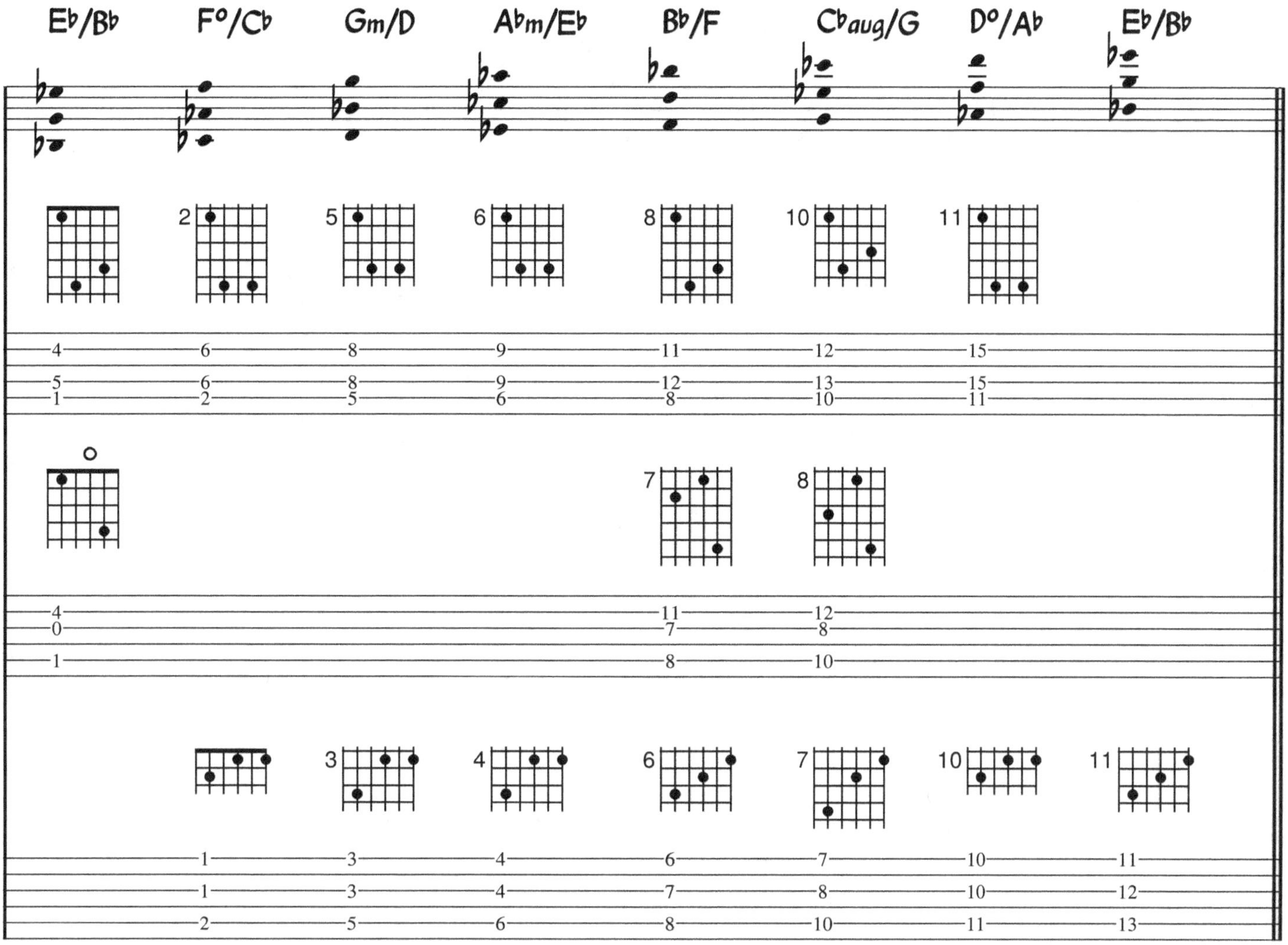

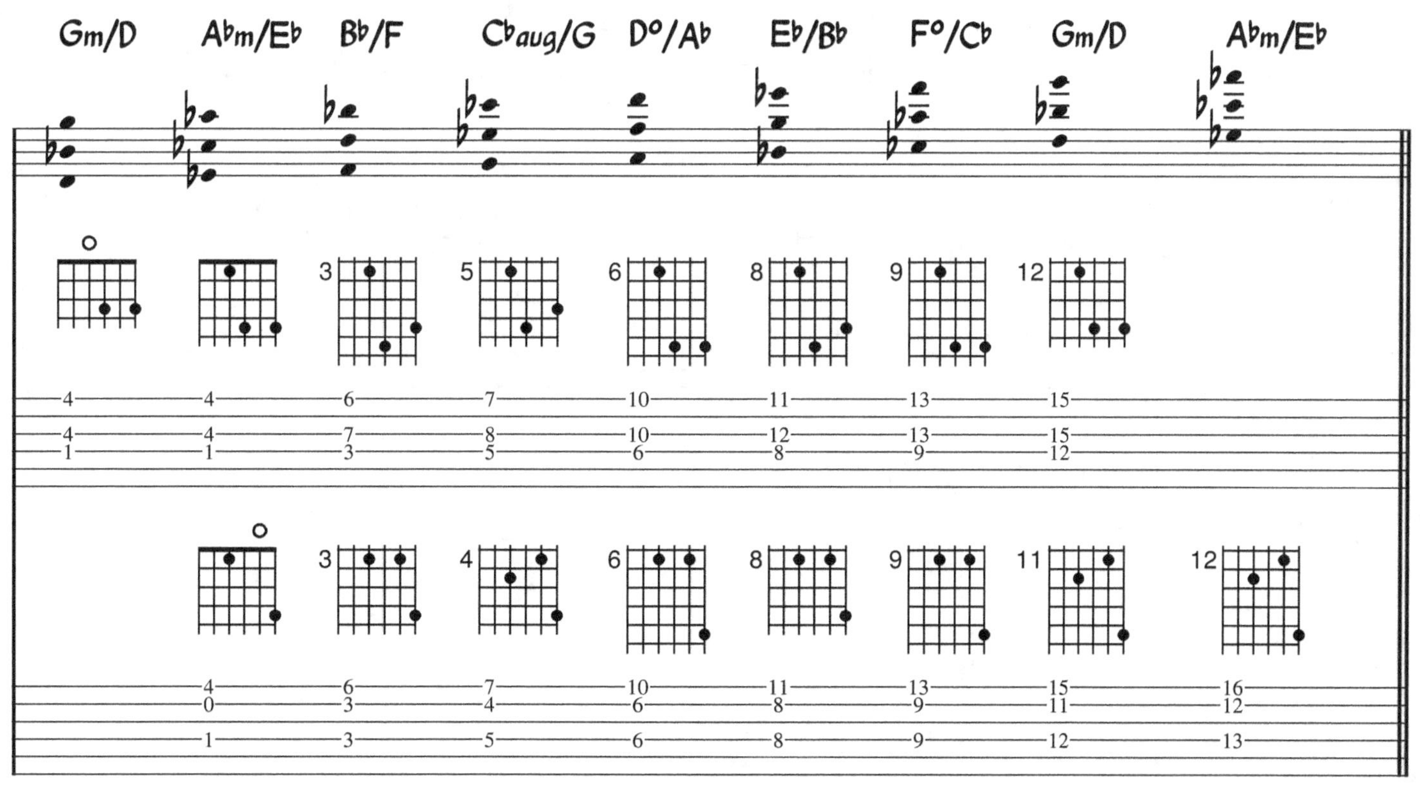

Eb/Bb   Fo/Cb   Gm/D   Abm/Eb   Bb/F   Cbaug/G   Do/Ab   Eb/Bb
Gm/D   Abm/Eb   Bb/F   Cbaug/G   Do/Ab   Eb/Bb   Fo/Cb   Gm/D   Abm/Eb

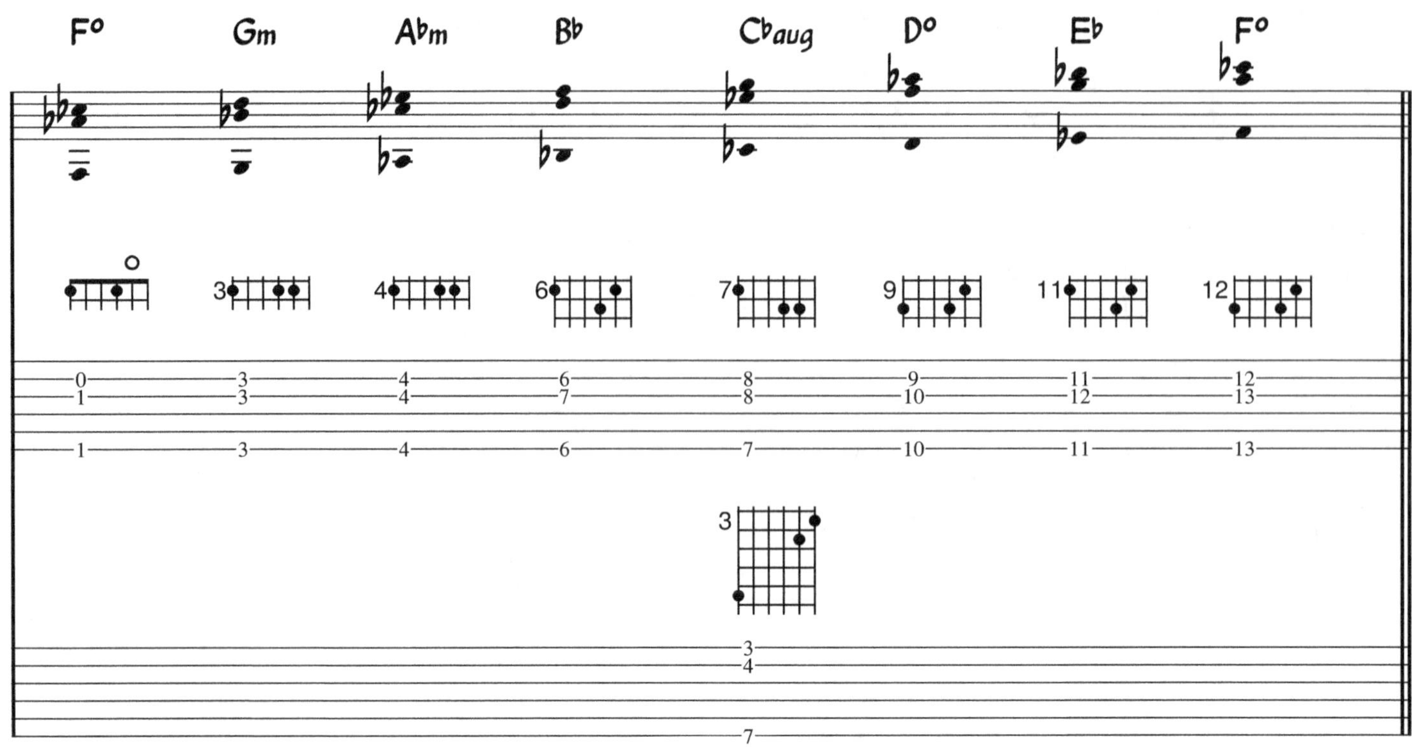

F° Gm A♭m B♭ C♭aug D° E♭ F°

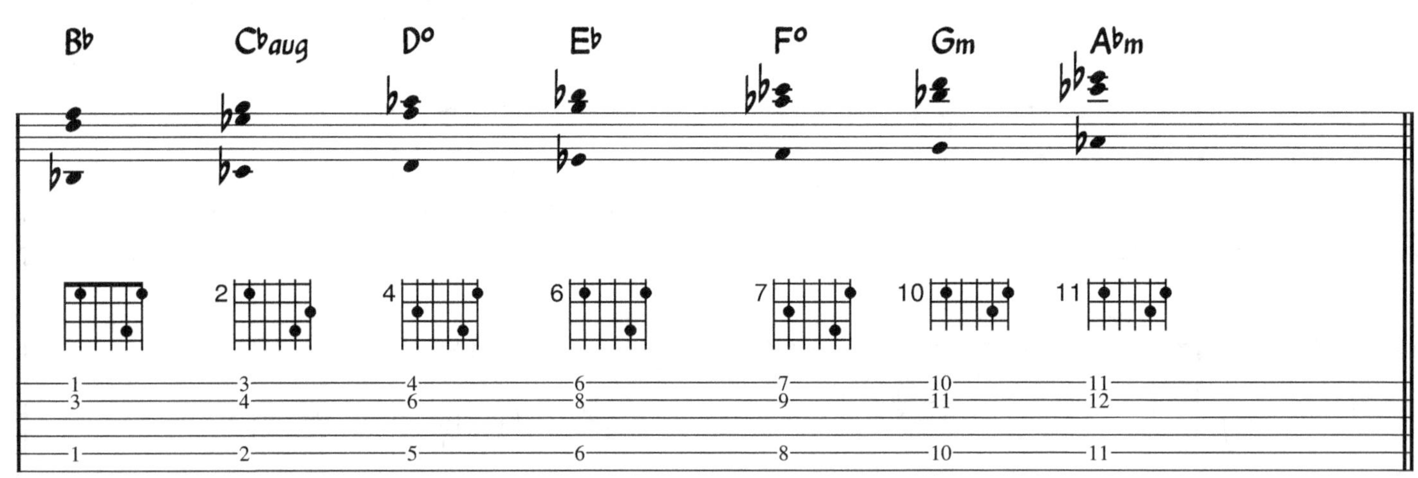

B♭ C♭aug D° E♭ F° Gm A♭m

1. Umk. (weite Lage, Variante 2)

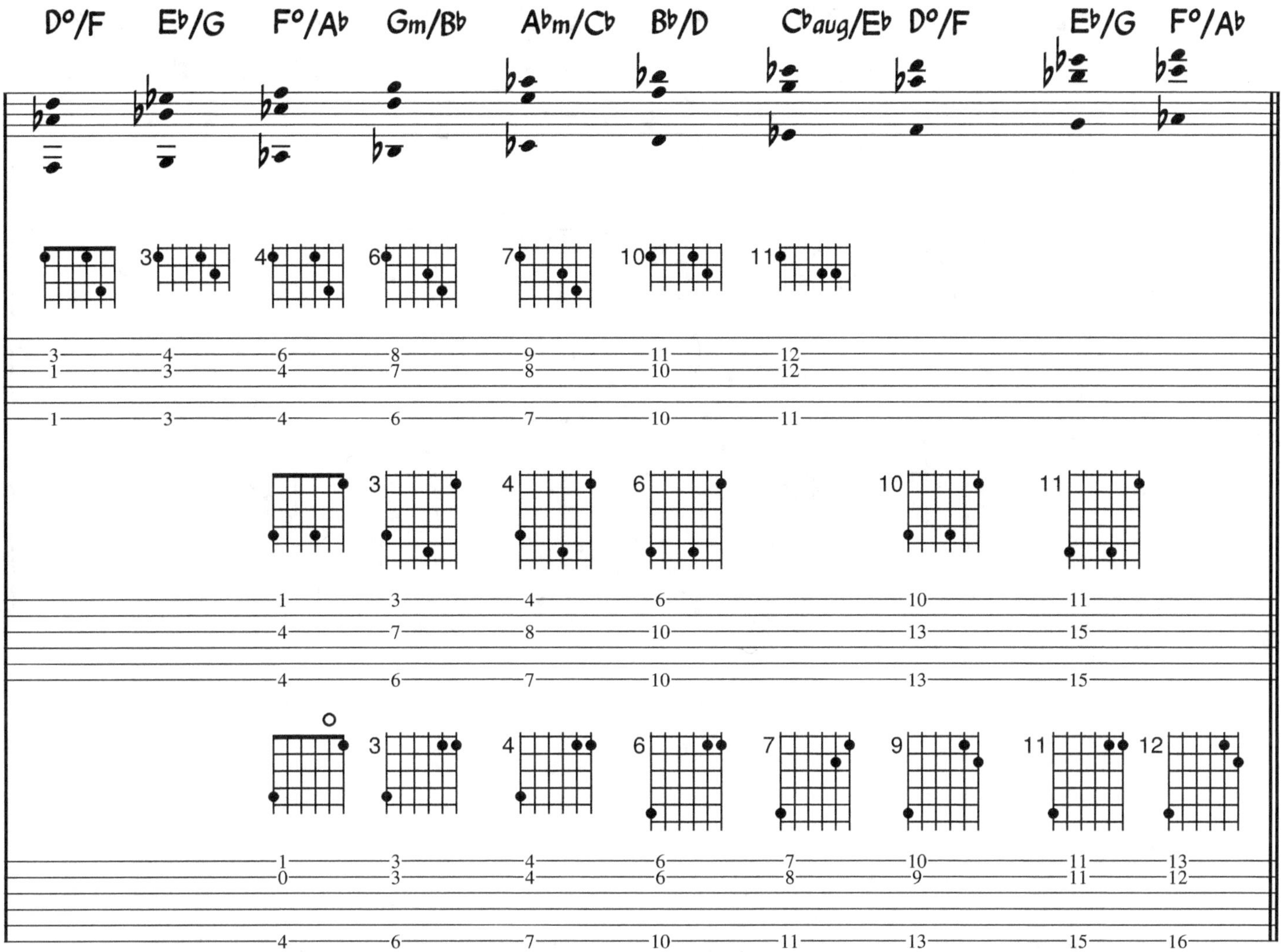

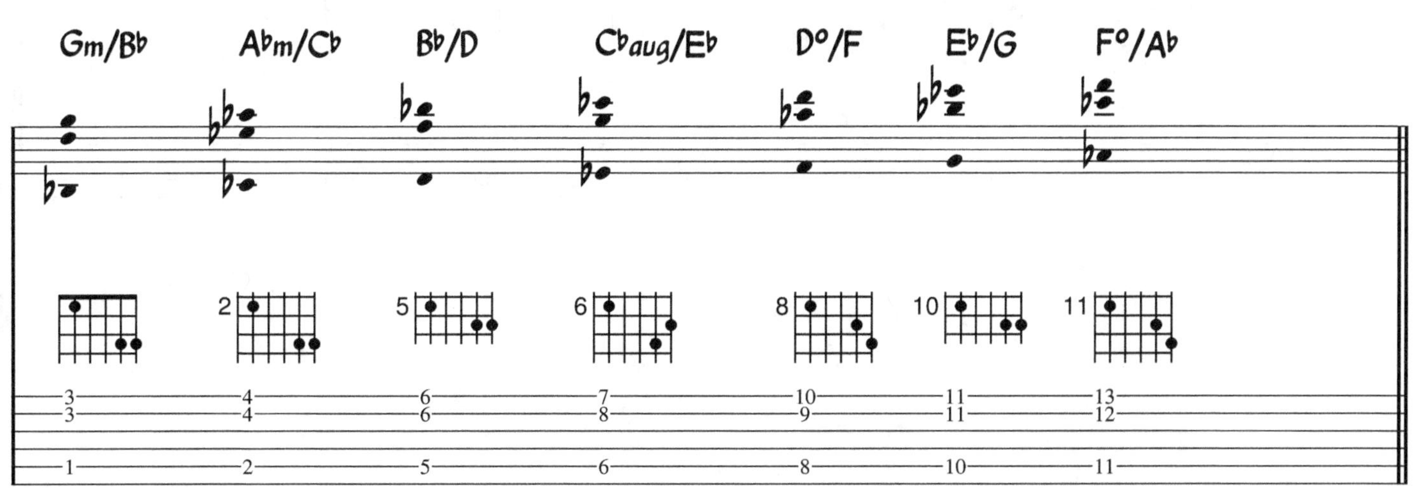

D°/F E♭/G F°/A♭ Gm/B♭ A♭m/C♭ B♭/D C♭aug/E♭ D°/F E♭/G F°/A♭
Gm/B♭ A♭m/C♭ B♭/D C♭aug/E♭ D°/F E♭/G F°/A♭

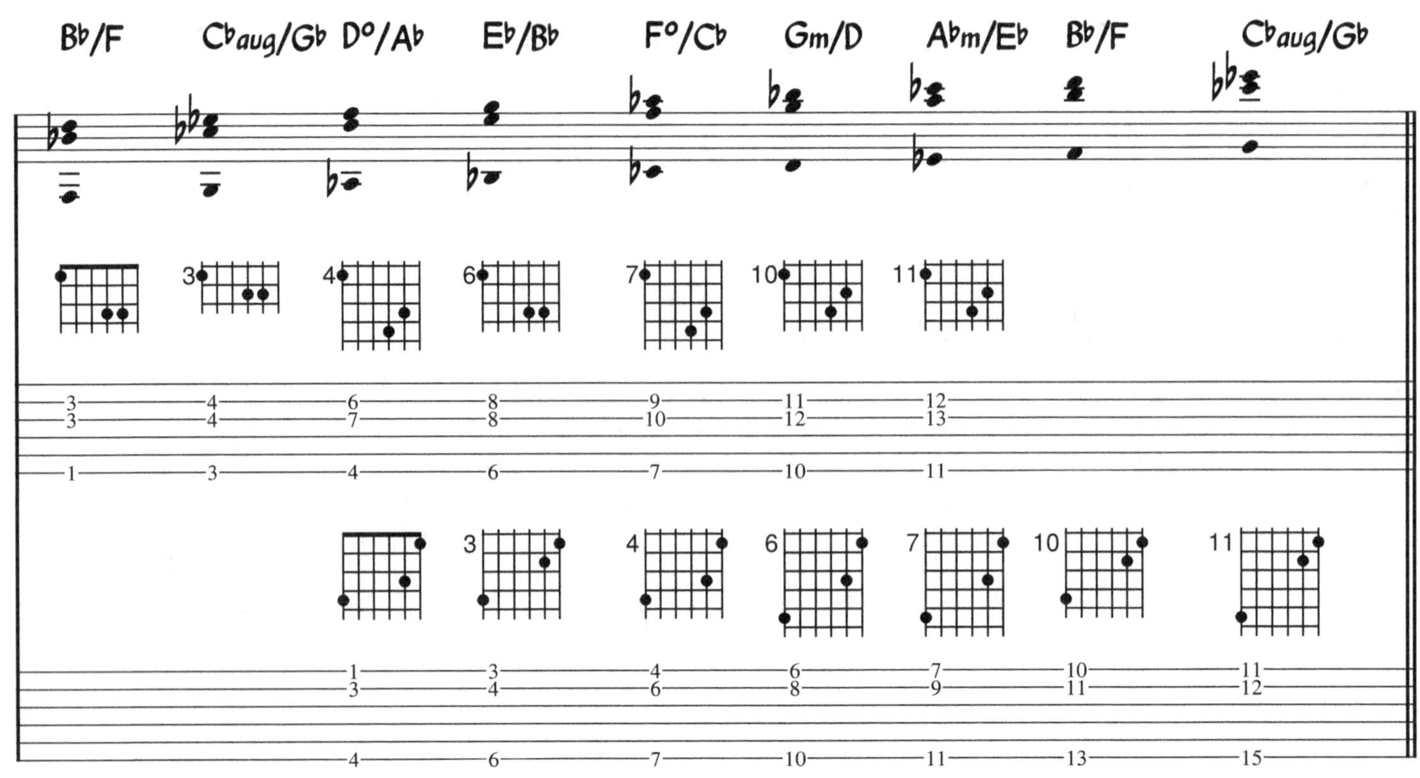

Bb/F   Cbaug/Gb   Do/Ab   Eb/Bb   Fo/Cb   Gm/D   Abm/Eb   Bb/F   Cbaug/Gb

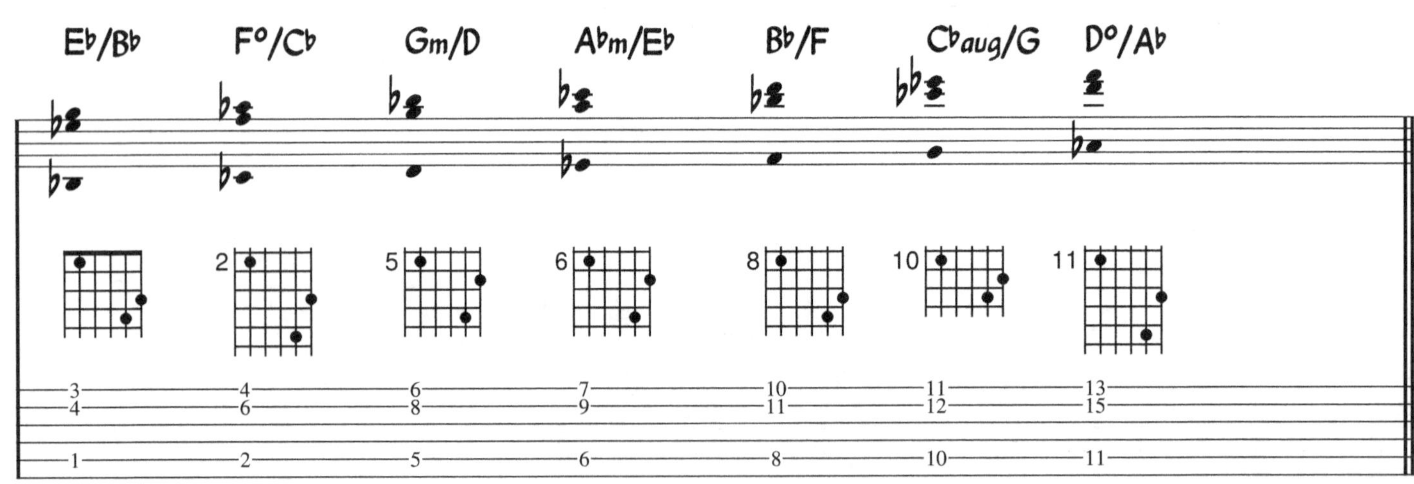

Eb/Bb   Fo/Cb   Gm/D   Abm/Eb   Bb/F   Cbaug/G   Do/Ab

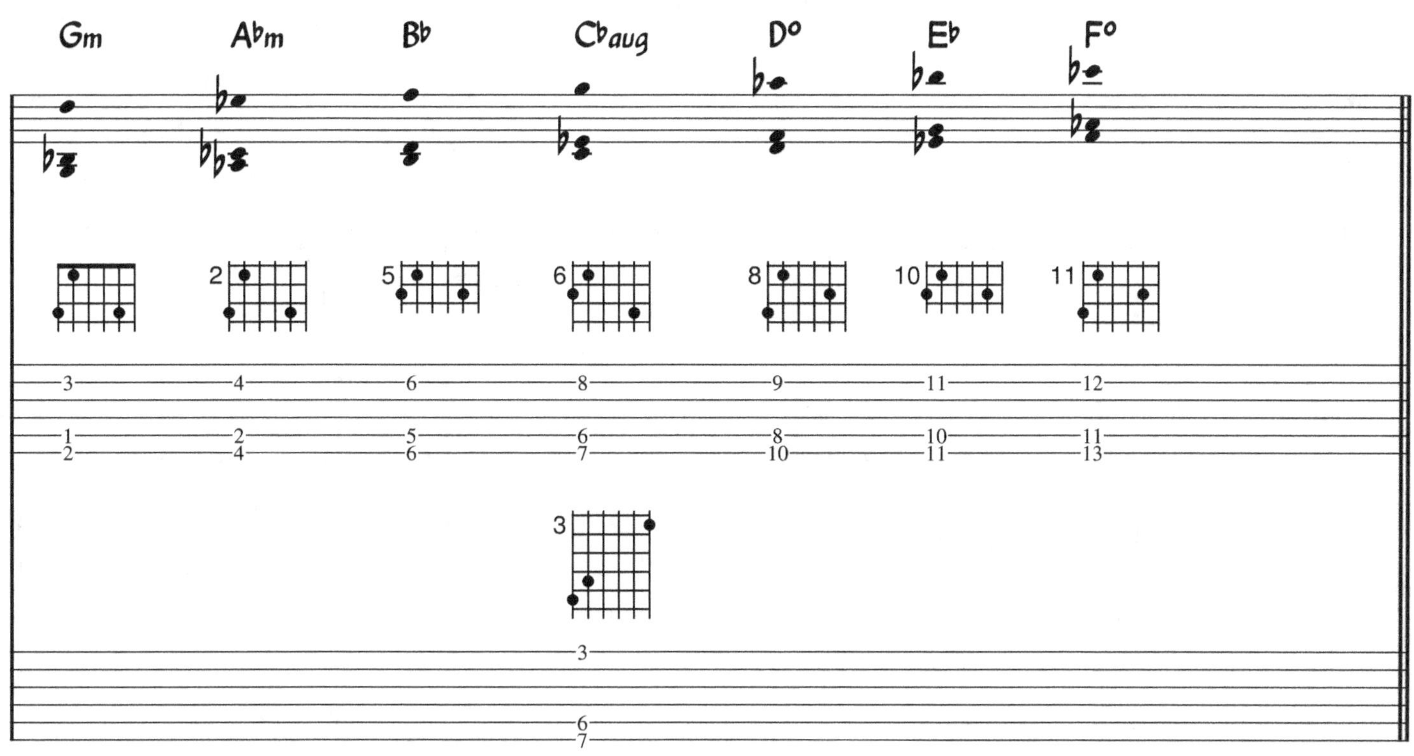
Gm
Abm
Bb
Cbaug
Do
Eb
Fo

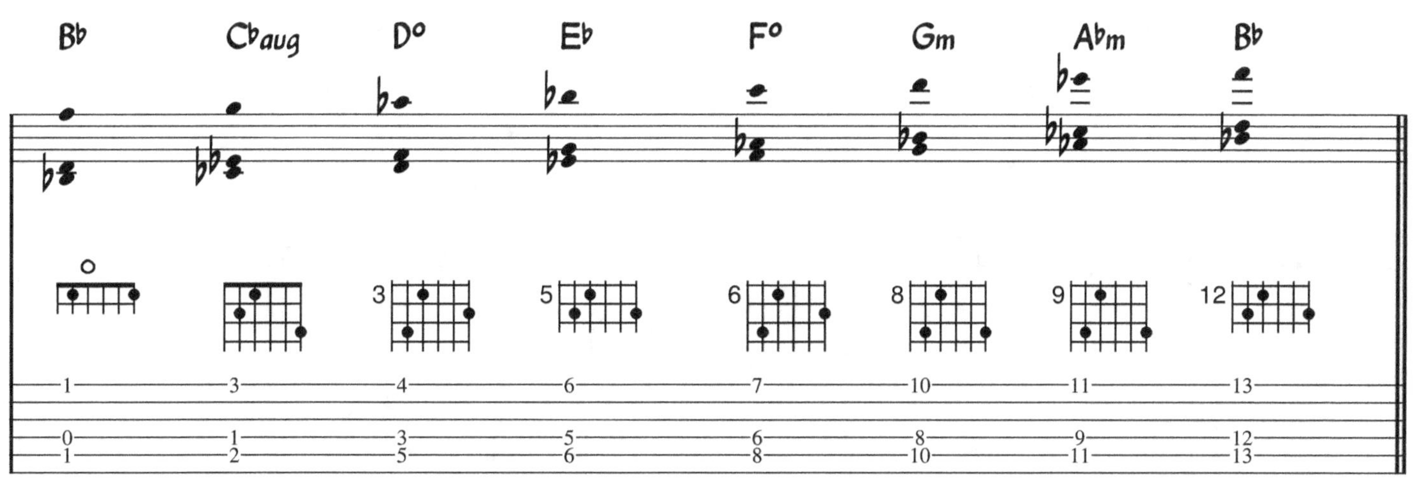
Bb
Cbaug
Do
Eb
Fo
Gm
Abm
Bb

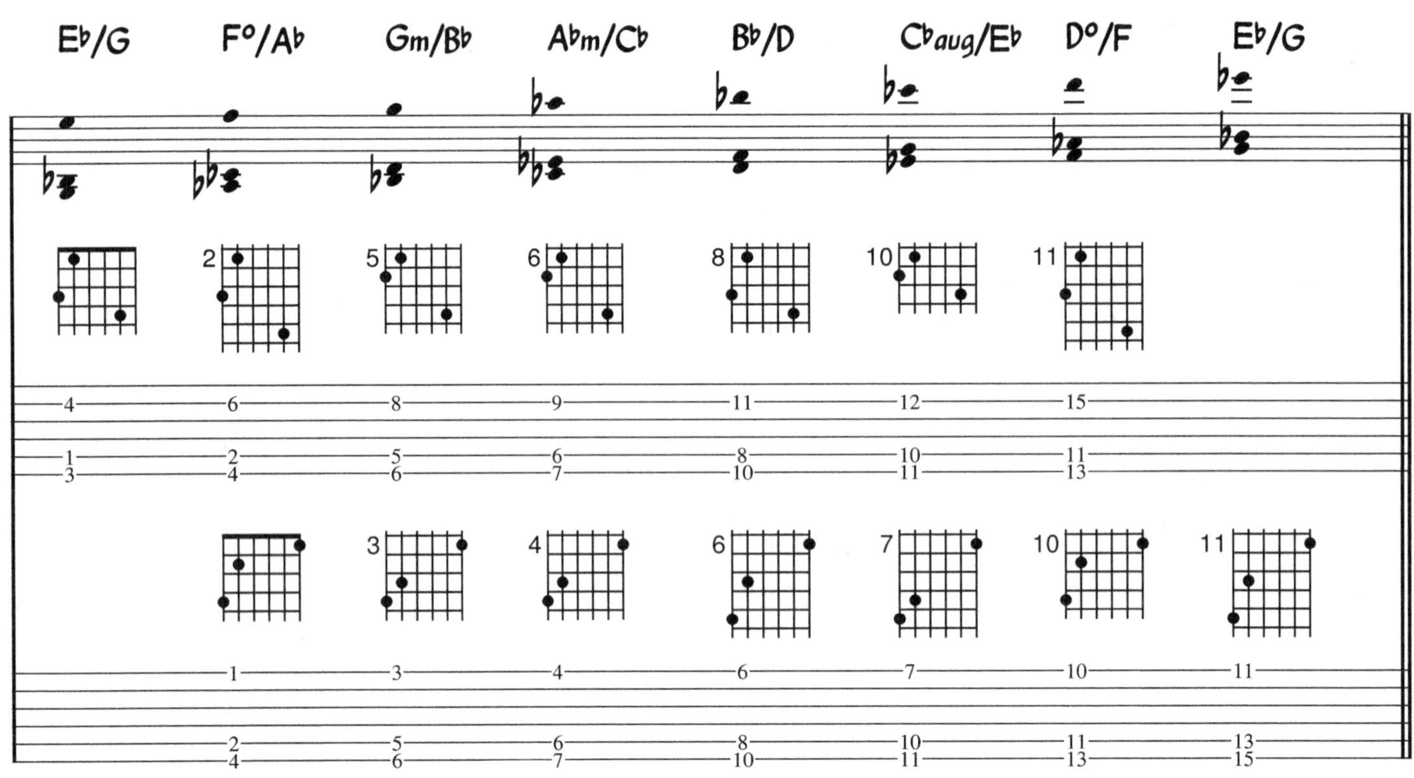

Eb/G
Fo/Ab
Gm/Bb
Abm/Cb
Bb/D
Cbaug/Eb
Do/F
Eb/G

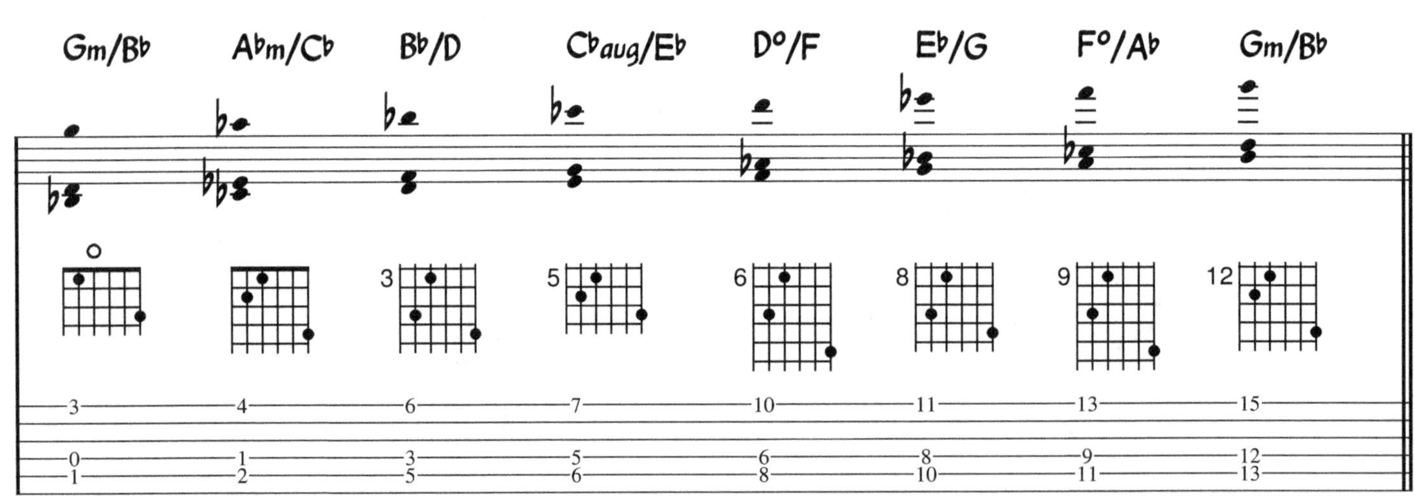

Gm/Bb
Abm/Cb
Bb/D
Cbaug/Eb
Do/F
Eb/G
Fo/Ab
Gm/Bb

Bb/F
Cbaug/G
Do/Ab
Eb/Bb
Fo/Cb
Gm/D
Abm/Eb
Bb/F
Cbaug/G

Eb/Bb
Fo/Cb
Gm/D
Abm/Eb
Bb/F
Cbaug/G
Do/Ab

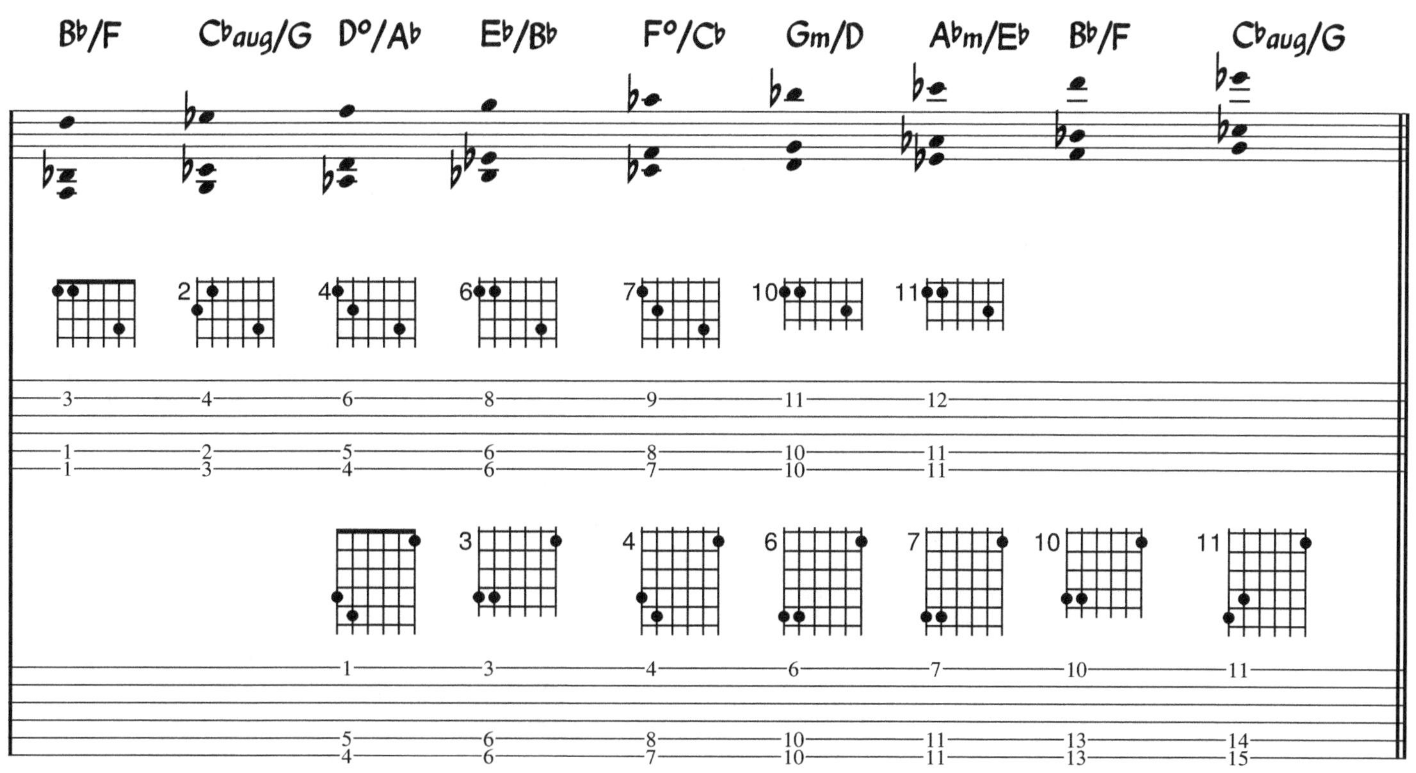

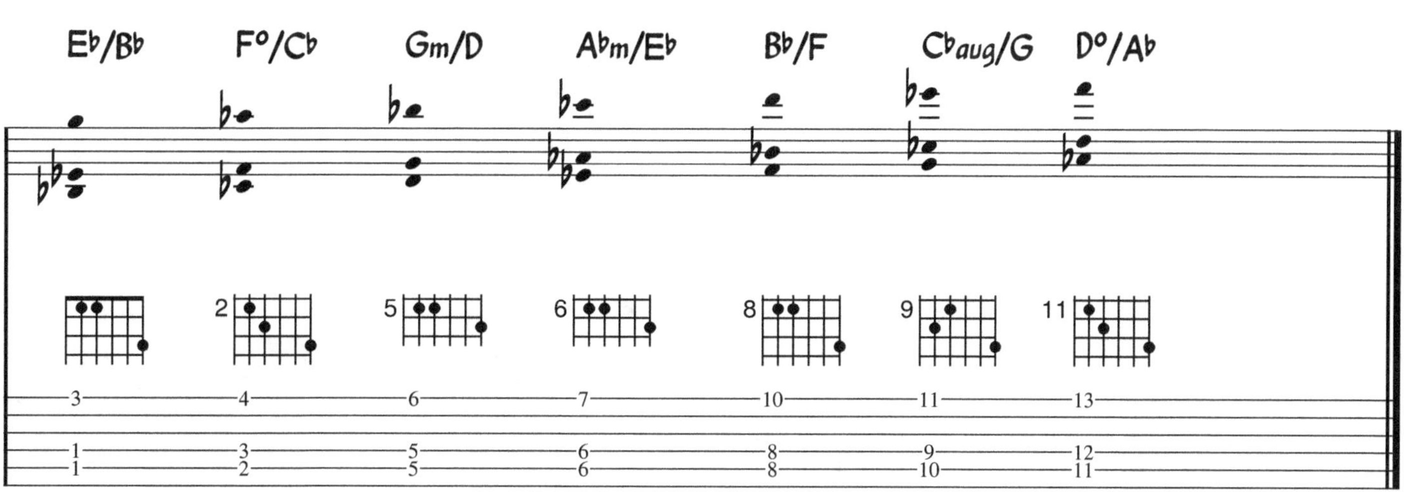

159

~ B♭ harmonisch Dur ~

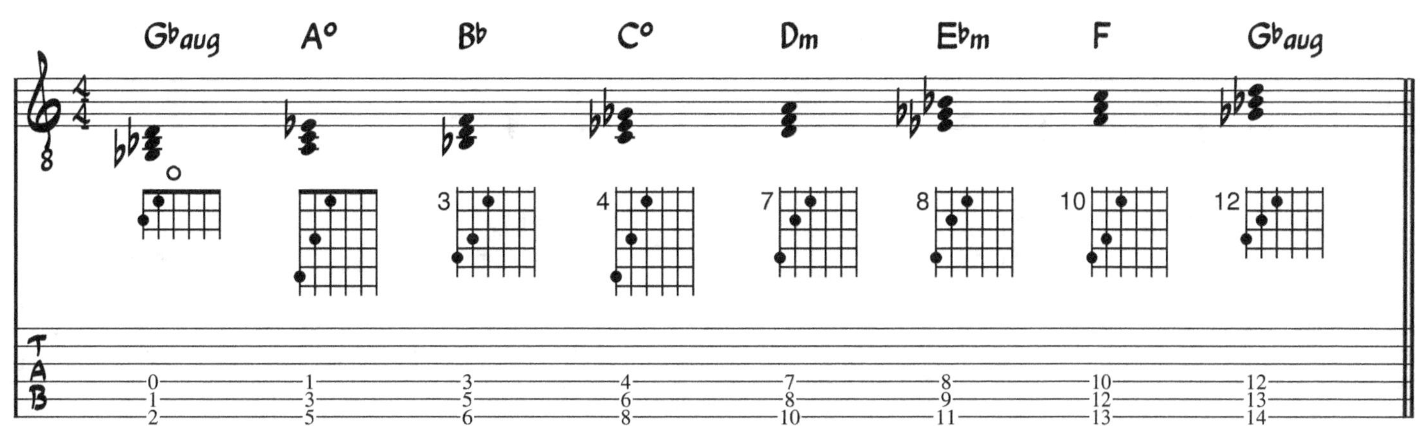

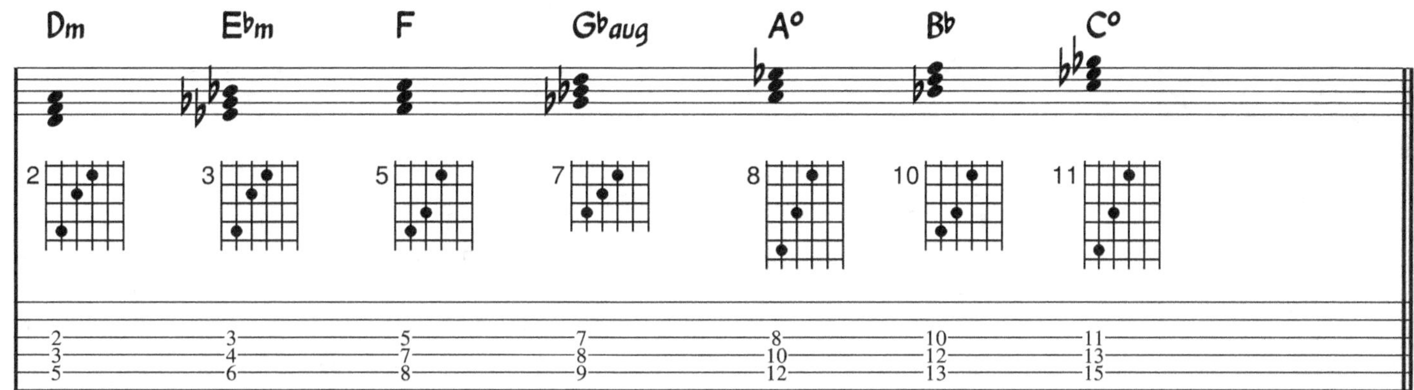

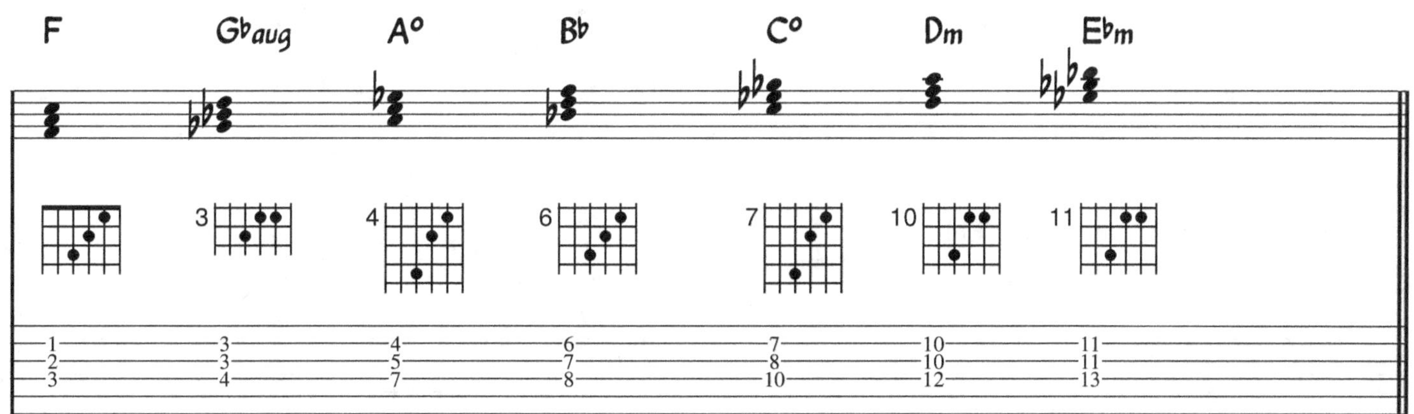

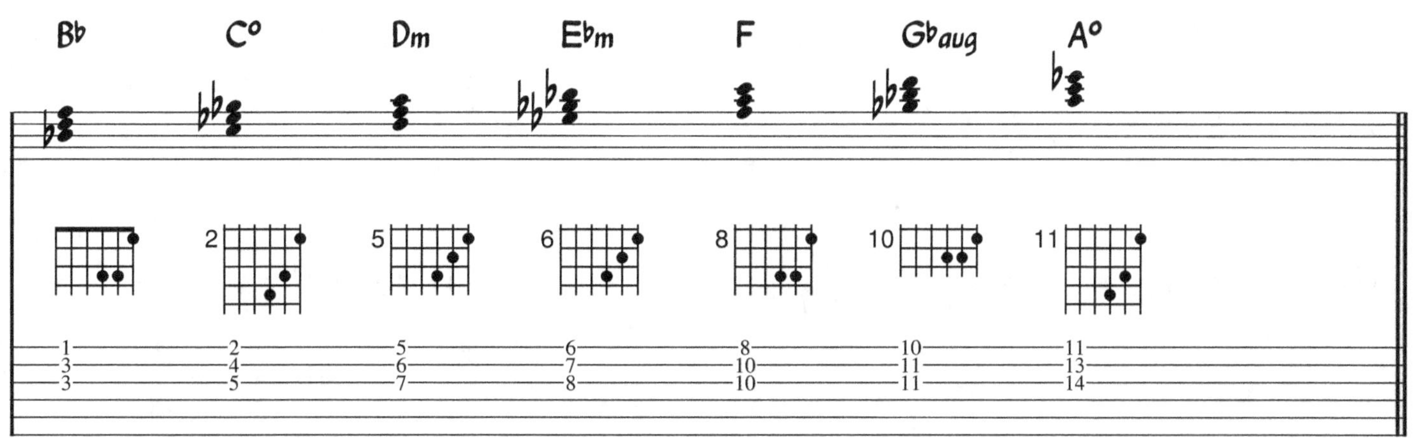

Dm/F   Ebm/Gb   F/A   Gbaug/Bb   A°/C   Bb/D   C°/Eb   Dm/F
A°/C   Bb/D   C°/Eb   Dm/F   Ebm/Gb   F/A   Gbaug/Bb
Dm/F   Ebm/Gb   F/A   Gbaug/Bb   A°/C   Bb/D   C°/Eb
F/A   Gbaug/Bb   A°/C   Bb/D   C°/Eb   Dm/F   Ebm/Gb

Bb/F   Co/Gb   Dm/A   Ebm/Bb   F/C   Gbaug/D   Ao/Eb   Bb/F
F/C   Gbaug/D   Ao/Eb   Bb/F   Co/Gb   Dm/A   Ebm/Bb
Ao/Eb   Bb/F   Co/Gb   Dm/A   Ebm/Bb   F/C   Gbaug/D
Dm/A   Ebm/Bb   F/C   Gbaug/D   Ao/Eb   Bb/F   Co/Gb

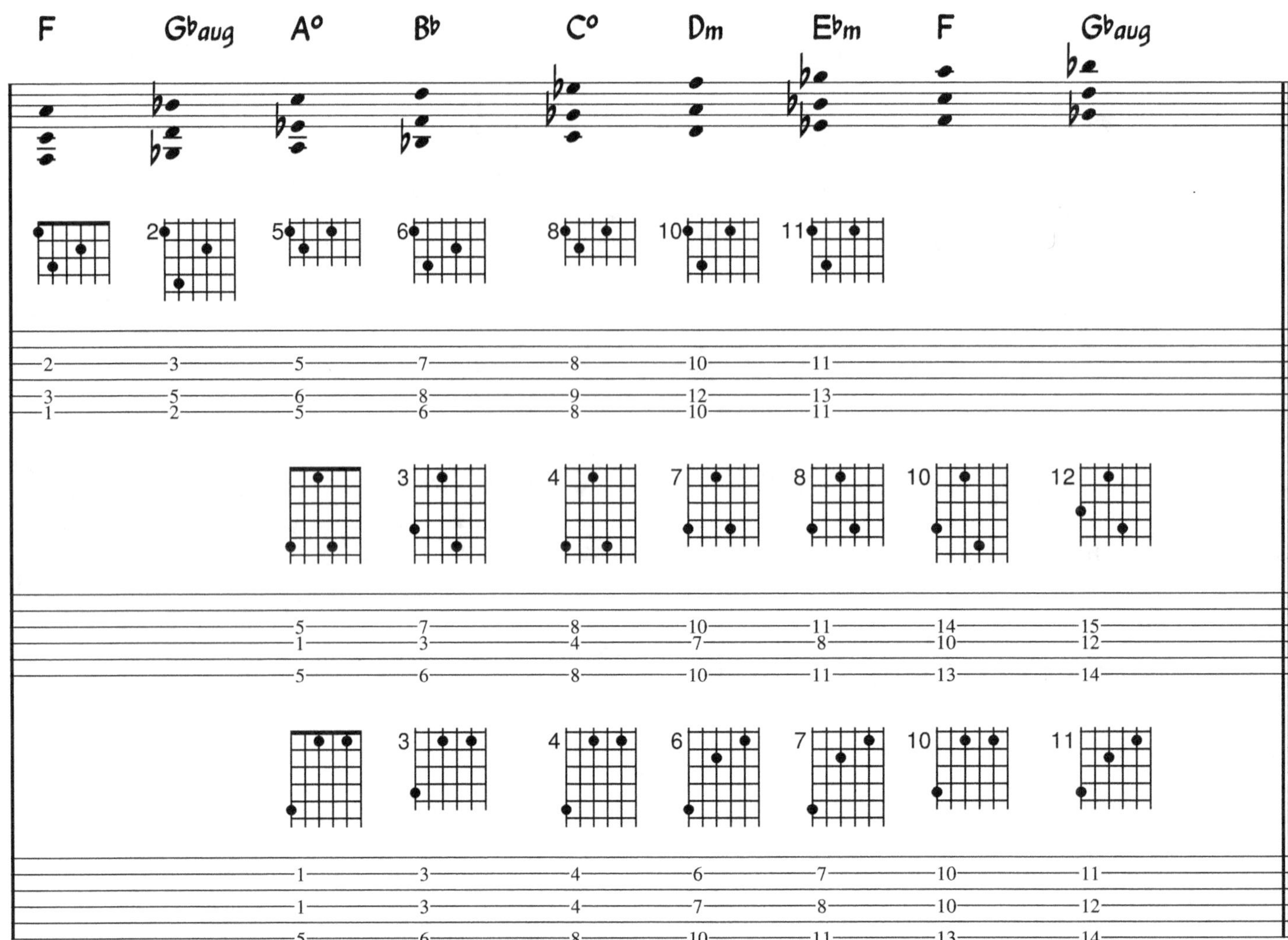

F
G♭aug
A°
B♭
C°
Dm
E♭m
F
G♭aug

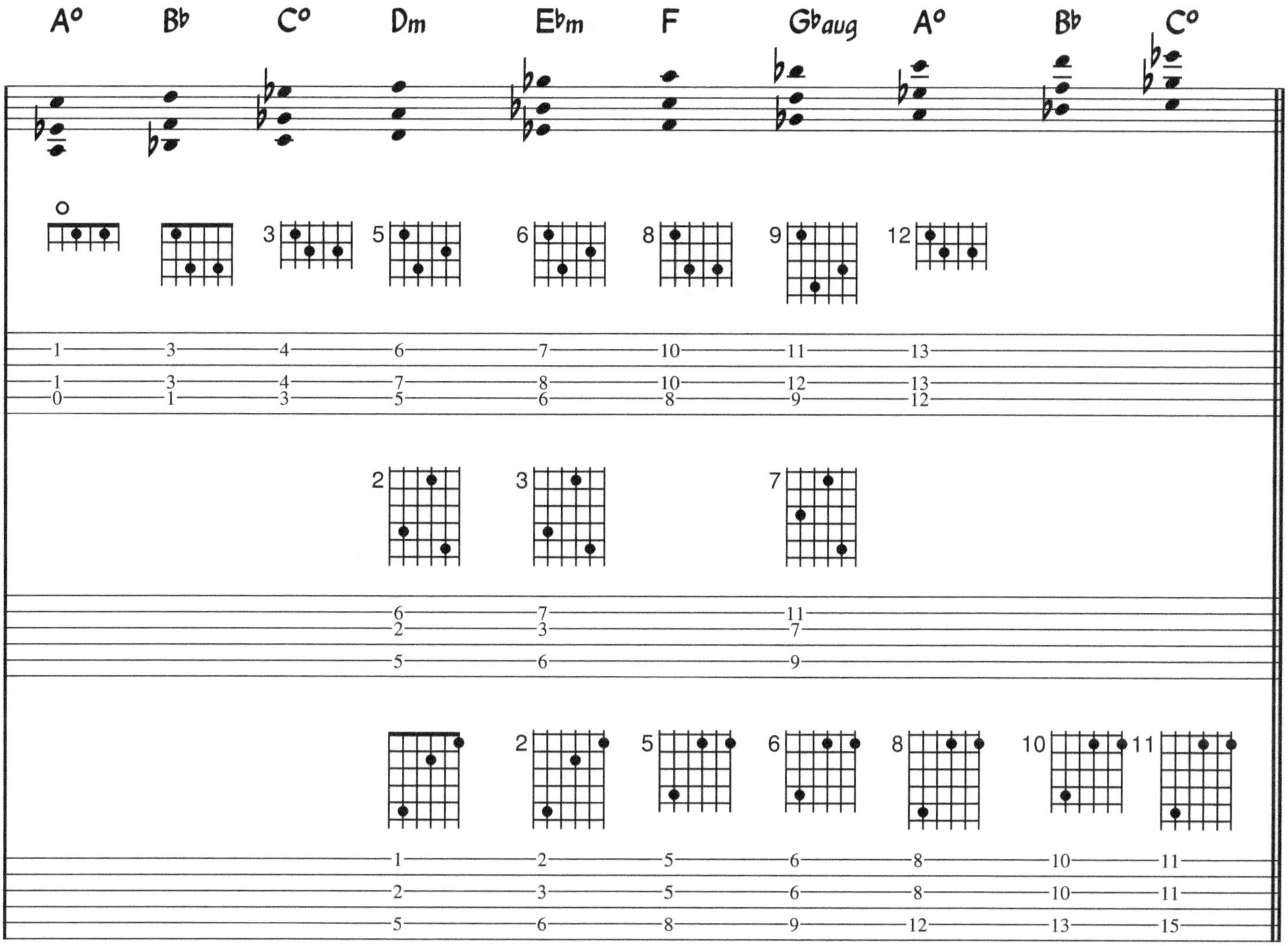

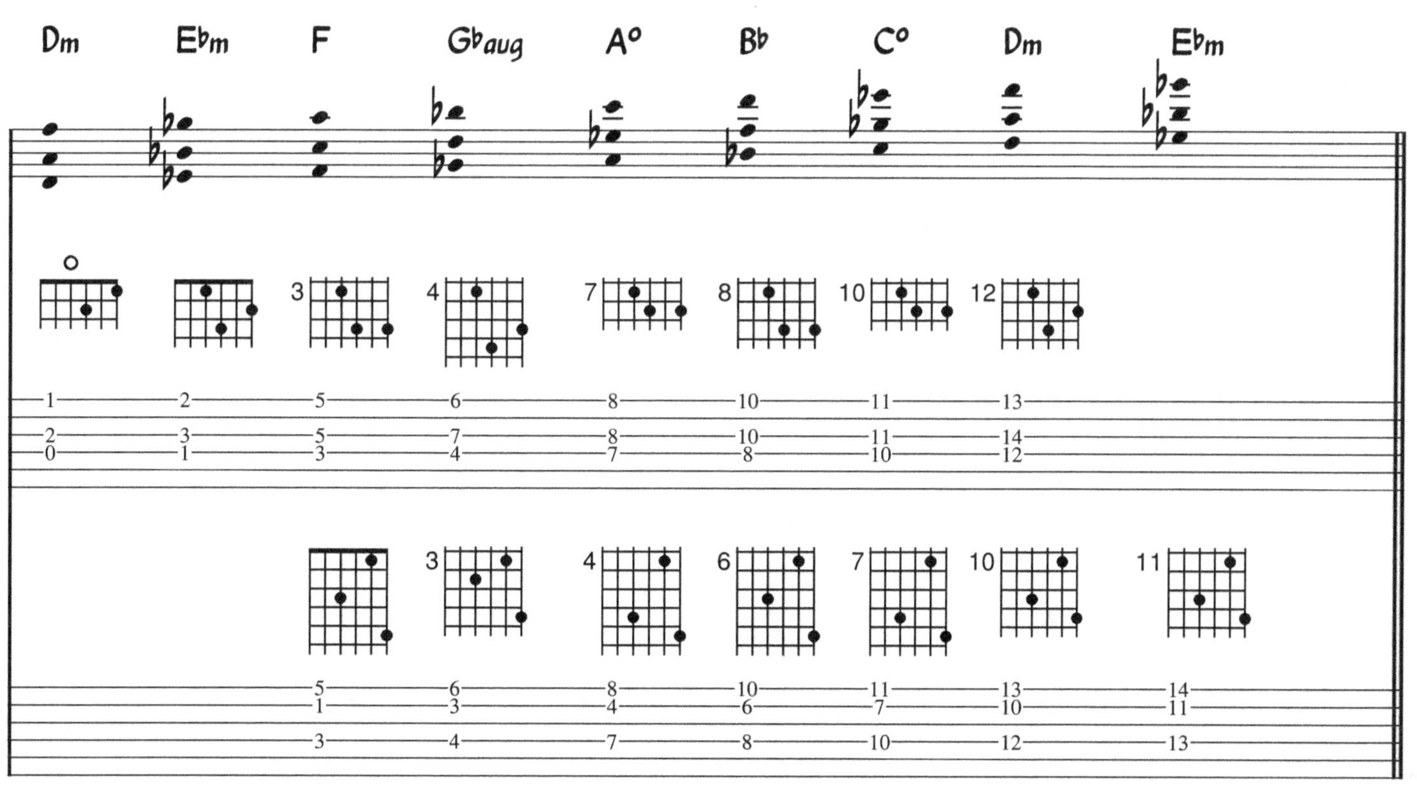

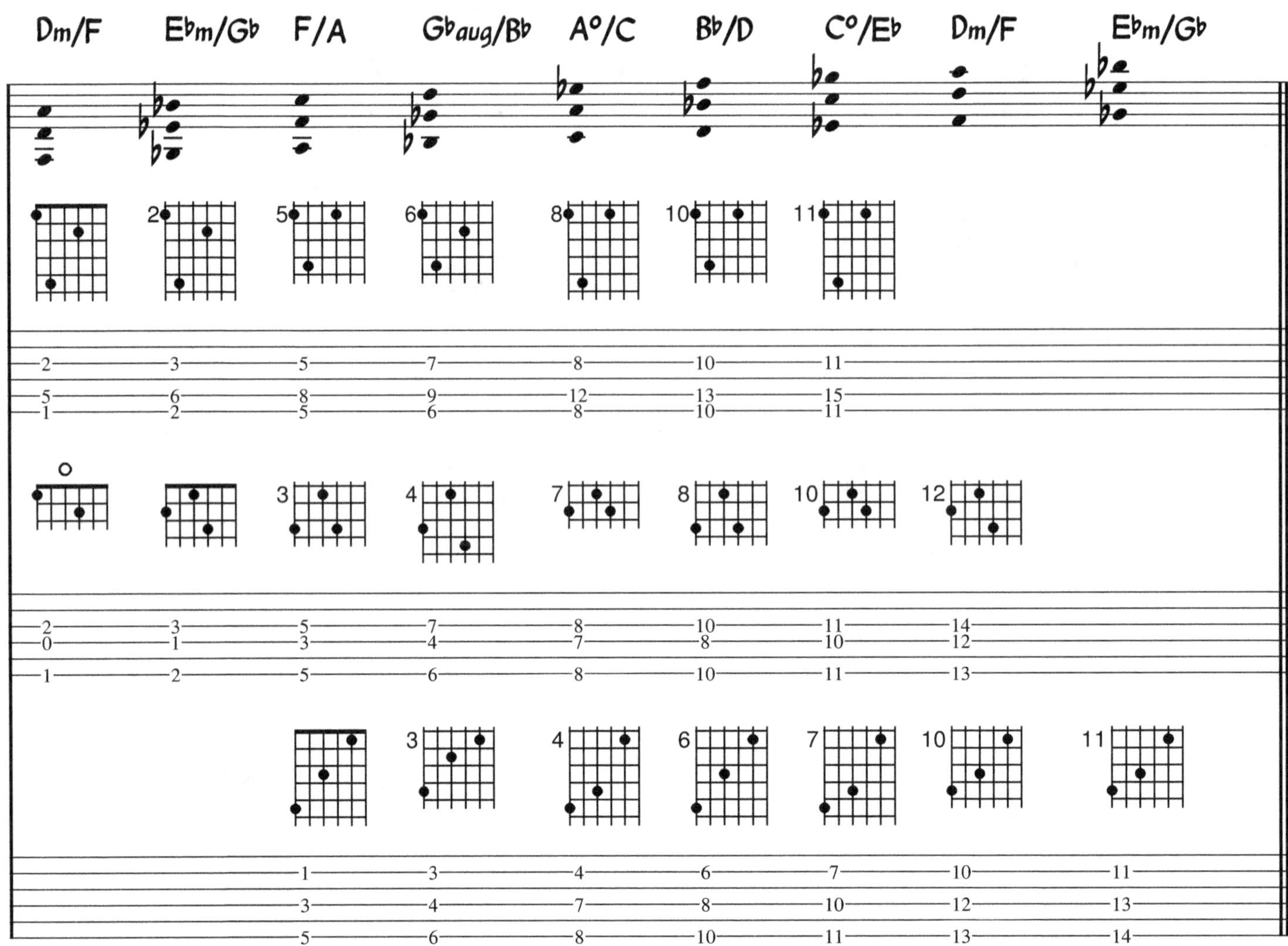
Dm/F
Ebm/Gb
F/A
Gbaug/Bb
A°/C
Bb/D
C°/Eb
Dm/F
Ebm/Gb

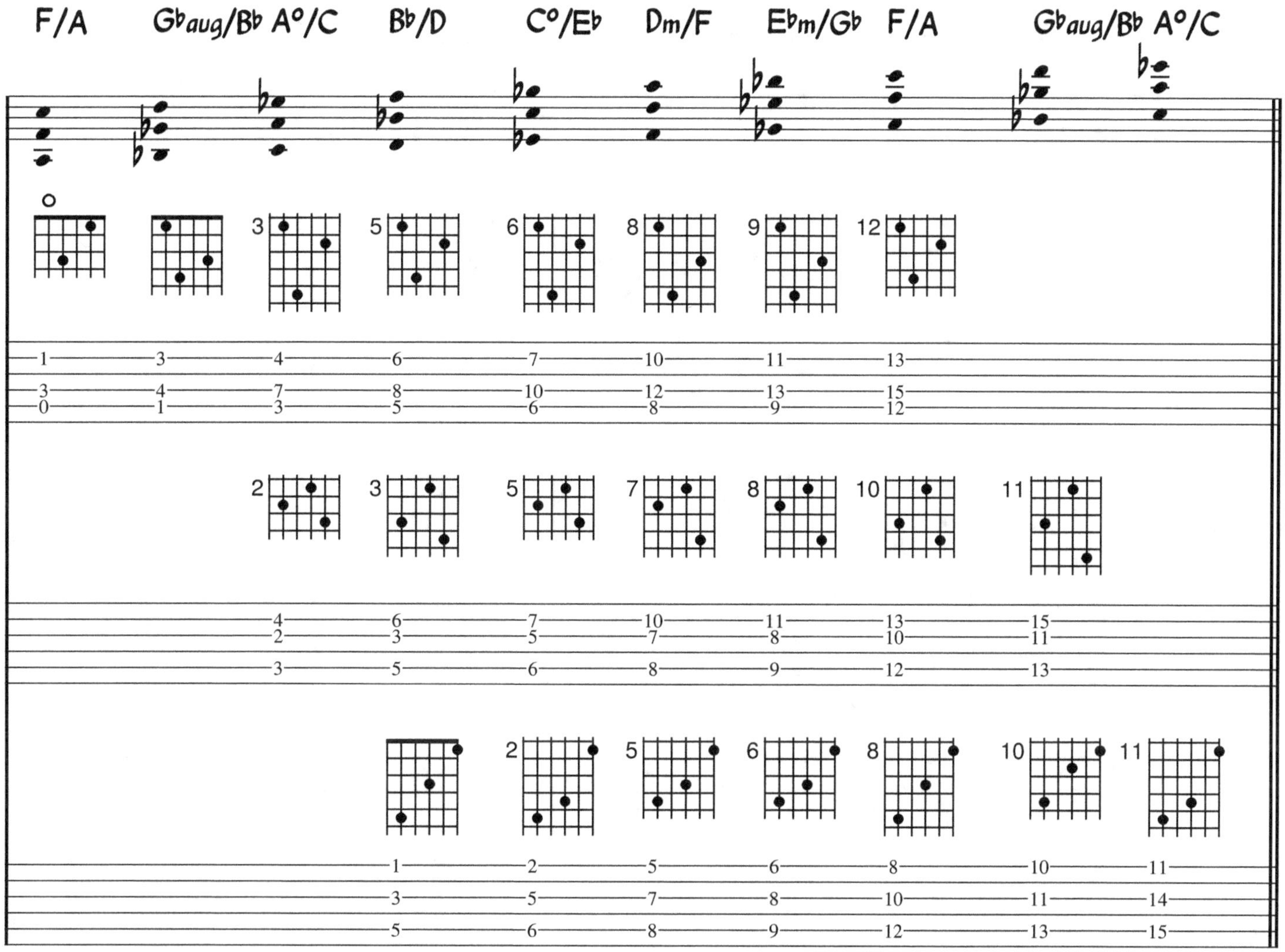
F/A
G♭aug/B♭
A°/C
B♭/D
C°/E♭
Dm/F
E♭m/G♭
F/A
G♭aug/B♭
A°/C

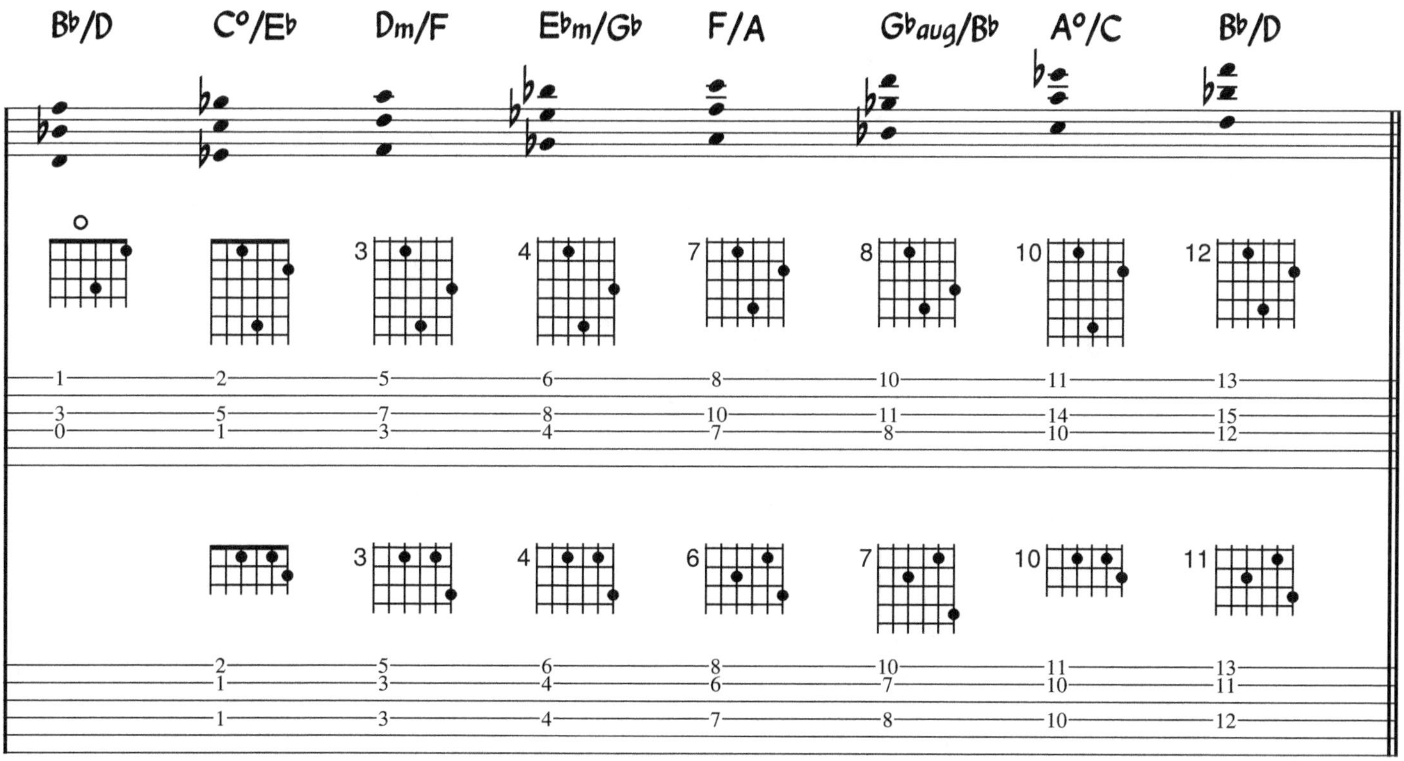
B♭/D
C°/E♭
Dm/F
E♭m/G♭
F/A
G♭aug/B♭
A°/C
B♭/D

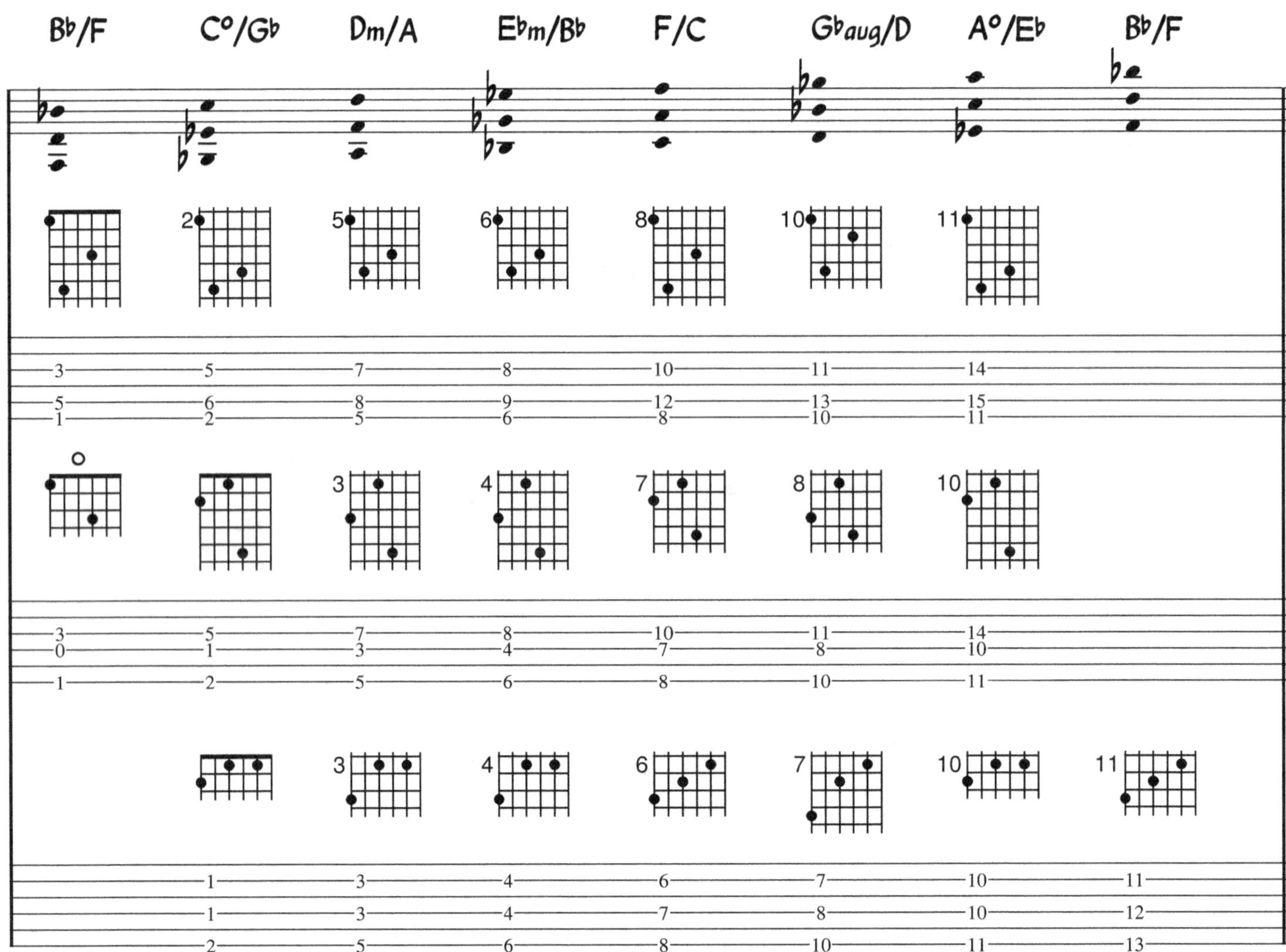

Bb/F
C°/Gb
Dm/A
Ebm/Bb
F/C
Gbaug/D
A°/Eb
Bb/F

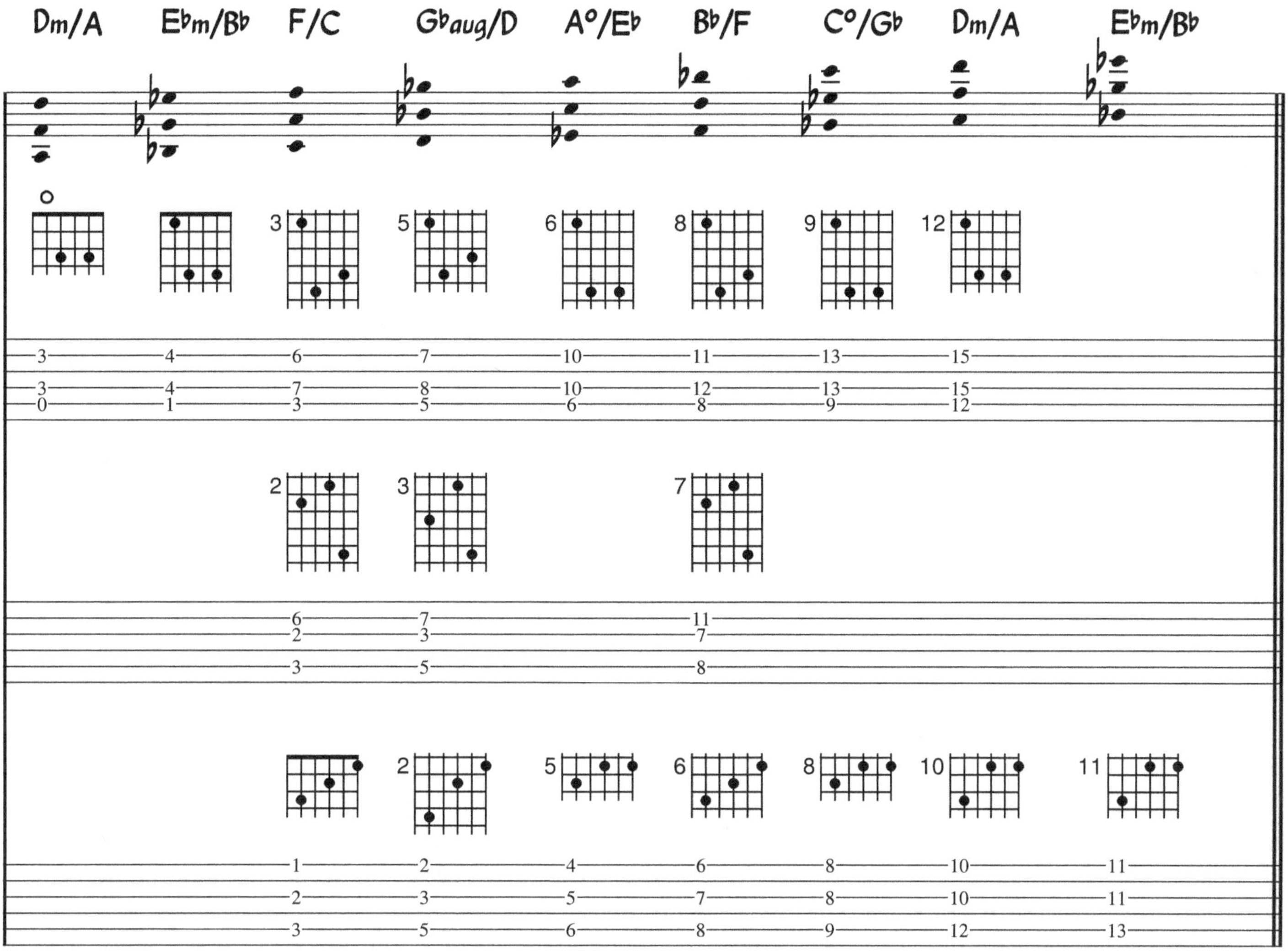

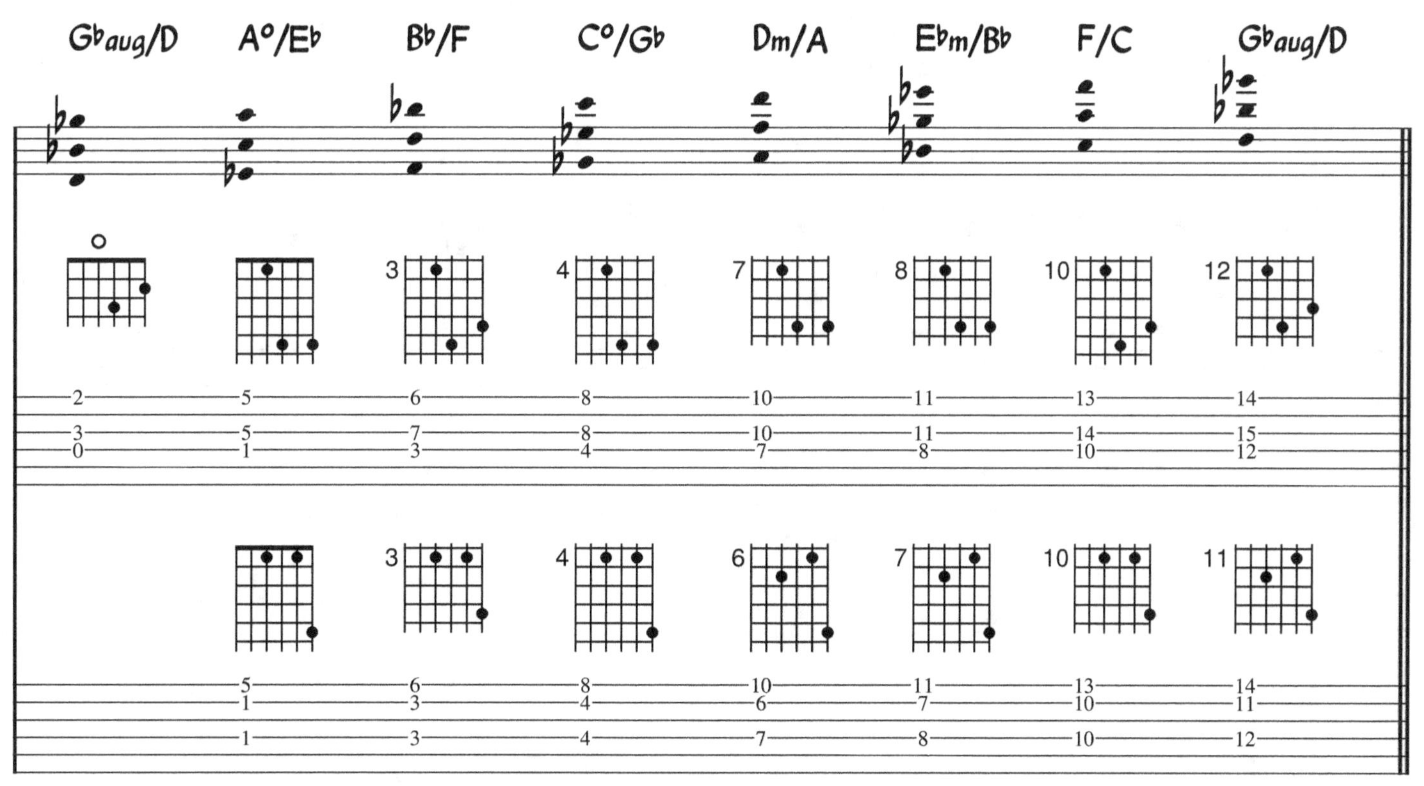

Dm/A Ebm/Bb F/C Gbaug/D Ao/Eb Bb/F Co/Gb Dm/A Ebm/Bb
Gbaug/D Ao/Eb Bb/F Co/Gb Dm/A Ebm/Bb F/C Gbaug/D

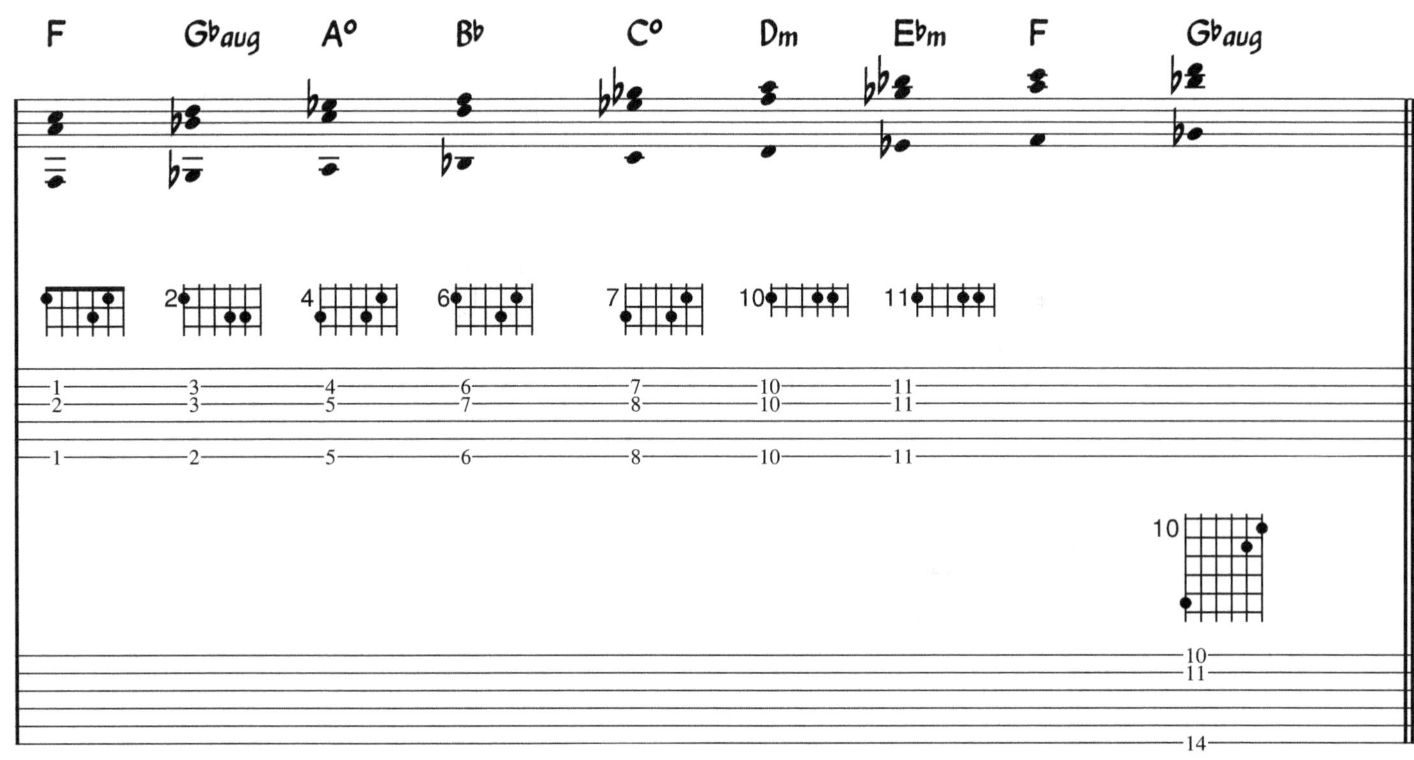
F
G♭aug
Aᵒ
B♭
Cᵒ
Dm
E♭m
F
G♭aug

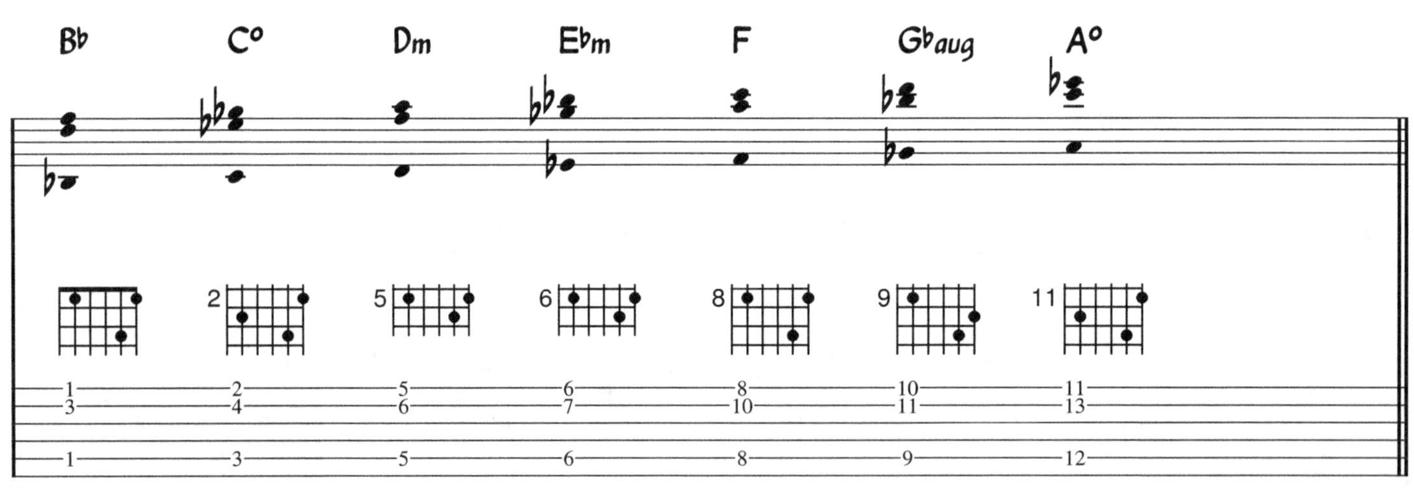
B♭
Cᵒ
Dm
E♭m
F
G♭aug
Aᵒ

1. Umk. (weite Lage, Variante 2)

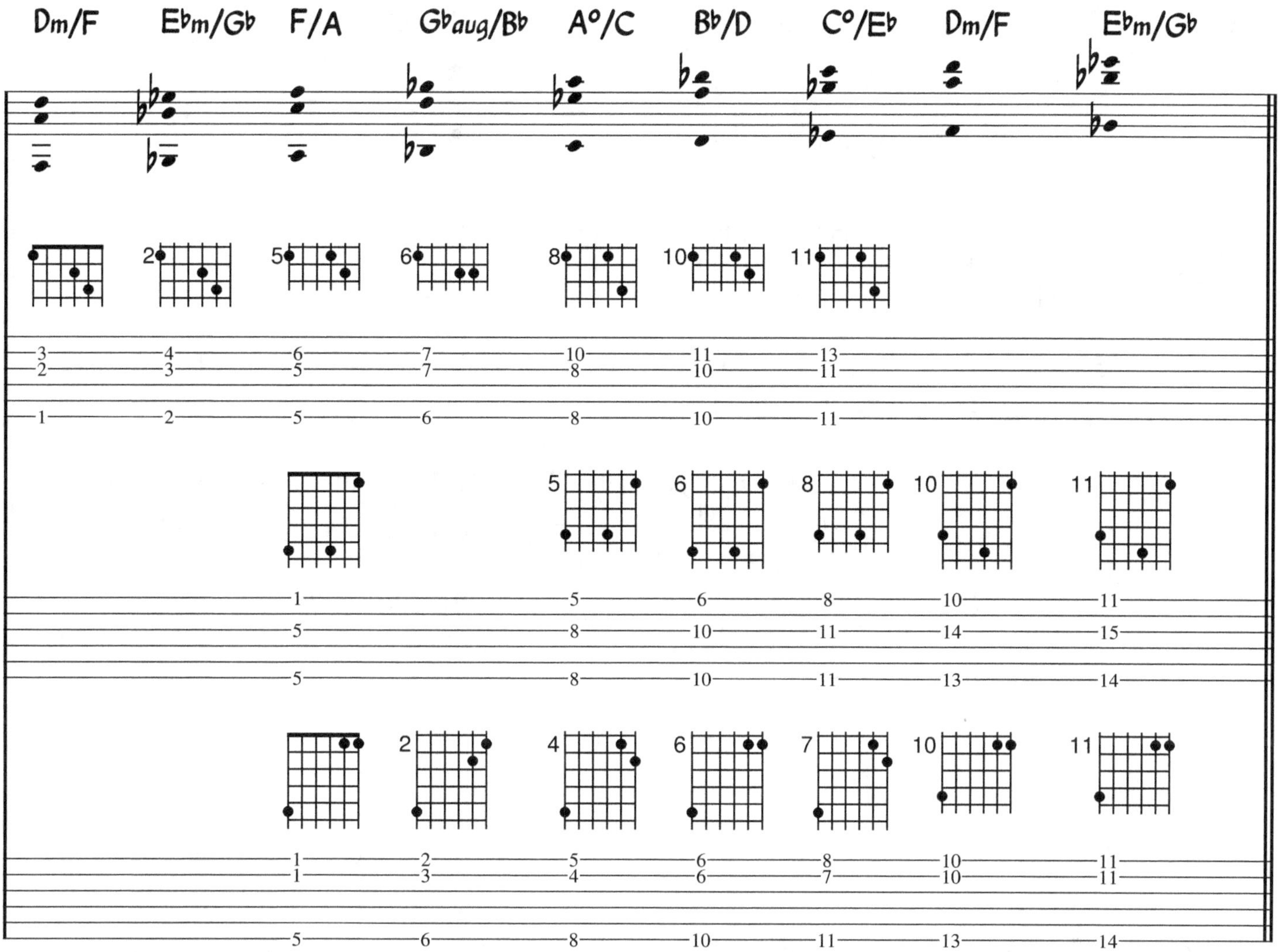

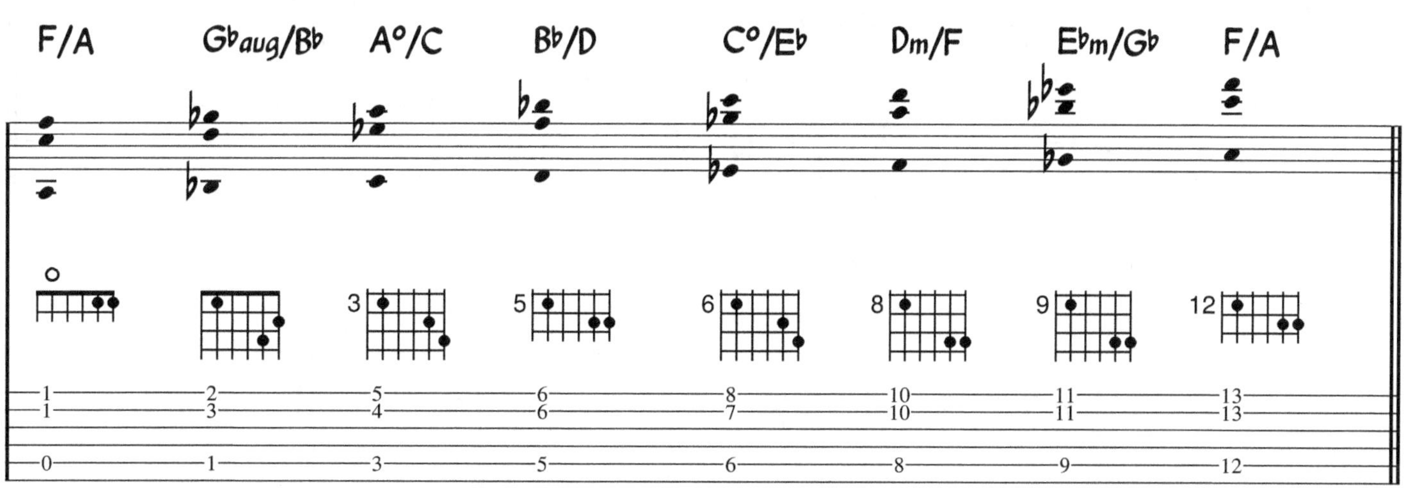

Dm/F   Ebm/Gb   F/A   Gbaug/Bb   A°/C   Bb/D   C°/Eb   Dm/F   Ebm/Gb
F/A   Gbaug/Bb   A°/C   Bb/D   C°/Eb   Dm/F   Ebm/Gb   F/A
171

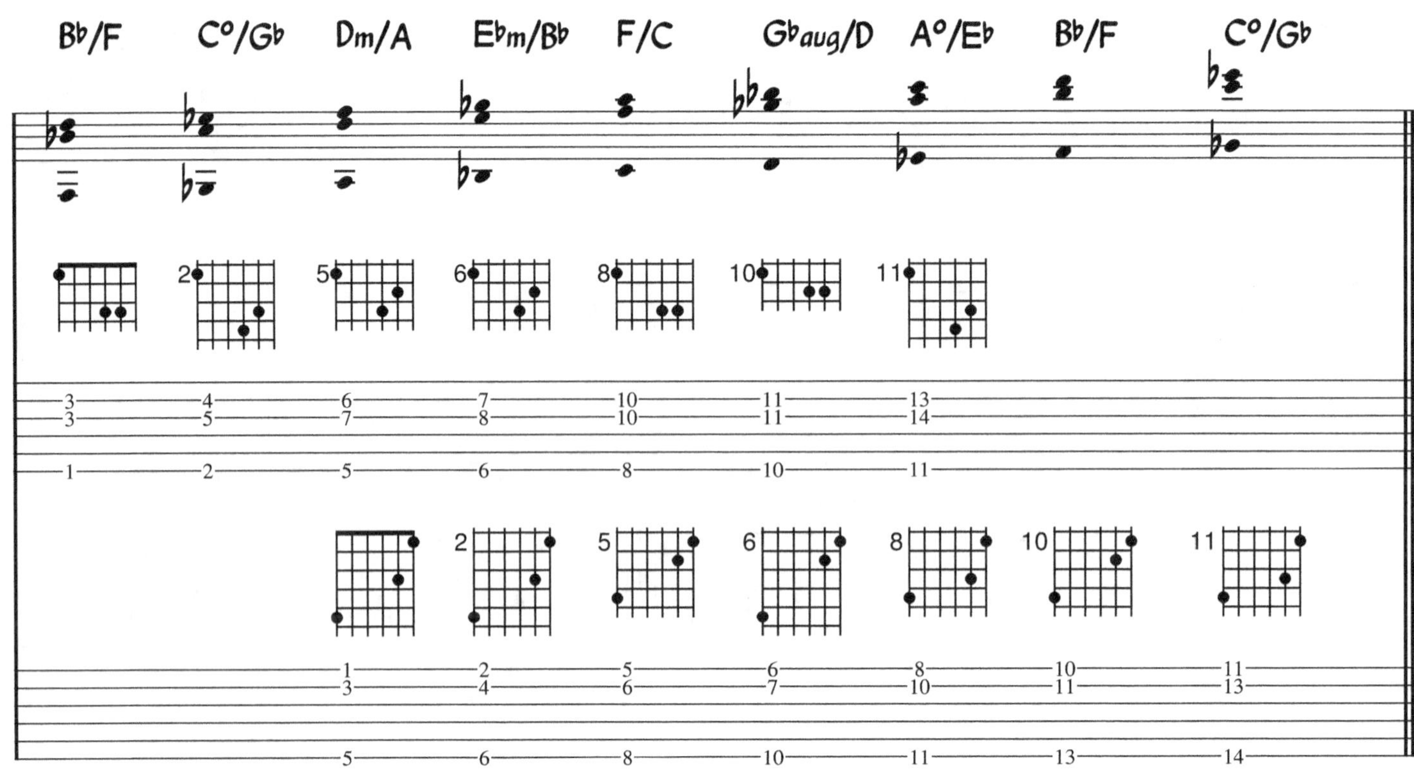

B♭/F
C°/G♭
Dm/A
E♭m/B♭
F/C
G♭aug/D
A°/E♭
B♭/F
C°/G♭

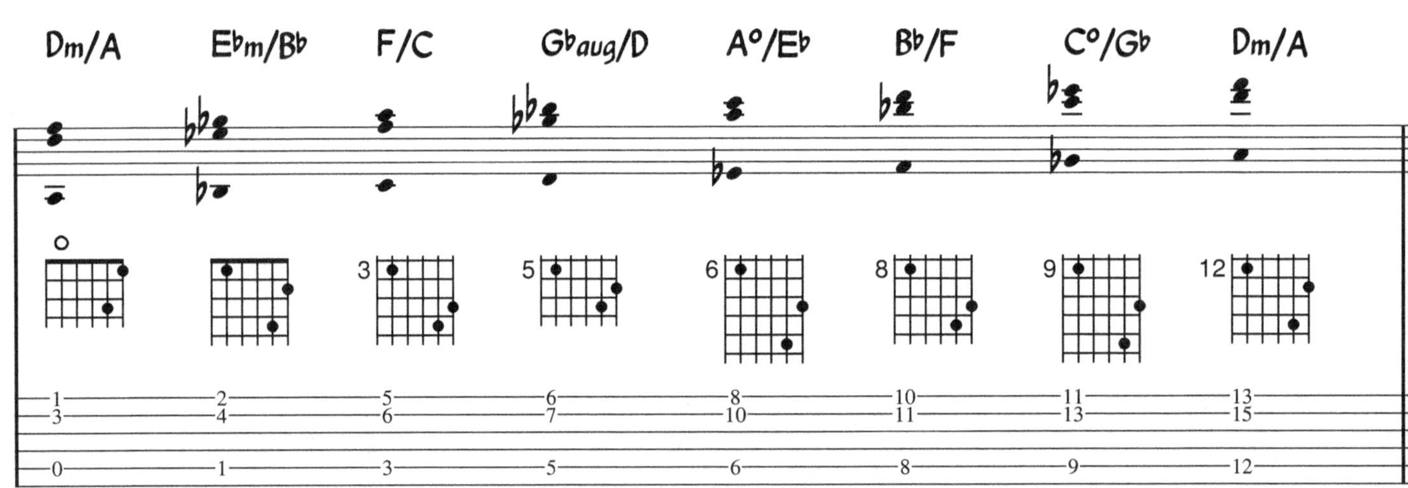

Dm/A
E♭m/B♭
F/C
G♭aug/D
A°/E♭
B♭/F
C°/G♭
Dm/A

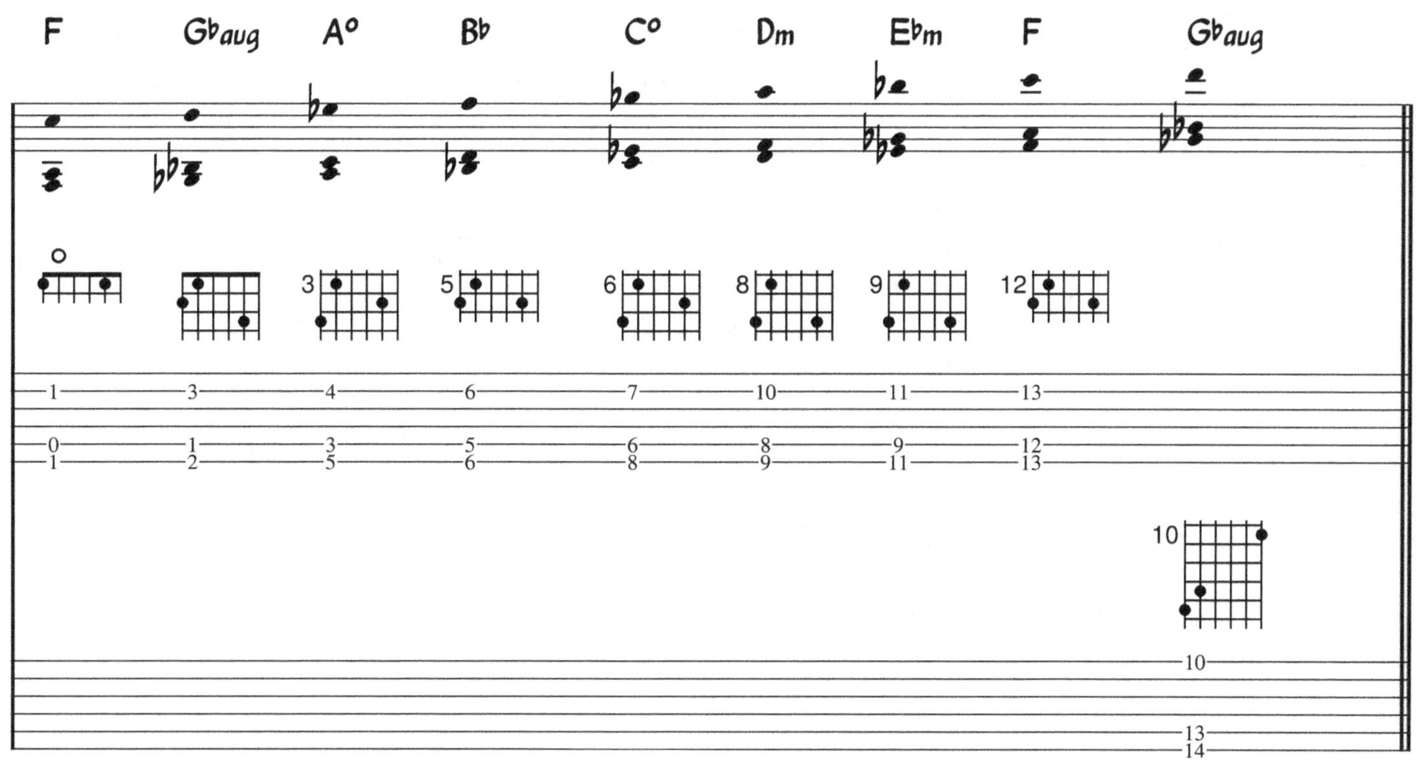

F   Gbaug   A°   Bb   C°   Dm   Ebm   F   Gbaug

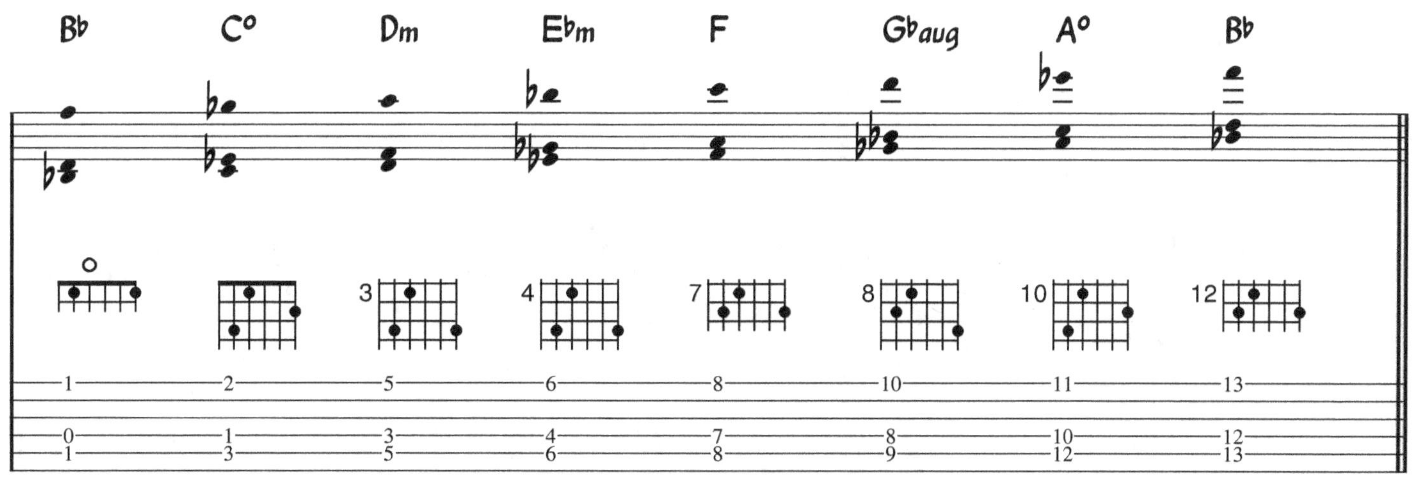

Bb   C°   Dm   Ebm   F   Gbaug   A°   Bb

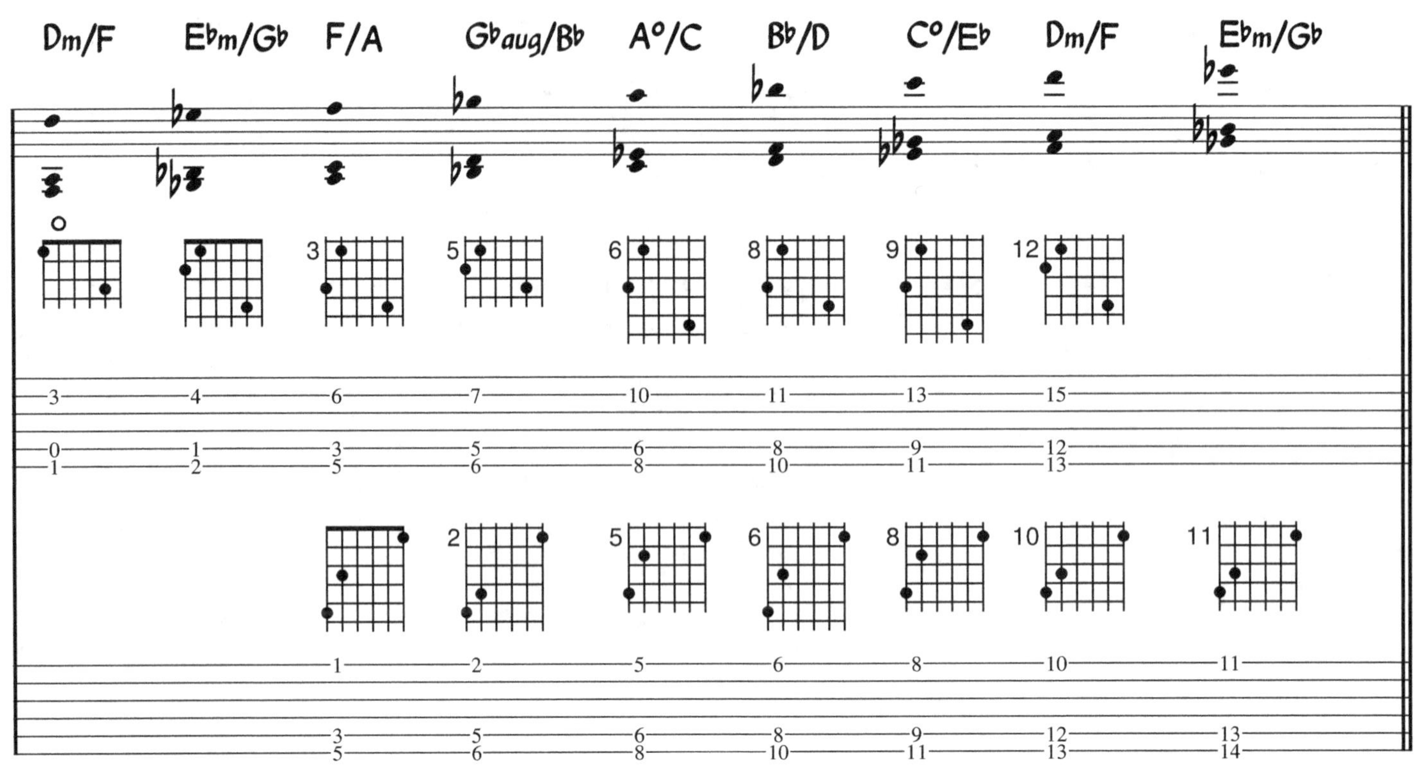
Dm/F
Ebm/Gb
F/A
Gbaug/Bb
A°/C
Bb/D
C°/Eb
Dm/F
Ebm/Gb

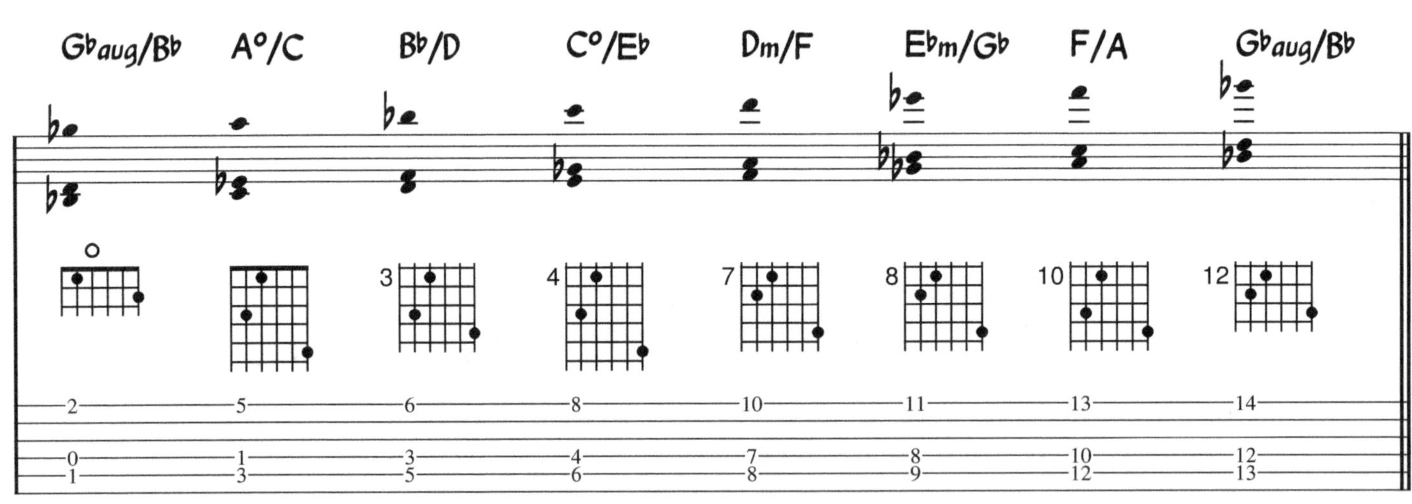
Gbaug/Bb
A°/C
Bb/D
C°/Eb
Dm/F
Ebm/Gb
F/A
Gbaug/Bb

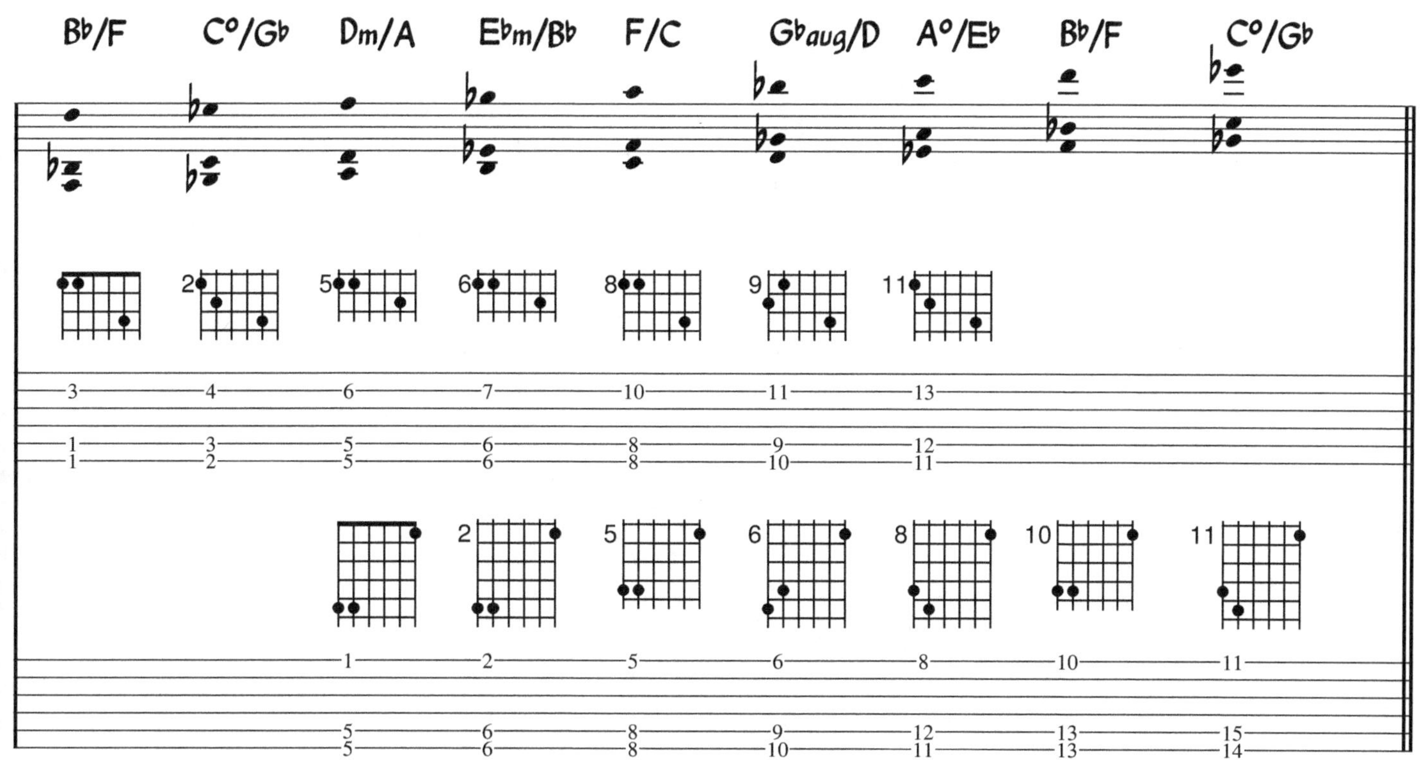
Bb/F
C°/Gb
Dm/A
Ebm/Bb
F/C
Gbaug/D
A°/Eb
Bb/F
C°/Gb

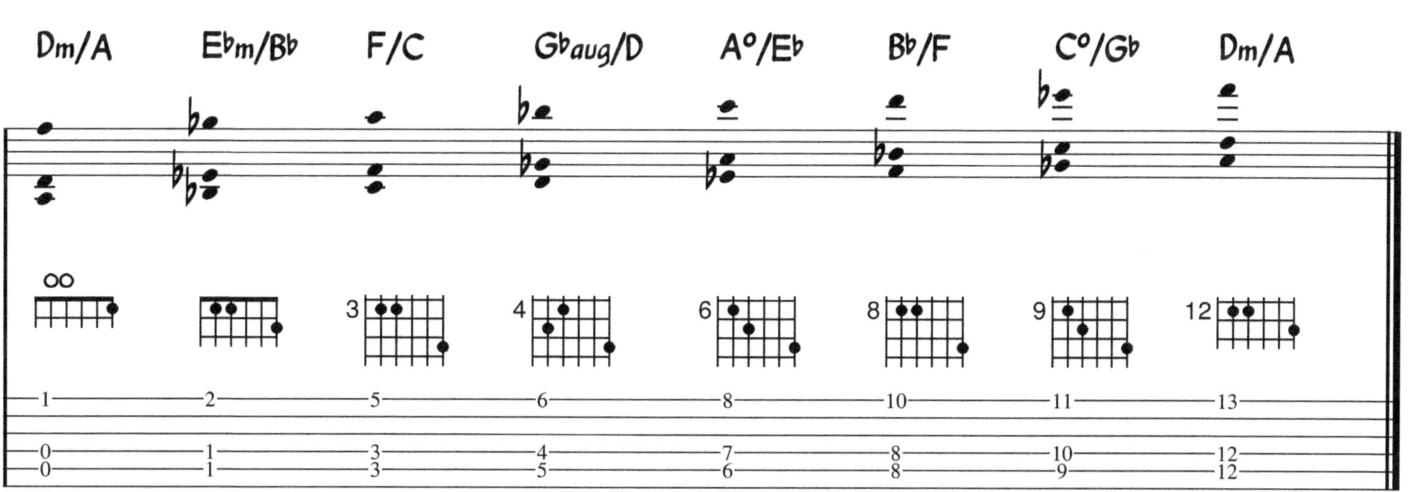
Dm/A
Ebm/Bb
F/C
Gbaug/D
A°/Eb
Bb/F
C°/Gb
Dm/A

~ F harmonisch Dur ~

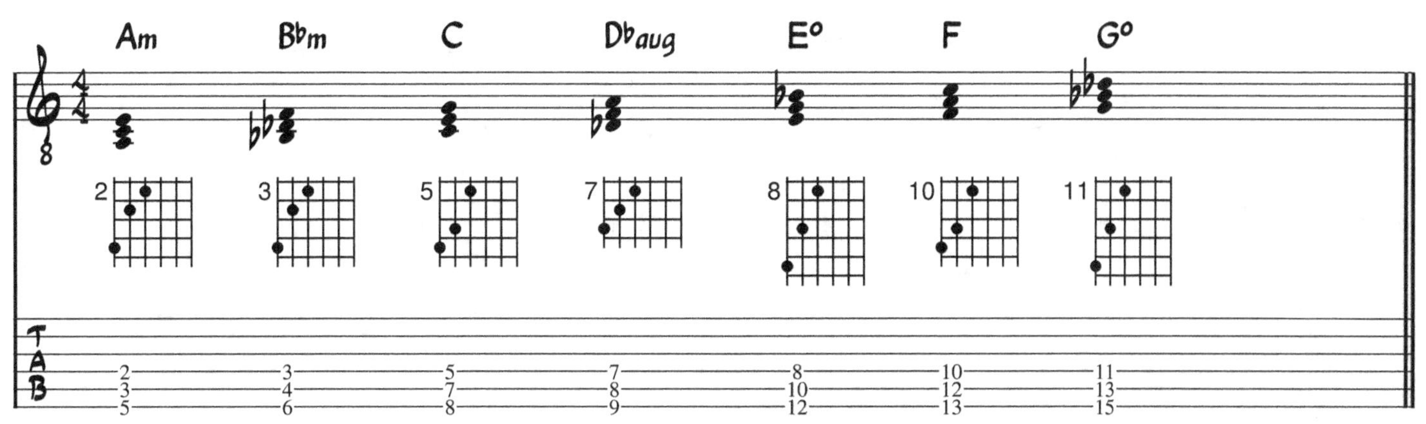

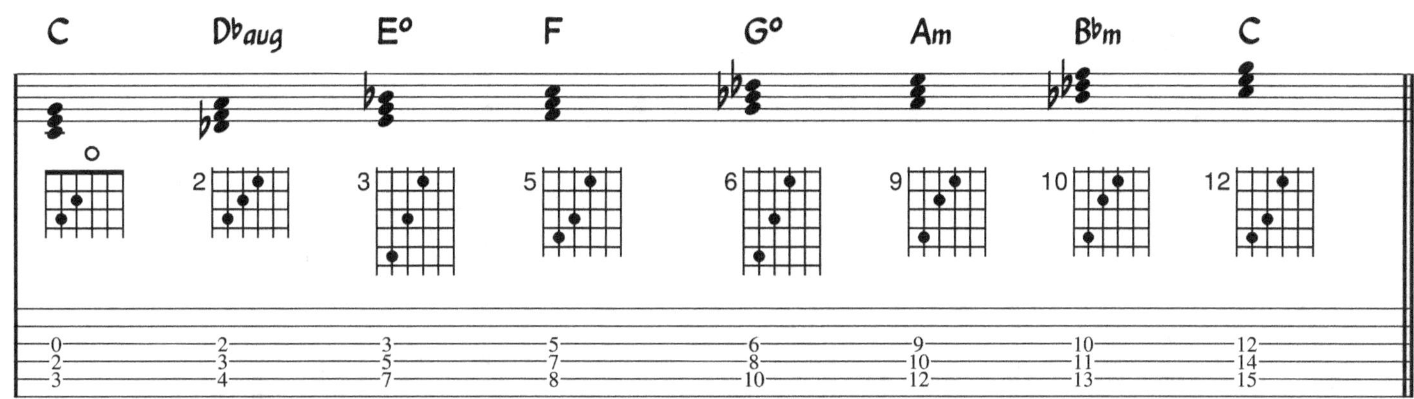

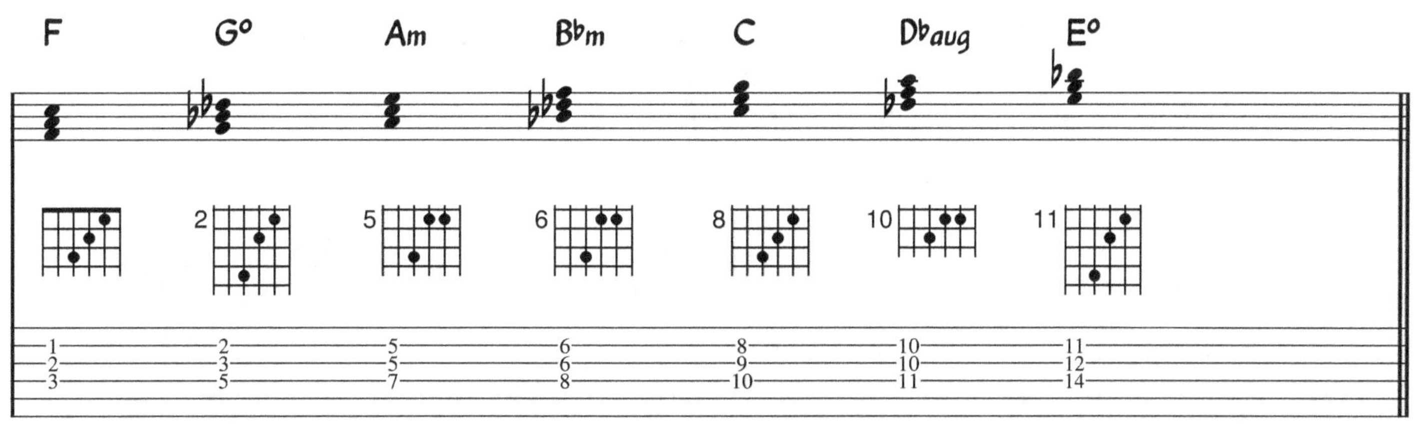

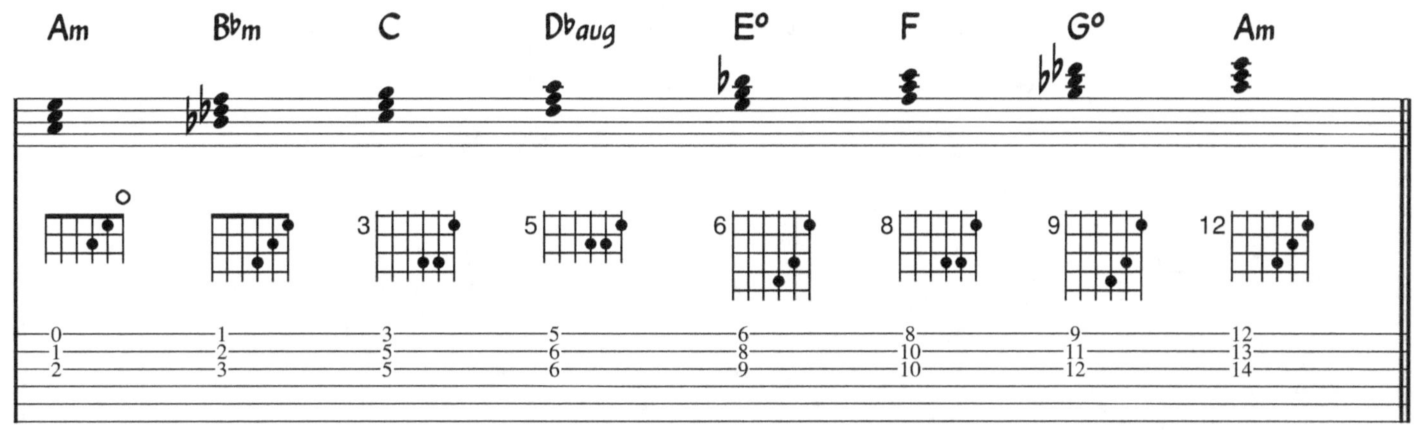

E°/G   F/A   G°/Bb   Am/C   Bbm/Db   C/E   Dbaug/F
Am/C   Bbm/Db   C/E   Dbaug/F   E°/G   F/A   G°/Bb
C/E   Dbaug/F   E°/G   F/A   G°/Bb   Am/C   Bbm/Db   C/E
F/A   G°/Bb   Am/C   Bbm/Db   C/E   Dbaug/F   E°/G

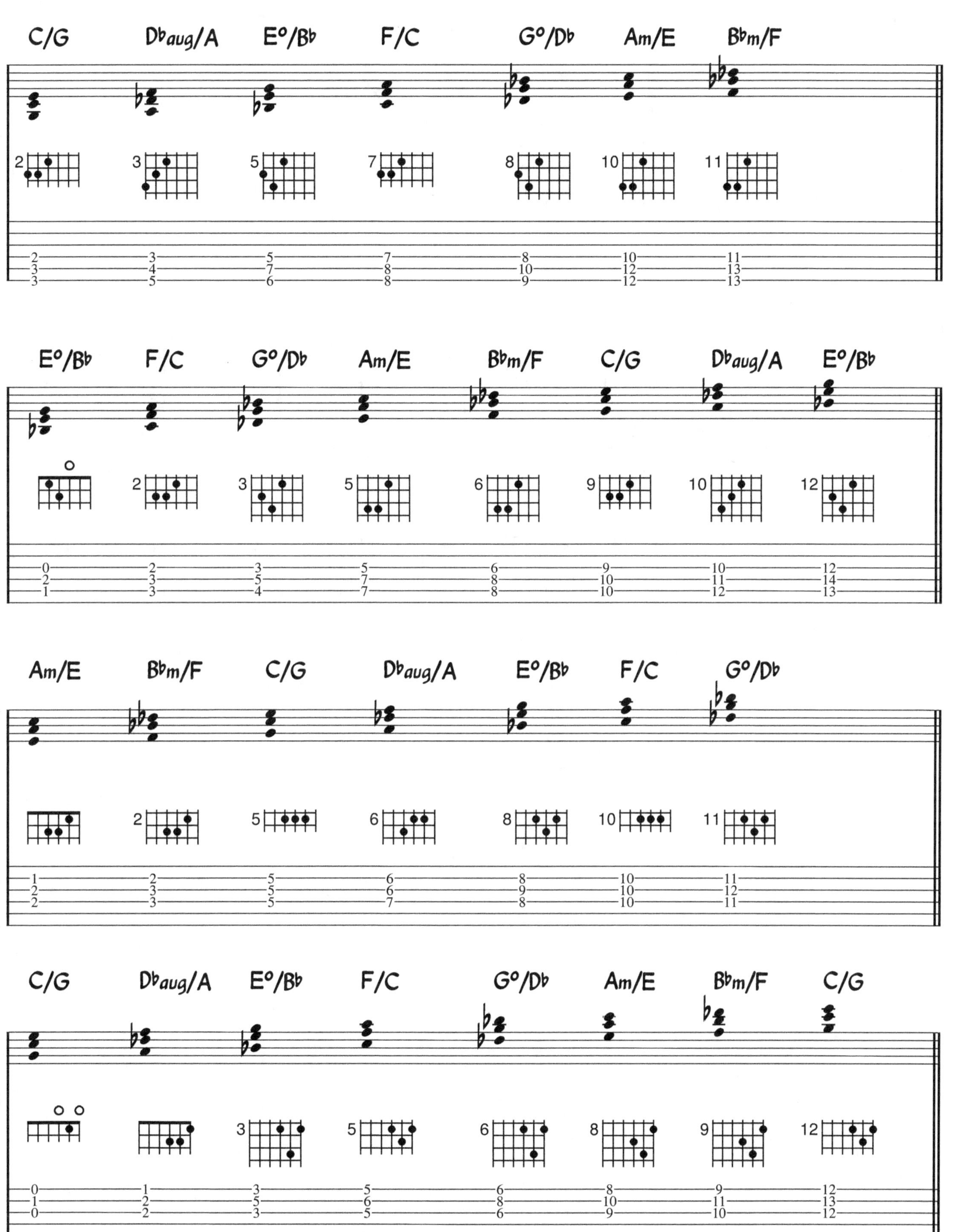

C/G
Dbaug/A
Eo/Bb
F/C
Go/Db
Am/E
Bbm/F

Eo/Bb
F/C
Go/Db
Am/E
Bbm/F
C/G
Dbaug/A
Eo/Bb

Am/E
Bbm/F
C/G
Dbaug/A
Eo/Bb
F/C
Go/Db

C/G
Dbaug/A
Eo/Bb
F/C
Go/Db
Am/E
Bbm/F
C/G

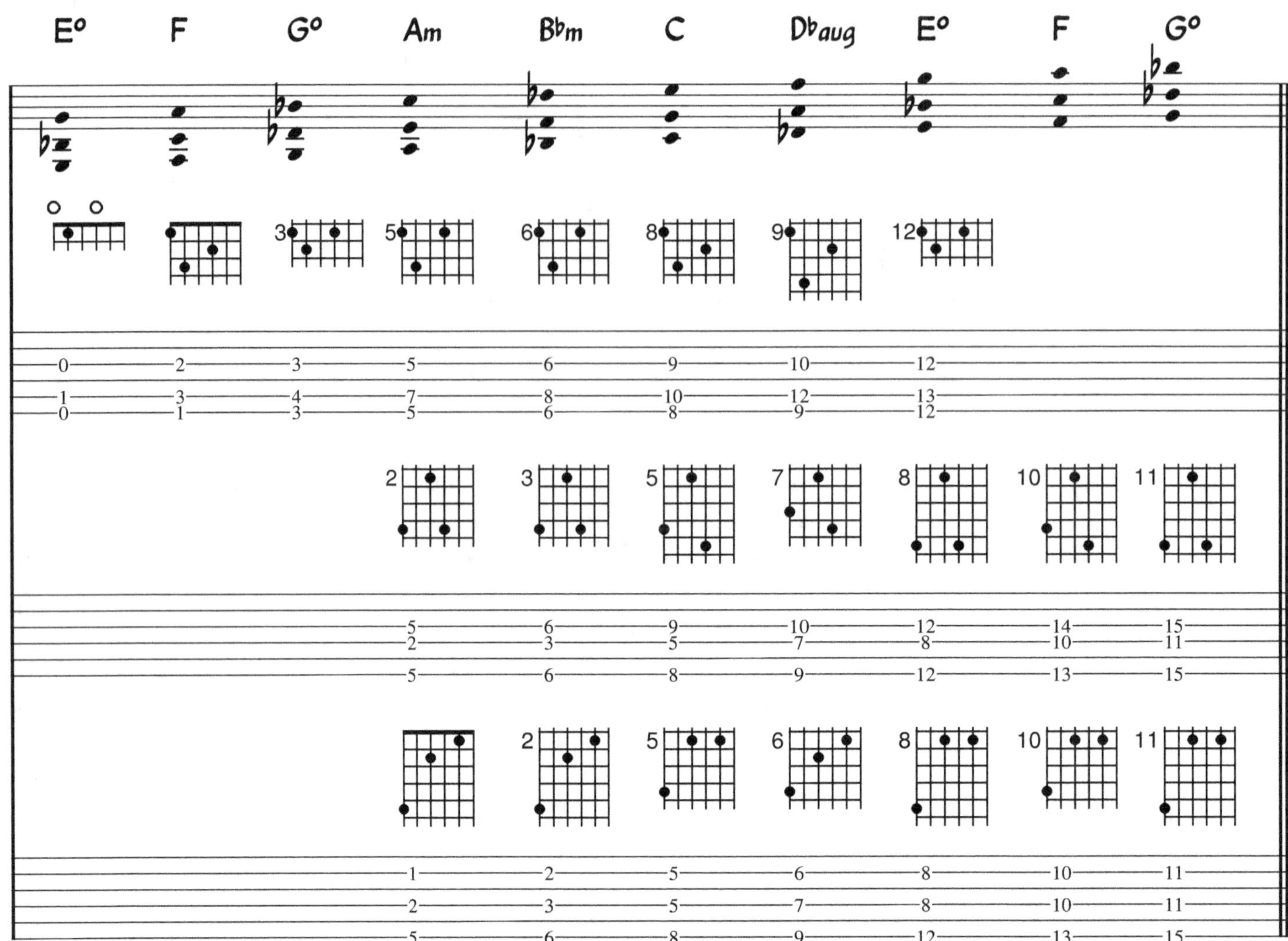

E° F G° Am B♭m C D♭aug E° F G°

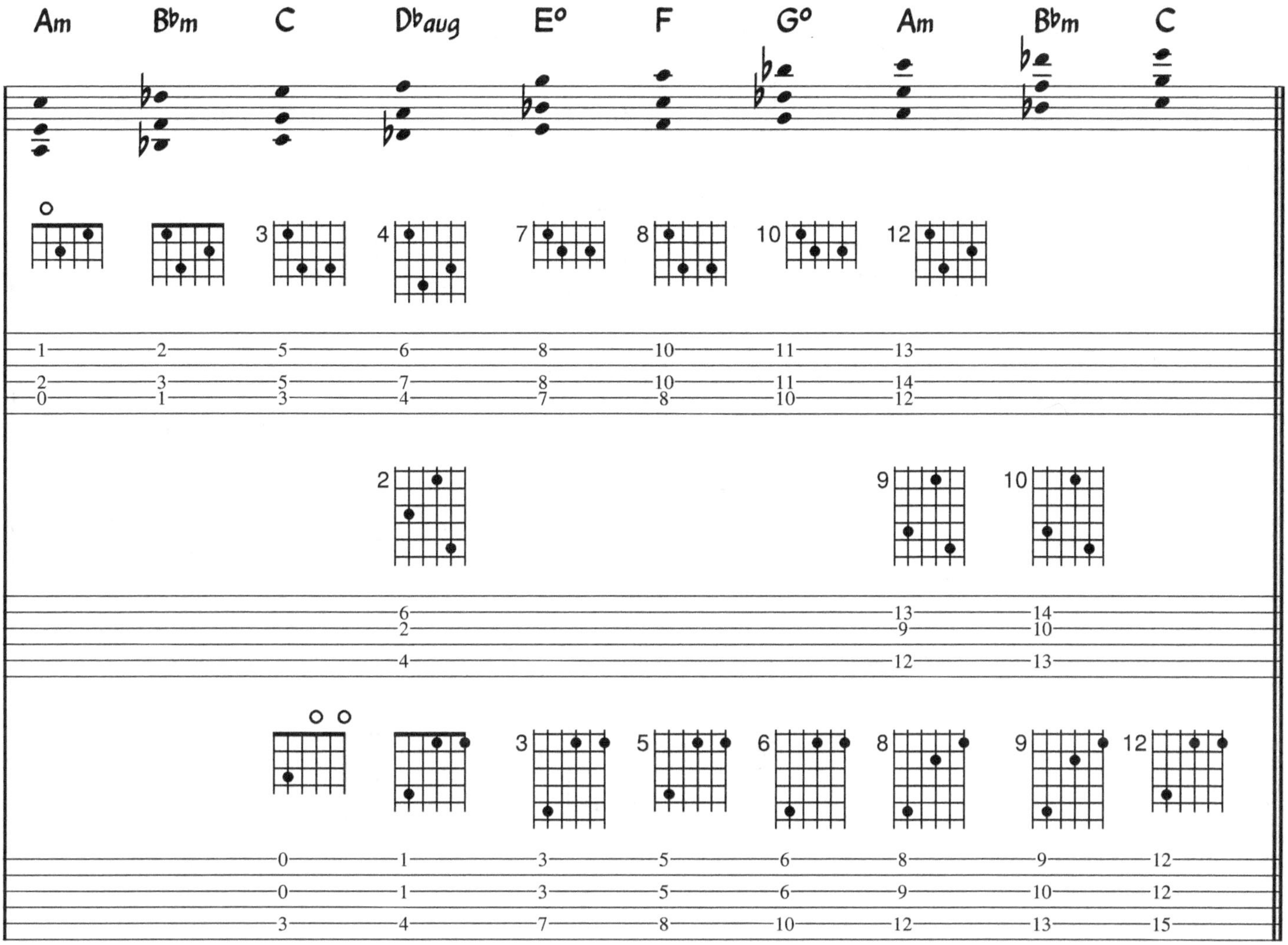

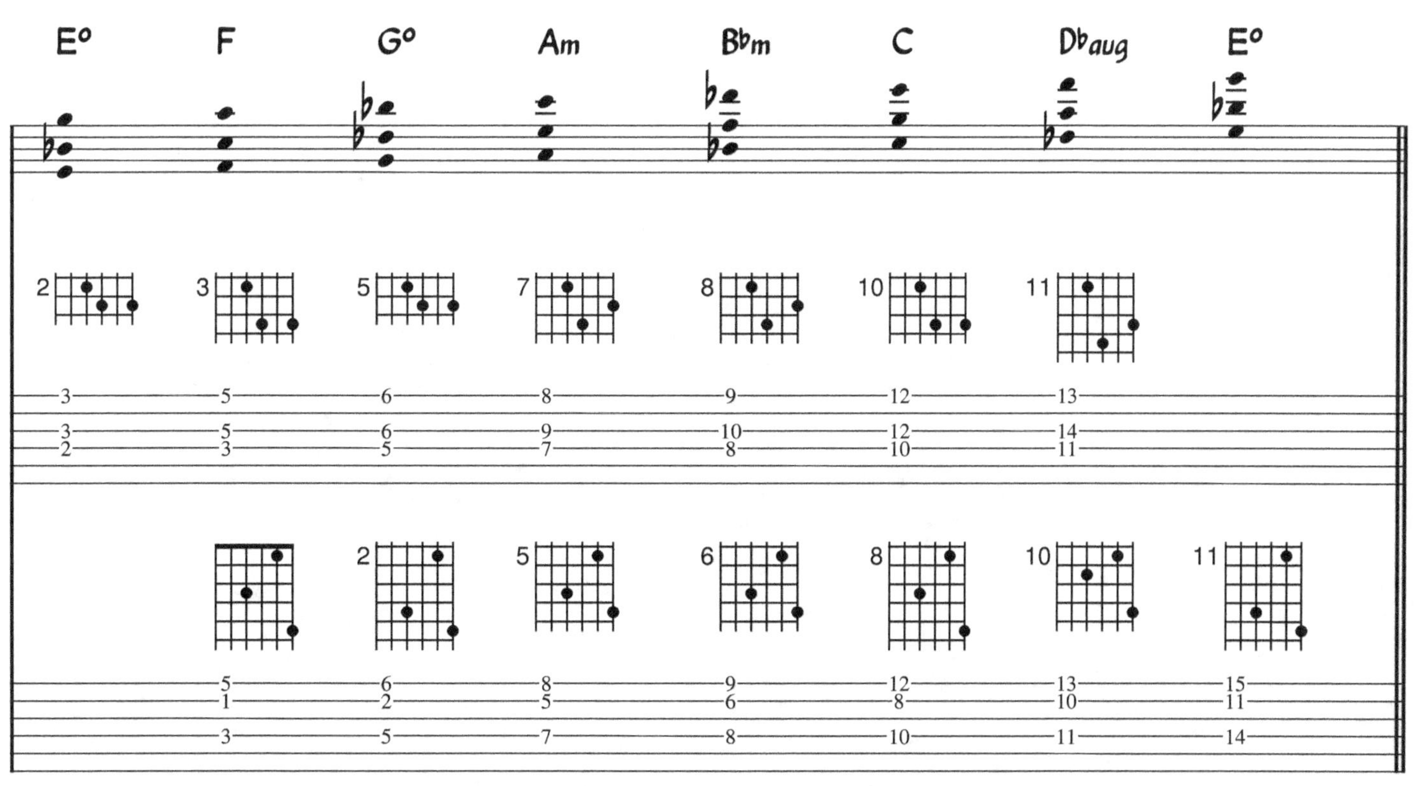

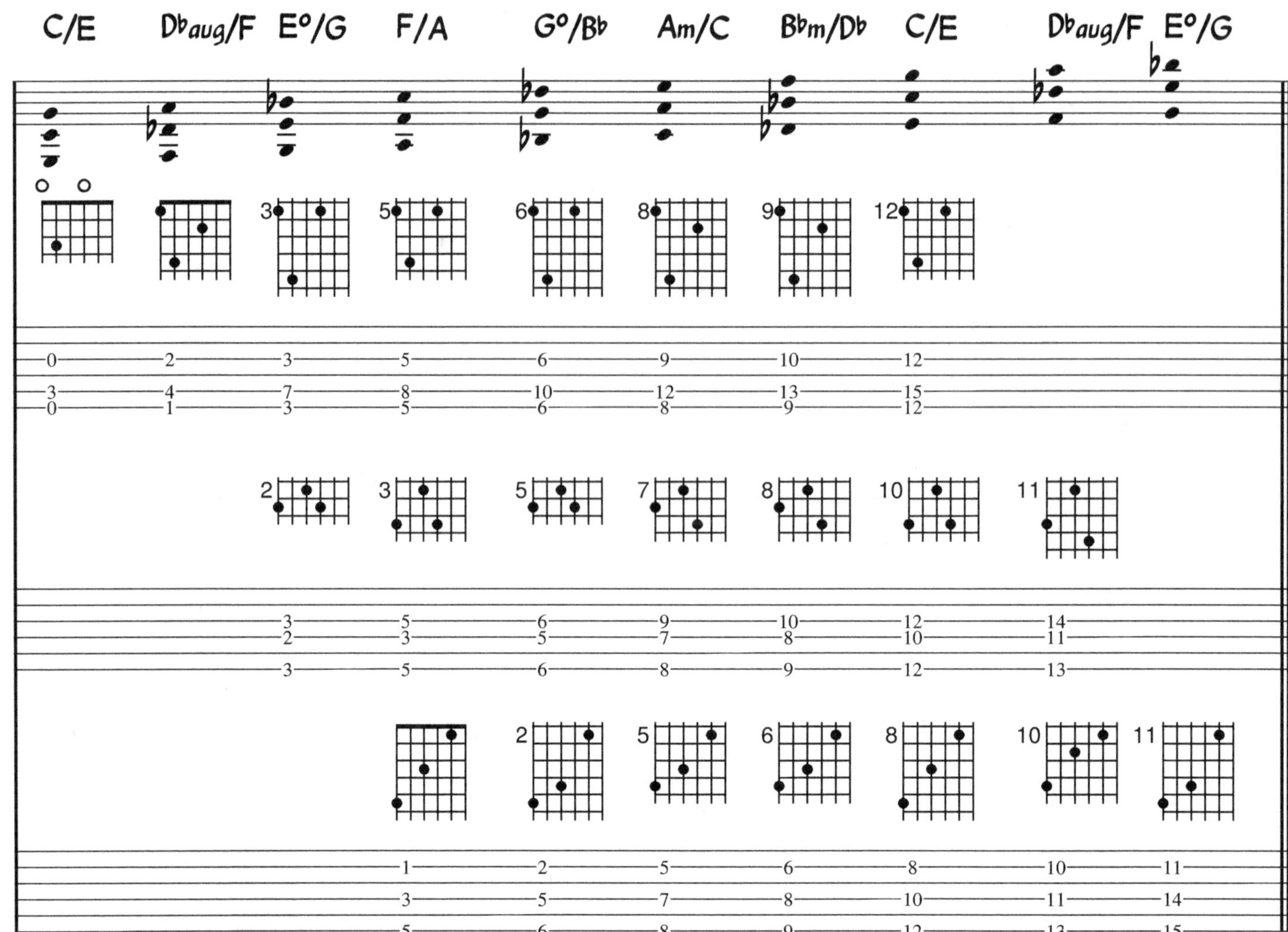

C/E
Dbaug/F
E°/G
F/A
G°/Bb
Am/C
Bbm/Db
C/E
Dbaug/F
E°/G

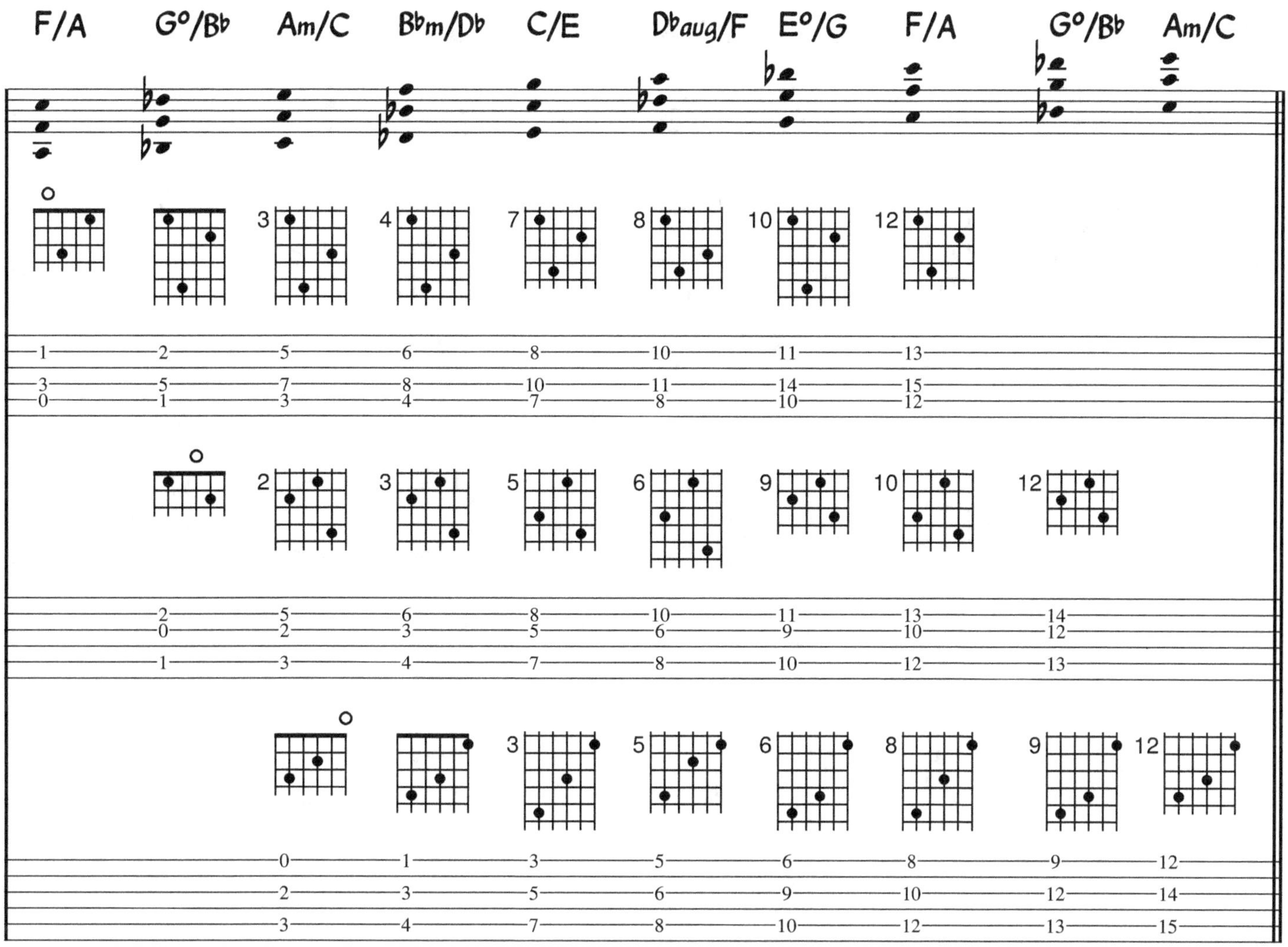

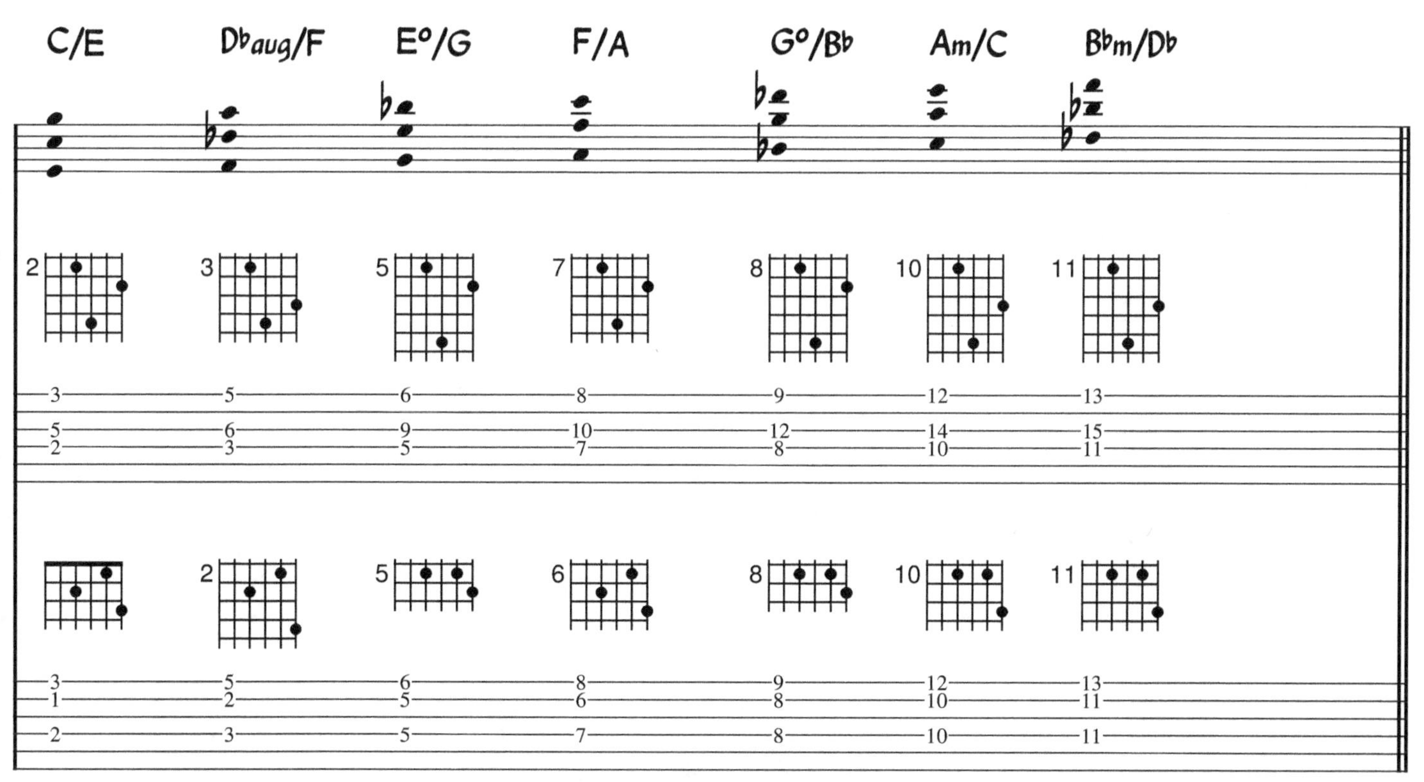

F/A   G°/Bb   Am/C   Bbm/Db   C/E   Dbaug/F   E°/G   F/A   G°/Bb   Am/C
C/E   Dbaug/F   E°/G   F/A   G°/Bb   Am/C   Bbm/Db

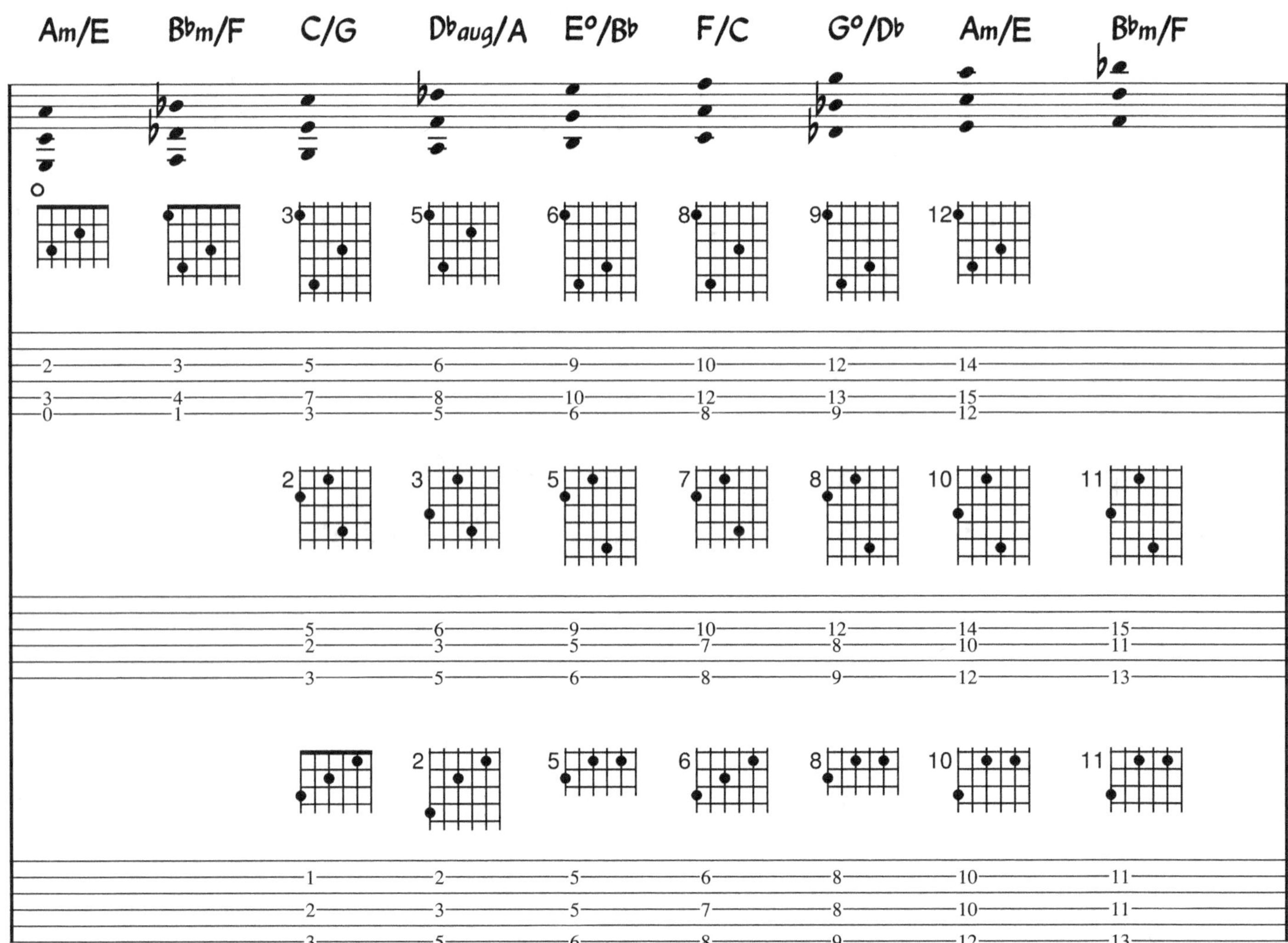

Am/E
Bbm/F
C/G
Dbaug/A
Eo/Bb
F/C
Go/Db
Am/E
Bbm/F

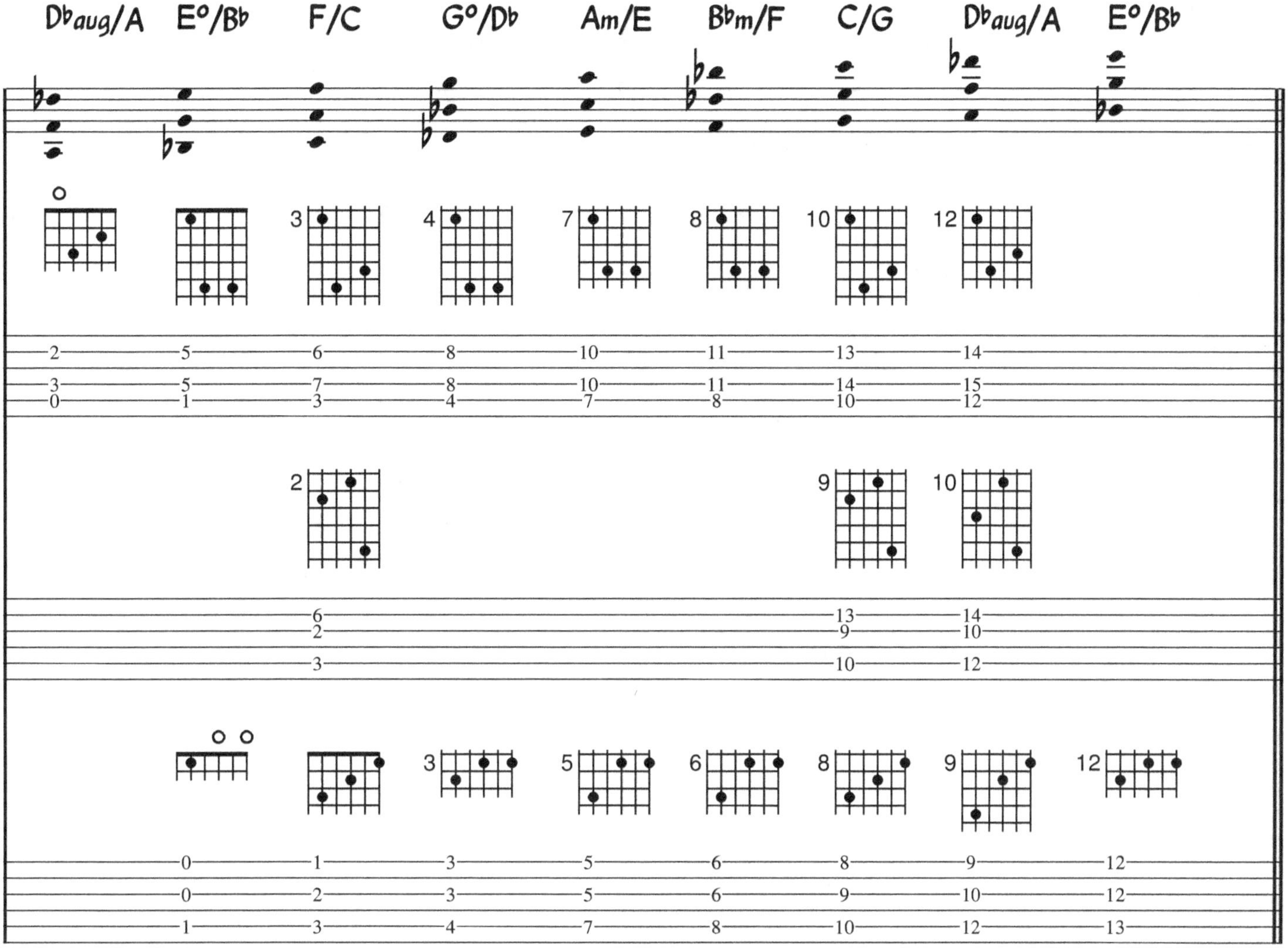

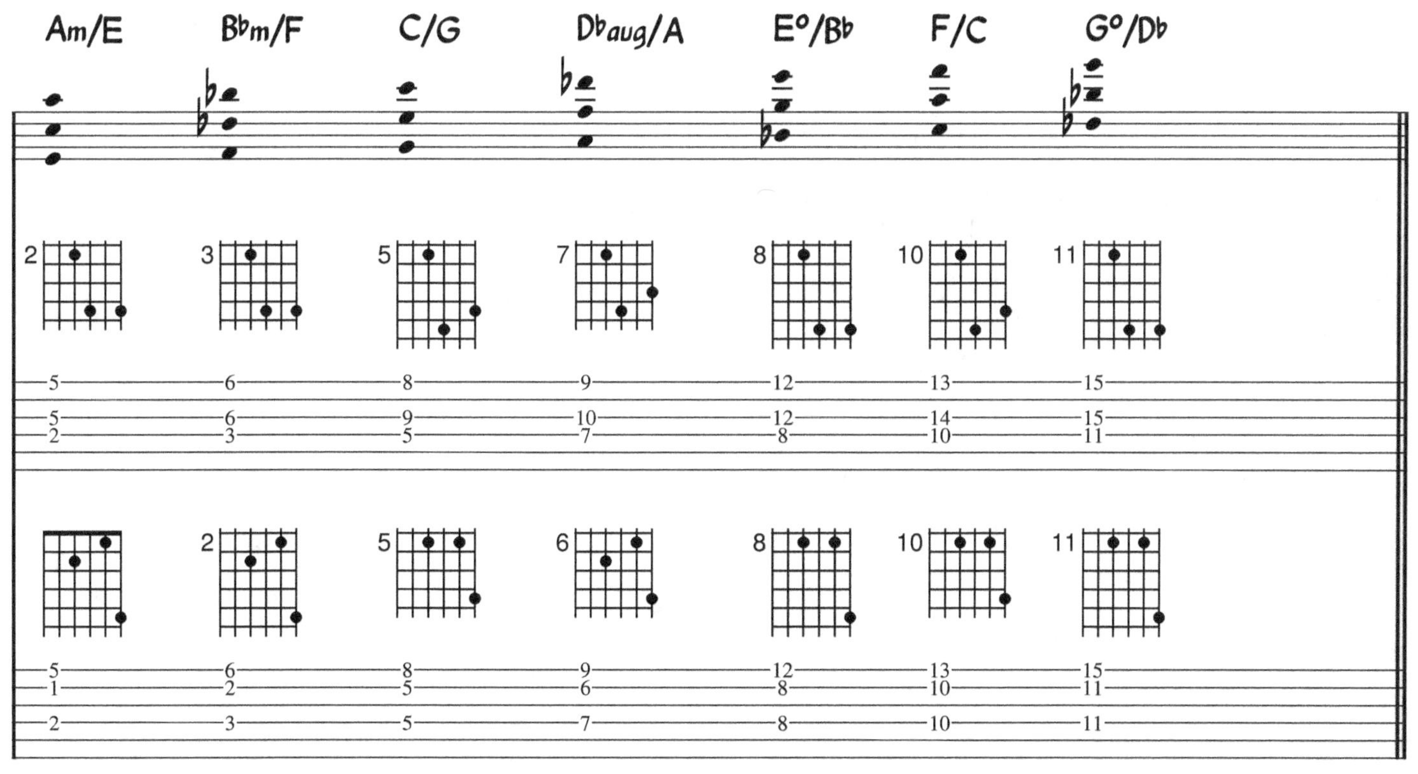

D♭aug/A   E°/B♭   F/C   G°/D♭   Am/E   B♭m/F   C/G   D♭aug/A   E°/B♭
Am/E   B♭m/F   C/G   D♭aug/A   E°/B♭   F/C   G°/D♭

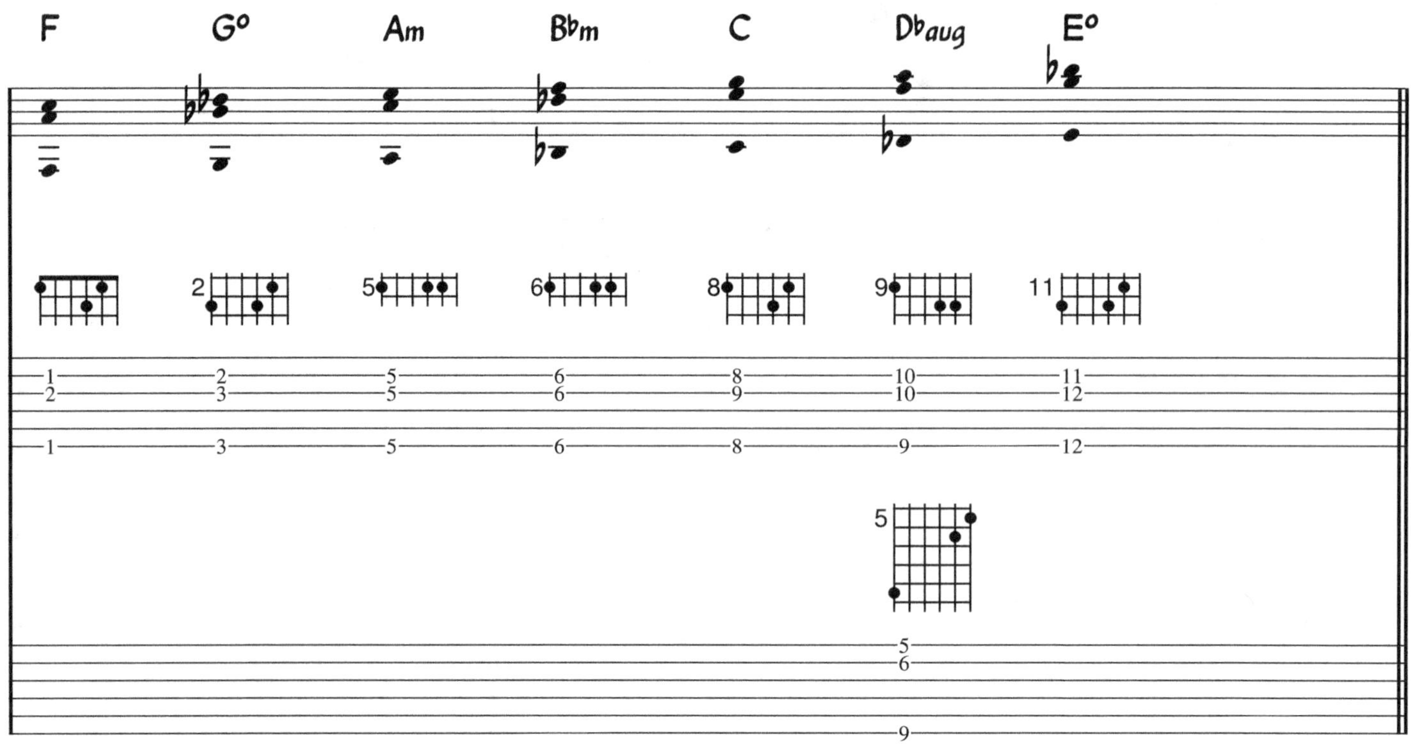
F
G°
Am
B♭m
C
D♭aug
E°

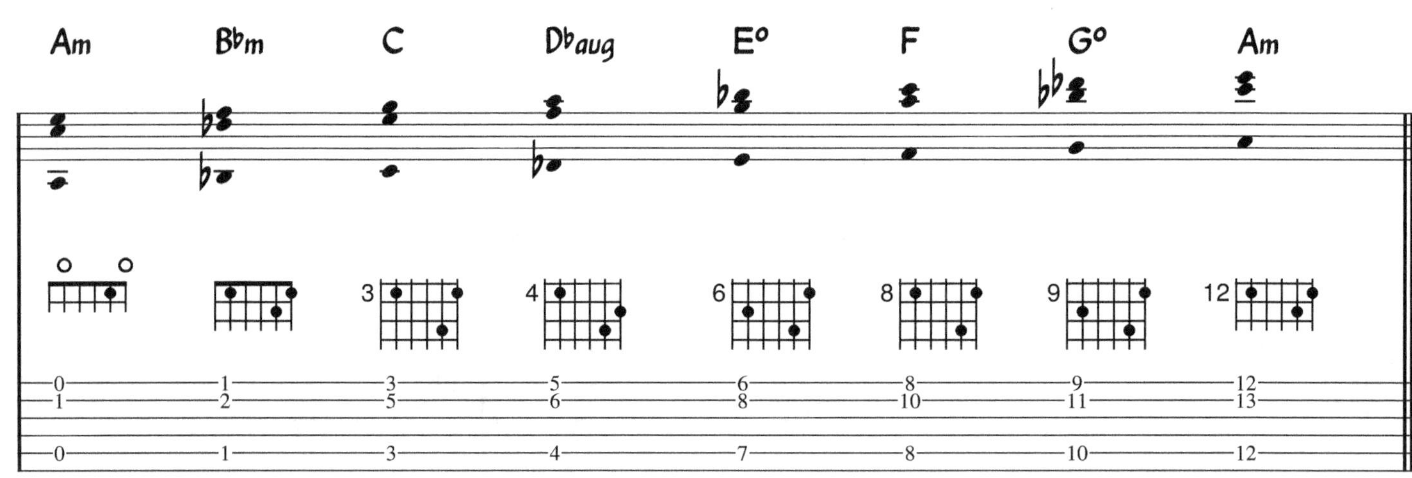
Am
B♭m
C
D♭aug
E°
F
G°
Am

1. Umk. (weite Lage, Variante 2)

C/E
Dbaug/F
E°/G
F/A
G°/Bb
Am/C
Bbm/Db
C/E
Dbaug/F
E°/G

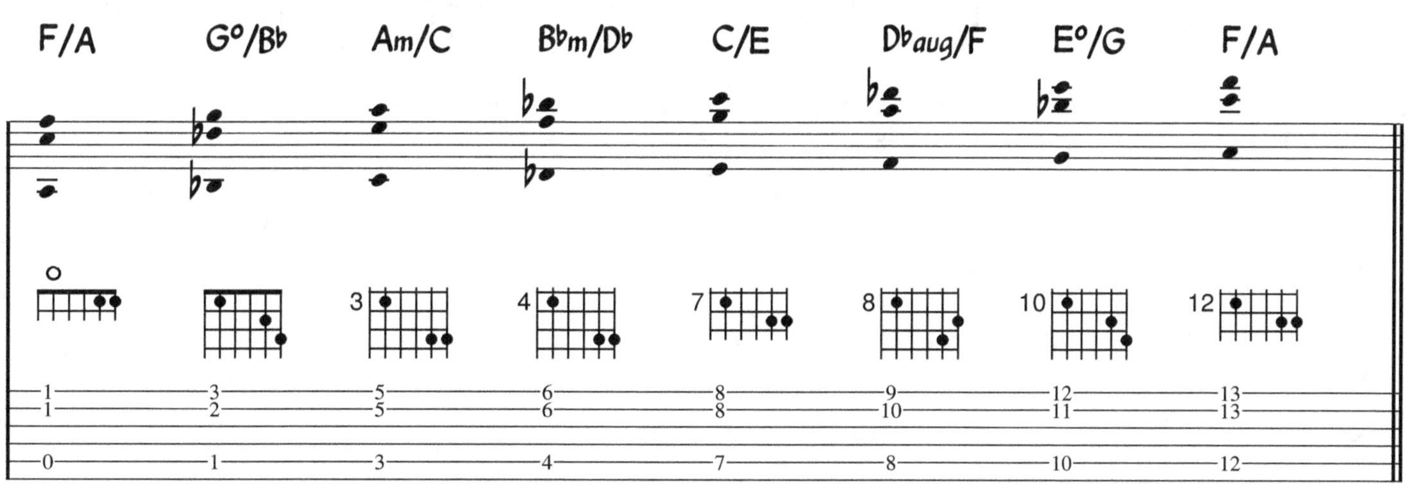

F/A
G°/Bb
Am/C
Bbm/Db
C/E
Dbaug/F
E°/G
F/A

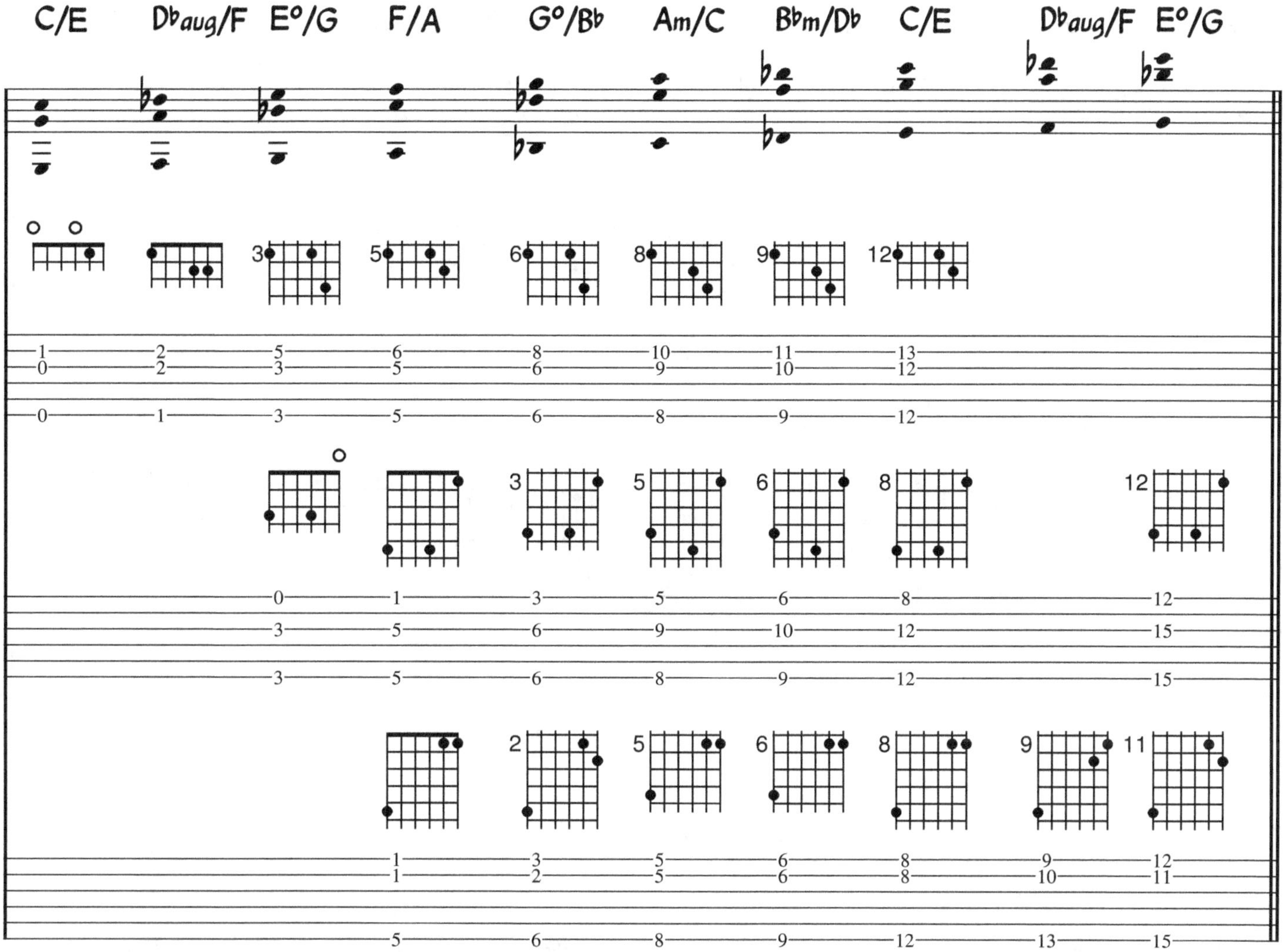

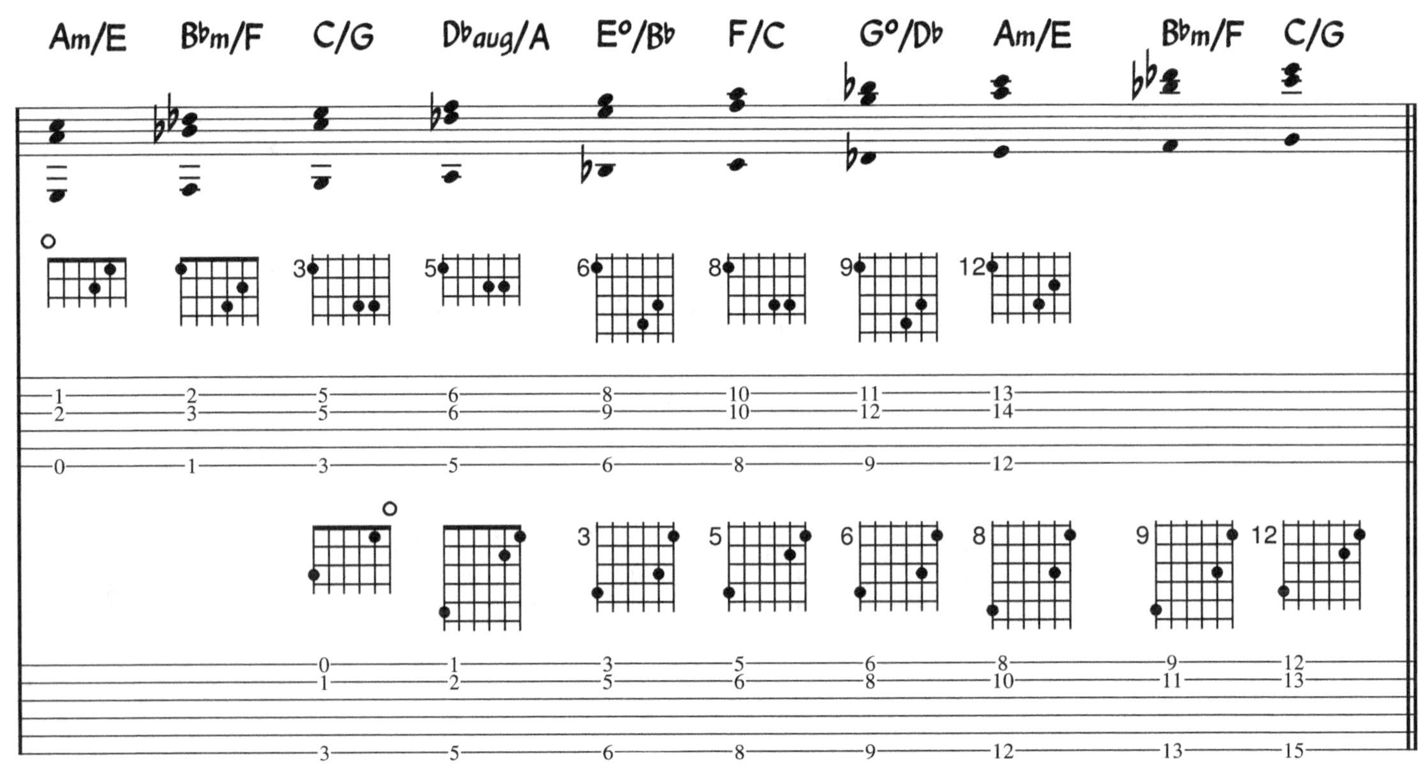

Am/E   Bbm/F   C/G   Dbaug/A   Eo/Bb   F/C   Go/Db   Am/E   Bbm/F   C/G
Dbaug/A   Eo/Bb   F/C   Go/Db   Am/E   Bbm/F   C/G   Dbaug/A

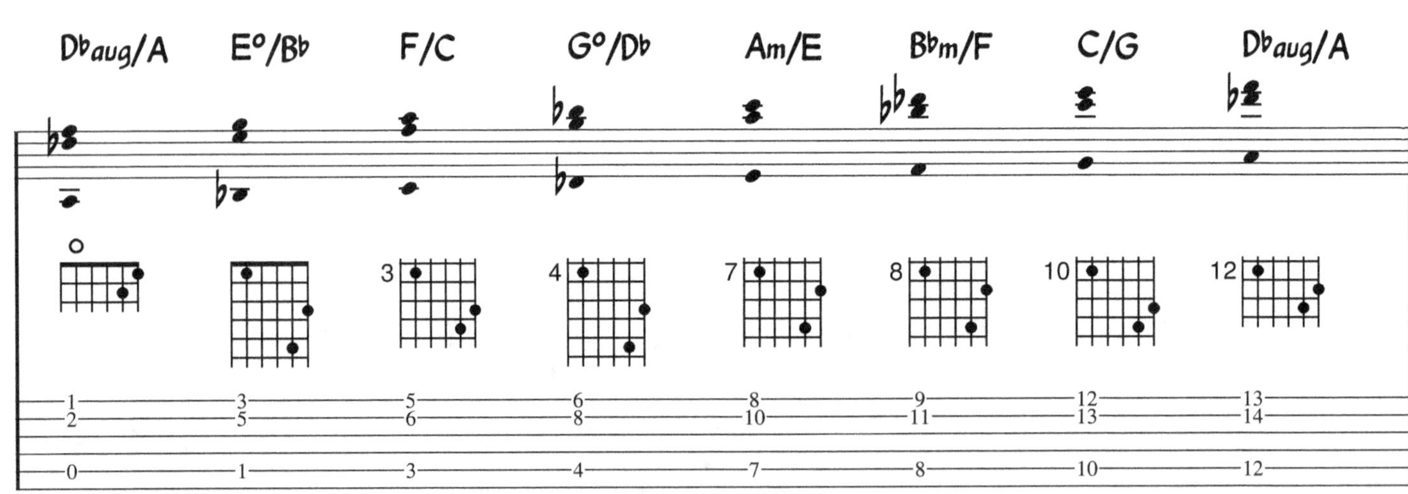

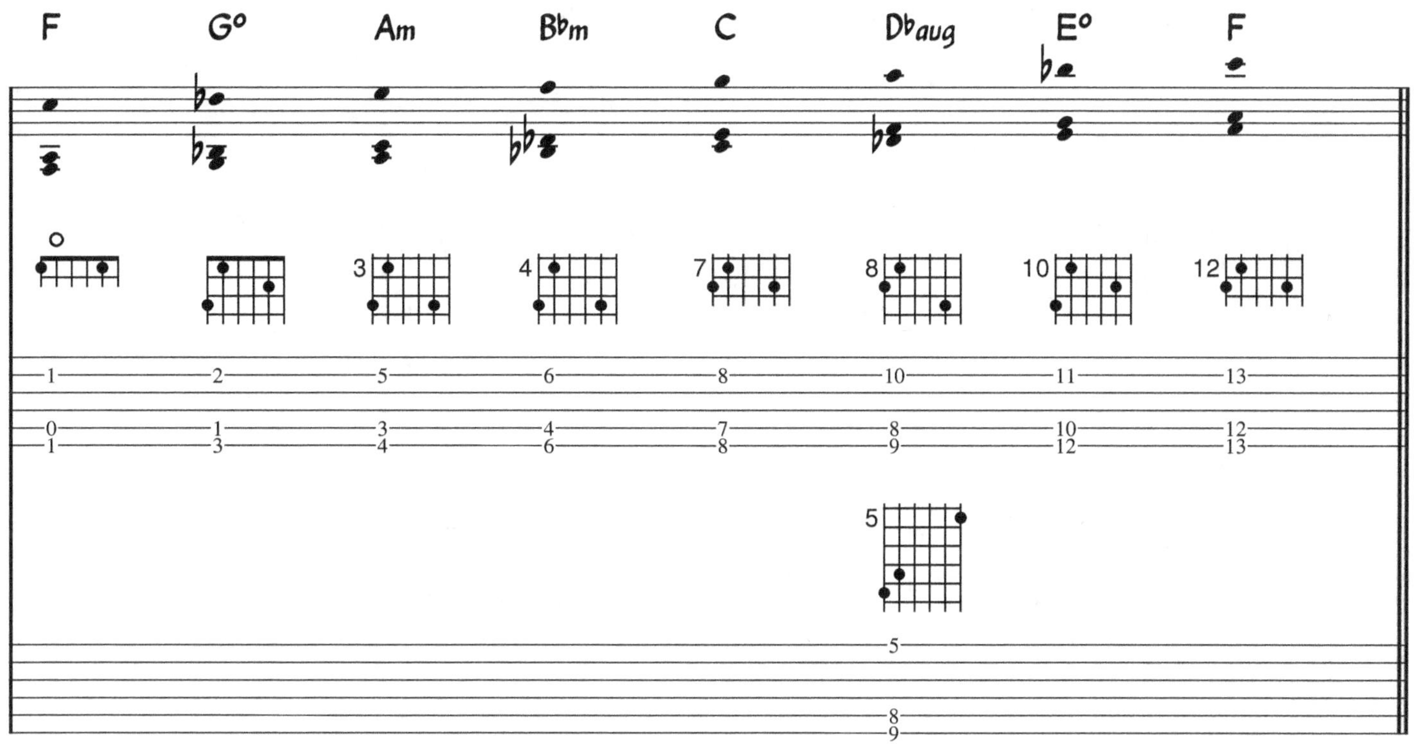
F
G°
Am
B♭m
C
D♭aug
E°
F

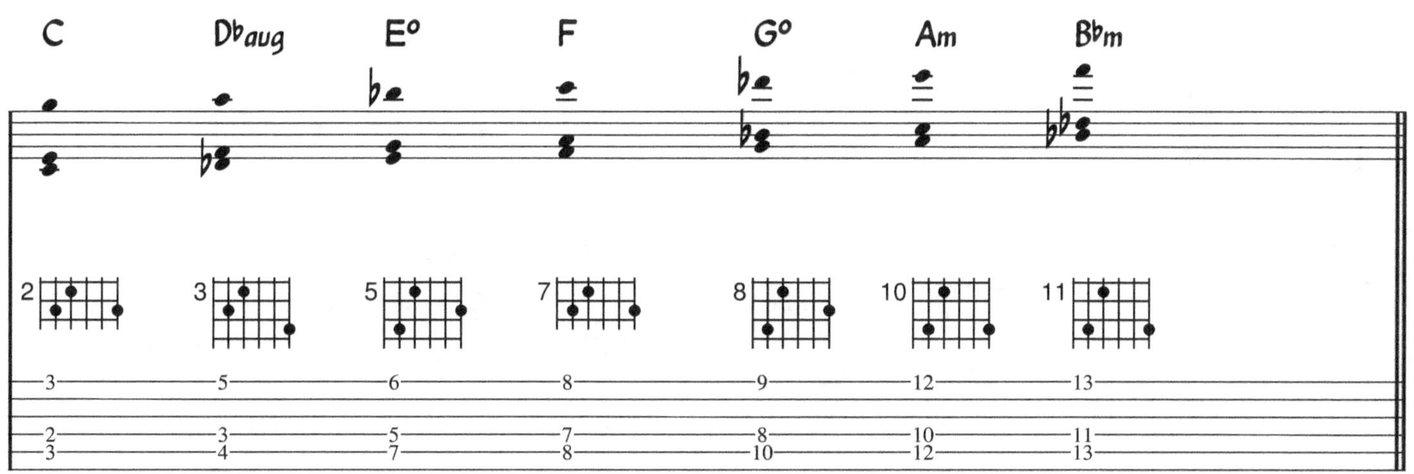
C
D♭aug
E°
F
G°
Am
B♭m

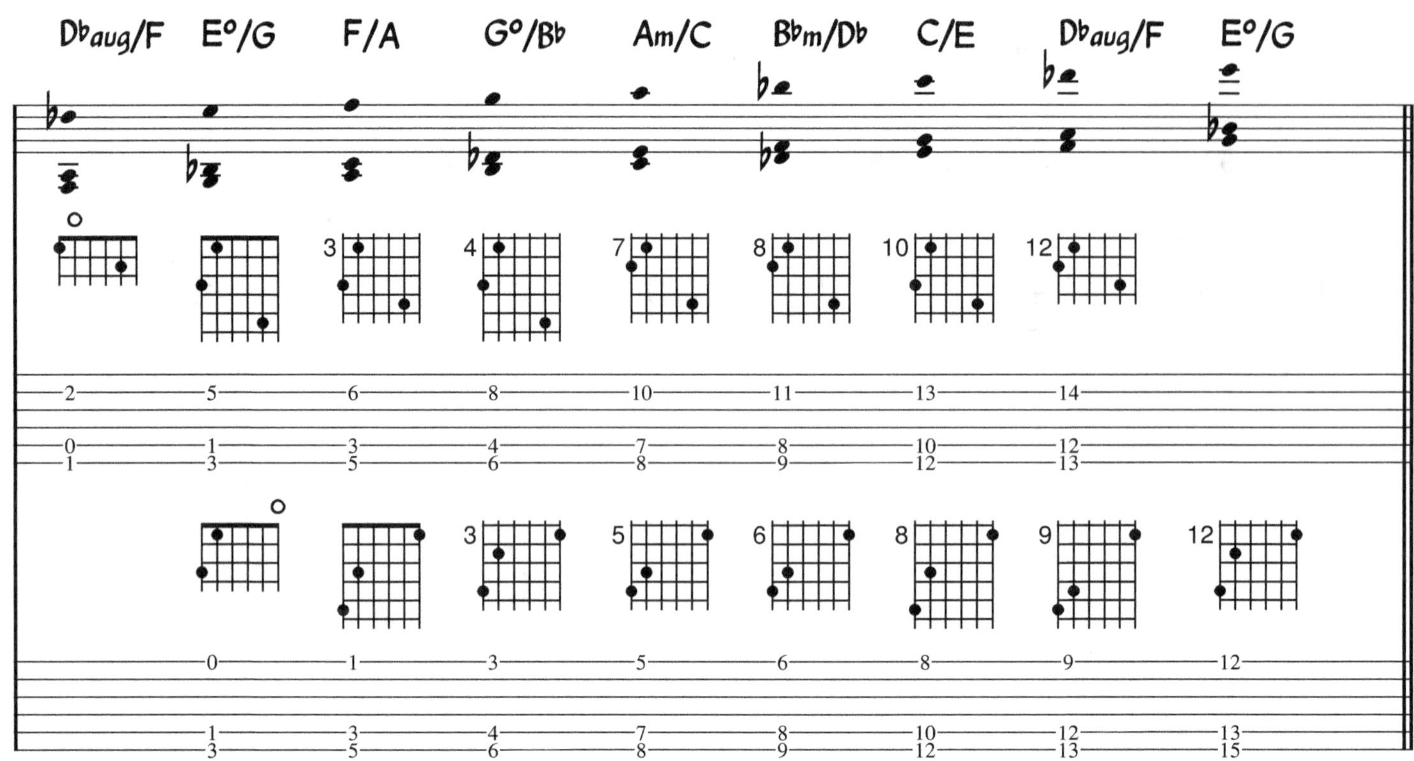
Dbaug/F
Eo/G
F/A
Go/Bb
Am/C
Bbm/Db
C/E
Dbaug/F
Eo/G

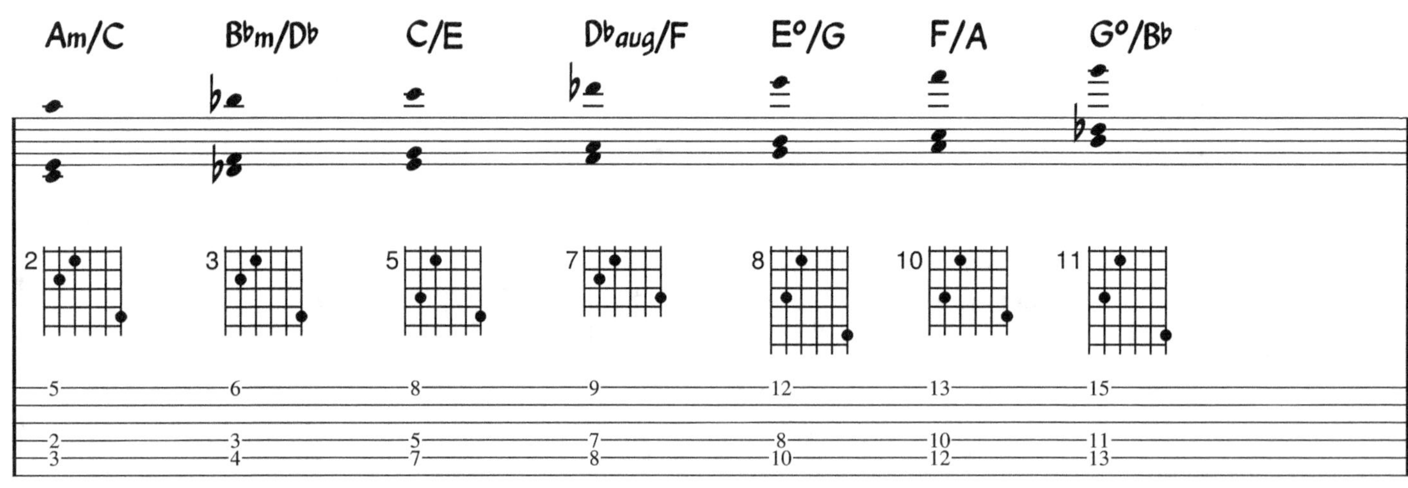
Am/C
Bbm/Db
C/E
Dbaug/F
Eo/G
F/A
Go/Bb

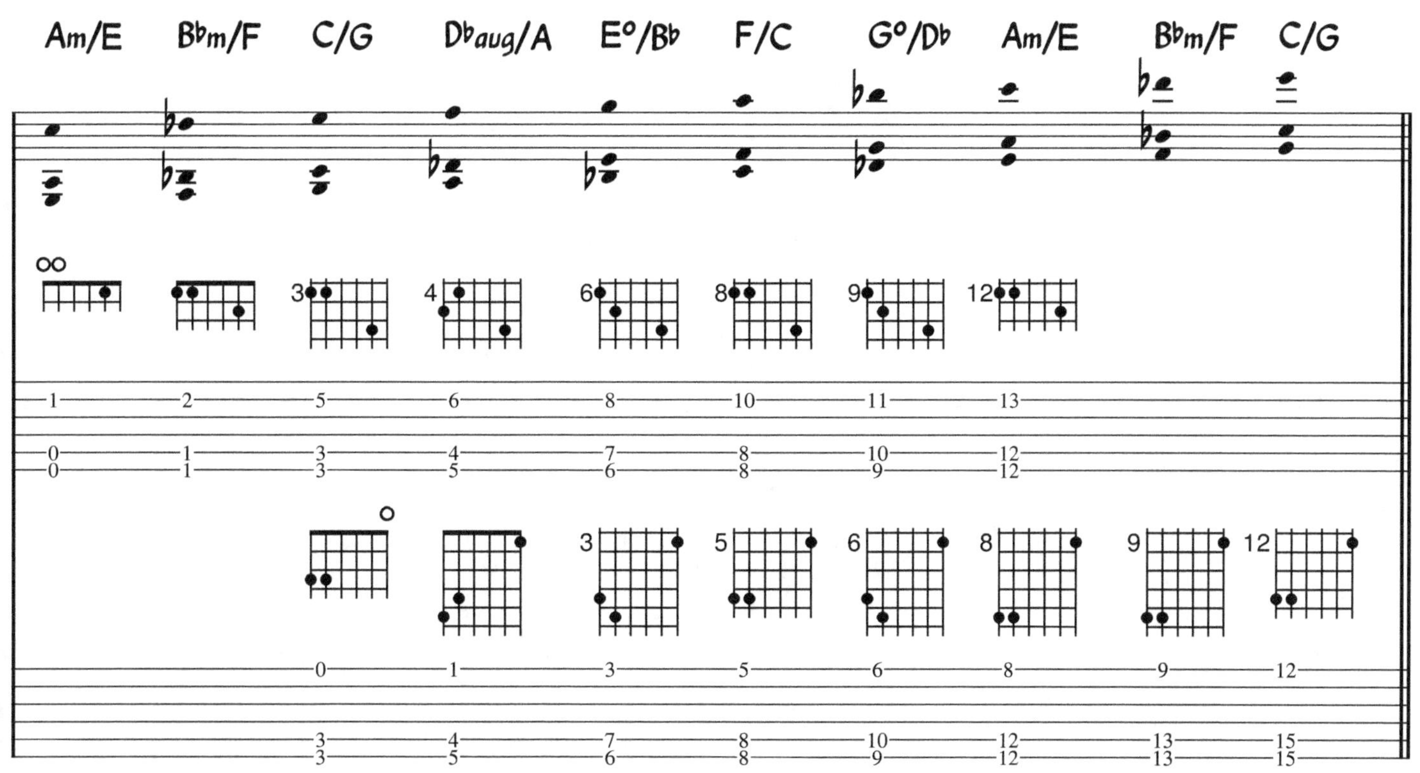

Am/E Bbm/F C/G Dbaug/A E°/Bb F/C G°/Db Am/E Bbm/F C/G

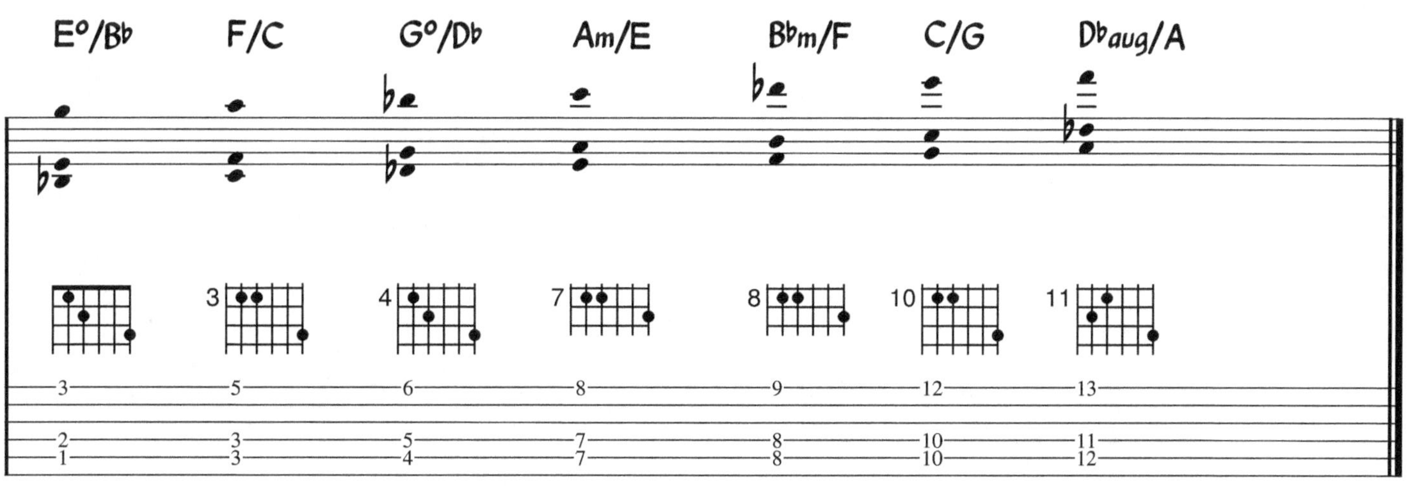

E°/Bb F/C G°/Db Am/E Bbm/F C/G Dbaug/A